ABRAHAM · DAS SEERECHT · 4. AUFLAGE

DAS SEERECHT

Ein Grundriß mit Hinweisen auf die Sonderrechte anderer Verkehrsmittel, vornehmlich das Binnenschiffahrts- und Luftrecht

von

DR. JUR. HANS JÜRGEN ABRAHAM

Professor an der Universität Frankfurt a. M.

4. ergänzte und erweiterte Auflage

1974

WALTER DE GRUYTER · BERLIN · NEW YORK

ISBN 3 11 004827 2

Printed in Germany.

Satz und Druck: H. Heenemann KG, Berlin.

Bindearbeiten: Wübben & Co, Berlin.

Vorwort zur vierten Auflage

Die vierte Auflage bringt den Grundriß auf den Stand der Jahreswende 1973/74. Insbesondere sind die zahlreichen und wichtigen Änderungen, die das Seerechtsänderungsgesetz vom 21. Juni 1972 für das deutsche Seehandelsrecht mit sich gebracht hat, eingearbeitet worden, so vor allem die Neuordnung der Reederhaftung, die der Schiffsgläubigerrechte sowie die der Verjährung. Auch auf die Rechtslage bei der kombinierten Beförderung (Containerverkehr, LASH-Transport) und bei den Gefahren der Ölverschmutzung ist näher eingegangen.

Schrifttum und Rechtsprechung seit dem 1. Januar 1974 konnten nur noch vereinzelt berücksichtigt werden.

Herr Referendar Klaus H. Abraham, Hamburg, ist mir bei der Materialsammlung und bei der Anfertigung des Registers zur Hand gegangen.

Bad Homburg v. d. H., April 1974

Hans Jürgen Abraham

Aus dem Vorwort zur ersten Auflage (1956)

Die verhältnismäßig umfangreiche Tätigkeit des Gesetzgebers auf seerechtlichem Gebiet in den letzten Jahren, das mannigfaltige Einzelschrifttum und die Rechtsprechung ließen es angebracht erscheinen, einen systematischen Gesamtüberblick über das Seerecht zu geben, zumal seit dem Erscheinen der 2. Auflage von Hans Wüstendörfers „Neuzeitlichem Seehandelsrecht" sechs Jahre vergangen sind.

Mein Bestreben war, den Umfang des Buches möglichst klein zu halten. Dennoch glaube ich, im großen und ganzen eine vollständige Sachdarstellung gegeben zu haben. Hier und da war auch ein näheres Eingehen auf einzelne Fragen möglich. Gelegentliche Hinweise auf die Rechtslage anderer Verkehrsmittel, insbesondere der Binnenschiffe und Luftfahrzeuge, sollen den Gedanken fördern, daß eine zu große Spezialisierung in den Sonderrechten der einzelnen Verkehrsmittel vermieden werden muß.

Inhalt

VI. Abschnitt

Reisenotlagen

VII. Abschnitt

Abkürzungen

a. A.	Anderer Ansicht
Abraham LR	Schleicher-Reymann-Abraham, Das Recht der Luftfahrt, 3. Aufl. von Abraham, Bd. I 1960, Bd. II 1966
Abraham	s. auch Ritter-Abraham und Schaps-Abraham
ACL	Atlantic Container Line
ADS	Allgemeine Deutsche Seeversicherungs-Bedingungen
ADSp	Allgemeine Deutsche Spediteurbedingungen
a. F.	alte Fassung
AG	Amtsgericht
AHGB	Allgemeines Deutsches Handelsgesetzbuch von 1861
AktG	Aktiengesellschaft
AllgEisenbG	Allgemeines Eisenbahngesetz v. 29. März 1951 (BGBl. I 225)
AMC	American Maritime Cases
Amtl. Begr.	Amtliche Begründung
ArchcivPrax	Archiv für die civilistische Praxis (seit 1818)
ArchLR	Archiv für Luftrecht (1931—1943)
BA	Bundesanzeiger
BB	Betriebsberater (seit 1946)
Bek.	Bekanntmachung
BGB	Bürgerliches Gesetzbuch
BGBl.	Bundesgesetzblatt
BGH	Bundesgerichtshof
BGHZ	Entscheidungen des Bundesgerichtshofes in Zivilsachen
BIMCO	Baltic and International Maritime Conference
BOSA	Bundesoberseeamt
BSchG	Gesetz betreffend die privatrechtlichen Verhältnisse der Binnenschiffahrt (Binnenschiffahrtsgesetz) vom 15. Juni 1895 idF der Bek. vom 20. Mai 1898 (RGBl. 1898, 868)
BT-Drucks	Bundestagsdrucksache
BVerwG	Bundesverwaltungsgericht
CIM	Internationales Übereinkommen über den Eisenbahnfrachtverkehr vom 25. Febr. 1961 (BGBl. 1964 II 1520)

CIV	Internationales Übereinkommen über den Eisenbahnpersonen- und Gepäckverkehr von 25. Februar 1961 (BGBl. 1964 II 1898)
CMI	Comité Maritime International
cod. nav.	italienischer Codice della navigazione
COGSA	Carriage of Goods by Sea Act
CTO	Combined Transport Operator
DDR	Deutsche Demokratische Republik
DEK	Deutsches Einheitskonnossement
Diss.	Dissertation
DJ	Deutsche Justiz (Zeitschrift; 1933—1945)
DJZ	Deutsche Juristen-Zeitung (1896—1936)
DMF	Le Droit Maritime Français
DR	Deutsches Recht (Zeitschrift; 1931—1945)
DVBl	Deutsches Verwaltungsblatt (seit 1950)
DVO	Durchführungsverordnung
ECE	Economic Commission for Europe
EGHGB	Einführungsgesetz zum Handelsgesetzbuch
EStG	Einkommensteuergesetz
ETR	Europäisches Transportrecht
EVO	Eisenbahnverkehrsordnung vom 8. Sept. 1938 (RGBl. II 663)
EWG	Europäische Wirtschaftsgemeinschaft
FGG	Reichsgesetz über die Angelegenheiten der freiwilligen Gerichtsbarkeit
FlaggRG	Gesetz über das Flaggenrecht der Seeschiffe und die Flaggenführungsbefugnis der Binnenschiffe (Flaggenrechtsgesetz) vom 8. Febr. 1951 (BGBl. I 79); Änderung BGBl. 1972 I 976)
GesRLuftf	Gesetz über Rechte an Luftfahrzeugen vom 26. Februar 1959 (BGBl. I 57)
GewO	Gewerbeordnung idF der Bek. vom 26. Juli 1900 (RGBl. 871)
GG	Grundgesetz für die Bundesrepublik Deutschland vom 23. Mai 1949 (BGBl. 1)
Guadalajara-Abkommen	Zusatzabkommen vom 18. September 1961 zur Vereinheitlichung von Regeln über die von einem anderen als dem vertraglichen Luftfrachtführer ausgeführte Beförderung im internationalen Luftverkehr (BGBl. 1963 II 1159)
GVOBl	Gesetz und Verordnungsblatt
GWB	Gesetz gegen Wettbewerbsbeschränkungen

h. A.	herrschende Ansicht
Haager Protokoll	Revisionsprotokoll zum WA, geschlossen in Den Haag am 28. September 1955 (BGBl. 1958 II 312)
Haager Regeln	siehe HR
Hansa	Hansa, Zeitschrift für Schiffahrt, Schiffbau, Hafen (ab 1864)
HansGZ	Hanseatische Gerichtszeitung (1880—1927)
HansOLG	Hanseatisches Oberlandesgericht
HansRGZ	Hanseatische Rechts- und Gerichtszeitung (1928—1943)
HansRZ	Hanseatische Rechtszeitschrift (1918—1927)
Heinerici und Gilgan	Heinerici und Gilgan, Das deutsche Schiffsregisterrecht, 1942
HGB	Handelsgesetzbuch vom 10. Mai 1897 (RGBl. 219)
HR	Übereinkommen zur einheitlichen Feststellung von Regeln über Konnossemente, 1924 (sog. Haager Regeln)
IATA	International Air Transport Association
ICAO	International Civil Aviation Organization
idF	in der Fassung
IMCO	Intergovernmental Maritime Consultative Organization
IÜS	Brüsseler Übereinkommen zur einheitlichen Feststellung von Regeln über die Hilfsleistung und Bergung in Seenot (1910)
IÜZ	Brüsseler Übereinkommen zur einheitlichen Feststellung von Regeln über den Zusammenstoß von Schiffen (1910)
JahrbAkDR	Jahrbuch der Akademie für Deutsches Recht
J. v. Gierke	Julius v. Gierke, Handelsrecht und Schiffahrtsrecht, 8. Aufl. 1958
JW	Juristische Wochenschrift (1872—1939)
JZ	Juristen-Zeitung (ab 1951)
KG	Kammergericht
Kommandobrücke	Zeitschrift „Die Kommandobrücke"
KVO	Kraftverkehrsordnung für den Güterfernverkehr mit Kraftfahrzeugen (Beförderungsbedingungen) vom 30. März 1936 (RVkBl. B 151)
LG	Landgericht
Ll.L.R.	Lloyd's List Law Reports
L.L.	Lloyd's List and Shipping Gazette
LuftVG	Luftverkehrsgesetz vom 1. August 1922 (RGBl. I 681) in der Neufassung vom 4. November 1968 (BGBl. I 1113)

LuftVO	Luftverkehrs-Ordnung vom 10. August 1963 (BGBl. I 652)
LuftVZO	Luftverkehrs-Zulassungs-Ordnung vom 19. Juni 1964 (BGBl. I 370) in der Neufassung vom 28. November 1968 (BGBl. I 1263)
LZ	Leipziger Zeitschrift für Deutsches Recht (1907—1933)
MDR	Monatsschrift für Deutsches Recht (ab 1947)
MTV	Manteltarifvertrag
MerchShA	Britischer Merchant Shipping Act, 1894
n. F.	neue Fassung
NfL	Nachrichten für Luftfahrer (1920—1939; ab 1953)
NJW	Neue Juristische Wochenschrift (seit 1947)
OGHBrZ	Entscheidungen des Obersten Gerichtshofs für die Britische Zone (1949—1950); bei Nennung der Fundstelle in einer anderen Zeitschrift: Oberster Gerichtshof für die Britische Zone
OLG	Oberlandesgericht
OLGRechtspr	Die Rechtssprechung der Oberlandesgerichte auf dem Gebiet des Zivilrechts (1900—1928)
OSeeA	Oberseeamt
Pappenheim	Pappenheim, Handbuch des Seerechts, II. Bd. 1906, III. Bd. 1918 (Fortsetzung des Werkes von Wagner, Handbuch des Seerechts, Bd. I 1884)
Pfundtner-Neubert	Pfundtner-Neubert, Das neue deutsche Reichsrecht
PO	Deutsche Prisenordnung vom 28. August 1939 (RGBl. I 1585)
Prüssmann	Prüssmann, Seehandelsrecht, Viertes Buch des HGB, mit Nebenvorschriften und Internationale Übereinkommen, 1968
PStG	Personenstandsgesetz idF vom 8. August 1957 (BGBl. I 1125)
RabelsZ	Zeitschrift für ausländisches und internationales Privatrecht, begründet von Ernst Rabel) (seit 1927)
RGBl.	Reichsgesetzblatt
Recht	Das Recht (Zeitschrift, 1897—1944)
Recht der Schiffahrt	Recht der Schiffahrt, Karteizeitschrift der internationalen Schiffahrtspraxis, herausgegeben von Dabelstein u. a. (seit 1957)
RGZ	Rechtsprechung des Reichsgerichts in Zivilsachen (amtl. Sammlung)
RGH	Reichshaftpflichtgesetz vom 7. Juli 1871 (RGBl. 207)

Ripert	Ripert, Droit Maritime, 4. Aufl. Bd. I 1950, Bd. II 1952, Bd. III 1953 mit Nachtrag von Rodière 1963
Ritter-Abraham	Ritter, Das Recht der Seeversicherung, 2. Aufl. von Abraham, 2 Bd. 1967
RiW	Recht der internationalen Wirtschaft
RMBl.	Reichsministerialblatt
Rodière	Rodière, Précis de Droit Maritime, 5. Aufl. 1971
Rodière Traité	Rodière, Traité général de Droit Maritime, Bd. I Introduction des contrats d'affrètement, Bd. II Les contrats de transport de marchandises, 1967, Bd. III Acconage, Consignation, Transit, Transports successifs et combinés,Transports de passagers, Re morquage, 1970, Bd. IV Evénements de mer, 1972
RSchOG	Rheinschiffahrtsobergericht
RvglHwB	Rechtsvergleichendes Handwörterbuch für das Zivil- und Handelsrecht des In- und Auslandes, herausgegeben von Schlegelberger in Verb. mit anderen, 1929—1940
RVkBl.	Reichsverkehrsblatt (1920—1945)
RVO	Reichsversicherungsordnung
SBAO	Verordnung über die Mindestbesetzung von Seeschiffen mit Kapitänen und Schiffsoffizieren des nautischen und maschinentechnischen Schiffsdienstes (Schiffsbesetzungs- und Ausbildungsordnung) vom 19. August 1970 (BGBl. I 1253)
Schaps-Abraham	Schaps-Abraham, Das deutsche Seerecht, Kommentar und Materialsammlung (3. Aufl. des Kommentars von Schaps-Mittelstein-Sebba) I. Bd. 1959, II. Bd. 1960—1962, III. Bd. 1964, ErgBd. 1967
SchiffbG	Gesetz über die Schiffspfandbriefbanken idF vom 8. Mai 1963 (BGBl. I 301) mit Änderungen
Schlegelberger (oder Schlegelberger-Liesecke)	Schlegelberger-Liesecke, Kommentar zum Seehandelsrecht, 2. Aufl. 1964
SchlHA	Schleswig-Holsteinische Anzeigen
SchRG	Gesetz über Rechte an eingetragenen Schiffen und Schiffsbauwerken vom 15. Nov. 1940 (RGBl. I 1499) mit Änd. v. 4. Dez. 1968 (BGBl. 1295)
SchRO	Schiffsregisterordnung idF vom 26. Mai 1951 (BGBl. I 359) mit Änd. v. 4. Dez. 1968 (RGBl. I 1295)
SeeA	Seeamt
SeelotsG	Gesetz über das Seelotswesen vom 13. Oktober 1954 (BGBl. II 1035)

SeemG	Seemannsgesetz vom 26. Juli 1957 (BGBl. I 713)
SeemO	Seemannsordnung vom 2. Juni 1902 (RGBl. 175)
SeeUG	Gesetz über die Untersuchung von Seeunfällen vom 28. September 1935 (RGBl. I 1183)
SeuffA	Seufferts Archiv für Entscheidungen der obersten Gerichte in den deutschen Staaten (1847—1944)
Seeverkehr	Zeitschrift „Seeverkehr" (DDR)
SfrG	Seefrachtgesetz = Gesetz zur Änderung von Vorschriften des HGBs vom 10. Aug. 1937 (RGBl. I 891)
SHG	Gesetz über die Haftpflicht der Eisenbahnen und Straßenbahnen für Sachschaden vom 29. April 1940 (RGBl. I 691)
SRÄG	Gesetz zur Änderung des Handelsgesetzbuchs und anderer Gesetze (Seerechtsänderungsgesetz) vom 21. Juni 1972 (BGBl. I 966) mit Berichtigung vom 24. Juli 1972 (RGBl. I 1300)
StrandO	Strandungsordnung vom 17. Mai 1874 (RGBl. 73)
Strom und See	Zeitschrift „Strom und See", Basel
StVG	Straßenverkehrsgesetz vom 19. Dez. 1952 (BGBl. I 387)
StVZO	Straßenverkehrs-Zulassungs-Ordnung idF d. Bek. vom 6. Dez. 1960 (BGBl. I 897)
SVO	Gesetz über das Verfahren bei der Einzahlung und Verteilung der Haftungssumme zur Beschränkung der Reederhaftung (Seerechtliche Verteilungsordnung) vom 21. Juni 1972 (BGBk. I 953)
TCM	Convention sur le transport international combiné de marchandise
THB	Täglicher Hafenbericht
Tokio-Regeln	Konventionsentwurf für den kombinierten Transport, ausgearbeitet auf der Konferenz des CMI in Tokio Frühjahr 1969
TSchG	Tarifschiedsgericht für die deutsche Seeschiffahrt
TV	Tarifvertrag
UdSSR	Union der Sozialistischen Sowjetrepubliken
UN	United Nations
UNCITRAL	United Nations Commission on International Trade Law
UNCTAD	United Nations Conference on Trade and Development
UNIDROIT	Institut für die Vereinheitlichung des Privatrechts
USA	Vereinigten Staaten von Amerika
UVV	Unfallverhütungsvorschriften der See-Berufsgenossenschaft

VerkBl (auch VkBl)	Verkehrsblatt (ab 1949)
VersR	Versicherungsrecht, Juristische Rundschau für die Individualversicherung (ab 1950)
Visby Rules	Protokoll zur Änderung des Internationalen Übereinkommens zur einheitlichen Feststellung von Regeln über Konnossemente
VO	Verordnung
Vortisch-Zschucke	Vortisch und Zschucke, Binnenschiffahrts- und Flößereirecht, Kommentar, 3. Aufl. 1964 von Vortisch
VRS	Verkehrsrechts-Sammlung (ab 1949)
WA	Abkommen zur Vereinheitlichung von Regeln über die Beförderung im internationalen Luftverkehr vom 12. Oktober 1929 (RGBl. 1933 II 1039 Warschauer Abkommen)
WA 1955	Das im Haag am 28. September 1955 auf der Diplomatischen Konferenz zur Revision des Warschauer Abkommens angenommene Protokoll (vgl. BGBl. 1958 II 312), sog. Haager Protokoll
WA 1971	Das Warschauer Abkommen in der Fassung von Den Haag 1955 und Guatemala 1971
WG	Wechselgesetz vom 21. Juni 1933 (RGBl. 399)
WHG	Wasserhaushaltsgesetz vom 27. Juli 1957 (BGBl. I 57)
Wüstendörfer HB	Wüstendörfer, Seeschiffahrtsrecht, in Ehrenbergs Handbuch des gesamten Handelsrechts, Bd. VII, Abt. 2, 1923
Wüstendörfer SHR	Wüstendörfer, Neuzeitliches Seehandelsrecht, 2. Aufl. 1950
Wüstendörfer Studien	Wüstendörfer, Studien zur modernen Entwicklung des Seefrachtvertrages, Bd. I 1905—1909
WVR	Strupp-Schlochauer, Wörterbuch des Völkerrechts, Bd. I 1960, Bd. II 1961, Bd. III 1962
YAR	York-Antwerp-Rules
ZBlDR	Zentralblatt für das Deutsche Reich (1873—1922)
ZfBSch	Zeitschrift für Binnenschiffahrt (ab 1894)
ZHR	Zeitschrift für das gesamte Handels- und Konkursrecht (ab 1858), jetzt Zeitschrift für das gesamte Handelsrecht und Wirtschaftsrecht
ZLR	Zeitschrift für Luftrecht (1952—1959), Zeitschrift für Luftrecht und Weltraumrechtsfragen (ab 1960)
ZPO	Zivilprozeßordnung
ZVG	Gesetz über die Zwangsversteigerung und Zwangsverwaltung vom 24. März 1897 (RGBl. 97) mit Änd.

I. Abschnitt

Einführung

§ 1. Begriff, Gliederung, Charakter, Geschichte und Internationalität des Seerechts

Wüstendörfer HB 2 ff. und SHR 17 ff.; Schaps-Abraham I 3 ff.; Prüssmann 1 ff.

I. Begriff

Das Seerecht (Seeschiffahrtsrecht) ist als Bestandteil des Verkehrsrechts das *Sonderrecht der Schiffahrt auf der See und auf den mit der See verbundenen, von Seeschiffen befahrenen Wasserflächen.*

Seine Normen sind regelmäßig auf dem allgemeinen Recht aufgebaut oder in dieses eingebettet und bilden ihm gegenüber kein in sich geschlossenes Rechtssystem. Soweit deshalb keine Sondernormen vorhanden sind, gilt das allgemeine Recht auch für die Seeschiffahrt. In dieser Weise kennen alle Seeschiffahrt betreibenden Nationen ein Seerecht, in den anglo-amerikanischen Ländern als maritime oder admiralty law, in Frankreich als droit maritime, in Italien als diritto marittimo bezeichnet.

Aus der Begriffsbestimmung ergibt sich für das Seerecht im einzelnen:

1. Es ist *Bestandteil des Verkehrsrechts.* Doch ist der Begriff des Verkehrsrechts fast ohne materiellen Gehalt. Abgesehen von wenigen Grundinstituten, die in großen Zügen nach und nach für ihn herausgearbeitet sind, z. B. dem des Beförderungsvertrages, seine Abgrenzung von der Miete eines Verkehrsmittels, vielleicht gewissen Grundsätzen des internationalen Privatrechts, ist er nicht nur vom Standpunkt der Gesetzgebung — es gibt kein einheitliches Verkehrsgesetz —, sondern auch von demjenigen der Rechtsdogmatik — es gibt keine umfassende Gesamtdarstellung des Verkehrsrechts — im großen und ganzen nur eine formelle Zusammenfassung der mehr oder weniger vom allgemeinen Recht abweichenden Sonderrechte der einzelnen Transportmittel. Zu ihm gehören außer dem Seeschiffahrtsrecht noch das Recht der Binnenschiffahrt, das des Kraftfahrzeugs, der Eisenbahn und der Luftfahrt, auch das des Post- und Fernmeldewesens. Eine größere Annäherung dieser Sonderrechte ist wünschenswert, vornehmlich auch im Hinblick auf den kombinierten Transport eines Gutes durch mehrere Verkehrsmittel (Container-Verkehr). Sie ist aber schwer zu erreichen. Ihr sollen in dieser Darstellung des Seeschiffahrtsrechts die vergleichenden Hinweise auf die Sonderrechte anderer Verkehrsmittel dienen. Vgl. dazu auch Abraham ZLR 55, 81 und in Festschrift für Alex Meyer, 1954, 9 (Beiträge zum inter-

nationalen Luftrecht, Heft 32 der verkehrswissenschaftlichen Veröffentlichungen des Ministeriums für Wirtschaft und Verkehr Nordrhein-Westfalen); *ders.*, Die Haftung des Reeders, vornehmlich auch im Vergleich mit der Regelung für andere Verkehrsmittel (Schriften des Deutschen Vereins für Internationales Seerecht, Reihe A, Heft 5, 1958); Riese, in Studi in onore die Antonio Ambrosini, Mailand 1955, 157 ff.; Trappe, Recht der Seefahrt, der Binnenschiffahrt und der Luftfahrt, in „Verkehrswissenschaftliche Arbeiten in der Bundesrepublik Deutschland", 1969, 369—418; Wachs, Gedanken über die Begriffe Verkehrsrecht und Postrecht, ZHR 121, 28 ff. Eine umfassende systematische Darstellung der Haftung aus Frachtgeschäften bei allen Beförderungsmitteln gibt Helm in seiner 1966 erschienenen Frankfurter Habilitationsschrift „Haftung für Schäden an Frachtgütern, Studien zur Schadensersatzpflicht aus Frachtgeschäften und zur Konkurrenz vertraglicher und außervertraglicher Ersatzansprüche". Hinzuweisen ist ferner auf Krebs, Verkehrsrecht und Verkehrswirtschaft, 1960. In Frankreich hat Rodière in seinem dreibändigen Werk „Droit des Transports" (1953—1961) eine umfassende Darstellung des Beförderungsrechts (mit Ausnahme des Seerechts) unternommen. Für Schweden siehe Grönfors, Allmän transport rätt, 1965. Für das internationale Verkehrsrecht siehe das gleichnamige Werk von Bergner-Bäcker-Lange-Teuchert, Berlin (DDR) 1969. Hinzuweisen ist auf Zweigert und Kropholler, Quellensammlung des Einheitsrechts, Bd. II Transportrecht, 1972.

2. a) Das Seerecht ist das Sonderrecht der Schiffahrt *auf der See.* Erfolgt die Schiffahrt ausschließlich auf Flüssen oder sonstigen Binnengewässern, so kommt regelmäßig das *Binnenschiffahrtsrecht* zur Anwendung. Es hat viele Ähnlichkeiten mit dem Seerecht, in dessen Schatten es bis zu einem gewissen Grade steht. Wegen der Quellen des Binnenschiffahrtsrechts s. § 2 IV.

b) Die Grenze der See gegenüber den Binnengewässern ist der Ausgangspunkt für die Abgrenzung zwischen See- und Binnenschiffahrtsrecht. Für sie kommt die völkerrechtliche Einteilung der Gewässer in Hohe See, Küsten- und Eigengewässer (vgl. dazu § 4) nicht in Betracht. Vielmehr liegt die Grenze zwischen See- und Binnengewässern im Sinne der Abgrenzung zwischen See- und Binnenschiffahrt dort, wo die besondere Lage und Gefahr eines auf der Seefahrt befindlichen Schiffes anfängt. Es muß dazu eine Isolierung des Schiffes vorhanden sein und, mit ihr verbunden, eine gesteigerte Abhängigkeit von den Naturgewalten, mit der Folge wiederum einer erhöhten Verantwortlichkeit der auf dem Schiff befindlichen Menschen gegeneinander und gegenüber dem regelmäßig an Land befindlichen Schiffseigentümer.

Diesseits dieser Grenze vom Lande aus handelt es sich um Binnenschiffahrt, jenseits um Seeschiffahrt. Es kommt also auch nicht darauf an, ob es sich bei dem in Frage kommenden Gewässer um ein solches mit Süß- oder Salzwasser handelt, auch nicht, ob es im allgemeinen Sprachgebrauch als Meeresteil oder Meeresbucht bezeichnet wird. Binnenschiffahrt ist deshalb auch die Schiffahrt auf den Flußmündungen, Haffen, Förden, Watten. Regelmäßig wird aber Seefahrt die Schiffahrt auf demjenigen Salzwasser sein, das der Seemann als offene See bezeichnet. Überhaupt ist für die Abgrenzung auf die Anschauung seemännischer Kreise weitgehend abzustellen.

An einer gesetzlichen Regelung mit allgemeiner Gültigkeit fehlt es. Die in der 3. DVO FlaggRG v. 3. Aug. 1951 (BGBl. II 155) enthaltenen Grenzziehungen gelten an sich nur für das FlaggRG und dort, wo ihre Anwendung ausdrücklich angeordnet ist, können aber auch in sonstigen Fällen meistens in entsprechender Anwendung herangezogen werden.

c) Nur selten erfolgt wohl die Fahrt eines Seeschiffes ausschließlich auf Seegewässern. Schon wenn ein Seeschiff einen unmittelbar an der Küste gelegenen Hafen anläuft, befährt es innerhalb der Hafenbecken Binnengewässer. Erst recht ist das der Fall, wenn es einen am Unterlauf eines Flusses gelegenen Hafen erreichen will. Viele Schiffe (Flußseeschiffe) sind so gebaut, daß sie nicht nur die offene See, sondern auch die Mittelläufe der großen Ströme und binnenländische Kanäle befahren können. Derartige Schiffe verkehren auf dem Rhein heute bis Basel. Durch den St.-Lorenz-Strom sind die großen amerikanischen Seen für Ozeanschiffe erreichbar geworden. Andererseits befahren auch Binnenschiffe gelegentlich die Seegewässer.

Aus diesen Überschneidungen können sich Schwierigkeiten hinsichtlich der Anwendung von See- oder Binnenschiffahrtsrecht ergeben, für die noch nicht in allen Fällen eine befriedigende Lösung gefunden ist. Vgl. außer den nachstehenden Ausführungen aa)—ee) zur Vertiefung Schaps-Abraham I 239 bis 234 Anm. 11—14.

aa) Ist das von einem Seeschiff durchfahrene Binnengewässer lediglich ein *verlängerter Arm des Seewegs* (z. B. das Einlaufen in den Seehafen oder die Strecke auf Flußmündungen, die zurückgelegt werden muß, um einen Seehafen zu erreichen), so liegt rechtlich eine einheitliche Seereise vor, auf die nur Seerecht zur Anwendung kommt. Ebenso gilt nur Binnenschiffahrtsrecht, wenn ein Binnenschiff auf einer Binnenreise eine kurze Strecke die offene See befahren muß.

bb) Macht ein Seeschiff ausnahmsweise eine *reine Binnenreise* (z. B. von Hamburg nach Kiel via Elbe/Nord-Ostsee-Kanal) oder ein Binnenschiff eine *reine Seereise* (es wird z. B. von Cuxhaven nach Emden auf dem Seewege überführt) oder ein See- oder Binnenschiff eine *kombinierte (gemischte) Reise* (z. B. von Mannheim den Rhein abwärts und durch die Rheinmündung über die offene Nordsee nach Hamburg, Großbritannien oder Skandinavien), so sind die öffentlich-rechtlichen wegerechtlichen Vorschriften für alle eine bestimmte Wasserstraße befahrenden Schiffe regelmäßig einheitlich. Vgl. den Überblick § 2 I 2. Die Frage des anzuwendenden Rechts spielt auch bezüglich der haftungsrechtlichen Folgen aus Schiffszusammenstößen, jedenfalls was den Grund der Haftung angeht, kaum eine Rolle, weil die diesbezüglichen Vorschriften für Seeschiffe und für Binnenschiffe grundsätzlich einheitlich gestaltet sind. Wohl aber weicht die Frage des „Womit“ für die Haftung voneinander ab, indem für Seeschiffe nach den §§ 486 bis 487 d HGB das System der summenmäßigen Haftungsbeschränkung gilt, während für Binnenschiffe noch das der beschränkten Haftung mit dem Schiffsvermögen in Geltung ist.

cc) Schwierigkeiten können sich ergeben, weil in den gesetzlichen Bestimmungen bald von einem See- oder Binnenschiff (vgl. z. B. § 929 a BGB; Art. 1

Int. Abk. zur einheitlichen Feststellung von Regeln über die Immunitäten der Staatsschiffe), bald von einem zur See- oder Binnenschiffahrt verwendeten oder bestimmten oder dienenden Schiff die Rede ist (z. B. §§ 1 BSchG, 1 FlaggRG, 484 HGB). Die deutsche Prisenordnung v. 28. Aug. 1939 spricht von Seefahrzeugen, die dem Prisenrecht unterliegen. Es fragt sich deshalb, wie sich diese verschiedenen Begriffe zueinander verhalten.

Für den *Dauercharakter* eines Schiffes als See- oder Binnenschiff kommt es auf die *gegenwärtige regelmäßige Verwendung* zur See- oder Binnenfahrt an (vgl. aus der neueren Rechtsprechung BGHZ 25, 244, OLG Hamburg Hansa 1960, 1800 = MDR 1960, 316 = VersR 1960, 412, OLG Schleswig SchlHA 1963, 21, RhSchOG Köln i. Sa. „Tina Scarlett" Hansa 1964, 1991). Eine gelegentliche Seereise macht ein Binnenschiff nicht zum Seeschiff, eine gelegentliche Binnenreise ein Seeschiff nicht zum Binnenschiff. Bei dauernder regelmäßiger Verwendung auf See- und Binnengewässern ist die aus objektiver Eignung und subjektiver Zweckbestimmung sich ergebende überwiegende Eigenschaft maßgeblich. Nach Prüssmann Einf. z. 4. Buch HGB I B 1 a soll es für die Einordnung als Seeschiff genügen, wenn das Schiff auch regelmäßig zur Seefahrt verwendet wird, selbst wenn die Fahrten auf Binnengewässern überwiegen. Allerdings müsse das Schiff dann nach Bauart und Ausrüstung einem Seeschiff entsprechen (siehe dazu auch Wüstendörfer SHR 40). Auch die Eintragung des Schiffes zum See- oder Binnenschiffsregister kann ein Anhaltspunkt sein (RGZ 102, 45). Vgl. jedoch §§ 5, 6 SchRO. Zu weitgehend Breuer Hansa 1953, 394, der für ein Seeschiff noch fordert, daß es konstruktionsmäßig für die Seefahrt geeignet sei und dies durch einen Fahrterlaubnisschein der See-Berufsgenossenschaft nachgewiesen werde. Allerdings ist mit Prüssmann a. a. O. anzunehmen, daß der Fahrterlaubnisschein einen gewichtigen Anhaltspunkt abgeben wird (nach § 163 RVO ist für ihn eine „ausschließliche oder vorzugsweise" Benutzung zur Seefahrt zu fordern).

Dieser Dauercharakter des Schiffes entscheidet über alle von der konkreten Reise unabhängigen Rechtsverhältnisse, insbesondere Heuerverhältnisse und die sich aus dem SchRG ergebenden sachenrechtlichen Fragen (so auch Wüstendörfer SHR 46), ferner auch für die Frage, welches System für die Beschränkung der Reederhaftung gilt.

dd) Insbesondere gehen bei gelegentlichen reinen See- oder Binnenreisen die Meinungen über die Anwendbarkeit des 4. Buchs des HGB oder die des BSchG auseinander. BGHZ 25, 244 und RhSchOG Köln Hansa 1964, 1991 wollen auch bei einer reinen Binnenreise eines Seeschiffes auf die dauernde Zweckbestimmung des Schiffes abstellen und deshalb Seehandelsrecht anwenden. Wüstendörfer a. a. O. (zustimmend Prüssmann Einf. z. 4. Buch HGB I C 2 b aa) will für alle Rechtsverhältnisse, die aus der betreffenden Reise herrühren oder mit ihr zusammenhängen, die Eigenschaft dieser Reise als See- oder Binnenreise entscheidend sein lassen, einerlei, ob es sich um vertragliche oder außervertragliche Rechtsverhältnisse handelt. Dem ist zuzustimmen, insbesondere für Frachtvertrag, Konnossement, Ladeschein, Schiffsgläubigerrechte, große Haverei, Bergung und Hilfeleistung. Doch ist bei vertraglichen Rechtsverhältnissen in erster

Linie die Parteivereinbarung entscheidend, soweit es sich bei den sonst anzuwendenden Normen nicht um zwingendes Recht handelt.

ee) Für die verbleibenden echten *kombinierten* Reisen (also z. B. Basel—Oslo oder Köln—London) will die überwiegende Ansicht bei See- und Binnenschiffen ausschließlich Seerecht anwenden. Vgl. Wüstendörfer SHR 45 f.; Schlegelberger 9 und Prüssmann Einf. z. 4. Buch HGB I C 2 a, wenn bei einem Binnenschiff das Schwergewicht der Reise auf der Seestrecke liege, RGZ 165, 166; BGHZ 25, 244 und 8, 147 (wo es sich allerdings gar nicht um eine echte kombinierte Reise handelte, weil das Schiff beim Durchfahren der Untertrave auf der Reise Lübeck—Malmö war, die Untertrave also nur der verlängerte Arm des Seewegs war, siehe oben aa). Gegen die überwiegende Ansicht LG Hamburg 1952, 1763 = MDR 1952, 680 und auch die Vorauflagen dieses Grundrisses.

Man argumentiert grundsätzlich wohl mit Recht, das Seerecht sei bei solchen kombinierten Reisen gegenüber dem Binnenschiffahrtsrecht das stärkere Recht. Doch kommt es auch bei ihnen für vertragliche Verhältnisse zunächst auf das vereinbarte Recht an. Das gilt insbesondere auch für Beförderungsverträge. Soweit deshalb das Seefrachtrecht zwingenden Charakter hat, muß Freizeichnung möglich sein, wenn die Grenze von der Seeschiffahrt zur Binnenschiffahrt überschritten wird. Weshalb sollte ein Konnossementsinhaber auf dem Rhein nur noch deshalb den Schutz des § 662 HGB genießen, weil er mit einem von London nach Köln durchlaufenden Schiff befördert hat, während er ihn nicht hätte, wenn in Rotterdam eine Umladung in ein Binnenschiff erfolgt und ein Schaden auf dem Binnenschiff eingetreten wäre?

II. Das Seerecht gliedert sich in **öffentliches** und **privates** Seerecht.

Beide sind indessen, wie auch in den Sonderrechten anderer Verkehrsmittel, eng miteinander verwoben.

Bei scheinbar rein privatrechtlichen Fragen kommt häufig ein öffentlichrechtlicher Einschlag zum Durchbruch, namentlich in Gestalt wirtschafts- oder sozialrechtlicher Normen.

In erster Linie soll in dieser Darstellung das private Seerecht behandelt werden. Doch ist eine gewisse Mitbetrachtung des öffentlichen Seerechts unerläßlich. Nur das Prisen- und sonstige Seekriegsrecht scheiden grundsätzlich aus.

1. Zum *privaten* Seerecht gehören fast ausschließlich die im 4. Buch HGB geregelten Materien und sodann die Sonderbestimmungen sachenrechtlicher Art für zum Schiffsregister eingetragene Schiffe. Seeprivatrechtliche Normen finden sich außerdem eingestreut in sonstigen privatrechtlichen Gesetzen, z. B. §§ 580 a, 648 Abs. 2, 929 a, 932 a BGB, und vielen Gesetzen des öffentlichen Seerechts.

2. Zum *öffentlichen* Seerecht zählen:

a) das *Seevölkerrecht*. Es regelt teils die völkerrechtlichen Verhältnisse der Schiffahrt in Friedenszeiten (Anlaufen fremder Häfen, Freiheit der hohen See, Küstengewässer, neuerdings die Doktrin des continental shelf), teils diejenigen während eines Seekrieges (Blockade, Konterbande, Prisenrecht).

b) das *Seestaats-* und *Seeverwaltungsrecht.* Zu ihm gehören die zahlreichen, der öffentlichen Ordnung und Sicherheit des Schiffsverkehrs dienenden Bestimmungen wie diejenigen, die sich auf das Flaggenrecht, die Schiffsvermessung, die Registrierung der Schiffe beziehen, ferner diejenigen, die der eigentlichen Verkehrsregelung dienen (Seestraßenordnung, Seeschiffahrtsstraßen-Ordnung, Hafenordnungen), ferner auch die meisten Bestimmungen des Lotsenrechts und die Vorschriften über die Untersuchung von Seeunfällen. Hinzuweisen ist vornehmlich auch auf das Gesetz über die Aufgaben des Bundes auf dem Gebiet der Seeschiffahrt idF v. 24. Mai 1965 (BGBl. II S. 833).

c) das *Seewirtschaftsrecht,* z. B. die Bestimmungen über die finanzielle Förderung des Reedereigewerbes, die die Seeschiffahrt betreffenden Bestimmungen des Außenwirtschaftsgesetzes vom 28. April 1961 (BGBl. I 481) mit den ergänzenden Vorschriften, namentlich der Außenwirtschaftsverordnung vom 22. August 1961 (BGBl. I 1381), beide mit Änderungen, die der VO über die Übermittlung schiffahrtsgeschäftlicher Unterlagen an ausländische Stellen v. 14. Dez. 1966 (BGBl. II 1542).

d) das *Seearbeitsrecht,* für welches vornehmlich das SeemG, tarifvertragliche Bestimmungen und eine Reihe von Nebengesetzen in Betracht kommen.

e) das *Seestrafrecht* mit Sondertatbeständen, z. B. hinsichtlich der flaggenrechtlichen Bestimmungen, der Anordnungsfolgepflicht des Seemannes bezüglich Ordnung und Sicherheit an Bord, der Verkehrsbestimmungen auf See und den Zufahrtswegen zu ihr.

3. Ein Sondergebiet gegenüber dem Seerecht ist überkommenermaßen das *Seeversicherungsrecht;* vgl. Möller, Seerecht und Seeversicherung, Wüstendörfer-Festschrift (nicht im Handel erschienen), 1950, 185 ff.

III. Das Seerecht ist auch heute noch trotz aller modernen Nachrichtenmittel weitgehend durch die *Isolierung* gekennzeichnet, in der sich das Schiff, die auf ihm befindlichen Personen und die Ladung außerhalb des Heimathafens befinden.

Diese Isolierung, der hohe Wert von Schiff und Ladung und das damit verbundene hohe Haftungsrisiko des Reeders haben im Seerecht vielfach den *Gemeinschaftsgedanken* zum Durchbruch kommen lassen, z. B. in Gestalt der besonderen Unternehmensform der Partenreederei, der Gefahrengemeinschaft der großen Haverei. Die Isolierung hatte die (neuerdings durch das SeemG erheblich abgeschwächte) strenge Befehlsgewalt des Kapitäns zur Folge gehabt, aber auch seine umfangreiche gesetzliche Vollmacht für den abwesenden Reeder, dem im Hinblick auf sein großes Risiko in wichtigen Fällen die Wohltat einer beschränkten Haftungsmöglichkeit gewährt wird.

IV. Geschichtliche Entwicklung. Vgl. für die Vertiefung Wüstendörfer HB 11 ff.

Das Seerecht ist das älteste, fortlaufend überkommene Sonderrecht eines Verkehrsmittels.

1. Das *römische* Recht kannte einzelne besondere Institute des Seerechts, die, zum Teil aus dem griechischen Recht übernommen, bis in die Gegenwart hinein von Bedeutung sind. Hierher gehören:

a) das *foenus nauticum*, ein Seedarlehen, das vor Beginn der Reise auf Seegefahr des Geldgebers gegeben wurde (Dig. 22, 2; Cod. 4, 33). Es fand sich noch in Art. 701 AHGB und bis zum 6. April 1973 in den §§ 679 bis 699 HGB als sog. „uneigentliche Bodmerei", indem dem Kapitän die Befugnis gegeben war, Schiff und Ladung unter bestimmten Voraussetzungen zu verbodmen, d. h. dergestalt zu verpfänden, daß für die Rückzahlung des Darlehens nur das Schiffsvermögen und die Ladung hafteten;

b) das *receptum nautarum*, nach welchem der Kapitän für Verlust oder Beschädigung der Ladung auch bei Zufall haftet und sich nur durch den Nachweis höherer Gewalt befreien konnte. Vgl. Dig. 4, 9. Diese strenge Haftung hatte ebenfalls noch in das AHGB Eingang gefunden (vgl. dessen Art. 607);

c) die *lex Rhodia de jactu:* Werden vom Kapitän zur Errettung von Schiff und Ladung aus gemeinsamer Gefahr Opfer gebracht, so sollen sie von allen Beteiligten gemeinsam und anteilig getragen werden. Dieser Grundsatz findet sich heute noch in allen Seerechten als große Haverei. Vgl. §§ 700 ff. HGB und unten § 26.

2. Im *Mittelalter* entstanden im Mittelmeergebiet, im Westen und Norden Europas *partikulare Seerechte,* die jedoch infolge häufiger Entlehnungen und Nachbildungen viele gemeinsame Züge hatten. Sie wurden in privaten Zusammenstellungen, Stadtrechten, Rechtssprüchen der See- und Gildengerichte sowie in Rechtssatzungen und Willküren der Seehandelsgilden niedergelegt. Zu erwähnen sind vornehmlich:

a) für das *Mittelmeergebiet* das *Consolat del mar.* Es ist ein privates Seerechtsbuch und enthält die Rechtsprechung des Seegerichts zu Barcelona. Seine letzte Neufassung stammt wohl aus dem Jahre 1370. Vgl. Preiser, Wörterbuch des Völkerrechts, 2. Aufl. Bd. I, 1960.

b) für den *Hansebereich* das fälschlich sog. *Wisbysche Seerecht,* eine um 1400 auf Veranlassung der Brügger Hanse aufgezeichnete flämische Umgestaltung der *Rolles des Jugements d'Oléron,* die eine Spruchsammlung des Seegerichts der Insel Oléron aus dem 12. bis 13. Jahrhundert sind.

3. Das 17. Jahrhundert ist eine Periode umfassender Landesgesetzgebung. So wurde in *Frankreich* 1681 die berühmte *Ordonnance de la marine* erlassen, deren Regelungen weitgehend in das Seerecht des code de commerce übernommen wurden. Für das *deutsche* Rechtsgebiet ist die Regelung des Seerechts im Preußischen ALR von 1794 zu erwähnen (II 8 § 1398 ff.). Ein *gemeines deutsches Seehandelsrecht* wurde erstmals durch das 5. Buch des AHGB von 1861 geschaffen. Dieses wurde sodann durch das 4. Buch des HGB von 1897 ersetzt.

4. Die *zweite Hälfte des 19. Jahrhunderts* brachte für die Seeschiffahrt bedeutende wirtschaftliche und technische Umwälzungen. Das relativ kleine Segelschiff wurde nach und nach durch maschinengetriebene Schiffe von immer größeren Abmessungen ersetzt. An die Stelle des Holzes als Baustoff traten zu-

nächst das Eisen und dann der Stahl. Die moderne Linienfahrt entwickelte sich neben der in der Segelschiffszeit vorherrschenden Trampfahrt. Die neuzeitlichen Nachrichtenmittel milderten die Isolierung des Seeschiffes und beeinflußten damit die Stellung des Kapitäns, indem die Bedeutung seiner wirtschaftlichen Funktionen, so namentlich hinsichtlich des Abschlusses von Frachtverträgen, sank. Demgegenüber erwuchsen ihm aber aus der wachsenden Kompliziertheit des modernen Schiffsbetriebes auch neue Aufgaben. Als Organisationsform der Schiffahrtsunternehmen trat die überkommene Partenreederei zurück und wurde durch die modernen handelsrechtlichen Unternehmensgebilde weitgehend ersetzt.

5. Das 4. Buch HGB von 1897 hat in seiner ursprünglichen Fassung diese Entwicklung kaum berücksichtigt. So war es für Rechtslehre und Rechtswissenschaft eine dankbare Aufgabe, das überkommene Seerecht der modernen Wirklichkeit anzupassen. Hervorzuheben sind besonders die Rechtsprechung des *Hanseatischen Oberlandesgerichts* (siehe dazu für die Jetztzeit Wriede, Ausgewählte Probleme aus der Rechtsprechung des Hanseatischen Oberlandesgerichts zum Seehandelsrecht, Schriften des Deutschen Vereins für Internationales Seerecht, A Heft 13, 1972) und die Untersuchungen des späteren Hamburger Rechtslehrers *Wüstendörfer*, vornehmlich seine Studien zur modernen Entwicklung des Seefrachtvertrages, Bd. I, 1905—1909, und sein — leider unvollendetes — Seeschiffahrtsrecht in Ehrenbergs Handbuch des gesamten Handelsrechts Bd. VII Abs. 2, 1923.

Kennzeichnend für das Seerecht in der Zeit vor dem ersten Weltkriege ist auch die Ersetzung der meistens nachgiebigen gesetzlichen Regelungen durch vereinbartes Recht, so besonders auf frachtrechtlichem Gebiet. Die Verfrachter nutzten ihre namentlich in der Stückgutfahrt über die Vielzahl der Befrachter vorhandene Überlegenheit über Gebühr aus und zeichneten sich frei, soweit das nur irgend nach gemeinem Recht zulässig war.

6. Die Periode zwischen den beiden Weltkriegen ist bemerkenswert durch eine erneute Aktivität des Gesetzgebers. Ein Vorläufer dieser Entwicklung auf sozialpolitischem Gebiet war bereits die *Seemannsordnung* von 1902. Der weitgehenden Ersetzung des bisher dispositiven Frachtrechts durch zwingende Normen diente das 1937 erlassene *Gesetz zur Änderung von Vorschriften des HGBs über das Seefrachtrecht*, welches die sog. Haager Regeln in das deutsche Seerecht einbaute. Das Sachenrecht der im Schiffsregister eingetragenen Schiffe wurde durch das *Gesetz über Rechte an eingetragenen Schiffen und Schiffsbauwerken* v. 15. Nov. 1940 (vgl. Amtl. Begr. DJ 1940, 1329 ff.; DVO v. 21. Dez. 1940) neu geordnet und dem Grundstücksrecht, vor allem auch hinsichtlich des Hypothekenkredits, weitgehend angeglichen. Seiner Ergänzung dienen die *Schiffsregisterordnung* v. 1. Dez. 1940 — jetzige Fassung v. 26. Mai 1951 —, die in ihren Funktionen der Grundbuchordnung entspricht, und die *Schiffsregisterverfügung* v. 23. Dez. 1940 — jetzige Fassung v. 29. Mai 1951 —, in welcher die Bestimmungen über die Einrichtung und Führung der Schiffsregister enthalten sind.

Aus der Zeit nach dem zweiten Kriege sind an neuen gesetzlichen Bestimmungen vornehmlich noch zu erwähnen das *Gesetz über das Flaggenrecht der See-*

schiffe und die Flaggenführung der Binnenschiffe (Flaggenrechtsgesetz) v. 8. Febr. 1951 nebst vier DVOen, welches das frühere FlaggRG v. 22. Juni 1899 ersetzte, das *Gesetz über das Seelotswesen* v. 13. Okt. 1954, das *Seemannsgesetz* v. 26. Juli 1957. Hinzuweisen ist auch auf die sich aus dem Beitritt der Bundesrepublik Deutschland zu den Schiffssicherheitsverträgen 1948 und 1960 ergebenden Durchführungsbestimmungen, wie etwa die Schiffssicherheitsverordnung, die VO über die Sicherung der Seefahrt, die Funksicherheitsverordnung. Vgl. im übrigen § 2 I 1 und II.

Hinzuweisen ist sodann auf das *Seerechtsänderungsgesetz* vom 21. Juni 1972 (BGBl. I 966), das zu einer erheblichen Änderung des Vierten Buches des HGB über das Seehandelsrecht geführt hat, insbesondere hinsichtlich dessen Vorschriften über die Haftung des Reeders sowie über die Vertretungsmacht des Kapitäns, über die große Haverei und über die Bergung und Hilfsleistung sowie über die Schiffsgläubigerrechte. Im engen Zusammenhang mit der Neuordnung der Reederhaftung steht der Erlaß der *Seerechtlichen Verteilungsordnung* vom 21. Juni 1972 (BGBl. I 953): Die genannten Bestimmungen sind am 6. April 1973 in Kraft getreten (siehe auch BGBl. 1973 II 161).

V. 1. Wie schon im mittelalterlichen Seehandel die Übertragung von Rechtseinrichtungen von einem Land in das andere erfolgte und sich für die damalige Zeit gewisse Seerechtsfamilien bildeten, so ist auch für das moderne Seeschiffahrtsrecht, wie überhaupt mehr oder weniger für die Sonderrechte aller Verkehrsmittel, eine Neigung zu *internationaler Vereinheitlichung* festzustellen. Vgl. dazu im einzelnen § 2 III. S. auch Wüstendörfer MDR 51, 449 ff. und Würdinger, Vereinheitlichung des Seerechts in Gegenwart und Zukunft, Heft 1 der Schriften des Vereins für internationales Seerecht, 1953; Krüger Hansa 1959, 1221; Albrecht Hansa 1959, 1227 und 1259.

2. Der Regelung zwischenstaatlicher Aufgaben in der Seeschiffahrt dient eine Reihe internationaler Organisationen. Hinzuweisen ist an erster Stelle auf die Zwischenstaatliche Beratende Seeschiffahrts-Organisation (Intergovernmental Maritime Consultative Organization = IMCO), deren Gründung auf der im März 1948 in Genf tagenden Weltschiffahrtskonferenz beschlossen wurde und die im Frühjahr 1958 mit dem Sitz in London ins Leben getreten ist. Die Bundesrepublik Deutschland ist Mitglied (vgl. die Bek. des Übereinkommens in BGBl. 1965 II 313). Die Organisation soll die Zusammenarbeit der Regierungen intensivieren und damit zur Lösung internationaler Schiffahrtsprobleme, zur Erhöhung der Schiffssicherheit sowie zur Leistungssteigerung im Seeverkehr beitragen. Sie beruft von Zeit zu Zeit die International Conference for Savety of Life at Sea ein (zuletzt 1960). Über den technischen Sektor hinweg soll die Tätigkeit der IMCO auch die ökonomischen Bereiche umfassen. Vgl. Maack Hansa 1956, 396, Helm, Wörterbuch des Völkerrechts III 897, Schubert Hansa 1961, 1341, Breuer Nauticus 1964, 50—58, Schaps-Abraham I 7 Anm. 16, III 1198, ErgBd. 9 ff. Insbesondere hat sie auch auf seeprivatrechtlichem Gebiet in zunehmendem Maße Aktivität entfaltet, so namentlich bezüglich des Internationalen

Übereinkommens über die zivilrechtliche Haftung für Schäden durch Ölverschmutzung auf See vom 29. 11. 1969 (siehe dazu Herber RabelsZ 1970, 223 ff.). Vergl. neuerdings vornehmlich Lampe und Roth, IMCO, 15 Jahre Mitgliedschaft der Bundesrepublik Deutschland, Hansa 1974, 12 ff. Zu erwähnen sind insbesondere weiter (vgl. auch Maack, Internationale Zusammenarbeit in der Seeschiffahrt, Hansa 1958, 1323) die International Shipping Federation (Sozialfragen), die International Transportworkers Federation, die International Chamber of Shipping (Wirtschaftsfragen), die Baltic and International Maritime Conference (Reeder- und Maklerverband), das Comité Maritime International (Rechtsvereinheitlichung; Deutscher Seerechtsverein als nationaler Zweigverein; siehe den zusammenfassenden Überblick über die Konferenzen des Comité Maritime International von 1897 bis 1972, 1972), das Committee of European National Shipowner's Association (CENSA) (Zusammenschluß der nationalen Reederverbände Westeuropas und Japans). Zu nennen sind auch die für das Frachtratengefüge in der Linienschiffahrt sehr bedeutsamen Schiffahrtskonferenzen (siehe über diese auch unten § 18 IV). Siehe über die Welthandelskonferenz (UNCTAD), den Ausschuß der UN für internationales Handelsrecht (UNCITRAL) und die UNCTAD-Arbeitsgruppe für internationale Schiffahrtsgesetzgebung (Working Group on International Shipping Legislation) Stieper Hansa 1968, 1278; 1970, 335 ff.; 1971, 539 f.; 1972, 512; ders., UNCTAD III, Die Seeschiffahrt auf der 3. Welthandelskonferenz (WHK). Hansa 1972, 1135; Herber, Hansa 1971, 981; Rathjens, UNCTAD-Konferenz in Santiago, Hansa 1972, 515; de la Motte, Zur Revision der Haager Regeln, 3. Sitzung der UNCITRAL-Arbeitsgruppe, Hansa 1972, 764; Krieger, Der gegenwärtige Stand der Arbeiten zur Modernisierung des Seerechts, Schriften des Deutschen Vereins für Internationales Seerecht, Reihe A Heft 8, 1971, S. 4. 4 ff.

Die Seeversicherer haben ihre internationale Organisation in Gestalt der International Union of Marine Insurance. Des Seearbeitsrechts nimmt sich die Internationale Arbeitsorganisation in Genf an. Innerhalb der Tankschiffahrt dient die International Tanker Owners Association Ltd. der Zusammenarbeit der unabhängigen Tankreeder.

Für die internationale Luftfahrt ist insbesondere auf zwei große Gebilde hinzuweisen, die International Civil Avation Organisation (ICAO) und die International Air Transport Association (IATA), beide mit dem Sitz in Montreal (Kanada). Die ICAO ist ein von den Mitgliedstaaten des Chicagoer Abkommens (s. dazu § 2 V) geschaffenes Organ, das einen internationalen Verwaltungsverband mit sehr weitgehenden Befugnissen darstellt (Förderung der Zivilluftfahrt in der ganzen Welt und ihrer technischen Verbesserung, Vermeidung unvernünftiger Konkurrenz, Abwicklung des Flugverkehrs, Ausbildung und Zulassung des Flugpersonals). Die IATA ist ein internationaler Verband der führenden Luftverkehrsgesellschaften, namentlich des Linienverkehrs. Sie hat einheitliche Beförderungsbedingungen geschaffen, die allerdings recht einseitig zugunsten ihrer Mitglieder sind. Vgl. Abraham LR I 414—468.

IMCO und ICAO sind Unterorganisationen der UN.

Die internationalen Abkürzungen für Organisationen, an denen das Verkehrswesen beteiligt ist, sind aufgeführt in der Zeitschrift „Die Bundesbahn", 1957, 235.

§ 2. Die wesentlichen Rechtsquellen

I. Gemeinsame Rechtsquellen für See- und Binnenschiffahrtsrecht

In Deutschland haben See- und Binnenschiffahrt im allgemeinen verschiedene Rechtsquellen. Nur wenige Gesetze betreffen ganz oder teilweise beide Gebiete.

Das ist auch in Frankreich so. In Italien sind im Codice della Navigazione von 1942 öffentliches und privates See-, Binnenschiffahrts- und Luftrecht formell und in wesentlichen Teilen auch in der Sache zusammengefaßt. England und die skandinavischen Staaten kennen kaum besondere Regeln für die Binnenschiffahrt, sondern wenden auf sie grundsätzlich die seerechtlichen Normen an. In den Niederlanden ist am 24. Juni 1939 eine Neuregelung des Binnenschiffahrtsrechts, welches im wesentlichen im 13. Titel des zweiten Buches des Wetboek van Koophandel enthalten ist, erfolgt und 1952 in Kraft getreten. Vgl. Stein ZHR 116, 56 ff.; s. auch ZfBsch. 1953, 4. In der Schweiz hat das Bundesgesetz über die Seeschiffahrt unter der Schweizer Flagge v. 23. Sept. 1953 (Seeschiffahrtsgesetz), das am 1. Jan. 1957 in Kraft getreten ist, in den Art. 125—127 gewisse seerechtliche Bestimmungen auch auf die Binnenschiffahrt für anwendbar erklärt. Siehe dazu Müller in der Zeitschrift „Strom und See", 1956, 463 ff.

1. Für das *private* oder doch überwiegend private Schiffahrtsrecht sind in der Form und auch zum größten Teil sachlich gemeinsam das *Gesetz über Rechte an eingetragenen Schiffen und Schiffsbauwerken* v. 15. Nov. 1940 (RGBl. I 1499, Amtl. Begr. DJ 1940, 1329), mit Änd. v. 4. Dez. 1968 (BGBl. I 1295), seine umfangreiche DVO v. 21. Dez. 1940 (RGBl. I 1609) und die ergänzenden Verfahrensvorschriften, enthalten in der *Schiffsregisterordnung*, jetzige Fass. v. 26. Mai 1951 (BGBl. I 353) mit Änd. v. 4. Dez. 1968 (BGBl. I 1295), ursprünglich vom 19. Dez. 1940 (RGBl. I 151), und in der *Schiffsregisterverfügung*, jetzige Fass. v. 29. Mai 1951 (BA Nr. 109), ursprünglich v. 23. Dez. 1940 (DJ 1941, 42), mit Änderung v. 7. Januar 1969 (BA Nr. 7). Vgl. über die Fass. der SchRO von 1951 v. Spreckelsen Hansa 51, 966 f.

2. Für das *öffentliche* Schiffahrtsrecht ist formell gemeinsam das *Gesetz über das Flaggenrecht der Seeschiffe und die Flaggenführung der Binnenschiffe* v. 8. Febr. 1951 (BGBl. I 79).

Sachlich gemeinsam sind vornehmlich diejenigen Bestimmungen, die *Verkehrsregelungen* für bestimmte Gebiete enthalten. Die Vorschriften über das Ausweichen, die Lichterführung und dgl. müssen für ein bestimmtes Wassergebiet für alle auf ihm verkehrenden Fahrzeuge notwendig angeglichen oder einheitlich sein. Diese Regeln beruhen weitgehend auf internationaler Vereinheitlichung.

Das gilt insbesondere für die *Seestraßenordnung* in der seit dem 1. Sept. 1965 auf Grund des Schiffssicherheitsvertrages 1960 geltenden Fassung. Vgl. Gesetz zum Schiffssicherheitsvertrag v. 17. Juni 1960 v. 6. Mai 1965 (BGBl. II 465) und Bek. v. 6. Oktober 1965 (BGBl. II 1532). Über die Vorgeschichte und Entstehung der SeestrO s. Busch Hansa 53, 887 ff. u. 1747 ff. Eine neue Seestraßenordnung wurde im Oktober 1972 auf einer Konferenz in London beschlossen, die indessen noch nicht in Kraft getreten ist. Sie ist aus dem Schiffssicherheitsvertrag herausgelöst. Siehe zu ihr Söhnke und Hübschmann, Schiffahrt International (Seekiste) 1973, 255 ff., 316 ff. und 360 ff. Die *VO über das Verhalten von Fahrzeugen im Bereich von Verkehrstrennungsgebieten* vom 17. Juli 1973 (BGBl. I 973) ordnet gewisse Fragen der SeestrO 1972 vorweg (siehe dazu Lampe, Fahrregeln für Verkehrstrennungsgebiete jetzt zwingend, Hansa 1973, 1592). Eine Ergänzung der SeestrO mit grundsätzlichem Vorrang für die mit der See zusammenhängenden Wasserstraßen ist die *Seeschiffahrtsstraßen-Ordnung* (SeeSchStrO) v. 3. Mai 1971 (BGBl. I 641) mit ihren Anlagen I (Schiffahrtszeichen) und II (Sichtzeichen und Schallsignale der Fahrzeuge). Siehe dazu Ehlers MDR 1971, 889. Eine 1. ÄnderungsVO trägt das Datum vom 7. Juli 1972 (BGBl. I 1169).

Für die Häfen sind regelmäßig besondere Hafenordnungen ergangen, so für Hamburg das Hafengesetz v. 21. Dez. 1954, GVOBl. 54, 169 (vgl. dazu Schattschneider Hansa 1954, 199 ff., Ipsen, Hamburgs Verfassung und Verwaltung, 1956, 418 ff., Scholvien Hansa 1959, 1500 ff. und 1642 ff.), für Bremen das Hafengesetz v. 27. Sept. 1966 (Gbl. 131). Für die Häfen in Schleswig-Holstein gilt die Hafenordnung (Polizeiverordnung) v. 24. April 1956 (BGBl. II 451) mit Änd. v. 10. Sept. 1956 (BGBl. II 924).

Auf die Binnengewässer jenseits des Anwendungsbereichs der Seeschiffahrtsstraßen-Ordnung kommt grundsätzlich die Binnenschiffahrtsstraßen-Ordnung v. 11. Okt. 1966 (BGBl. II 1334) idF der VO v. 3. März 1971 mit Änderung zur Anwendung, auf dem Rheingebiet die Rheinschiffahrt-Polizeiverordnung mit jetzigem Datum vom 5. August 1970 (BGBl. II 1305 und Anlage zu BGBl. 1970 II Nr. 87), auf der Donau die Donauschiffahrt-Polizeiverordnung v. 18. März 1970, auf der Mosel die Moselschiffahrt-Polizeiverordnung vom 8. Juli 1971 (BGBl. I 833). Alle diese Bestimmungen sind dem vom Unterausschuß Binnenschiffahrt der ECE in Genf 1962 ausgearbeiteten Entwurf für eine einheitliche europäische Binnenschiffahrtsstraßenordnung (Code européen des voies de navigation intérieure) angepaßt.

Die Vorschriften über die Tagesbezeichnung von Fahrwassern, Untiefen und Wracks, über die Leuchtfeuer und Nebelschallsignale in den deutschen Küstengewässern finden sich in der *Bek. über die Grundsätze für die Bezeichnung der deutschen Küstengewässer* v. 12. Febr. 1954 (BGBl. II 17).

Auch das *Gesetz über die Untersuchung von Seeunfällen* v. 28. Sept. 1935 (RGBl. I 1183) und die *Strandungsordnung* v. 17. Mai 1874 (RGBl. 73) sind in gewissen Fällen gemeinsam für See- und Binnenschiffahrt. Das SeeUG gilt innerhalb der Seegrenze für Unfälle von See- und Binnenschiffen. Die §§ 4 ff., 22, 25 StrandO betreffen See- und Binnenschiffe.

See- und Binnenschiffahrt unterliegen auch gemeinsam den Bestimmungen des Gesetzes zur Ordnung des Wasserhaushalts vom 27. Juli 1957 (BGBl. I 37) sowie denen des Bundeswasserstraßengesetzes vom 2. April 1968 (BGBl. II 1731).

II. Die besonderen Rechtsquellen des Seerechts

1. a) Hier ist vornehmlich das *4. Buch* des *HGB* zu nennen, seit dem Inkrafttreten des HGB am 1. Jan. 1900 mehrfach geändert. In ihm findet sich der größere Teil des Seeprivatrechts.

Die Übernahme des Übereinkommens über die Beschränkung der Haftung der Eigentümer von Seeschiffen von 1957 und der auf der IX. Diplomatischen Seerechtskonferenz in Brüssel 1952 geschlossenen Übereinkommen (siehe dazu unten III 2 e) durch die Bundesrepublik Deutschland und damit zusammenhängende Fragen haben erhebliche Änderungen des 4. Buches des HGB durch das sog. Seerechtsänderungsgesetz vom 21. Juni 1972 (BGBl. I S. 966) zur Folge gehabt. In Zusammenhang mit dem Seerechtsänderungsgesetz steht auch die sog. Seerechtliche Verteilungsordnung v. 21. Juni 1972 (BGBl. I S. 953). Die Änderungen betreffen vornehmlich die Vorschriften über die Haftung des Reeders sowie Bestimmungen über die Vertretungsmacht des Kapitäns, über die große Haverei und die Bergungs- und Hilfsleistung sowie eine Neuregelung des Schiffsgläubigerrechts. Siehe zu den Reformgesetzen Herber, Zur Modernisierung des deutschen Seehandelsrechts, Hansa 1972, 308 ff., 795 ff., 1065 ff., Abraham, die Reform des deutschen Seehandelsrechts durch das SRÄG, 1973. Weitere schrittweise Anpassungen des Vierten Buches des HGB an die internationale Rechtsvereinheitlichung sind geplant.

b) Das *Gesetz über die Küstenschiffahrt* v. 26. Juli 1957 (BGBl. II 738) behält das Recht, Güter in einem deutschen Seehafen zu laden und nach einem anderen deutschen Seehafen zu befördern, grundsätzlich deutschen Schiffen vor (Vorbehalt der Kabotage).

c) Von arbeitsrechtlichem Charakter sind insbesondere das *Seemannsgesetz* v. 26. Juli 1957 (BGBl. II 713) idF des Gesetzes v. 25. Aug. 1961 (BGBl. I 1391) mit der VO über das Verfahren vor den Seemannsämtern, das Seefahrtbuch, die Musterrolle und die Musterung (Seemannsamtsverordnung) v. 3. Juni 1959 (BGBl. II 687) mit Änderung v. 2. Sept. 1963 (BGBl. II 1207), die *VO über die Mindestbesetzung von Seeschiffen mit Kapitänen und Schiffsoffizieren des nautischen und maschinentechnischen Schiffsdienstes sowie deren Ausbildung und Befähigung (Schiffsbesetzungs- und Ausbildungsordnung)* v. 19. August 1970 (BGBl. I 1255; siehe Fettback, Schiffsbesetzungs- und Ausbildungsordnung, Textausgabe mit Kommentar, 1971, weiter Kapust, Was bringt die neue Schiffsbesetzungsordnung? Hansa 1970, 1606. In der DDR ist eine neue Seeschiffsbesatzungsordnung im Frühjahr 1972 erlassen), die *VO über die Krankenfürsorge auf Kauffahrteischiffen* v. 3. März 1972 (BGBl. I 734, siehe dazu Kapust und Schulze Hansa 1972, 569 = Die Kommandobrücke 1972, 100), die *VO über die Seediensttauglichkeit* v. 19. 8. 1970 (BGBl. I 1252), die *VO über die Besetzung der Kauffahrteischiffe mit Seefunkern für Zwecke des öffentlichen Seefunkdienstes* v. 19. Juli 1969 (BGBl. I 922), die *VO über die Form, Ausgestaltung und Aufbewahrung der Arbeitszeitnachweise in der Seeschiffahrt* v. 1. August 1968 (BGBl. I 905), die *Bemannungsrichtlinien der See-Berufsgenossenschaft* vom 20. Juni 1973 (siehe dazu Becker Hansa 1973, 1258), die *VO über den Erwerb der Befähigungszeugnisse für Seefunker* vom 30. März 1971 (BGBl. I 289) und dazu die Verwaltungsvereinbarung zwischen den Küstenländern und der Bundesrepublik Deutschland über die Anerkennung von Schulabschlußprüfungen der Bewerber um ein Seefunkzeugnis I. und II. Klasse (Funkoffiziere), das *Gesetz betr. Verpflichtung der Kauffahrteischiffe zur Mitnahme heimzuschaffender Seeleute* v. 2. Juni 1902 (BGBl. 212; siehe dazu Sieveking, Probleme des Heimschaffungsrechts, Hansa 1960, 1141; Knirsch, Problematik der Heimschaffung von Seeleuten, Hansa 1968, 1204; ders., Die Heimführung hilfsbedürftiger Deutscher auf dem Seeweg, Hansa 1968, 2069), die *VO über die Eignung und Befähigung der Schiffsleute des Decksdienstes auf Kauffahrteischiffen* v. 28. Mai 1956 (BGBl. II 591), die *VO über die Unterbringung der Besatzungsmitglieder an Bord von Kauffahrteischiffen* vom 8. Februar 1973 (BGBl. I 66); siehe dazu May Hansa 1973, 1831.

Wegen der durch internationale Abkommen veranlaßten Gesetze siehe unter III 4.

Neben dem SeemG steht, in der Regel ergänzend, das Tarifwesen.

d) Die Rechtsstellung der Seelotsen hat ihren Niederschlag in einem besonderen *Gesetz über das Seelotswesen* v. 13. Okt. 1954 (BGBl. II 1035) gefunden. Vgl. auch *VO über die Seelotsreviere und ihre Grenzen (Allgemeine Lotsordnung)* vom 11. August 1972 (BGBl. I 1512) und die *VO über die Ausbildung und Prüfung der Seelotsen sowie über die Lotsenausweise* (Seelotsenausbildungs-AusweisO) v. 22. Nov. 1955 (BGBl. II 922). Siehe ferner die *VO über die vertrauensärztliche Untersuchung der Seelotsen* (SeelotsenuntersuchungsO) v. 5. März 1959 idF v. 12. Mai 1970 (BGBl. I 619) und die *VO über das Seelotswesen außerhalb der Reviere* v. 24. Juni 1959 (BGBl. II 718).

e) Der Sicherheit des Schiffes und der auf ihm befindlichen Personen und Sachen dienen vornehmlich der Internationale Schiffssicherheitsvertrag 1960 (vgl. BGBl. 1965 II 465, auch BGBl. 1969 II 875 und 1973 II 757) und die Durchführungsbestimmungen. In Betracht kommen insbesondere die *VO über die Sicherheit der Seeschiffe (Schiffssicherheitsverordnung — SSV)* vom 9. Oktober 1972 (BGBl. I 1933), die *VO über die Funkausrüstung und den Sicherheitsfunkwachdienst der Schiffe (Funksicherheitsverordnung)* v. 9. Sept. 1955 (BGBl. II 860) mit Änderung v. 8. Dez. 1964 (BGBl. II 515) und v. 21. 9. 1970 (BGBl. I 1357). Zu erwähnen sind weiter die *Freibordverordnung* v. 22. 1. 1970 (BGBl. I 171), die *VO über gefährliche Seefrachtgüter (Seefrachtordnung)* v. 4. Jan. 1960 (BGBl. II 9) mit nachfolgenden Änderungen (siehe dazu Ballin, Nationale und internationale

Vorschriften für die Beförderung gefährlicher Güter mit Seeschiffen, Hansa 1971, 373) (eine Ausnahmegenehmigung des Bundesministers für Verkehr gestattet bis auf weiteres, die Bestimmungen des von der IMCO erarbeiteten Internationalen Code für die Beförderung von gefährlichen Gütern mit Seeschiffen vom 12. Oktober 1971 (siehe dazu BA 1973 Nr. 19 nebst Beilage) anzuwenden), das *Gesetz über die Gewichtsbezeichnung an schweren auf Schiffen beförderten Frachtstücken* v. 28. Juni 1933 (RGBl. I 411) mit Änderung v. 22. Sept. 1958, die *VO über die Einrichtung von Auswandererschiffen* v. 21. Dez. 1956 (BGBl. II 2145), die *VO über die Sicherung der Seefahrt* v. 15. Dez. 1956 (BGBl. II 1339). Die Vermessung der Seeschiffe erfolgt nach der *VO über die Schiffsvermessung* v. 28. Nov. 1962 (BGBl. II 2262). Siehe auch die *Seefunkordnung* v. 27. Juli 1964 (BA 141) idF der VO zur Änderung der Telegraphenordnung, der VO über Gebühren für Nebentelegraphen und für den Fernschreibdienst und die Seefunkordnung v. 10. 10. 1970 (BGBl. I 1410).

In Betracht kommen außerdem die *Unfallverhütungsvorschriften der See-Berufsgenossenschaft.*

2. Das private Seerecht wird, soweit es nicht zwingender Natur ist, vielfach durch vertragliche Vereinbarungen mit dem Charakter allgemeiner Geschäftsbedingungen ersetzt.

So sind namentlich die §§ 700 ff. HGB mit den Bestimmungen über die große Haverei fast kaum noch von praktischer Bedeutung. Regelmäßig werden an ihrer Stelle die sog. *York-Antwerp-Rules* vereinbart, die gegenwärtig in der Fassung von 1950 gelten (vgl. wegen weiterer Einzelheiten § 26 IV). Auch die hier nicht behandelten §§ 778 ff. HGB mit den Vorschriften über die Seeversicherung werden so gut wie ausschließlich durch die *Allgemeinen Deutschen Seeversicherungs-Bedingungen* von 1919 (ADS); eine Abänderung der Bestimmungen über die Güterversicherung ist im Oktober 1972 erfolgt in Gestalt der ADS-Güterversicherung 1973; siehe dazu Bauer, Neue Transportversicherungsbedingungen, Hansa 1973, 1260 ff.).

3. Als Ergänzung des gesetzlichen und vertraglichen Seeprivatrechts kommen *Handelsbrauch, Seemannsbrauch* (vgl. z. B. § 514 HGB) und *Seegewohnheiten* in Betracht.

4. Das *Landesrecht* spielt für das private Seerecht so gut wie keine Rolle mehr; etwas größer ist seine Bedeutung noch auf dem Gebiete des öffentlichen Seerechts. Zwar ist die Zuständigkeit des Bundes auf dem Gebiete der Seeschiffahrt und Seefischerei nur eine konkurrierende; vgl. Art. 74 Ziff. 17, 21 GG. In ihrem Rahmen sind indessen die Voraussetzungen für die Bundesgesetzgebung in allen wichtigen Fällen ganz oder teilweise gegeben. Vgl. Wüstendörfer SHR 26 f.; Behm Hansa 1949, 592; Flohr Hansa 1949, 661 f. S. ferner *Gesetz über die Aufgaben des Bundes auf dem Gebiet der Seeschiffahrt* idF vom 24. Mai 1965 (BGBl. I 833). Nur das Recht der Seehäfen ist in den Bereich der konkurrierenden Gesetzgebung nicht einbezogen (vgl. Ipsen, Hamburgs Verfassung und Verwaltung, 1956, 426). Für die Binnenschiffahrt ist das entsprechende *Gesetz über die Aufga-*

ben des Bundes auf dem Gebiet der Binnenschiffahrt unter dem 15. Febr. 1956 (BGBl. II 317) ergangen (mit Änderung).

III. Die Rechtsquellen des zwischenstaatlich einheitlichen und internationalen Seerechts

Vgl. Schaps-Abraham I 23 ff., Wüstendörfer SHR 29 ff. und MDR 51, 449. Die Texte der internationalen Seerechtsabkommen des öffentlichen und privaten Rechts finden sich im Schaps-Abraham, ferner bei Manca, International Maritime Law, 3 Bd., 1970 f. und bei Singh, International Conventions of Merchant Shipping, 2. Aufl. London 1973. Siehe auch Reiche, Multilaterale Verträge über die Hochseeschiffahrt, Entwicklung, System und Funktionen, 1967 (Studien zum internationalen Wirtschaftsrecht und Atomenergierecht).

1. Seit der Mitte des 19. Jahrhunderts hatte im Seerecht die Tendenz nach internationaler Vereinheitlichung nach und nach wachsende Erfolge. Auf sie ist vornehmlich bis zum Beginn des ersten Weltkrieges englisches Seerecht von Einfluß gewesen. Das zeigte sich nicht nur in den Ergebnissen internationaler Seerechtskonferenzen, sondern auch in der Übernahme englischer Rechtsprechung.

Die Rechtsangleichung hat sich auf verschiedenen Wegen vollzogen. Der eine bestand in der Schaffung international vereinheitlichter Geschäftsbedingungen, die dann als vertragliches Recht vereinbart wurden (so namentlich die York-Antwerp-Rules; vgl. oben II 2 und § 26 IV). Das so als lex contractus entstandene international vereinheitlichte Recht wurde dann mehrfach auch zum staatlichen Recht, indem moderne Seerechte die York-Antwerp-Rules in ihr staatliches Rechtssystem übernahmen, z. B. die Schweiz (vgl. Hansa 1952, 1719). Bei außervertraglichen oder zwingenden Normen war eine Rechtsvereinheitlichung nur möglich im Wege völkerrechtlichen Vertrages mit nachfolgender einzelstaatlicher Gesetzgebung. Derartige völkerrechtliche Verträge mit privatrechtlichem Inhalt werden seit mehr als einem halben Jahrhundert von Diplomatischen Seerechtskonferenzen, welche die belgische Regierung in zwangloser Folge nach Brüssel einberuft und die vom Comité Maritime International vorbereitet werden, geschlossen. In zunehmendem Maße schaltet sich seit einigen Jahren die UNCTAD in die Neugestaltung internationaler Übereinkommen vornehmlich auf dem Gebiet des Seehandelsrechts ein (siehe auch die Angaben oben § 1 V e und unten 2 b). Die IMCO (siehe über diese oben § 1 V e) befaßt sich vornehmlich mit Übereinkommen, die dem öffentlichen Recht angehören, insbesondere die Schiffssicherheit betreffen. Doch hat sie mit dem Internationalen Übereinkommen über die Haftung für Schäden durch Ölverschmutzung auf See, das am 29. November 1969 auf einer von der belgischen Regierung auf Veranlassung der IMCO einberufenen Konferenz geschlossen wurde, schon auf das Gebiet des Privatrechts übergegriffen.

2. Zu erwähnen sind *privatrechtlich* vornehmlich folgende Abkommen:

a) Die *Brüsseler Übereinkommen von 1910 zur einheitlichen Feststellung von Regeln über den Zusammenstoß von Schiffen* (IÜZ) und *über die Hilfsleistung und*

Bergung in Seenot (IÜS), beide 1913 durch Deutschland ratifiziert und durch Ges. v. 7. Jan. 1913 (RGBl. 90) inhaltlich auch zum Bestandteil des allgemeinen Seerechts gemacht. Vgl. wegen der Einzelheiten §§ 27 und 28. Das IÜZ wird ergänzt durch die auf der Diplomatischen Seerechtskonferenz Brüssel 1952 geschlossenen *Übereinkommen zur Vereinheitlichung von Regeln über die zivilrechtliche Zuständigkeit bei Schiffszusammenstößen und über die strafgerichtliche Zuständigkeit bei Schiffszusammenstößen und anderen mit der Führung eines Seeschiffes zusammenhängenden Ereignissen.* Siehe für die Ratifizierung dieser beiden Übereinkommen durch die Bundesrepublik Gesetz vom 21. Juni 1972 (BGBl. II 653).

b) Das *Brüsseler Übereinkommen von 1924 zur einheitlichen Feststellung von Regeln über Konnossemente* (sog. Haager Regeln). Durch dieses Übereinkommen wurden nach dem Vorgang des nordamerikanischen Harter Act von 1893 die Freizeichnungsmöglichkeiten in Konnossementen beschränkt. Deutschland hat als Mitgliedstaat durch Gesetz v. 10. Aug. 1937 die Grundsätze der Haager Regeln in sein nationales Recht eingebaut (vgl. RGBl. 1939 II 1049). Siehe über den Inhalt der Haager Regeln im einzelnen unten § 22 VI.

Seit mehreren Jahren schwebt eine Reform der Haager Regeln. Auf einer zweiten Sitzungsperiode der 12. Diplomatischen Seerechtskonferenz im Februar 1968 wurde das *Protokoll zur Änderung des Internationalen Übereinkommens zur Vereinheitlichung von gewissen Regeln über das Konnossement* gezeichnet (sog. Visby Rules). Diese sind entgegen der ursprünglichen Erwartung bisher nicht in Kraft getreten. Das hängt damit zusammen, daß gegenwärtig der Ausschuß der UN für Internationales Handelsrecht (UNCITRAL = United Nations Commission on International Trade Law) die Haager Regeln bezüglich einer Revision überprüft, nachdem sich schon im Februar 1971 eine von dem Schifffahrtsausschuß der Welthandelskonferenz (UNCTAD = United Nations Conference on Trade and Development) eingesetzte Arbeitsgruppe mit ihnen beschäftigt hatte. Vom UNCTAD-Sekretariat wurde eine Studie über „Bills of Lading" herausgegeben, in der sich Änderungsvorschläge zu den Haager Regeln finden. Vgl. dazu Capelle, Zur Revision der Haager Regeln, Festschrift für Möller, 1972, 155 ff. Insgesamt läßt sich damit für den jetzigen Zeitpunkt nur feststellen, daß eine Revision der Haager Regeln in der Luft hängt.

c) Nachdem schon 1924 in Brüssel ein *Übereinkommen über die Beschränkung der Haftung der Eigentümer von Seeschiffen (beschränkte Reederhaftung)* geschlossen war, dessen Bedeutung allerdings sehr gering geblieben war, dem auch Deutschland nicht beigetreten war, wurde auf der Brüsseler Seerechtskonferenz 1957 ein neues diesbezügliches Übereinkommen geschlossen, welches von der Bundesrepublik Deutschland durch Gesetz vom 21. Juni 1972 (BGBl. II 653) ratifiziert wurde. Siehe über die Einzelheiten unten § 15.

d) Das *Brüsseler Übereinkommen von 1924/26 über Vorzugsrechte und Schiffshypotheken,* von Deutschland nicht ratifiziert. Siehe den Überblick über die wenigen Mitgliedstaaten bei Schaps-Abraham I 415, wo auch das Übereinkommen wiedergegeben ist. Das Comité Maritime International hat auf seiner New Yorker Tagung 1965 den Entwurf eines neuen Übereinkommens beraten (siehe den Text in Schriften des Deutschen Vereins für Internationales Seerecht, Reihe B,

1967), der dann auf der 12. Diplomatischen Seerechtskonferenz im Mai 1967 in Brüssel zur Zeichnung eines Konventionsentwurfs über Schiffsgläubigerrechte und Schiffshypotheken führte. Das Übereinkommen soll von der Bundesrepublik Deutschland ratifiziert werden, und sein Inhalt wurde bereits vorher in das Seerechtsänderungsgesetz eingearbeitet. Dem Brüsseler Übereinkommen entspricht für die Binnenschiffahrt das Genfer Abkommen von 1930, dessen praktische Bedeutung auch außerhalb Deutschlands, das nicht Mitglied ist, sehr gering geblieben ist. Auch für die Binnenschiffahrt wird an einem neuen Übereinkommen gearbeitet. Siehe für die Luftfahrt das „Abkommen über die internationale Anerkennung von Rechten an Luftfahrzeugen" v. 19. Juni 1948 (vgl. BGBl. 1959 II 468).

e) Auf der Diplomatischen Seerechtskonferenz Brüssel 1952 wurde ein *Übereinkommen zur Vereinheitlichung von Regeln über den Arrest in Seeschiffe* geschlossen, das durch die Bundesrepublik Deutschland durch Gesetz vom 21. Juni 1972 (BGBl. II 653) ratifiziert wurde.

f) Auf der Diplomatischen Seerechtskonferenz Brüssel 1961 wurde ein *Übereinkommen über einheitliche Regeln über die Beförderung von Passagieren auf dem Seewege* gezeichnet (von der Bundesrepublik nur ad referendum), auf der Diplomatischen Seerechtskonferenz Brüssel 1967 (vgl. über diese Herber Hansa 1967, 1350) ein solcher *über die Einführung einer einheitlichen und zwingenden Haftung des Reeders für Passagiergepäck.* Beide Übereinkommen wurden auf der CMI-Konferenz 1969 einer Überprüfung unterzogen und zusammengefaßt.

g) Die Diplomatische Seerechtskonferenz Brüssel 1961 hat sich mit der *Haftung für atomgetriebene Schiffe* befaßt, was 1962 zur Zeichnung eines diesbezüglichen Abkommens führte. Siehe dazu Hoog, Die Konvention über die Haftung der Inhaber von Atomschiffen v. 23. Mai 1962, 1970, Dokumente der Forschungsstelle für Völkerrecht und ausländisches öffentliches Recht der Universität Hamburg, XII.

h) Auf der Diplomatischen Seerechtskonferenz Brüssel 1967 wurden ein *Übereinkommen über die Erstreckung des Hilfeleistungs- und Bergungsabkommens auf Staatsschiffe* und ein solches *über die gegenseitige Anerkennung und Übertragung von Rechten an Schiffsbauwerken* geschlossen.

i) Auf einer auf Veranlassung der IMCO im November 1969 nach Brüssel einberufenen Staatenkonferenz wurde ein privatrechtliches Übereinkommen, das *Internationale Übereinkommen über die Haftung für Schäden durch Ölverschmutzung auf See* v. 29. 11. 1969, gezeichnet. Siehe dazu Herber RabelsZ 1970, 224 ff. und in „Internationales Übereinkommen über die Haftung für Schäden durch Ölverschmutzung auf See", Schriften des Deutschen Vereins für Internationales Seerecht, Reihe B, Dokumente und Materialien, Heft 10, 1972. Das Übereinkommen ist noch nicht in Kraft getreten. Gleiches gilt für das 1971 in Brüssel gezeichnete *Übereinkommen über die Bildung eines Haftungsfonds für Schäden aus Tankerunfällen.* Siehe dazu Ganter Hansa 1972, 372 ff. Auf der gleichen Konferenz wurde das *Übereinkommen über die Haftung beim Seetransport nuklearer Substanzen* geschlossen.

k) Siehe über die Bemühungen um ein Abkommen über die *Haftung im internationalen kombinierten Güterverkehr* unten § 23 IV 3.

3. An *verkehrstechnischen* Abkommen sind insbesondere zu nennen:

a) Der *Internationale Schiffssicherheitsvertrag,* 1960 in London geschlossen, der an die Stelle desjenigen von London 1948 getreten ist. Die Bundesrepublik ist dem Vertragswerk 1960 durch Ges. v. 6. Mai 1965 (BGBl. II 465) beigetreten. Das Vertragswerk besteht aus der Schlußakte der Internationalen Konferenz von 1960 zum Schutze des menschlichen Lebens auf See, dem Internationalen Übereinkommen von 1960 zum Schutz des menschlichen Lebens auf See (Anlage A), den Regeln zur Verhütung von Zusammenstößen auf See — Seestraßenordnung — (Anlage B) und den Empfehlungen (Anlage C). Ergänzungen des Übereinkommens sind 1966 (siehe dazu BGBl. 1969 I 875), 1967 (siehe dazu BGBl. 1973 II 757), 1968 und 1969 erfolgt.

Eine neue SeestrO ist im Oktober 1972 in London beschlossen worden, aber noch nicht in Kraft getreten. Sie wird aus dem Schiffssicherheitsvertrag herausgenommen.

b) Das *Freibordabkommen* vom 5. April 1966. Vgl. BGBl. 1969 II 249 und die dazu ergangene *Freibord-Verordnung* v. 28. 1. 1970 (BGBl. I 161), die an die Stelle der VO über den Freibord der Kauffahrteischiffe v. 25. Dez. 1932 (RGBl. II 278) getreten ist. Das Übereinkommen ist an die Stelle desjenigen von 1930 getreten. Es soll mit seinen Bestimmungen über die Tiefladelinie (Freibordmarke) namentlich die Sicherheit der Frachtschiffe erhöhen.

c) Das *Übereinkommen über ein einheitliches System der Schiffsvermessung* (Oslo 1947 mit Änderung v. 1965). Vgl. BGBl. 1957 II 1469 mit Berichtigung BGBl. 1958 II 67 und Änderung BGBl. 1967 II 2157. Siehe BGBl. 1972 II 273 und Eisenhardt, Die Vermessung der Seeschiffe, 1960. Auf der Schiffsvermessungskonferenz London 1969 wurde ein Internationales Übereinkommen über Schiffsvermessung geschlossen. Vgl. dazu Mümich Hansa 1969, 1936. Das Übereinkommen von 1969 ist noch nicht in Kraft getreten.

d) Ein neues Internationales Signalbuch der Seeschiffahrt ist am 1. 4. 1969 in Kraft getreten. Es wurde von der IMCO geschaffen und ersetzt die Ausgabe von 1931. Siehe wegen Einzelheiten „Die Kommandobrücke" 1969, 113.

4. An *arbeitsrechtlichen* Übereinkommen sind zu verzeichnen (siehe die Wiedergabe der Texte bei Schaps-Abraham III 359 ff.):

a) Das *Übereinkommen über die Stellenvermittlung für Seeleute* von 1920. Vgl. für Deutschland Ges. v. 25. Mai 1925 (RGBl. II 166);

b) Das *Übereinkommen über die Gewährung einer Entschädigung für Arbeitslosigkeit infolge von Schiffbruch.* Vgl. für Deutschland Ges. v. 24. Dez. 1929 (RGBl. II 166);

c) Das *Übereinkommen über die Heimschaffung der Seeleute* von 1926. Vgl. für Deutschland Ges. v. 14. Jan. 1930 (RGBl. 12);

d) Das *Übereinkommen über den Heuervertrag der Schiffsleute* v. 1926. Vgl. für Deutschland Ges. v. 24. Juli 1930 (RGBl. II 87);

e) Das *Übereinkommen über das Mindestalter für die Zulassung von Kindern zur Arbeit auf See* von 1920. Vgl. für Deutschland Ges. v. 30. Mai 1929 (RGBl. II 383);

f) Das *Übereinkommen über die pflichtmäßige ärztliche Untersuchung der in der Seeschiffahrt beschäftigten Kinder und Jugendlichen* von 1921. Vgl. für Deutschland Ges. v. 30. Mai 1929 (RGBl. II 386);

g) Das *Übereinkommen über die Krankenversicherung der Schiffsleute* von 1936. Vgl. für die Bundesrepublik Deutschland Ges. v. 17. Aug. 1956 (BGBl. II 891 und 1958 II 62);

h) Das *Übereinkommen über das Mindestalter für die Zulassung von Jugendlichen zur Beschäftigung als Kohlenzieher (Trimmer) oder Heizer* von 1921. Vgl. für Deutschland Ges. v. 20. Mai 1929 (RGBl. II 383);

i) Die *Vereinbarung über Flüchtlingsseeleute* von 1957. Vgl. für die Bundesrepublik Deutschland Ges. v. 3. Juli 1961 (BGBl. II 828);

k) Die *Vereinbarung über die den Seeleuten der Handelsmarine für die Behandlung von Geschlechtskrankheiten zu gewährenden Erleichterungen* von 1924 (vgl. RGBl. 1937 II 109);

l) Das *Übereinkommen über das Mindestalter für die Zulassung zur Arbeit in der Fischerei* von 1959 (vgl. BGBl. 1962 II 1429);

m) Das *Übereinkommen über den Heuervertrag der Fischer* v. 1959 (vgl. BGBl. 1964 II 179).

Siehe wegen der Aufnahme der Bundesrepublik Deutschland in die Internationale Arbeitsorganisation (vgl. über diese § 1 V 2) BGBl. 1952 II 607. Hinzuweisen ist auf die Bek. über Verbindlichkeiten aus den vom Deutschen Reich ratifizierten Übereinkommen der Internationalen Arbeitsorganisation vom 5. Juni 1952 (BGBl. II 607).

5. Auf *völkerrechtlichem* Gebiet sind (abgesehen von zweiseitigen Handels- und Schiffahrtsverträgen) zu nennen:

a) Das *Übereinkommen und Statut über die internationale Rechtsordnung der Seehäfen* von 1923, in welchem die gleiche Behandlung der Handelsschiffe aller Vertragsstaaten in ihren Seehäfen zugesichert ist. Vgl. für Deutschland den Beitritt durch Gesetz v. 20. Febr. 1928 (RGBl. II 22);

b) Das *Übereinkommen und Statut über die Freiheit des Durchgangsverkehrs* von 1921 (Barcelona-Abkommen). Vgl. für Deutschland Ges. v. 4. Okt. 1924 (RGBl. II 387);

c) Das *Abkommen zur einheitlichen Feststellung von Regeln über die Immunitäten der Staatsschiffe* von 1926. Es beschränkt im Hinblick auf den Kredit staatlicher Handelsschiffe und staatlicher Ladungen deren Immunität gegenüber privatrechtlichen Ansprüchen. Vgl. für Deutschland Ges. v. 9. Juli 1927 (RGBl. II 483) und Zusatzprotokoll v. 24. Mai 1934 (RGBl. II 303);

d) Das *Internationale Übereinkommen zur Verhütung der Verschmutzung der*

See durch Öl von 1954 mit Schlußakte von 1962. Vgl. BGBl. 1956 II 379, 1961 II 1595, 1964 II 749.

e) der *Internationale Vertrag zum Schutze der unterseeischen Telegraphenkabel* v. 14. März 1884 (RGBl. 151);

f) Der *Internationale Vertrag, betr. die polizeiliche Regelung der Fischerei in der Nordsee außerhalb der Küstengewässer* v. 6. Mai 1882 (RGBl. 1884, 55), mit Zusatzabkommen v. 3. Juni 1957 (BGBl. II 265);

g) Die *Konvention der Internationalen Überfischungskonferenz* v. 5. April 1946. Vgl. BGBl. 1954 II 469, 1955 II 657 und 1959 II 1511;

h) Das *Internationale Übereinkommen über die Fischerei im Nordwestatlantik* vom 8. Febr. 1949 / 25. Juni 1956 mit Protokoll vom 15. Juli 1963 (vgl. BGBl. 1957 II 265 und 1965 II 409); siehe dazu das Seefischerei-Vertragsgesetz 1971 vom 25. Aug. 1971 (BGBl. II 1057).

i) Das *Übereinkommen über die Fischerei im Nordostatlantik* vom 24. Jan. 1959 (vgl. BGBl. 1963 II 157);

k) Die Diplomatische Seerechtskonferenz Genf 1958 beschloß *Konventionen über das Recht des Küstenmeers und der Anschlußzone, über den Rechtsstatus der Hohen See* (vgl. BGBl. 1972, 1091), *über die Hochseefischerei* und über den *Festlandsockel* (siehe auch das Seefischerei-Vertragsgesetz 1971 v. 25. Aug. 1971, BGBl. II 1057).

l) Das *Übereinkommen zur Erleichterung des Internationalen Seeverkehrs* v. 9. April 1965 (vgl. BGBl. 1967 II 2434), das am 5. März 1967 in Kraft getreten ist.

m) Das *Übereinkommen über Maßnahmen auf hoher See nach Ölunfällen*, gezeichnet in Brüssel am 29. 11. 1969, dem bereits eine regionale Vereinbarung der Nordsee-Anliegerstaaten v. 22. Okt. 1969 mit ähnlichem Inhalt vorausging (vgl. BGBl. 1969 II 2066). Das Übereinkommen ist noch nicht in Kraft getreten.

n) Die *Internationalen Gesundheitsvorschriften* v. 25. Juli 1969 (BGBl. 1971 II 835) und dazu die VO zur Durchführung derselben im Hafen und auf dem Nord-Ostsee-Kanal v. 11. November 1971 (BGBl. I 1911).

o) Im Februar 1972 haben 13 Anliegerstaaten der Nordsee und des Nordatlantik in Oslo *Internationale Regeln über die Verhinderung der Verschmutzung des Meeres durch Industrieabfälle, die von Schiffen in das Meer eingebracht werden*, vereinbart. Ein weiteres Abkommen mit gleichem Ziel auf weltweiter Basis, das *Internationale Übereinkommen zur Verhütung der Meeresverschmutzung durch Versenken von Abfällen und anderen Gegenständen*, kam im November 1973 in London zustande. Siehe dazu Folkes Hansa 1973, 2103.

Im September 1973 wurde zwischen den Anliegerstaaten der Ostsee die *Konvention über die Fischerei und den Schutz der lebenden Ressourcen in der Ostsee und den Belten* geschlossen. Siehe dazu Hansa 1973, 2073.

6. Über die *ausländischen Rechtsquellen* siehe eingehend Schaps-Abraham Bd. I S. 30 ff. Folgende Staaten mögen auch hier erwähnt werden:

Großbritannien: Zu nennen ist vornehmlich der Merchant Shipping Act, ursprünglich von 1854, jetzt in der Fassung von 1894 mit Änderungen von 1900, 1906, 1957 und 1970. Das Common Law, aufgebaut auf Präjudizien, besonders der Admiralty Court, spielt noch immer eine bedeutende Rolle.

Frankreich: Grundlage ist noch immer Buch II des Code de commerce, mit wichtigen Änderungen seit seinem Inkrafttreten am 1. Mai 1808. Aus den letzten Jahren sind folgende wichtigen Gesetze hervorzuheben: Ein Gesetz vom 18. Juni 1966 regelt nunmehr den Frachtvertrag und den Passagevertrag, ein solches vom 3. Januar 1967 die Rechtsverhältnisse des Schiffes und die beschränkte Reederhaftung, ein solches vom 19. Januar 1968 Schiffszusammenstoß und Große Haverei.

Belgien: Siehe vornehmlich das Gesetz über See- und Binnenschiffahrt v. 10. Febr. 1908 mit nachfolgenden Änderungen.

Bulgarien: Seegesetz vom 1. Januar 1971 (siehe dazu Baltchiklieff DMF 1972, 372 und 434).

Italien: Codice della Navigazione von 1941, in welchem das gesamte öffentliche und private Seerecht kodifiziert ist, dazu auch das Binnenschiffahrtsrecht und das Seerecht.

Niederlande: Seegesetz v. 22. Dez. 1924/10. Juni 1926 mit Änderungen.

Vereinigte Staaten von Amerika: Fundament des Seerechts bilden, wie in Großbritannien, Präjudizien, die durch Gesetze ergänzt werden. Zu erwähnen ist insbesondere der US Carriage of Goods Act, 1936, und der Merchant Marine Act 1920/1936.

Sowjetunion: Mit Wirkung vom 1. Oktober 1968 ist der neue Codex der Handelsschiffahrt der UdSSR in Kraft getreten. Vgl. dazu Hansa 1968, 1872. Er bildet das Grundgesetz der sowjetischen Handelsschiffahrt.

IV. Von den *besonderen Quellen des Binnenschiffahrtsrechts* sind vornehmlich zu nennen: *Das Gesetz betr. die privatrechtlichen Verhältnisse der Binnenschiffahrt* v. 15. Juli 1895 (idF der Bek. v. 20. Mai 1898 — RGBl. 1898, 868) mit späteren Änderungen, in welchem die Hauptmasse des privaten Binnenschiffahrtsrechts enthalten ist. Das *Gesetz über den gewerblichen Binnenschiffsverkehr* v. 1. Okt. 1953 (BGBl. I 1453) mit Änderungen (jetzige Fass. v. 8. Januar 1969, BGBl. I 65) regelt eine Reihe wirtschaftsrechtlicher Fragen (Verteilung von Fracht- und Schleppgut, Schifferbetriebsverbände, Frachtenbildung). Vgl. dazu auch die *VO über die gebietliche Zuständigkeit der Frachtenausschüsse in der Binnenschiffahrt* v. 8. Aug. 1963 (BGBl. II 1151) und die *VO über die Festsetzung von Entgelten in der Binnenschiffahrt* v. 23. Dez. 1954 (BA Nr. 250). Abweichungen vom allgemeinen Prozeßrecht enthält das *Gesetz über das gerichtliche Verfahren in Binnenschiffahrts- und Rheinschiffahrtssachen* v. 27. Sept. 1952 (BGBl. I 641) mit Änderungen. Siehe auch das Gesetz über die Aufgaben des Bundes auf dem Gebiet der Binnenschiffahrt v. 15. Februar 1956 (BGBl. II 317) mit Änderungen. — Unter dem 15. März 1960 ist das Übereinkommen zur Vereinheitlichung einzelner Regeln über den Zusammenstoß von Binnenschiffen geschlossen worden, das durch Gesetz vom 30. August 1972 zu allerdings nicht erheblichen Änderungen des BSchG führte (vgl. Herber, Neue Entwicklungen im Binnenschifffahrtsprivatrecht, ZfBSch, Sammlung der Rechtsprechung zum Schiffahrtsrecht und sonstige Veröffentlichungen über Rechtsfragen 1972, 467). Am 25. Januar 1965 wurde ein Übereinkommen über die Eintragung von Binnenschiffen mit zwei Zusatzprotokollen über dingliche Rechte an Schiffen und über die Vollstreckung in Schiffe geschlossen, mit dessen Ratifizierung durch die Bundesrepublik zu rechnen ist, Anfang 1973 das Übereinkommen über die Beschränkung der Haftung der Eigentümer von Binnenschiffen, das die Anpassung des Binnenschiffahrtsrechts an das diesbezügliche seerechtliche Übereinkommen von 1957 bezweckt, ferner das Übereinkommen über den Frachtvertrag in der Binnenschiffahrt und das über den Passagierbeförderungsvertrag. Das Übereinkommen über die Eichung von Binnenschiffen vom 15. Februar 1966 ist von der Bundesrepublik Deutschland durch Gesetz vom 11. September 1973 (BGBl. II 1417) übernommen worden.

Für die französische Rheinschiffahrt gilt das deutsche BSchG seit dem 29. April 1924 als französisches Gesetz. In den Niederlanden ist seit dem Jahr 1952 der durch Gesetz v. 24. Juni 1939 abgeänderte 13. Titel des Wetboek van Koophandel in Kraft, in Belgien gilt grundsätzlich das Seerecht (2. Buch Art. 271 ff. c, com.) auch für die Binnenschiffahrt. Das Frachtrecht für die Binnenschiffahrt ist in einem besonderen Loi sur l'affrètement fluvial von 1936 geregelt. In der Schweiz ist durch das Bundesgesetz über die Seeschiffahrt unter der Schweizer Flagge v. 23. Sept. 1953 (Seeschiffahrtsgesetz) eine Reihe seerechtlicher Bestimmungen auch auf die Binnenschiffahrt für anwendbar erklärt. Ein Bundesgesetz über die Binnenschiffahrt ist in Vorbereitung (vgl. Strom und See 1967, 256).

V. An wichtigen luftrechtlichen Quellen sind zu nennen:

Für das innerstaatliche *Luftrecht* der Bundesrepublik kommen namentlich in Betracht das *Luftverkehrsgesetz* vom 1. Aug. 1922 (RGBl. I 681) idF v. 4. Nov. 1968 (BGBl. I 1113), die *Luftverkehrs-Zulassungs-Ordnung* v. 19. Juni 1964 (BGBl. I 370) idF v. 28. Nov. 1968 (BGBl. I 1263) und die *Luftverkehrsordnung* vom 14. Nov. 1969 (BGBl. I 2118). Siehe ferner das *Gesetz über Rechte an Luftfahrzeugen* v. 26. Febr. 1959 (BGBl. I 57), das *Gesetz über die Unzulässigkeit der Sicherungsbeschlagnahme* von Luftfahrzeugen v. 17. März 1935 (RGBl. I 385), das *Gesetz über die Bundesanstalt für Flugsicherung* v. 21. März 1953 (BGBl. I 70), das *Gesetz über das Luftfahrt*-Bundesamt v. 30. Nov. 1954 (BGBl. I 354).

Die Haftung aus Beförderungsverträgen regelt sich im internationalen Verkehr weltweit meistens nach dem *Abkommen zur Vereinheitlichung von Regeln im internationalen Luftverkehr* (Warschauer Abkommen) v. 12. Okt. 1929. Ein Abänderungsabkommen ist am 28. Sept. 1955 geschlossen worden (sog. Haager Protokoll), das allerdings noch nicht von allen Mitgliedstaaten des älteren Übereinkommens ratifiziert worden ist, so daß gegenwärtig noch beide Übereinkommen, sich überschneidend, in Kraft sind. Darüber hinaus ist im Frühjahr 1971 eine weitere außerordentlich einschneidende Änderung auf der Luftrechtskonferenz in Guatemala beschlossen, die allerdings erst in Kraft treten wird, wenn das Änderungsprotokoll von dreißig Staaten ratifiziert ist. Beide in Geltung befindliche Übereinkommen werden ergänzt durch das *Zusatzabkommen zum Warschauer Abkommen zur Vereinheitlichung von Regeln über die von einem anderen als dem vertraglichen Luftfrachtführer ausgeführte Beförderung im internationalen Luftverkehr* vom 18. Sept. 1961 (vgl. BGBl. 1963 II 1159; sog. Guadalajara-Abkommen). Die völkerrechtlichen Fragen des internationalen Luftverkehrs sind, ebenfalls weltweit, geregelt durch das sog. Chicagoer Abkommen v. 7. Dez. 1944 (Abkommen über die internationale Zivilluftfahrt) und die ergänzenden Vereinbarungen über den Durchflug im internationalen Fluglinienverkehr und den internationalen Lufttransport. Zu erwähnen ist auch das Abkommen über strafbare und bestimmte andere an Bord von Luftfahrzeugen begangene Handlungen v. 14. 9. 1963 (BGBl. 1969 II 122); ferner das Übereinkommen gegen widerrechtliche Inbesitznahme von Luftfahrzeugen vom 16. Dezember 1970 (vgl. dazu Gesetz vom 6. November 1972, BGBl. II 1505). Ein weiteres Übereinkommen zur Bekämpfung widerrechtlicher Handlungen gegen die Sicherheit der Zivilluftfahrt wurde 1971 in Montreal geschlossen. Siehe dazu Röbbert ZLR 1972, 133 ff.

VI. Wegen der Anwendung des EWG-Vertrages auf Seeschiffahrt und Luftfahrt wird verwiesen auf Erdmenger, Die Anwendung des EWG-Vertrages auf Seeschiffahrt und Luftfahrt, 1962, sowie auf Verkehr und Gemeinschaftsrecht, Kölner Schriften zum Gemeinschaftsrecht, Bd. 18, 1972.

§ 3. Schrifttum

I. Es wird nur das neuere und wesentliche Schrifttum aufgeführt. Weitere Nachweise finden sich in den hier angegebenen Werken.

1. **Systematische Darstellungen.** Zu erwähnen ist zunächst Wüstendörfer, Neuzeitliches Seehandelsrecht, 2. Aufl. 1950, ein vorzüglicher, lehrbuchartiger Grundriß, hauptsächlich das Seeprivatrecht behandelnd, doch naturgemäß jetzt nicht überall mehr auf dem neuesten Stande. Eine gedrängte Darstellung findet sich bei *Julius v. Gierke*, Handelsrecht und Schiffahrtsrecht, 8. Aufl. 1958, §§ 79 ff. Seit 1957 gibt Kapitän *Gläser* eine Loseblattsammlung mit dem Titel „Neues See- und Binnenschiffahrtsrecht und verwandte Gebiete in Einzeldarstellungen" heraus, die nach dem Vorwort vornehmlich für Schiffahrtspraktiker bestimmt ist und nach dem Ableben von Gläser von dem schon auf seearbeitsrechtlichem Gebiet hervorgetretenen Kapitän Becker fortgesetzt wird. Siehe ferner Müller-Krauss, Handbuch für die Schiffsführung, Bd. II, 6. Aufl. Neudruck 1962. Vgl. auch Weimar, Schiffahrtsrecht und Transportversicherungsrecht, 1959.

Die Änderungen, die das SRÄG gebracht hat, sind dargestellt bei *Abraham*, Die Reform des deutschen Seehandelsrechts durch das Seerechtsänderungsgesetz vom 21. Juni 1972, 1973.

§ 3. Schrifttum

Ältere, mehr oder weniger überholte Grundrisse sind die von Sieveking, 1907, Brandis, 1908, *Locher*, in Handels-, Wechsel- und Seerecht, 1930, *Müller-Erzbach* in Deutsches Handelsrecht, 2/3. Aufl. 1928, 807 ff.

An größeren, mehr oder weniger veralteten, bis zu einem gewissen Grade jedoch immer noch grundlegenden Handbüchern sind zu nennen: *Wagner*, Handbuch des Seerechts, Bd. I 1884, Bd. II 1906 (von *Pappenheim*), Bd. III 1918 (von *Pappenheim*); *Wüstendörfer*, Seeschiffahrtsrecht, in Ehrenbergs Handbuch des gesamten Handelsrechts, Bd. VII 2, 1923 (unvollendet).

Hinzuweisen ist weiter auf *Segelken*, Seelotsenrecht, 1965, ders., Kapitänsrecht, 1967, *Kreutziger*, Seerechtliches für Nautiker, 1966, *Ruhwedel*, Die Partenreederei, 1973.

Seit 1957 erscheint das „Recht der Schiffahrt", eine Karteisammlung für seerechtliche Entscheidungen und Literatur.

2. **Kommentare:** *Boyens*, Das deutsche Seerecht, Bd. I 1897, Bd. II 1901, veraltet; *Schaps-Abraham*, Das deutsche Seerecht, 3. Aufl. Bd. I 1959, Bd. II 1960—1962, Bd. III 1964, ErgBd. 1967; *Schlegelberger-Liesecke*, Kommentar zum Seehandelsrecht, 2. Aufl. 1964; *Prüssmann*, Seehandelsrecht, 1968. Ein kürzerer Kommentar zum Seefrachtgesetz von 1937, durch welches die Haager Regeln in das deutsche Recht eingeführt wurden, ist das Buch von *Gramm*, Das neue deutsche Seefrachtrecht, 1938. Vornehmlich das Sachenrecht für Schiffe und die Schiffsregisterordnung, aber auch das Flaggenrecht werden erläutert von *Prause*, Das Recht des Schiffskredits, 2. Aufl. 1968. Die StrandungsO ist von *Ewald* kommentiert, 2. Aufl. 1955, die Seestraßenordnung von *Budde-Koch*, 18. Aufl. 1970 (in der DDR von *Reinhold*, *Schilling* und *Hoefs;* vgl. Hansa 1973, 2258), die Seeschiffahrtsstraßen-Ordnung von *Graf* und *Steinicke*, 2. Aufl. 1972, und von Budde-Koch 1972. Für das Seeversicherungsrecht siehe die Kommentare von *Ritter-Abraham*, 2. Aufl. 1967, und von *Schlegelberger*, 1960. Die seeversicherungsrechtlichen Entscheidungen von 1923—1957 sind von *Sasse* gesammelt worden und 1958 herausgegeben worden (Nachtrag 1964). Siehe auch *Ross*, Ein Vergleich der englischen mit der deutschen Seekaskoversicherung unter besonderer Berücksichtigung des Deckungsumfangs der englischen Lloyd's Police im Vergleich zur deutschen Kasko-Police, Diss. Hamburg 1969; *Joost*, Maklerbedingungen in der deutschen Seekaskoversicherung, 1972; *Bauer*, Neue Transportversicherungsbedingungen, Hansa 1973, 1260 ff.

3. **Gesetzessammlungen:** *V. Laun- v. Laun*, 1965; ab 1969 v. Laun-*Liesecke* (Loseblattsammlung); Kuhl, 8. Aufl. 1972; Becker-Gädke, 1963; Grapengeter-Wegerer. Für den Hamburger Hafen siehe *Küster*, Hamburgisches Hafen- und Schiffahrtsrecht, 1957. Hinzuweisen ist ferner auf die von der See-Berufsgenossenschaft 1960 herausgegebenen Schiffssicherheitsvorschriften.

Die seerechtlichen Gesetze der Deutschen Demokratischen Republik sind von *Baberg u. Popp* zusammengestellt, 2. Aufl. 1960. Siehe ferner *Standke-Püschel-Reintanz*, Internationales Seerecht (ausgewählte Abkommen und Verträge, 1882—1939), Bd. I 1962, Bd. II 1965; *Reinhold*, *Hoefs*, *Schilling*, Seestraßenordnung, 1971; *Reinhold*, Bergung und Hilfeleistung in Seenot, 1961; Richter-Hannes und *Trotz*, Seefrachtvertrag und Konnossement, 1972. Eine Aufführung der seerechtlichen Bestimmungen in der DDR findet sich von *Härle* Hansa 1972, 2171 f.

4. Eine besondere **Zeitschrift** für Schiffahrtsrecht gibt es in Deutschland nicht. Doch bringt die „Hansa“, das Fachorgan für die Seeschiffahrt, laufend Entscheidungen und Abhandlungen seerechtlichen Inhalts. Solche finden sich auch in der „Zeitschrift für das gesamte Handels- und Wirtschaftsrecht“, in der „Monatsschrift für Deutsches Recht“, in der „Verkehrsrechtsammlung“ im „Versicherungsrecht“ und im „Täglichen Hafenbericht“, gelegentlich auch in der sonstigen juristischen Fachpresse. Aus der Zeit vor dem zweiten Weltkriege ist insbesondere die „Hanseatische Rechts- und Gerichtszeitschrift“ zu erwähnen, 1928 aus der Vereinigung der „Hanseatischen Gerichtszeitung“ (1880—1927) und der „Hanseatischen Rechtszeitschrift“ (1917—1927) hervorgegangen.

Die wichtigen Entscheidungen des Bundesoberseeamtes und der Seeämter werden in einer besonderen Sammlung laufend veröffentlicht.

5. Für das **Auslandsrecht** wird im allgemeinen auf die Angaben bei Schaps-Abraham I 38 ff. und die diesbezüglichen Nachträge hingewiesen. Hier mag nur folgendes Schrifttum besonders hervorgehoben werden: *Großbritannien: Singh* und *Colinvaux*, Shipowners, 1967; *Carver*, Carriage by Sea, 2 Bd., 1971, 12. Aufl. von Colinvaux (British Shipping Laws Bd. 2 und 3) 1971; *Colinvaux*, Forms and Precedents, 1973; *Lowndes & Rudolf*, The Law of General Average and the York-Antwerp-Rules, 9. Aufl. 1964; *Marsden-McGuffie*, The Law of Collisions at Sea, 11. Aufl. 1961; *Bartle*, Introduction to Shipping Law, 2. Aufl. 1963; *Temperley*, The Merchant Shipping Acts, 6. Aufl. 1963; *Chorley* und *Giles*, Shipping Law, 6. Aufl. 1970; *Scrutton*, On Charterparties and Bills of Lading, 17. Aufl. 1964. *Frankreich: Rodière*, Précis de Droit Maritime, 5. Aufl. 1972; *ders.* Traité Général de Droit Maritime, Bd. I 1967, Bd. II 1969, Bd. III 1970 (in diesen ersten drei Bänden ist das Seefrachtrecht enthalten); ein weiterer, 1972 erschienener Band trägt den Titel Evénements de mer; *Schmitz*, Code du travail maritime, Editions Maritime et d'Outre-Mer, 1972; *Chauveau*, Traité de Droit Maritime, 1958; *Du Pontavice*, Droit et pratique des Transports Maritime et Affrètements, 1970. Teilweise veraltet: *Lyon-Caen* et *Renault*, Traité de droit Commercial, 1931—1932, *Danjon*, Traité de droit commercial maritime, 2. Aufl. 1926—1932; *Ripert* Droit Maritime, 1950—1955 (Nachtrag von Rodière 1963). *Niederlande: Cleveringa;* Zeerecht, 4. Aufl. 1961, mit Nachtrag 1966 von *Schadee* und *Barentson-Cleveringa*. *Sowjetunion: Prause*, Gesetzbuch der Seehandelsschiffahrt der UdSSR, 1969; *Anderson*, Das Seerecht der Sowjetunion, Ostrechtliche Schriften, 1966 (veraltet). *Vereinigte Staaten von Amerika: Gilmore* and *Black*, The law of Admiralty, 1957 ff.; *Poor*, American Law of charterparties and ocean bills of lading, 5. Aufl. 1968; *Robinson*, On Admiralty, 1939 ff.; *Knauth*, The American Law of Ocean Bills of Lading, 4. Aufl. 1953. *Belgien: De Smet*, Droit Maritime et Droit Fluvial, 2 Bd., 1971. *Schweden, Pineus*, Le Droit Maritime Suédois, un aperçu, 1972.

II. Einige Literaturhinweise sollen für Binnenschiffahrts- und Luftrecht gegeben werden.

1. **Binnenschiffahrtsrecht.** Die umfassendste, wenn auch teilweise veraltete systematische Darstellung des privaten Binnenschiffahrtsrechts ist immer noch *Mittelstein*, Das Binnenschiffahrtsrecht, in Ehrenbergs Handbuch des gesamten Handelsrechts, 7. Bd. 1. Abt., 1918. Eine kurze Darstellung findet sich bei *Julius v. Gierke*, Handelsrecht und Schiffahrtsrecht, 8. Aufl. 1958, §§ 79 ff. Von Kommentaren sind zu nennen: *Vortisch-Zschucke*, 3. Aufl. 1964; *Bartholomeyczik*, 2. Aufl. 1963 (Der Wirtschaftskommentator C IX/3); *ders.*, Handwörterbuch der Sozialwissenschaften S. 293; *Kählitz*, Das Recht der Binnenschiffahrt, I: Das Gesetz über den gewerblichen Binnenschiffahrtsverkehr, 1953, II: Verkehrsrecht auf Binnenwasserstraßen, 1955. S. weiter *Wassermeyer*, Der Kollisionsprozeß in der Binnenschiffahrt, 3. Aufl. 1962; *Laeuen*, Freizeichnungen in Frachtverträgen der internationalen Rheinschiffahrt, Diss. Frankfurt 1966; *Rittstieg*, Rheinschiffahrt im gemeinsamen Markt, eine Untersuchung zur Kollision zwischen staatlichen Rechtsordnungen (Schriftenreihe Europäische Wirtschaft), 1971. Hinzuweisen ist auch auf die auch Binnenschiffahrtsrecht bringende „Zeitschrift für Binnenschiffahrt", ferner auf die in Basel erscheinende Zeitschrift „Strom und See" und die „Revue de la navigation intérieure et rhénane", die seit 1922 in Straßburg herausgegeben wird.

Siehe über neue Entwicklungen im Binnenschiffahrtsprivatrecht *Herber* ZfBSch. Nr. 11/72 (Sammlung der Rechtsprechung zum Schiffahrtsrecht 487).

2. **Luftrecht.** *Riese*, Luftrecht, 1949; *Alex Meyer*, Internationale Luftfahrtabkommen, 1953 ff.; *Abraham*, Luftbeförderungsvertrag, 1955; ders. (in Fortsetzung des Kommentars von Schleicher-Reymann), Das Recht der Luftfahrt, Bd. I 1960, Bd. II 1966; Hofmann, LuftVG und Luftverkehrsverordnungen, Kommentar, 2 Bd., 1971. Viermal jährlich erscheint die Zeitschrift für Luft- und Weltraumrechtsfragen, herausgegeben von Alex Meyer.

II. Abschnitt

Die völkerrechtliche Lage der Wasserflächen und des Luftraums

§ 4. Die hohe See und die an sie grenzenden Gewässer

Böhme und Kehden, From the Law of the Sea towards an Ocean Space Regime, Practical und Legal Implications of the Marine Revolution, Schriftenreihe der Forschungsstelle für Völkerrecht und ausländisches öffentliches Recht der Universität Hamburg 19, 1972; Borchert, Der Einfluß der Verkehrsfreiheit auf die völkerrechtlichen Regeln über die Höhe der Schiffahrtsabgaben auf international bedeutsamen Schiffahrtswegen, 1964 (Varia iuris publici, Bd. 43); Breuer, Die Rechtslage der Hohen See und des Meeresbodens, Schriftenreihe des Seeverkehrsbeirates, Heft 26, 1972; Colombos, The International Law of the Sea, 6. Aufl. 1967 (eine deutsche Übersetzung der 4. Aufl. 1959 ist unter der Gesamtredaktion von Schätzel erschienen); de Ferron, Le droit international de la mer, Bd. I 1958, Bd. II 1960; Gidel, Le droit public de la mer, 3 Bd. 1932—1934; Jenisch, Das Recht zur Vornahme militärischer Übungen und Versuche auf hoher See in Friedenszeiten, Schriftenreihe der Forschungsstelle für Völkerrecht und ausländisches öffentliches Recht der Universität Hamburg, Bd. 49, 1970; Kehden, Die Inanspruchnahme von Meereszonen und Meeresbodenzonen durch Küstenstaaten, eine Übersicht über die Staatenpraxis, 2. Aufl. 1971, Kolodkin und Molodcov, Das völkerrechtliche Regime der Territorialgewässer, der Anschlußzone und des Hohen Meeres, 1973 (Schriftenreihe der Forschungsstelle für Völkerrecht und ausländisches öffentliches Recht, Heft 21); de Pauw, Grotius and the Law of the Sea, Brüssel 1965; Reinkemeyer, Die sowjetische Zwölfmeilenzone in der Ostsee und die Freiheit des Meeres, 1955 (Heft 30 der Beiträge zum ausländischen öffentlichen Recht und Völkerrecht); Smith, The Law and Custom of the Sea, 3. Aufl. London 1959; K. v. Laun, Diskriminierung der Seeschiffahrt und Liberalisierung, Zeitschrift für Verkehrswissenschaft, 1961, 1 ff.; ders., Diskriminierung in der Seeschiffahrt und völkerrechtliche Diskriminierung, Jahrbuch für internationales Recht 1962, 229 f.; Graf Vitztum, Der Rechtsstatus des Meeresbodens, 1972 (Schriften zum Völkerrecht Bd. 22).

Siehe weiter die Schrifttumsangaben unter II 1 c und 2 c, sowie bei Schaps-Abraham I 45 und Erg.Bd. 27. Hinzuweisen ist auch auf die Ausführungen in den meisten der völkerrechtlichen Lehrbücher, etwa Verdross, 5. Aufl. 1964, Dahm Bd. I 1958, Berber Bd. I 1960; Sauer 1955, Wengler Bd. II 1964.

§ 4. Die hohe See und die an sie grenzenden Gewässer

I. Die völkerrechtliche Lage der hohen See und der an sie grenzenden Gewässer ist Gegenstand einer im Frühjahr 1958 in Genf tagenden Diplomatischen Seerechts-Konferenz gewesen. Ihren Beratungen lag ein von der Internationalen Rechtskommission (UN-Völkerrechtskommission) ausgearbeiteter Entwurf über das Seevölkerrecht zugrunde. Vgl. dazu Breuer Hansa 57, 1328 u. 1369; Yearbook of The International Law Commission 1956, Bd. II, 1 ff.

An der von der Generalversammlung der UN einberufenen Konferenz nahmen die Vertreter von 86 Staaten teil. Nachdem die Haager Kodifikationskonferenz im Jahre 1930 zu keinem Erfolg geführt hatte, war eine neue Konferenz eine Notwendigkeit geworden, weil über die Normen des Seevölkerrechts, das nur zu einem geringen Teile kodifiziert ist, infolge stark voneinander abweichender Auffassungen der Staaten und der Lehrmeinungen eine große Unsicherheit herrscht. Sie wurde vermehrt durch die territorialen, staats- und machtpolitischen Veränderungen der Kriegs- und Nachkriegszeit. Es kam hinzu, daß das frühere Übergewicht der klassischen Schiffahrtsländer infolge des Entstehens zahlreicher neuer Handelsflotten, vornehmlich in den Ländern der sog. „flags of convenience“, nicht mehr in dem alten Umfange vorhanden ist. Die Konferenz hat nur zu einem Teilerfolg geführt. Insbesondere wurde das Hauptziel, die Breite des Küstenmeers festzulegen, nicht erreicht. Ein Erfolg war der Konferenz nur insoweit beschieden, als vier Konventionsanträge angenommen wurden, in denen die Artikel des Entwurfs der UN-Völkerrechtskommission, über die im großen und ganzen eine Einigung erzielt werden konnte, mit mehr oder weniger Änderungen zusammengefaßt wurden. Es handelt sich dabei 1. um eine *Konvention über das Recht des Küstenmeers und der Anschlußzone*, 2. um eine *Konvention über den Rechtsstatus der Hohen See* (vgl. BGBl. 1972 II 1089), 3. um eine *Konvention über die Hochseefischerei*, 4. um eine *Konvention über den Festlandsokkel* (continental shelf). Vgl. über den Konferenzverlauf Necker, Die Ergebnisse der Genfer Seerechtskonferenz 1958 und ihre Bedeutung für die Seeschiffahrt, Hansa 1958, 1163; Schaps-Abraham I, 85. Eine auf Beschluß der UN einberufene zweite Seerechtskonferenz, die die auf der ersten Konferenz nicht gelösten Probleme der Breite der Territorialgewässer und der Fischereigrenzen regeln sollte, und zu der am 17. März 1960 die Delegierten von 88 Staaten erneut zusammenkamen, endete ohne Erfolg. Siehe über beide Konferenzen auch Bd. XXXVI der „Dokumente“, herausgegeben von der Forschungsstelle für Völkerrecht und ausländisches öffentliches Recht der Universität Hamburg, dem Institut für ausländisches Recht an der Universität Kiel und dem Institut für Völkerrecht an der Universität Göttingen, 1961, bearbeitet von Hoog.

II. Die See und die an sie grenzenden Gewässer werden, vom Lande her gerechnet, völkerrechtlich eingeteilt in die *Eigengewässer* (auch als Binnengewässer bezeichnet, das *Küstenmeer*, auch als Territorial- oder Hoheitsgewässer bezeichnet (doch ist die Begriffsbildung nicht einheitlich, indem unter Hoheitsgewässern auch das Küstenmeer und die

Eigengewässer verstanden werden), die *Außenzone* und die *offene* oder *hohe See.*

Vgl. darüber, daß diese völkerrechtliche Abgrenzung nach deutscher Auffassung ohne Bedeutung für die Grenzziehung zwischen See- und Binnenschifffahrt ist, oben § 1 I 2 b.

1. a) Zu den **Eigengewässern** (eaux intérieurs, inland oder national waters) gehören die *Flußmündungen, Buchten* und *Golfe,* deren Küsten zu dem Gebiet eines bestimmten Staates gehören und nicht mehr als eine gewisse Anzahl von Seemeilen voneinander entfernt sind.

Die umstrittene Breite dieser Basislinie ist in der Konvention über das Küstenmeer und die Anschlußzone (Genf 1958) auf 24 Seemeilen festgelegt worden. Bei größerer Entfernung der Ufer von Buchten usw. gehört nur derjenige Teil von ihnen zu den Eigengewässern, der diesseits einer Linie liegt, welche die beiden in der zulässigen Entfernung gelegenen Punkte miteinander verbindet.

Ganz einheitliche Regeln für die Begrenzung der Eigengewässer lassen sich kaum aufstellen. Vgl. Hansa 1952, 154. Einige Staaten fordern unabhängig von der Öffnungsbreite ganze Buchten als Eigengewässer (historische Buchten); vgl. Reinkemeyer a. a. O. 24 f.; Schaps-Abraham I 47.

b) Die Eigengewässer unterliegen der gänzlichen Souveränität ihres Uferstaates.

Sie sind Teil des Staatsgebiets des Küstenstaates. Dieser kann sie grundsätzlich der fremden Schiffahrt verschließen. Deshalb hat diese an sich auch nicht ohne weiteres das Recht, die Häfen eines anderen Staates anzulaufen. Doch ist ein solches für die Mitgliedstaaten des *Genfer Übereinkommens und Status über die internationale Rechtsordnung der Seehäfen* v. 9. Dez. 1923 (RGBl. 1928 II 22) gegenseitig gewährt und wird im übrigen in vielen zweiseitigen Handels- und Schiffahrtsverträgen vereinbart. S. als Beispiel für einen solchen den Freundschafts-, Handels- und Schiffahrtsvertrag zwischen der Bundesrepublik und den USA v. 29. Okt. 1954 (BGBl. 1956 II 487). Vgl. auch das *Barcelona-Statut über die Freiheit des Durchgangsverkehrs* v. 20. April 1921 (RGBl. 1924 II 387), ferner das *Übereinkommen zur Erleichterung des Internationalen Seeverkehrs* v. 9. April 1965 (BGBl. II 2435). Die Kabotage (Beförderungen zwischen den Häfen des eigenen Landes) ist grundsätzlich der eigenen Flagge vorbehalten; vgl. Ges. über die Küstenschiffahrt v. 26. Juli 1967 (BGBl. II 738). Auf fremden Schiffen gilt in ausländischen Gewässern grundsätzlich die Rechtsordnung des Aufenthaltsstaates. Nur soweit dessen Kollisionsrecht auf das Flaggenrecht des Schiffes verweist, kommt dieses zur Anwendung. Doch ist es fast ein Gewohnheitssatz des internationalen Privatrechts aller Länder geworden, daß die Eigentumsübertragung und Hypothekenbestellung an einem Schiff sich nach dessen Flaggenrecht zu richten hat. Ähnliches gilt für alle internen Rechtsverhältnisse des Schiffes. Über die Unterwerfung fremder Handelsschiffe unter die deutsche Gerichtsbarkeit während der Durchfahrt durch den Nord-Ostsee-Kanal s. auch OGHBrZ NJW 51, 27. Nur Staatsschiffe, die hoheitlichen Zwecken dienen, insbesondere also Kriegsschiffe, gelten auch in fremden Eigengewässern als exterritorial. Auch auf

Luftfahrzeuge, die nicht hoheitlichen Zwecken dienen, kommt in fremden Staaten grundsätzlich deren Rechtsordnung zur Anwendung, wobei indessen ähnliche Ausnahmen zu machen sind wie die oben für Schiffe erwähnten. Vgl. wegen weiterer Einzelheiten Schaps-Abraham I 46 ff.

Eine Sonderstellung nehmen bis zu einem gewissen Grade diejenigen Eigengewässer ein, die eine *Durchfahrt für die internationale Schiffahrt zwischen zwei Meeren bilden*. In ihnen ist, wie im Küstenmeer, die friedliche Durchfahrt von Handels- und in Friedenszeiten richtiger Ansicht nach grundsätzlich auch von Kriegsschiffen zu dulden. Sonderbestimmungen bestehen für den Bosporus gemäß dem Abkommen von Montreux v. 20. Juli 1936. Vgl. wegen weiterer Einzelheiten, insbesondere auch wegen des Nord-Ostsee-Kanals, des Suez-Kanals und des Panama-Kanals, Schaps-Abraham I 51 ff., III 1212.

c) *Schrifttum:* Steinert, Die internationalrechtliche Stellung des Schiffes im fremden Küstenmeer im Frieden mit Hinweisen auf seine Rechtsstellung in fremden Eigengewässern, 1970; Bauer, Binnengewässer, WVR I 204—207; Bolte, Rechte des Uferstaates in Seehäfen über ausländische Handelsschiffe, Diss. Bonn 1969; Held, Baien und Buchten WVR I 138—140; ders., Häfen WVR I 753—755; Ipsen, Freihäfen, WVR I 561 f.

2. a) Das **Küstenmeer** (mer territorial, territorial sea) wird im allgemeinen von der Küstenlinie bei gewöhnlicher Ebbe (Niedrigwasserlinie, die in den Seekarten vieler Staaten eingezeichnet ist) (also nicht, wie es auch manche Staaten, z. B. Frankreich, tun, von dem tiefsten, jemals an der Küste gemessenen Wasserstande, auch nicht von der mittleren Springniedrigwasserlinie, d. i. die mittlere Linie des niedrigsten Wasserstandes kurz nach Voll- und Neumond), oder der Basislinie der Eigengewässer gezählt (siehe über das System der geraden Basislinien Steinert a. a. O. 53 ff.). Eine große Anzahl der Staaten hält noch an der überkommenen Breite der Küstengewässer von *drei Seemeilen* fest. Doch liegen die Ansprüche der Mehrheit der Staaten heute zwischen drei und zwölf Seemeilen.

Die skandinavischen Staaten machen vier Seemeilen geltend. Griechenland, Italien, Kolumbien, Kuba, Jugoslawien, Portugal, Spanien und die Türkei beanspruchen sechs Seemeilen schlechthin, Polen jedenfalls für Verteidigungszwekke. Die Sowjetunion hat die Breite ihrer Küstengewässer allgemein auf zwölf Seemeilen festgelegt, speziell Finnland gegenüber auf vier Seemeilen. Auch Bulgarien beansprucht zwölf Seemeilen, ebenso Guatemala, Ägypten, Rumänien und Ecuador. Mexiko und Grönland fordern neun Seemeilen, Guinea 50 Seemeilen, Argentinien, Panama, Chile, Peru, Costa Rica, El Salvador, Honduras sogar 200 Seemeilen, jedoch wohl nur als Fischereigrenze. Eine solche wird auch noch von anderen Staaten jenseits der Küstengewässer in Anspruch genommen, so von Island in der Breite von 50 Seemeilen.

Wegen der großen geographischen und wirtschaftlichen Verschiedenheiten der einzelnen Staaten ist es schwer, allgemein einheitliche Regeln für die Breite der Küstengewässer zu bestimmen. Um Rechtsmißbrauch auszuschließen, ist aber zu fordern, daß jedes Land, das eine größere Breite als die überkommene verlangt, hierfür hinreichende Gründe benennt. In Art. 3 des Entwurfs der UN-Völkerrechtskommission war eine Höchstbreite von 12 Seemeilen vorgesehen. Auf den Genfer Konferenzen 1958 und 1960 konnte eine Einigung gerade über diesen wichtigen Punkt nicht erzielt werden. Vgl. wegen der tatsächlich von den einzelnen Staaten beanspruchten Gebiete neuerdings insbesondere auch Kehden, Die Inanspruchnahme von Meereszonen durch Küstenstaaten, 1967; Steinert a. a. O. 43 ff.

Unterschiedlich sind auch die Auffassungen über die Art, wie die seewärtige Grenze des Küstenmeers zu berechnen ist. Nach der in Art. 6 der Küstenmeer-Konvention übernommenen Zirkelmethode werden von jedem Punkt der Ausgangslinie Kreisbögen mit der Küstenmeerbreite als Radius geschlagen, deren äußerste Bogenteile die seeseitige Grenze bilden. Nach anderer Ansicht kommt es auf die Linie an, die in der Breite des Küstenmeers parallel zu der Niedrigwasserlinie verläuft. Siehe dazu im einzelnen Steinert 45 f., ebenso über die Grenze zum Küstenmeer eines anderen Staates. Bei verzahnten, tief eingeschnittenen oder von zahlreichen Inseln umgebenen Küsten ist die innere Küstenmeerlinie als gerade Linie zwischen geeigneten, in das Meer hineinragenden Festlandpunkten oder Inseln zu ziehen (oder kann jedenfalls gezogen werden), wenn diese Linie der allgemeinen Richtung der Küste folgt. Inseln haben, hiervon abgesehen, ihr eigenes Küstenmeer. Siehe im einzelnen bei Steinert 71 ff.

b) Nach nahezu allgemeiner Ansicht (so insbesondere auch Art. 1 und 2 der Genfer Konvention über das Küstenmeer und die Anschlußzone) erstreckt sich heute die Staatshoheit auch auf die Küstengewässer. Siehe den Überblick über die verschiedenen Ansichten bei Steinert 86 f.

Deshalb haben die Staaten in ihren Hoheitsgewässern insbesondere auch das Fischereirecht. Sie haben aber auch die Aufsicht in ihnen auszuüben und die Schiffahrt durch Errichtung von Leuchttürmen, notwendige Baggerungen, Betonnung und dergleichen zu erleichtern (hinsichtlich der Pflichten umstritten).

Fremde Schiffe genießen in den Küstengewässern eine freiere Stellung als in den Eigengewässern (Recht auf friedliche Durchfahrt, und zwar richtiger Ansicht nach auch für Kriegsschiffe in Friedenszeiten; so auch Art. 14 der Genfer Konvention über das Küstenmeer und die Anschlußzone). Sicher ist, daß Kriegsschiffe in fremden Küstengewässern als exterritorial gelten. Für Handelsschiffe ist das nach allerdings umstrittener Ansicht wohl zu verneinen. Die Rechtsordnung des Uferstaates hat grundsätzlich den Vorrang. Im allgemeinen macht dieser von seinen Zwangsbefugnissen und seiner Jurisdiktionsgewalt aber nur Gebrauch in Angelegenheiten, die in Zusammenhang mit der Durchfahrt stehen. Nach Art. 19 und 20 der Genfer Konvention über das Küstenmeer und die Anschlußzone ist es dem Uferstaat nur noch in begrenzten Ausnahmefällen gestattet, strafrechtliche oder zivilrechtliche Jurisdiktion auf das Küstenmeer durchfahrenden fremden Schiffen auszuüben. Siehe wegen der Einzelheiten Steinert 95 ff.

c) *Schrifttum:* Steinert (wie unter 1 c); Böhmert, Fischereigrenze, WVR I 525—528; ders., Fischereirecht, internationales, WVR I 528—531; ders., Küstenfischerei, WVR II 385—388; Coenen, Das Küstenmeer im Frieden, 1933; Flake, Küstenmeer in deutscher Praxis, Diss. Bonn 1961; Helm, Die Hoheitsrechte im Küstenmeer, Nauticus 1953, 140—153; Münch, Küstengewässer, WVR II 388—391. Rojahn, Die Ansprüche der lateinamerikanischen Staaten auf Fischereivorrechte jenseits der Zwölfmeilengrenze, Veröffentlichungen des Instituts für Internationales Recht an der Universität Kiel, Heft 69, 1972.

3. Zwischen den Hoheitsgewässern und der offenen See wird häufig ein größeres oder kleineres Gebiet in Anspruch genommen, für das zwar nicht die volle Souveränität geltend gemacht wird, aber doch eine Reihe im einzelnen unterschiedlicher Rechte, wie Zoll-, Seuchen- und Polizeikontrolle. Dieses Gebiet wird als *Anschluß-* oder *Außenzone* bezeichnet.

Die Genfer Konvention über das Recht des Küstenmeers und der Anschlußzone läßt eine solche in Art. 24 nur für Zoll-, Steuer-, Einwanderungs- und gesundheitspolizeiliche Zwecke zu. Die Konvention begrenzt die Anschlußzone auf höchstens 12 Seemeilen, gemessen von der Basislinie des Küstenmeers.

4. Die *hohe See* untersteht keiner Souveränität. Doch ist sie keine res nullius, sondern eine res omnium communis. Schiffahrt, Fischerei, das Legen von unterseeischen Kabeln und Pipelines, die Luftfahrt über ihr sind frei (Art. 2 der Konvention über den Rechtsstatus der hohen See, Genf 1958) (BGBl. 1972 II 1089, wo die Konvention als Übereinkommen vom 29. April 1958 über die Hohe See bezeichnet ist). Die Schiffe gelten auf ihr als schwimmende Gebietsteile ihres Flaggenstaates (oder werden jedenfalls als solche behandelt), dessen Rechtsordnung deshalb auch für sie zur Anwendung kommt. Entsprechendes gilt für Luftfahrzeuge hinsichtlich ihres Registerstaates.

Auch im Altertum und in der ersten Hälfte des Mittelalters wurde die hohe See als frei angesehen. Diese Rechtslage war in dem späteren Mittelalter immer mehr durchbrochen worden. Doch kam der Grundsatz der Freiheit vornehmlich dank Hugo Grotius (vgl. sein Mare liberum sive de iure quod Batavis competit ad Indicana Commercia, 1680) allmählich wieder zur Geltung und hatte sich in der ersten Hälfte des 19. Jahrhunderts nach und nach durchgesetzt. Vornehmlich seit dem zweiten Weltkrieg hat eine rückläufige Bewegung eingesetzt. Seither vermehren sich die Hoheitsansprüche einer Reihe von Uferstaaten, namentlich hinsichtlich der Ausdehnung der Hoheitsgewässer und der Beanspruchung ausgedehnter Fischereigrenzen. Andererseits verstärkt sich auch der Gehalt des Gemeingebrauches und das Gefühl dafür, daß dieser bezüglich der Schiffahrt und der Fischerei jedenfalls nicht wesentlich beeinträchtigt werden darf, z. B. hinsichtlich der Versenkung radioaktiver Stoffe oder anderer den Fischbeständen oder dem Plankton schädlicher Stoffe. Siehe dazu u. a. das im September 1973 zwischen den Anliegerstaaten der Ostsee geschlossene Übereinkommen für den Schutz der lebenden Ressourcen und deren rationelle Nutzung. Vgl. Pelzer, Rechtsprobleme der Beseitigung radioaktiver Abfälle in das Meer, Studien zum internationalen Wirtschaftsrecht und Atomenergierecht, Bd. 41, 1970. Siehe dazu Art. 2 Abs. 1 des Gesetzes zum Übereinkommen vom 29. April 1958 über die Hohe See vom 21. September 1972 (BGBl. 1972 II 1089), der die Bundesregierung ermächtigt, Vorschriften gegen die Verseuchung des Meeres zu treffen. Vgl. in dieser Hinsicht insbesondere auch das Internationale Abkommen zur Verhütung der Verschmutzung der See durch Öl von 1954 (BGBl. 1956 II 379) mit Änderung von 1962 (BGBl. II 749), das das Ablassen von Öl und von Ölrückständen durch Schiffe regeln will, und das Übereinkommen vom 29. Nov. 1969 über Maßnahmen auf hoher See nach Ölunfällen, das sich mit dem Recht der Küstenstaaten befaßt, polizeiliche Maßnahmen zur Verhütung oder zur Verminderung von Ölschäden durch Tankerunfälle zu treffen, die sich auf hoher See ereignet haben (siehe dazu Herber RabelsZ 1970, 223 ff. und Hansa 1970, 371 ff., Böhm Hansa 1970, 1001, auch v. d. Hagen Hansa 1967, 1213). Das auch als Interventionsabkommen bezeichnete Abkommen setzt voraus, daß sich die Maßnahmen gegen Objekte unter fremder Hoheitsgewalt außerhalb des eigenen Staatsgebiets richten, und zwar auf hoher See. Diesem Übereinkommen ging bereits eine regionale Vereinbarung der Nordseeanliegerstaaten mit ähnlichem Inhalt voraus (Übereinkommen zur Zusammenarbeit bei der Bekämpfung von Ölverschmutzung der Nordsee v. 9. Juni 1969; BGBl. II 2066). Siehe für Großbritannien den „Oil in Navigable Waters Act" von 1971. Eine Ölverschmutzung der See kann auch eintreten durch Schäden an Bohranlagen im Schelfgebiet oder im Küstenmeer. Dieser Frage ist bisher wenig Aufmerksamkeit geschenkt worden, obwohl Veranlassung dazu bestanden hätte. Vgl. dazu Rémond DMF 1969, 348 ff., 599 ff. Das völkerrechtliche Übereinkommen vom 29. Nov. 1969 wurde ergänzt durch ein solches mit privatrechtlichem Inhalt vom gleichen Tage, welches Regeln für die Haftung des Tankerreeders gegenüber dem Geschädigten vorsieht und auf dem Grundsatz der Gefährdungshaftung beruht, der einerseits auf bestimmte Haftungsbeträge beschränkbar, andererseits durch eine obligatorische Haftpflichtversicherung gesichert ist. Auf Verlangen der Staaten, die sonst einer Gefährdungshaftung nicht zugestimmt hätten, sollte die IMCO bis 1971 eine weitere Konferenz einberufen, auf der die Möglichkeit einer Ergänzung der zunächst beschlossenen Regelung durch einen internationalen Haftungsfonds erörtert werden sollte. Siehe dazu unten § 27 VIII 2. Vgl. weiter Art. 2 Abs. 2 der Konvention über den Rechtsstatus der hohen See, wo es im Anschluß an die in Art. 2 Abs. 1 aufgeführten Freiheiten der hohen See heißt: „These freedoms, and others which are recognized by the general principles of international law, shall be exercised by all States with reasonable regard to the interests of other States in their exercise of the freedom of the high seas." In Kriegszeiten werden die Grundsätze über die Freiheit der hohen See durch das Recht eines Kriegführenden, ein fremdes Handelsschiff anzuhalten, zu durchsuchen und wegen Führung von Konterbande oder wegen Blockadebruchs prisenrechtlich einzuziehen, durchbrochen. Vgl. dazu deutsche Prisenordnung v. 28. Aug. 1939 (RGBl. I 1585).

III. Die Freiheit der hohen See wird insbesondere auch durch die *Doktrin des continental shelf*, auch als Doktrin der Rechte an „seabed and its subsoil" oder am „Festlandsockel" bekannt, beschränkt.

1. Seitdem Präsident Truman in einer Proklamation vom 28. Sept. 1945 erklärte, die USA betrachteten die natürlichen Reichtümer unter dem Meeresboden, der den Küsten der USA außerhalb der Hoheitsgewässer vorgelagert sei, als zu den USA gehörig und ihrer Rechtsprechung und Kontrolle unterworfen, hat eine große Reihe Nationen ähnliche Ansprüche erhoben. Vgl. über die Entwicklung bis 1945 Reinkemeyer a. a. O. 92 ff.

Die Doktrin hat ihre grundsätzliche völkerrechtliche Anerkennung insbesondere auch durch die auf der Genfer Konferenz von 1958 beschlossene Konvention über den Festlandsockel gefunden. Siehe für die Bundesrepublik Deutschland die Bek. der Proklamation der Bundesregierung über die Erforschung und Ausbeutung des deutschen Festlandsockels v. 22. Januar 1964 (BGBl. II 104) und das Gesetz zur vorläufigen Regelung der Rechte am Festlandsockel vom 24. Juli 1964 (BGBl. I 497); ferner das Gesetz zu den drei Verträgen von 1971 mit dem Königreich Dänemark, dem Königreich der Niederlande und dem Vereinigten Königreich Großbritannien und Nordirland über die Abgrenzung des Festlandsockels in der Nordsee vom 23. August 1972 (BGBl. II 881). Schrifttum: v. Münch, Die Ausnutzung des Festlandsockels vor der deutschen Nordseeküste, Archiv des Völkerrechts, 11. Bd., 393—416; Menzel, Der Festlandsockel der Bundesrepublik Deutschland und das Urteil des Internationalen Gerichtshofs v. 20. Febr. 1969, Jahrbuch für Internationales Recht, 14. Bd., 1969, 13 ff.; Zeiher, Der Begriff des Festlandsockels, Diss. Frankfurt/M. 1971.

2. Der Inhalt der Doktrin läßt sich vornehmlich an Hand der Genfer Konvention etwa wie folgt zusammenfassen:

a) Der Ausdruck „continental shelf" bezieht sich auf den an die Kontinente angrenzenden Meeresboden und dessen Untergrund, der der Küste bis zu einer Tiefe von im allgemeinen nicht mehr als 200 Metern benachbart ist, aber außerhalb der Hoheitsgewässer. Ein Meeresboden mit einer größeren Tiefe als 200 Meter kommt nur in Betracht, wenn seine Ausbeutung möglich ist.

In seiner tatsächlichen Breitenausdehnung variiert der continental shelf sehr. In erster Linie sind es festgestellte oder vermutete Ölvorkommen, die die Ansprüche auf ihn hervorgerufen haben.

b) Der Küstenstaat übt über den continental shelf Hoheitsrechte zwecks Erforschung und Ausbeutung der natürlichen Reichtümer aus.

c) Die Rechte des Küstenstaates am continental shelf berühren die völkerrechtliche Lage des darüber befindlichen Wassers als hohe See nicht, ebenso nicht die des Luftraums. Doch ist gerade dieser Punkt noch wenig geklärt.

d) Die Erforschung des continental shelf und die Ausbeutung seiner natürlichen Reichtümer darf in keiner Weise eine ungerechtfertigte Behinderung der Schiffahrt, Fischerei oder Kabellegung zur Folge haben.

e) Der Uferstaat darf auf seinem continental shelf Einrichtungen unterhalten, die für die Erforschung und Ausbeutung der natürlichen Reichtümer des continental shelf erforderlich sind. Unzulässig sind sie nur in für die Schiffahrt wichtigen engen Wasserstraßen. Der Uferstaat darf auch Sicherheitszonen um diese Einrichtungen, die völkerrechtlich als Inseln gelten (allerdings ohne eigene Küstengewässer), legen.

§ 5. Die Binnenwasserstraßen und der Luftraum

I. Die Binnenwasserstraßen

Bärmann, Die Freiheit der europäischen Binnenschiffahrt, 1950; ders. ZfBSch. 1951, Beilage zu Heft 3; Kraus-Scheuner; Rechtsfragen der Rheinschiffahrt, 1956 (Schriften des Instituts für ausländisches und internationales Wirtschaftsrecht Frankfurt/M.); v. Mangold, Grundprobleme des deutschen öffentlichen Binnenschiffahrtsrechts, 1928; Walter Müller, Die Rechtsstellung der Schweiz in bezug auf die revidierte Rheinschiffahrtsakte v. 17. Okt. 1868, Schweizerisches Jahrbuch für internationales Recht, Bd. XV, 1958; Wegener, Die internationale Donau, 1951 (Göttinger rechtswissenschaftl. Studien, Heft 2).

1. Die Freiheit der Schiffahrt auf offener See ließ den Wunsch aufkommen, auch die Schiffahrt auf solchen Flüssen durchgehend, zumindest für alle Anliegerstaaten, frei zu machen, die entweder die Grenze zweier Staaten bilden oder die in ihrem Lauf sich über das Gebiet zweier oder mehrerer Staaten erstrecken.

Flüsse, bei denen diese tatsächlichen Voraussetzungen gegeben sind, werden als *internationale Flüsse* bezeichnet. Doch ist die Begriffsbildung nicht ganz einheitlich: Vielfach werden auch diejenigen Flüsse so benannt, die durch Verbindung mit dem Meer international zugänglich sind. Von den internationalen Flüssen sind die *internationalisierten Flüsse* zu unterscheiden: Bei ihnen handelt es sich um nationale oder internationale Flüsse, deren Verwaltung dem oder den Gebietsstaaten ganz oder teilweise entzogen und einer internationalen Organisation unterstellt ist, die mehr als nur beratende Funktion hat und die Souveränität der Anliegerstaaten einschränkt. Das unterscheidet die internationalisierten Flüsse von den sog. *konventionellen Flüssen:* Bei ihnen ist die Schiffahrt zwar auch durch internationale Verträge geregelt, aber so, daß die Souveränität der Anliegerstaaten nicht beeinträchtigt wird. Soweit hier eine gemeinsame Organisation vorhanden ist, kommen ihr ihr nur beratende Aufgaben zu.

2. Der Gedanke der allgemeinen Schiffahrtsfreiheit auf internationalen Flüssen trat vornehmlich im Gefolge der Französischen Revolution von 1789 auf. Der Wiener Kongreß machte ihn sich zu eigen. Er schuf eine Verpflichtung der Anlieger-Signatare zu künftiger Regelung gemäß den Grundsätzen der freien Schiffahrt auf internationalen Strömen. Demgemäß wurden im Laufe des 19. Jahrhunderts für eine Reihe der wichtigsten europäischen Ströme solche

Konventionen geschlossen, die auch heute noch die völkerrechtlichen Verhältnisse der internationalen Flüsse bestimmen. Hervorzuheben sind namentlich die revidierte *Rheinschiffahrtsakte von 1868* (siehe dazu auch BGBl. 1966 II 560), in welcher die Schiffahrtsfreiheit auf dem Rhein für die Anliegerstaaten (zu denen auch Belgien gerechnet wird) bis Basel festgelegt wurde, und die *Elbschiffahrtsakte* mit jetzigem Datum v. 22. Febr. 1922 (RGBl. 1923 II 183). Doch liegen die Verhältnisse auf der Elbe infolge der Nachkriegsverhältnisse besonders.

3. Umstritten ist, ob die Schiffahrtsfreiheit auf den internationalen Flüssen auch die Freiheit der Fracht- und Personenschiffahrt zwischen *Häfen eines fremden Landes* (sog. kleine Kabotage) umfaßt. Besonders für den Rhein hatte diese Frage nach dem letzten Kriege große praktische Bedeutung infolge des holländischen Wunsches, an der Schiffahrt zwischen deutschen Häfen teilnehmen zu können, erlangt. Doch ist die Frage richtiger Ansicht nach zu verneinen.

II. Der Luftraum

Alex Meyer, Die Freiheit der Luft als Rechtsproblem, 1944; ders., Internationale Luftfahrtsabkommen I, 1953, 15 ff., Riese, Luftrecht, 1949, 71 ff.; Schleicher-Reymann-Abraham, Recht der Luftfahrt I, 13—93.

1. Zu Beginn der modernen Luftfahrt um die Jahrhundertwende wurde im Anklang an das mare liberum des Hugo Grotius vielfach die Auffassung vertreten, die Luft sei für die Benutzung durch Luftfahrzeuge frei (*Luftfreiheitstheorie*). Doch setzte sich in der Staatenpraxis immer mehr die Ansicht durch, die Hoheitsgewalt des Bodenstaates beziehe sich auch auf den Luftraum (*Lufthoheitstheorie*). Auf ihrem Boden stand das *Pariser Luftverkehrsabkommen* vom 13. Okt. 1919, welches vornehmlich den europäischen Luftverkehr in der Zeit zwischen den beiden großen Kriegen beherrschte und den internationalen Luftlinienverkehr von einer besonderen Genehmigung abhängig machte. Zwischen beiden Theorien sind vermittelnde Ansichten entstanden. Zu erwähnen ist insbesondere die *Zonentheorie*. Sie will, ebenso wie gewisse Hoheitsrechte des Uferstaates über die Küstengewässer anerkannt werden (vgl. § 4 I 2), den Luftraum in bestimmte horizontale Zonen so aufteilen, daß er bis zu einer bestimmten Höhe der Staatsgewalt des Bodenstaates unterliegt, darüber hinaus aber wie die offene See staatenloses Gebiet ist. Diese Theorie findet gegenwärtig schon deshalb keinen Anklang, weil die heutigen Flughöhen die Zwischenzone für die Sicherheit der Bodenstaaten praktisch wertlos machen. Indessen ist es die Frage, ob ihr nicht dennoch die Zukunft gehören wird. Es wird heute mit Recht erörtert, wo die Grenzen des Luftraumes liegen, über den Souveränität beansprucht werden kann. Insbesondere ist ungeklärt, ob er auch die Zone jenseits der einigermaßen dichten Atmosphäre umfaßt. Doch wird das mit Recht überwiegend verneint. Jenseits von ihr beginnt der Weltenraum, der wie die hohe See herrenlos ist und dessen Rechtslage von dem sich in der Entwicklung befindlichen Weltraumrecht bestimmt wird. Siehe wegen Einzelheiten zu diesem die Ausführungen und Schrifttumsangaben bei Schleicher-Reymann-Abraham I 26 f.

2. a) Der zweite Weltkrieg hatte die Nordatlantikroute luftverkehrsreif gemacht. Daraus ergab sich auch für die USA die Notwendigkeit, einem Luftverkehrsabkommen auf breiter Basis beizutreten. Sie luden noch während des Krieges 1944 zu einer Konferenz nach Chicago ein. Das *Abkommen von Chicago* als deren Ergebnis steht hinsichtlich der Freiheit des internationalen Luftlinienverkehrs grundsätzlich auf dem Boden der Lufthoheitstheorie, ist also im Prinzip gegenüber der Zeit vor dem zweiten Weltkriege kein Fortschritt. Erreicht wurde indessen, daß heute ein nahezu weltweites Abkommen besteht, dem allerdings die Sowjetunion ferngeblieben ist. Die Bundesrepublik ist Mitglied seit dem 8. Juni 1956.

b) Um jedenfalls gewisse Erleichterungen für den internationalen Luftlinienverkehr zu schaffen, wählte man in Chicago den Ausweg, außer dem eigentlichen Abkommen, dem „Abkommen über die internationale Zivilluftfahrt", noch zwei weitere Abkommen zu zeichnen, die progressiv erhöhte Luftverkehrsfreiheiten für den Linienverkehr gewähren, nämlich die „Vereinbarung über den Transit internationaler Fluglinien" und die „Vereinbarung über internationale Lufttransporte". Jeder Staat, der sich an der internationalen Zivilluftfahrt im Rahmen des Chicagoer Abkommens beteiligen will, muß dem grundlegenden Abkommen von Chicago beigetreten sein. Dagegen steht es im freien Belieben von dessen Mitgliedstaaten, ob sie auch das Transit- oder sogar das Transportabkommen ratifizieren wollen. Während deshalb das Abkommen von Chicago im März 1974 120 Mitgliedstaaten hatte, waren es bei der Transit-Vereinbarung 80 und bei der Transport-Vereinbarung nur 11.

c) Im einzelnen wurde in den Chicagoer Verträgen der Begriff der Luftverkehrsfreiheit in fünf Rechte aufgespalten, die sog. „fünf Freiheiten der Luft von Chicago". Es sind dies a) das Recht zum freien Überflug *ohne* Landung, b) das Recht zu technischen Landungen (d. h. zu nicht kommerziellen Zwecken, z. B. zur Vornahme von Reparaturen, Ergänzung von Treibstoff, dagegen nicht zur Landung oder Übernahme entgeltlicher Passagiere oder Güter), c) das Recht, aus dem Heimatstaat des Flugzeugs kommende entgeltliche Passagiere und Ladung in einem anderen Vertragsstaat abzusetzen, d) das Recht, nach dem Heimatstaat des Flugzeugs fliegende entgeltliche Passagiere oder Ladung an Bord zu nehmen, e) das Recht, entgeltliche Passagiere und Ladung mit Bestimmung nach irgendeinem anderen Vertragsstaat an Bord zu nehmen und die aus irgendeinem Vertragsstaat kommenden abzusetzen. Das Abkommen von Chicago gewährt nur die Rechte a und b, nimmt hiervon aber ausdrücklich den Linienverkehr aus; werden im Gelegenheitsverkehr Güter oder Passagiere entgeltlich befördert, so hat nach Art. 17 II des Abkommens jeder Staat das Recht, die ihm angebracht erscheinenden Bedingungen und Einschränkungen hierfür anzuordnen (vgl. dazu die Utrechter Diss. von Goudsmit: Het internationale ongeregelde Luchtvervoer en Art. 5 van het Verdrag van Chicago, 1953, auch das Mehrseitige Abkommen über gewerbliche Rechte im nichtplanmäßigen Luftverkehr in Europa, BGBl. 1959 II 821). Die Transitvereinbarung gewährt auch dem Linienverkehr die Freiheiten a und b. Nach der Transportvereinbarung hat auch der Linienverkehr grundsätzlich alle fünf Freiheiten.

Vorbehalte für den Kabotage-Verkehr sind zulässig.

3. Das Chicagoer Vertragswerk bedarf in der Staatenpraxis der Ergänzung durch *zweiseitige Luftverkehrsabkommen,* in denen zusätzliche Rechte gewährt werden. Solche Abkommen sind auch erforderlich, wenn ein Staat nicht dem Chicagoer Abkommen angehört.

III. Abschnitt

Das Schiff

§ 6. Schiffsbegriff, Schiffsbestandteile, Schiffszubehör

I. Eine gesetzliche Begriffsbestimmung für das Schiff gibt es weder im deutschen noch in den meisten ausländischen Rechten. In Anlehnung an die Verkehrsauffassung ist diese aber in allen Ländern im großen und ganzen gleichförmig durch Rechtsprechung und Rechtslehre entwickelt worden.

Ein *Schiff* ist ein *schwimmfähiger Hohlkörper von nicht ganz unbedeutender Größe, der fähig und bestimmt ist, auf oder unter dem Wasser fortbewegt zu werden und Personen und Sachen zu tragen.* Vgl. auch BGH NJW 52, 1135 = Hansa 52, 1502 und dazu Prüssmann Einf. z. 4. Buch HGB I A 1.

Nicht unter diese Begriffsbestimmung fallende Sachen mögen in mancher Hinsicht im Sinne bestimmter Gesetze, vornehmlich des Wasserstraßenrechts, den Schiffen gleichgestellt sein, z. B. ein Schwimmdock, Schiffe im Rechtssinne sind sie nicht (vgl. über Schwimmdocks insbesondere auch das Gesetz zur Änderung des Gesetzes über Rechte an eingetragenen Schiffen und Schiffsbauwerken, der Schiffsregisterordnung und des Gesetzes über die Zwangsversteigerung und Zwangsverwaltung v. 4. Dez. 1968, BGBl. I 1295, und dazu unter § 9 II 7). Das hat insbesondere zur Folge, daß Schiffsgläubigerrechte an ihnen nicht entstehen können und auch sonst das vierte Buch des HGB auf sie keine Anwendung findet.

II. Die Begriffsbestimmung erfordert im einzelnen:

1. Einen *schwimmfähigen Hohlkörper.*

Ein Floß gewöhnlicher Bauart ist mangels eines Hohlraums kein Schiff. Schiffsähnliche Gestalt ist für den schwimmenden Hohlkörper nicht unbedingt zu fordern: eine besondere Zweckbestimmung kann eine abweichende Bauart bedingen.

2. Einen Hohlkörper *von nicht ganz unbedeutender Größe.*

Wann ein solcher gegeben ist, läßt sich nicht allgemein festlegen. Die Auffassung der Schiffahrtskreise ist heranzuziehen. Kleine Ruder- oder Segelboote, Nachen, Kanus und dergleichen sind keine Schiffe. Doch kommt es bei einem Segelboot auf die konkrete Gestaltung des Fahrzeugs an. Während KG MDR 1970, 240 = VersR 1970, 122 einen Jollenkreuzer nicht als Schiff im Sinne des

BSchG angesehen hat, ist der BGH — das Fahrzeug hatte 20 qm Segelfläche — entgegengesetzter Ansicht (BGHZ 57, 309 = VersR 1972, 246). Er folgert daraus für den Schiffeigner die Haftung in entsprechender Anwendung der §§ 3, 4, 114 BSchG, wenn der Schiffer ein solches Fahrzeug nur aus Gefälligkeit führt und hierbei einem Dritten schuldhaft Schaden zufügt.

3. Der Hohlkörper muß *fähig* und *bestimmt* sein, sich *auf oder unter dem Wasser fortzubewegen* oder *fortbewegt zu werden.*

Das braucht nicht mit eigenen Antriebsmitteln zu geschehen. Es genügt auch Fortbewegung durch Schleppen, Treideln usw. Auch Leichter, Prähme usw. sind deshalb Schiffe; a. A. RGZ 152, 93. Die Fortbewegung braucht nicht regelmäßig zu erfolgen, wenn nur die Bestimmung auch in der Fortbewegung liegt. Deshalb sind auch Schwimmkräne (BGH NJW 52, 1135 = Hansa 1952, 1502), schwimmende, mit dem Lande nicht fest verbundene Kohlen- und Getreideheber, fahrbare Dampfwinden und Feuerschiffe Schiffe, dagegen nicht Schwimmbrücken, dauernd außer Dienst gestellte und nur noch als „Wohnschiffe", „Gaststättenschiffe", „Lagerschiffe" verwendete schwimmende Hohlkörper, ebenso nicht Schwimmdocks, denn sie alle sind überhaupt nicht oder jedenfalls nicht mehr zur Fortbewegung bestimmt.

Die nur *vorübergehende Verwendung* eines sonst im Schiffsbetrieb eingesetzten Hohlkörpers als Wohnschiff, Gaststättenschiff oder dergleichen berührt die Schiffseigenschaft nicht. Ist in solchen Fällen zweifelhaft, ob ein Schiff dauernd oder nur vorübergehend aus dem Schiffahrtsbetrieb herausgenommen ist, so kommt es auf die Absicht des Verfügungsberechtigten an, wenn diese mit äußeren Merkmalen (Instandhaltung des Schiffskörpers) in Einklang steht. Im Zweifel wird von einer vorübergehenden Außerdienststellung auszugehen sein. Das Nocheingetragensein zum Schiffsregister kann höchstens ein Indiz für die Schiffseigenschaft des Gegenstandes sein, aber keinesfalls mehr. *Fehlt diesem entweder von vornherein ein Schiffsmerkmal oder geht ein solches später endgültig verloren, so wird die Schiffseigenschaft durch die bloße Eintragung weder begründet noch erhalten oder auch nur rechtlich vermutet,* und zwar auch nicht gegenüber einem gutgläubigen Dritten. Einen guten Glauben an die Schiffseigenschaft des eingetragenen Gegenstandes kennt das Schiffsregisterrecht nicht. §§ 15 und 16 SchRG betreffen nur eingetragene Rechte. A. A. Brauer MDR 1956, 67. S. auch Wüstendörfer SHR 64.

Transportable Bohrinseln sind Schiffe, auch wenn ihre Beine herabgelassen sind (siehe dazu und zu den im einzelnen noch nicht überall geklärten Fragen Graebner, Die Rechtsstellung der Bohrinsel, Diss. Frankfurt/Main 1970; LG Kiel VersR 1969, 236).

Ob es sich bei eigenem Antrieb um Maschinen- oder Segelantrieb handelt, ist im allgemeinen gleichgültig. Unterschiede finden sich vornehmlich im Seestraßenrecht für das Ausweichen und die Lichterführung. Dagegen nehmen die sog. „Atomschiffe" eine erheblich größere Sonderstellung ein, einmal bezüglich des Befahrens fremder Küsten- und Eigengewässer und sodann haftungsmäßig. Schrifttum: Hoog, Die Konvention über die Haftung der Inhaber von Atomschiffen v. 23. Mai 1962, Dokumente der Forschungsstelle für Völkerrecht und ausländisches öffentliches Recht der Universität Hamburg XII, 1970; Hagen und Sieveking, Rechtsprobleme im Zusammenhang mit dem Betrieb von Atomschiffen, MDR 1961, 274; Breuer Hansa 1962, 1942; Legendre DMF 1962, 575; Rechtsfragen der Atomschiffahrt, „Die Atomschiffahrt" 1963, 156. Für die auch als Reaktorschiffe bezeichneten Atomschiffe enthält die Anlage A des Schiffssicherheitsvertrages London 1960 in Kapitel VIII besondere Vorschriften, die (vgl. Regel III) zwingend sind. In Anlage C finden sich Empfehlungen für solche Schiffe. In deren Ziff. 10 heißt es, die Vertragsstaaten sollten alle besonderen Vorschriften bekanntgeben, die sie hinsichtlich des Anlaufens und Einlaufens sowie des Aufenthalts von Reaktorschiffen in ihren Häfen erlassen. Gerade in dieser Hinsicht sind die Vorschriften der einzelnen Staaten sehr unterschiedlich. Teilweise wird ein Einlaufen gänzlich untersagt, teilweise nur unter besonderen Bedingungen gestattet. In der Staatenpraxis ist deshalb ohne zweiseitige Regelungen nicht auszukommen. Gleiches gilt gegenwärtig auch für die Haftungsregelung, da das Brüsseler Abkommen von 1962 bisher (1. 2. 1973) von keinem Staat ratifiziert ist. Das Übereinkommen legt dem Betriebsunternehmer (operator) eines Reaktorschiffes für jedes Nuklearschiff eine Gefährdungshaftung in Höhe von 1500 Millionen Poincaré-Franken auf, für die er Versicherung zu nehmen oder sonstige Sicherheit nach Bestimmung des Lizenzstaates zu leisten hat. Siehe über die Haftung beim Transport von Kernbrennstoffen § 22 VIII.

4. Die Fortbewegung muß *ausschließlich auf oder unter dem Wasser* erfolgen.

Eine nur gelegentliche Benutzung des Wassers als Fortbewegungselement macht einen schwimmenden Hohlkörper nicht zum Schiff. Deshalb sind Wasserflugzeuge keine Schiffe (zweifelnd Wüstendörfer SHR 38), ebenso nicht Amphibienautos.

5. Bei *vorübergehendem Fehlen* eines Merkmals der Schiffseigenschaft geht diese nicht verloren.

Vgl. hierzu auch oben Ziff. 3. Ein Schiff bleibt auch dann ein solches, wenn es an der Werft liegt und Einzelteile vorübergehend ausgebaut sind. Auch die zeitweilige Außerdienststellung (Auflegung) ändert an dem Schiffscharakter nichts, ebenso nicht das zeitweilige Sinken eines bergungsfähigen Schiffes oder eines reparaturfähigen Wracks. Doch ist in beiden Fällen die Absicht des Verfügungsberechtigten zu fordern, das Wrack unverzüglich zu bergen und wiederherzustellen; diese Absicht muß auch irgendwie äußerlich erkennbar sein (dazu Prüssmann Einf. z. 4. Buch HGB I A 2 a). Wenn somit ein bergungs- und reparaturfähiges Wrack auch grundsätzlich noch ein Schiff ist, so schließt das doch nicht aus, daß es im Sinne bestimmter Rechtsvorschriften, z. B. kollisionsrechtlicher, nicht mehr als solches anzusehen ist (BGH Hansa 1952, 1502 = NJW 52, 1135). Vgl. dazu auch Brauer, Das Begriffspaar „Schiff" und „Wrack", MDR 1955, 453; ders., Rechtsgeschäftlicher Eigentumserwerb am Wrack eines eingetragenen Binnenschiffes, MDR 1956, 67.

Ein nicht mehr reparaturfähiges Wrack ist kein Schiff mehr, auch wenn es noch im Schiffsregister eingetragen sein sollte; vgl. dazu oben Ziff. 3 Solche Wracks unterliegen deshalb ausschließlich den Vorschriften des bürgerlichen Rechts. So auch HansOLG VRS 1, 317 ff.; RhSchOG Köln Hansa 1964, 1991; a. A. Brauer a. a. O. Ein originärer Eigentumserwerb durch Verarbeitung von Teilen solcher Wracks ist nach § 950 BGB möglich, auch dergestalt, daß aus diesen Wrackteilen ein neues Schiff hergestellt wird (HansOLG Hansa 1951, 298; LG Hamburg Hansa 1951, 1580).

6. Für ein *Schiffsbauwerk* wird häufig die Auffassung vertreten, es sei Schiff vom Augenblick des Stapellaufs an.

Das Schiffsbauwerk habe dann in der Regel einen Namen, sei also schiffsmäßig gekennzeichnet und werde auch von der Verkehrsauffassung als Schiff betrachtet; vgl. Wüstendörfer SHR 39 und Tatsachen und Normen des Seeschiffsbaues, 1920, 61 f.; Breuer Hansa 1953, 394 und 1954, 271. Demgegenüber ist darauf hinzuweisen, daß der Gesetzgeber jedenfalls für den Bereich des SchRG und der SchRO (vgl. deren §§ 71—73) ein Schiffsbauwerk bis zu dessen endgültiger Fertigstellung annimmt. Erst mit dieser ist deshalb die Schiffseigenschaft anzunehmen. So auch Schlegelberger 7, Prüssmann Einf. z. 4. Buch HGB I A 1 c cc. Das schließt indessen nicht aus, daß vom Stapellauf ab außerhalb des SchRG die entsprechende Anwendung schiffahrtsrechtlicher Bestimmungen in Betracht kommen kann. Siehe dazu Schaps-Abraham II Anm. 5 vor § 734 HGB, Prüssmann a. a. O.

III. Dieser allgemeine Schiffsbegriff ist nur für eine verhältnismäßig geringe Anzahl gesetzlicher Bestimmungen von Bedeutung. Für deren Mehrzahl ist eine seiner vielen Unterarten maßgebend.

1. Eine besonders wichtige Unterteilung ist die in *Seeschiffe* und in *Binnenschiffe;* vgl. dazu § 1 I 2. S. für den Begriff des Seeschiffes auch § 1 Abs. 1 FlaggRG und § 3 Abs. 2 SchRO.

Doch betrifft auch wiederum nur ein kleiner Teil der Vorschriften alle regelmäßig oder doch auch regelmäßig zu Seefahrten bestimmten Schiffe.

2. Die meisten seerechtlichen Normen gehen unmittelbar nur die *Handels- oder Kauffahrteischiffe* an; das sind die zum *Erwerb durch Seefahrt dienenden Schiffe* (§ 484 HGB).

Unter einem „Dienen" in diesem Sinne ist einmal eine tatsächliche Verwendung zum See-Erwerb im Einzelfalle zu verstehen, z. B. eine gelegentliche See-Erwerbsfahrt eines sonst auf Binnengewässern verwendeten Fahrzeugs, sodann aber weitfassend auch die Bestimmung zum Dienen, also die vorhandene Absicht der dauernden Verwendung zum See-Erwerb, auch wenn dieser im konkreten Falle noch nicht stattfindet oder unterbrochen ist, z. B. ein Schiff hat Werftliegezeit oder ist wegen ungünstiger Frachtenlage vorübergehend aufgelegt oder ein auf der Werft fertiggestellter Neubau hat seine erste Frachtreise noch nicht angetreten.

Erwerb durch Seefahrt im Sinne des § 484 HGB ist nicht nur die entgeltliche Seebeförderung fremder Güter und Personen, sondern auch jeder andere Erwerb mittels eines Schiffes, z. B. Beförderung eigener Waren im eigenen Schiff, Fischfang (siehe dazu Seefischereivertragsgesetz 1971 vom 25. August 1971, BGBl. II 1057 mit 1. DVO vom 26. August 1971, BGBl. II 1065 und 2. DVO vom 25. Januar 1972, BGBl. II 34), gewerbsmäßige Bergung und Hilfsleistung, gewerblicher Lotsendienst, Schlepp- und Bugsierdienst als Gewerbe. Vgl. über die Vercharterung oder Vermietung eines Schiffes als Erwerb durch Seefahrt § 12 II 2 und § 18 II.

In § 1 Abs. 1 FlaggRG 1899 waren die mittelbaren Fälle des See-Erwerbs ausdrücklich erwähnt. Im FlaggRG 1951 ist dies als selbstverständlich nicht mehr geschehen.

3. Nicht zu den Kauffahrteischiffen gehören die im *öffentlichen Dienst* stehenden Seeschiffe (Feuerschiffe, Vermessungsschiffe, Zollkreuzer, Tonnenleger, Kriegsschiffe), Privatjachten (siehe dazu die instruktive Schrift von Butz, Das Recht der Seefahrt mit Yachten in vergleichender Darstellung, Bern 1969) und ausschließlich Ausbildungszwecken dienende Schiffe.

Diese Nichterwerbsschiffe sind indessen nicht schlechthin vom gesamten Seehandelsrecht ausgeschlossen. Gemäß Art. 7 Abs. 1 EGHGB sind die Vorschriften des § 485 HGB über die Haftung des Reeders für das Verschulden einer Person der Schiffsbesatzung und eines an Bord tätigen Seelotsen, die §§ 486 bis 487 d HGB über die Beschränkung der Haftung sowie die §§ 734 bis 739 HGB über die Haftung und die gerichtliche Zuständigkeit im Falle des Zusammenstoßes von Schiffen auch, wenn ihre Verwendung nicht des Erwerbs wegen erfolgt, anzuwenden. Doch finden die §§ 738 und 738 a HGB auf Kriegsschiffe und sonstige Schiffe, die einem Staat gehören oder in seinen Diensten stehen und die anderen Zwecken als Handelszwecken dienen, keine Anwendung. Hinsichtlich der in ihnen geregelten Vorschriften über die gerichtliche Zuständigkeit bei Schiffszusammenstößen bleibt es also bei den allgemeinen Bestimmungen.

Vgl. OLG Oldenburg VkBl. 1970, 197: Unter Art. 7 Abs. 1 EGBGB fällt ein Saugbagger, der für die Bundesrepublik Baggerarbeiten im Rahmen der Verkehrssicherungspflicht ausführt, für den Weg vom und zum Verklappen des geladenen Baggergutes. — Vor dem Inkrafttreten des Seerechtsänderungsgesetzes wurde angenommen, daß auch die Vorschriften über die Schiffsgläubigerrechte sinngemäß auf Nichterwerbsschiffe zur Anwendung kämen, auch wenn die §§ 754 ff. HGB in Art. 7 EGHGB nicht ausdrücklich erwähnt waren. Für das gegenwärtige Recht kann das nicht mehr gelten, da zusammen mit dem Exekutionssystem auch der Korrelatgedanke entfallen ist, nach welchem in allen Fällen beschränkter Sachhaftung des Reeders der Gläubiger ein Schiffsgläubigerrecht haben sollte.

Im FlaggRG 1951 fehlt eine dem § 26 Abs. 1 S. 2 des früheren FlaggRG entsprechende Bestimmung, nach welcher auf Nichterwerbsschiffe, wenn diese das Recht zur Führung der deutschen Flagge durch Eintragung in das Seeschiffsregister erworben hatten und davon Gebrauch machten, das gesamte öffentliche und private Seehandelsrecht zur Anwendung kam (vgl. über diese h. A. Wüstendörfer SHR 43). Sie Bestimmung ist auch entbehrlich, denn die im vorigen Absatz erwähnten, praktisch wichtigen Bestimmungen des 4. Buches HGB kommen ohnehin zur Anwendung. Die Anwendbarkeit des SchRG einschließlich des Hypothekenrechts ergibt sich aus der Eintragung zum Schiffsregister.

Für das BSchG ist, fortschrittlicher, der Unterschied zwischen Erwerbs- und Nichterwerbsschiffen belanglos. Es gilt nach seinem § 1 für alle Binnenschiffe.

4. Von sonstigen Arten der Seeschiffe sind noch hervorzuheben:

a) Die Unterscheidung in *Staats-* und *Privatschiffe.* Unter einem Staatsschiff ist entweder ein im staatlichen Eigentum stehendes oder ohne Rücksicht auf die Eigentumsverhältnisse vom Staat für öffentliche Zwecke verwendetes Schiff zu verstehen. Der Ausdruck wird in beiderlei Bedeutung unterschiedlich und auch überkreuzend gebraucht. Staatseigene Schiffe, die im öffentlichen Dienst verwendet werden, unterliegen registerrechtlich einer Sonderbehandlung, § 10 Abs. 3 SchRO. In für öffentliche Zwecke verwendete Schiffe ist die Zwangsvollstreckung grundsätzlich nicht möglich. Für eine solche in ausländische Staatsschiffe ist das *Internationale Abkommen zur einheitlichen Feststellung von Regeln über die Immunitäten der Staatsschiffe* v. 10. April 1926 zu beachten. S. dazu auch § 2 III 5 c und § 10 V 1.

b) Die Unterscheidung hinsichtlich der zum *Schiffsregister eingetragenen* und *nicht eingetragenen Seeschiffe.* Die Unterscheidung wirkt sich in privatrechtlicher Hinsicht vornehmlich für die Übereignung (es kommen die §§ 929 a, 932 a BGB zur Anwendung für nicht eingetragene Seeschiffe) und rechtsgeschäftliche Verpfändung (es gelten die §§ 1204 ff. BGB im Falle der Nichteintragung) aus.

c) Die Unterscheidung in *maschinengetriebene Schiffe, Segelschiffe* und *Schiffe ohne eigenen Antrieb.* Sie ist hinsichtlich der Ausweichpflicht, Lichterführung und dergleichen, aber auch für den weiten Bereich der technischen Vorschriften (vgl. Unfallverhütungsvorschriften der See-Berufsgenossenschaft) von Bedeutung. Siehe für Atomschiffe auch oben II 3.

IV. Wesentliche und einfache Schiffsbestandteile; Schiffszubehör

Ein Schiff ist eine zusammengebaute Sache. Es kann häufig zweifelhaft sein, ob ein Bauteil oder eine mit dem Schiff in Verbindung stehende Sache wesentlicher oder einfacher Bestandteil oder Zubehör ist.

1. Zu den *wesentlichen Schiffsbestandteilen* gehören nach § 93 BGB oder in entsprechender Anwendung des § 94 Abs. 2 BGB diejenigen Bestandteile, die die „Schiffsfähigkeit" oder die „Schiffsbewegungsfähigkeit" begründen (Bühling Hansa 1954, 1333), insbesondere die Maschine, auch der Motor eines Motorschiffes mit Hilfsbesegelung (RGZ 152, 96 = JW 1936, 1251, BGHZ 26, 225 = NJW 1958, 457 = Hansa 1958, 96 = ZfBSch. 1958, 63 MDR 1958, 307; a. A. Enneccerus-Nipperdey, Allgem. Teil BGB, 14. Aufl. § 125 II 1 b, Anm. 13; Hagen Hansa 1955, 246; Grau, Der Eigentumsvorbehalt an eingebauten Schiffsmotoren BB 1959, 1282; OLG Köln JW 1936, 466 stellt darauf ab, ob der Motor von Anfang an oder erst später eingebaut wurde), aber nicht der Hilfsmotor eines Segelschiffes, weil er gegenüber dem Segelantrieb nur sekundäre Bedeutung hat und deshalb je nach Sachlage nur einfacher Bestandteil oder Zubehör ist, ferner Kessel, Schiffsschraube, Steuerruder, fest eingebauter Kreiselkompaß, Planken, Platten, Spanten, Winkel, Nieten, aber auch der Rumpf als Ganzes, Masten, befestigte Trossen und Taue, Anker, Ankerketten (Bühling a. a. O.; HansOLG Hamburg Hansa 1956, 502; anders für die beiden letzteren Wüstendörfer SHR 36 und Vortisch-Zschucke Anm. 3 d zu § 1), Anker- und Ladewinden (anders OLG Schleswig Hansa 1954, 1900 für die Winde eines Bergungsschiffes). Über die Bedeutung des wesentlichen Bestandteils s. § 93 BGB. Eine Radaranlage ist nicht wesentlicher Bestandteil eines Schiffes (LG Hamburg Hansa 1959, 696).

Bei Flugzeugen werden die Motoren im allgemeinen nicht als wesentliche, sondern als einfache Bestandteile angesehen. Sie sind auswechselbar, und es kommt sogar vor, daß Luftfahrtgesellschaften sich Motoren gegenseitig ausleihen. Vgl. Riese, Luftrecht, 1949, 260; Schleicher-Reymann-Abraham II 458 Anm. 5; OLG Hamburg ArchLR 1931, 105; Cod. nav. Art. 862. Nach BGH NJW 1955, 1793 ist der Motor eines Kraftfahrzeugs einfacher Bestandteil; ähnlich OLG Karlsruhe MDR 1955, 413. Vgl. auch § 9 IV 2 b.

2. Zum *Schiffszubehör* zählen alle beweglichen Sachen, die den wirtschaftlichen Zwecken des Schiffes zu dienen bestimmt sind, nicht Schiffsbestandteil sind und in einem der wirtschaftlichen Bestimmung entsprechenden räumlichen Verhältnis zum Schiff stehen, es sei denn, daß sie im Verkehr nicht als Zubehör angesehen werden. Die Sache muß zum Gebrauch des Schiffes beim Schiffsbetrieb bestimmt sein, also für seine gesamte Tätigkeit, wozu auch sein Verweilen im Hafen gehört. Einerlei ist es, ob es sich um Sachen handelt, die jedes Schiff für die Schiffahrt braucht, oder um solche, die nur von einzelnen Schiffen wegen ihrer besonderen Bestimmung benötigt werden. Vgl. § 97 BGB. Das Zubehör braucht nicht im Eigentum des Schiffseigentümers zu stehen.

Schiffszubehör sind danach z. B. Pumpen, Wasserfässer, Lot, Log, Kompaß, Signalapparate, Abdrucke seerechtlicher Verordnungen, Taue und Trossen als lose Reserveteile, Seekarten, Schiffspapiere, Schiffsapotheke, Kajüteninventar, soweit es nicht ausschließlich zum persönlichen Gebrauch einzelner Besatzungsmitglieder bestimmt ist, bei Fischereifahrzeugen das Fanggerät. Bunkerkohlen, Öl- und Benzinvorräte sowie Schiffsproviant sind regelmäßig kein Zubehör, weil ihre Benutzung im Schiffsinteresse nur eine vorübergehende ist. Wenn § 478 Abs. 1 HGB bestimmt, daß Schiffsboote Schiffszubehör seien, so hat diese

Vorschrift neben § 97 BGB keine selbständige Bedeutung mehr. Sie sind nur dann Zubehör, wenn auf sie dieselben Voraussetzungen zutreffen wie auf anderes Zubehör. Nach § 478 Abs. 2 HGB gelten Sachen, die ins Schiffsinventar eingetragen sind, als Zubehör, wenn es zweifelhaft ist, ob sie zu diesem gerechnet werden können. Doch kann aus der Nichteintragung nicht etwa eine gegenteilige Vermutung hergeleitet werden.

Siehe zu den sachen- und haftungsrechtlichen Problemen des LASH-Schiffes Du Pontavice, Le Droit et les Navires port-barge, DMF 1970, 107; Lau, Zur rechtlichen Problematik des LASH-Verkehrs, Hansa 1972, 1731 ff. und 1844 ff. Die Leichter (barges) sind Schiffe, auch wenn sie nur zeitweise auf eigenem Kiel eingesetzt werden. Sie sind Binnenschiffe und als solche in das Binnenschiffsregister einzutragen. Doch sind sie weder Bestandteil noch Zubehör des Trägerschiffes, da sie, abgesehen von der häufig sehr weitläufigen Entfernung von diesem, nicht einem bestimmten Trägerschiff zugeordnet zu sein brauchen (zweifelnd wegen der Zubehöreigenschaft Lau a. a. O. 1731 ff.).

V. Hinweise auf die Begriffsbestimmungen für andere Verkehrsmittel

1. Die *Eisenbahn* ist ein schienen- und weggebundenes, mit irgendeiner Art von Kraft betriebenes Beförderungsmittel, das dem Transport von Personen oder Sachen dient. Diese weite Begriffsbestimmung (vgl. vornehmlich noch immer RGZ 1, 247) liegt insbesondere § 1 RHG und § 1 SHG zugrunde. Ohne Belang ist es, ob der Betrieb auf einer besonderen Anlage geführt wird oder ob für ihn auch zum Fahren oder Gehen bestimmte Wege und Straßen benutzt werden. Auch Schwebebahnen fallen unter die Begriffsbestimmung (RGZ 86, 95), dagegen nicht auf Schienen laufende Dampfkräne oder Berg- und Talbahnen eines Vergnügungsparks, denn hier handelt es sich nicht um eine Beförderung im eigentlichen Sinne, sondern um eine Weiterbewegung auf verhältnismäßig engem Raume. Kraftfahrzeuge sind auch dann keine Eisenbahnen, wenn sie, wie manche Omnibusse, eine Oberleitung haben. *Eisenbahnfährschiffe* sind ebenfalls keine Eisenbahnen, sondern Schiffe; doch kann, wenn ein Unfallschaden an Bord mit dem Eisenbahnbetrieb zusammenhängt, § 1 RHG zur Anwendung kommen (vgl. OLG Stettin OLGRechtspr. 13, 12).

Von einem engeren, nach öffentlich-rechtlichen Gesichtspunkten ausgerichteten Begriff der Eisenbahn geht § 1 Abs. 1 AllgEisenbG v. 29. März 1951 (BGBl. I 225) aus: In seinem Sinne sind Eisenbahnen Schienenbahnen mit Ausnahme der Straßenbahnen und der nach ihrer Bau- und Betriebsweise ähnlichen Bahnen, der Bergbahnen und der sonstigen Bahnen besonderen Art. Völkerrechtlich spielen die internationalen Eisenbahnen eine Rolle (vgl. dazu Haustein, Das internationale öffentliche Eisenbahnrecht, 1953, S. 3 ff.).

2. *Kraftfahrzeuge* sind Landfahrzeuge die durch Maschinenkraft bewegt werden, ohne an Bahngleise gebunden zu sein, § 1 Abs. 2 StVG, vgl. auch § 4 Abs. 1 StVZO. Regelmäßig wird diese Begriffsbestimmung jedenfalls zugrunde gelegt werden können, wenn von Kraftfahrzeugen die Rede ist. Zu den Kraftfahrzeu-

gen gehören also auch die Kleinkrafträder und die Fahrräder mit Hilfsmotor, die indessen gemäß § 27 StVG eine gewisse Sonderstellung einnehmen.

3. Der Begriff *Luftfahrzeug* wird als Oberbegriff für alle dem Luftrecht unterworfenen Fluggeräte verwendet. Mit dem Wort „Flugzeug" wird nur dasjenige Fluggerät bezeichnet, das schwerer als die Luft ist (Riese, Luftrecht, 1949, 186). Das LuftVG spricht in § 1 Abs. 1 schlechthin von Luftfahrzeugen und fügt dann in Abs. 2 hinzu: Luftfahrzeuge sind Flugzeuge, Drehflügler, Luftschiffe, Segelflugzeuge, Frei- und Fesselballone, Drachen, Flugmodelle und sonstige für die Benutzung des Luftraums bestimmte Geräte, insbesondere Raumfahrzeuge, Raketen und ähnliche Flugkörper. Da sich jedoch § 1 LuftVG nur auf die Benutzung des „Luftraums" erstreckt und auch nur in diesem Rahmen eine beispielhafte Aufzählung von Luftfahrzeugen gibt, dürften Weltraumraketen, Erdsatelliten und dergleichen nur so lange als Luftfahrzeuge gelten, als sie sich noch oder wieder im „Luftraum" befinden. Im übrigen ist anzunehmen, daß die Abgrenzung noch flüssig und in zweifelhaften Fällen die Verkehrsanschauung maßgeblich ist.

§ 7. Kennzeichnung durch Namen, Registereintragung, Heimathafen und Flagge

Wüstendörfer SHR 47 ff.; Prause, Das Recht des Schiffskredits, 2. Aufl. 1968; Heinerici und Gilgan, Das deutsche Schiffsregisterrecht, 1942; Schaps-Abraham I, 239 ff.; Meyers, The Nationality of Ships, Den Haag 1967; Haensel, Flaggenrechtliche und steuerrechtliche Fragen der Umflaggung von Seeschiffen, Hansa 1972, 1871 ff., 1934 ff. und 2118 ff.

I. Der Schiffsname. Seeschiffe haben einen *Namen*, der jedenfalls auch aus einer Wortbildung bestehen muß, denn sonst würde kein „Name" vorliegen, wie es in § 11 Abs. 1 Ziff. 1 SchRO für die Eintragung zum Schiffsregister verlangt. Gelegentlich finden sich auch Nummern in Verbindung mit einer Wortbildung.

1. Der Name ist nach deutschem Recht frei wählbar. Nach Erteilung eines Schiffszertifikats oder Flaggenzeugnisses darf jedoch der einmal gewählte Name nur mit Zustimmung des Bundesverkehrsministers geändert werden, § 9 Abs. 2 FlaggRG. Im englischen Recht muß sich jeder neue Schiffsname von einem schon vorhandenen unterscheiden. Ist in Dänemark der Schiffsname ein menschlicher Vorname, so muß eine unterscheidende Wortbildung hinzugefügt werden.

Der Name ist bei der Anmeldung zum Schiffsregister anzugeben und in dieses einzutragen, §§ 11 Abs. 1 Ziff. 1, 12 Ziff. 1, 16 SchRO. Ist für ein Seeschiff ein Flaggenzeugnis oder Schiffszertifikat erteilt, so muß es seinen Namen an jeder Seite des Bugs und am Heck in gut sichtbaren und festangebrachten Schriftzeichen führen, § 9 Abs. 1 FlaggRG.

2. Seeschiffe erhalten bei der Eintragung zum Schiffsregister als weiteres Merkzeichen ein vom Registergericht zugeteiltes *Unterscheidungssignal*, bestehend aus einer Gruppe von vier Buchstaben, § 16 Abs. 2 SchRO.

3. *Fischereifahrzeuge* der See- und Küstenfahrt führen außerdem am Bug eine *Buchstabengruppe und Nummer* (vgl. insbesondere Art. 5—11 des Internationalen Vertrages betr. die polizeiliche Regelung der Fischerei in der Nordsee außerhalb der Küstengewässer v. 30. April 1884).

4. Bei *Binnenschiffen* braucht der Name nicht unbedingt aus einer Wortbildung zu bestehen. Die Kennzeichnung kann auch durch eine Nummer oder ein sonstiges Merkzeichen erfolgen (§ 12 Ziff. 1 SchRO). Deutsche *Luftfahrzeuge* haben das Staatszugehörigkeitszeichen und ein besonderes Kennzeichen zu führen (§§ 2 Abs. 5 LuftVG, 19 LuftVZO).

II. Die Registereintragung. Vgl. Breuer Hansa 1953, 393; Prause, Schiffsregisterprobleme, MDR 57, 6. Für die Registrierung von Schiffen und Schiffsbauwerken werden drei getrennte öffentliche (vgl. aber § 65 Abs. 2 SchRO) Register von den *Amtsgerichten* geführt: das **Seeschiffsregister,** das **Binnenschiffsregister** und das **Register für Schiffsbauwerke** (Schiffsbauregister), §§ 1 Abs. 1, 3 Abs. 1, 8 Abs. 1, 65 ff. SchRO. Das Amtsgericht führt in der diesbezüglichen Funktion die Bezeichnung *Schiffsregistergericht.*

1. Das Seeschiffsregister dient einem doppelten Zweck: öffentlich-rechtlich legt es die Staatsangehörigkeit des Seeschiffes in Gestalt seines Flaggenrechts offen, in privatrechtlicher Hinsicht einen wesentlichen Teil seiner sachenrechtlichen Verhältnisse. Beim Binnenschiffsregister steht die Offenbarung der privaten sachenrechtlichen Verhältnisse durchaus im Vordergrund. Das Schiffsbauregister dient nur deren Offenkundigkeit. Vgl. im einzelnen unter Ziff. 5.

Die *Eintragung privater Rechtsverhältnisse* erfolgt, wie beim Grundbuch, im allgemeinen nur *auf Antrag*, nicht von Amts wegen, § 23 SchRO, und nur, wenn der Betroffene sie *bewilligt*, § 29 SchRO. Für die *Eintragungen mit öffentlich-rechtlicher Bedeutung* besteht dagegen weitgehend *Anmeldezwang* und eine materielle *richterliche Prüfungs- und Ermittlungspflicht*, §§ 10, 13—15, 17—19, 21 SchRO. Vgl. dazu Prause MDR 1956, 139. Das Verfahren ist weitgehend an das des FGG angelehnt.

2. Die Register sind, wie das Grundbuch, nach dem *Realfoliensystem* eingerichtet. Für jedes Schiff wird bei der Eintragung ein besonderes Registerblatt eingerichtet, welches für das Schiff *das* Schiffsregister ist (§ 7 SchRO). Es besteht aus der *Aufschrift* und den *drei Abteilungen*. In die erste werden die tatsächlichen Angaben über das Schiff eingetragen, in die zweite der Eigentümer, ihn betreffende Vormerkungen, Widersprüche und Verfügungsbeschränkungen, in die dritte Belastungen des Schiffes.

a) Zu den *tatsächlichen Angaben* gehören insbesondere der Name des Schiffes, seine Gattung und Hauptbaustoff, sein Heimathafen, Bauort und das Jahr des Stapellaufes, die Ergebnisse der amtlichen Vermessung sowie die Maschinenleistung, § 11 Abs. 1 Ziff. 1—5 SchRO.

b) Bezüglich des *Eigentümers* ist der Rechtsgrund des Erwerbs einzutragen, § 11 Abs. 1 Ziff. 7 SchRO. Bei einer Partenreederei sind die Mitreeder und die Größe ihrer Schiffsparten, bei einer OHG die Gesellschafter, bei einer KG oder KGaA die persönlich haftenden Gesellschafter anzugeben, § 11 Abs. 1 Ziff. 6 SchRO. Ferner wird die Angabe der das Recht zur Führung der Bundesflagge begründenden Tatsachen gefordert, § 11 Abs. 1 Ziff. 8 SchRO, die gemäß § 13 Abs. 2 SchRO nachzuweisen sind.

c) In die *dritte Abteilung* werden nicht nur, wie beim Grundbuch, Pfandrechte eingetragen, sondern *alle in das Schiffsregister eintragbaren Belastungen*, insbesondere also Schiffshypotheken, Nießbrauchrechte, Vertragspfandrechte an Schiffsparten, richterliche Pfandrechte.

Die Schiffsgläubigerrechte (vgl. § 9 III) gehören nicht zu den eintragbaren Rechten.

d) *Veränderungen der eingetragenen Tatsachen* müssen möglichst schnell im Register vermerkt werden. Vgl. wegen der Einzelheiten §§ 17, 18 SchRO.

3. In das *Seeschiffsregister* werden eingetragen die *Kauffahrteischiffe und andere zur Seefahrt bestimmte Schiffe* (Seeschiffe), die nach §§ 1, 2 FlaggRG die Bundesflagge zu führen haben oder führen dürfen (§ 3 Abs. 2 SchRO). Vgl. über die flaggenberechtigten Schiffe im einzelnen unten Ziff. IV. Bei hierunter fallenden Seeschiffen über 50 cbm Bruttoraumgehalt besteht Eintragungszwang (§ 10 Abs. 1 SchRO). Wegen der Eintragungen zum Binnenschiffsregister s. §§ 3 Abs. 3, 10 Abs. 2 SchRO. Danach müssen eingetragen werden Binnenschiffe mit einer Tragfähigkeit über 20 t oder einer Maschinenleistung über 100 PS, alle Schlepper, Tankschiffe und Stoßboote; Binnenschiffe mit einer Tragfähigkeit über 10 t bis 20 t oder Maschinenleistung von mindestens 50 PS, aber nicht über 100 PS können eingetragen werden. Über die Eintragungen zum Schiffsbauregister s. § 9 II 6.

Es besteht grundsätzlich Eintragungspflicht. Nur bei Seeschiffen, deren Bruttogehalt 50 Kubikmeter nicht übersteigt, und Schiffen im Eigentum der öffentlichen Hand und des öffentlichen Dienstes ist die Anmeldung freiwillig, § 10 Abs. 1 und 3 SchRO.

Die Eintragung hat in das Schiffsregister des Heimathafens zu erfolgen, § 4 Abs. 1 SchRO. Vgl. über Ausnahmen § 4 Abs. 2 SchRO, über die Vorsorge gegen Doppeleintragungen § 14 SchRO.

Über die Registereintragung bei Verlegung des Heimathafens s. K. v. Laun Hansa 1951, 784.

4. Eine *Löschung* zum Schiffsregister kann entweder eine *Gesamtlöschung* des Schiffes sein oder *einzelne* auf dasselbe bezügliche *Eintragungen* betreffen.

Die *Gesamtlöschung* erfolgt (§§ 20 i. Verb. mit 17 Abs. 4, 21, 22 SchRO):

a) Wenn ein Schiff *untergeht und es als endgültig verloren anzusehen ist.* Untergang liegt vor bei unrettbarer Vernichtung, endgültiger Verschollenheit, aber auch bei Einziehung durch ein feindliches Prisengericht (vgl. Krieger DJ 1941, 128).

b) Wenn ein Schiff *ausbesserungsunfähig* wird. In diesem Falle hat das Registriergericht die eingetragenen Schiffshypothekengläubiger von der beabsichtigten Löschung zu benachrichtigen und ihnen zugleich eine angemessene Frist zur Geltendmachung eines Widerspruchs zu bestimmen, § 20 Abs. 1 S. 2 und 3 SchRO; s. auch § 6 II 5.

c) Wenn ein Seeschiff nicht nur vorübergehend das *Recht zur Führung der Bundesflagge verliert.* Bei Widerspruch eines Schiffshypothekengläubigers, weil seine Hypothek noch bestehe, ist in das Register nur einzutragen, daß das Schiff das Recht zur Führung der Bundesflagge verloren habe, § 21 Abs. 4 SchRO. Dies hat dann eine Wirkung wie die Löschung des Schiffes, außer für die eingetragenen Schiffshypotheken (§§ 20 Abs. 3, 21 Abs. 4 SchRO).

d) Wenn die Anmeldung zum Schiffsregister dem Eigentümer freistand, auf dessen Antrag. Für die Schiffshypothekare gilt das gleiche wie unter c.

e) Wenn seit 30 Jahren keine Eintragung im Schiffsregister erfolgt ist und anzunehmen ist, daß das Schiff nicht mehr vorhanden oder nicht mehr zu Schiffahrtszwecken verwendbar und weder eine Schiffshypothek noch ein Nießbrauch an dem Schiff eingetragen ist (§ 22 SchRO).

f) Wenn entweder die Eintragung wegen Fehlens einer wesentlichen Voraussetzung unzulässig war oder eine im § 17 Abs. 4 SchRO vorgeschriebene Anmeldung oder die Anmeldung der im § 20 Abs. 2 S. 1 SchRO bezeichneten Tatsachen durch die hierzu Verpflichteten nicht auf dem im § 19 SchRO bezeichneten Wege herbeigeführt werden kann (§ 21 SchRO).

5. Die **Bedeutung** des Schiffsregisters liegt im einzelnen auf folgenden Gebieten (s. auch oben unter 1):

a) Mit der Eintragung in das Seeschiffsregister ist die formelle Befugnis zur **Ausübung des Flaggenrechts** verbunden (§ 3 FlaggRG).

Das Flaggenrecht als materielles Recht ist schon vorher vorhanden (s. unten IV).

b) **Eintragungen privater Rechtsverhältnisse, ihrer inhaltlichen Veränderungen** und meistens auch ihres **Erlöschens** sind in der Regel **rechtsbegründend,** wenn sie *rechtsgeschäftliche Veränderungen* betreffen.

Nur die Ersteintragung eines Eigentümers hat lediglich rechtserklärende Bedeutung, und der Eigentumsübergang an einem Seeschiff kann sich außerhalb des Registers vollziehen, § 2 SchRG. S. rechtsvergleichend, insbesondere für das griechische Recht, Spiliopoulos in der (nicht im Handel erschienenen) Festschrift für Wüstendörfer 1950, 5 ff.

c) Für die Richtigkeit gewisser Eintragungen besteht eine **Rechtsvermutung,** § 15 SchRG.

Diese ist § 891 BGB nachgebildet und bezieht sich nur auf eingetragene Rechte (vgl. auch BGH VRS 1956, 328). Bei Schiffshypotheken erstreckt sie sich lediglich auf das dingliche Recht. Umstritten ist, ob sich die Rechtsvermutung auch auf die in § 15 nicht ausdrücklich erwähnte Schiffspart und das Pfandrecht an ihr bezieht. Dafür mit Recht Wüstendörfer SHR 61, Schlegelberger S. 11; a. A. Krieger DJ 1941, 98 f. und bei Pfundtner-Neubert Nr. 75 Anm. 4 zu § 15 SchRG; Prause, Schiffskredit, Anm. zu § 15 SchRG; Heinerici und Gilgan, Schiffsregisterrecht, 1942, 173, 320, 325; Ruhwedel, Die Partenreederei, 1973, 383.

Die Rechtsvermutung des § 15 ist nicht nur in privatrechtlichen Fällen von Bedeutung, sondern kann auch zur Legitimierung gegenüber einer Behörde dienen, die indessen bei Zweifeln weitere Beweise fordern kann; vgl. Wüstendörfer a. a. O.

d) Das Schiffsregister ist mit **öffentlichem Glauben** ausgestattet, dem des Grundbuches entsprechend, § 16 Abs. 1 S. 1 SchRG: Zugunsten desjenigen, der das Eigentum an einem Schiff, eine Schiffshypothek oder ein Recht an einer solchen oder einen Nießbrauch an einem Schiff durch Rechtsgeschäft erwirbt, gilt der Inhalt des Schiffsregisters, soweit er diese Rechte betrifft, als richtig, es sei denn, daß ein Widerspruch gegen die Richtigkeit eingetragen oder die Unrichtigkeit dem Erwerber bekannt ist.

In § 16 Abs. 1 S. 2 SchRG ist außerdem der Fall geregelt, daß eine relative Verfügungsbeschränkung besteht, aber nicht eingetragen wurde (z. B. Konkurseröffnung, Nacherbschaft). Hier wird nur ein negativer Gutglaubensschutz gewährt, daß eine nicht zum Register eingetragene Verfügungsbeschränkung nicht besteht.

Den Schutz des guten Glaubens genießt auch derjenige, der gutgläubig an den im Schiffsregister fälschlich Eingetragenen eine Leistung bewirkt, § 17 1. Alternative SchRG, und der Schutz wird ferner gewährt, wenn zwischen dem fälschlich Eingetragenen und einem gutgläubigen Dritten ein anderes Verfügungsgeschäft bezüglich des Rechts vorgenommen wird, § 17 2. Alternative SchRG.

Die Schiffshypothek ist als bloße Sicherungshypothek ausgestaltet. Deshalb erstreckt sich bei ihr der öffentliche Glaube des Schiffsregisters nur auf das dingliche Recht. Der öffentliche Glaube gilt nach dem Wortlaut des Gesetzes auch nur für die in § 16 SchRG namentlich aufgezählten dinglichen Rechte. Doch ist entsprechende Anwendung auf eingetragene Schiffsparten und Pfandrechte an diesen zu bejahen; so Wüstendörfer SHR 62, Schlegelberger 11; a. A. Krieger DJ 1941, 98 f.; Däubler DR 1941, 1641; Heinerici und Gilgan a a. O. 173, 320,

325; Prause a. a. O. zu § 16 SchRG; Ruhwedel, Die Partenreederei, 1973, 383. Der öffentliche Glaube bezieht sich auch nicht auf die tatsächlichen Angaben über das Schiff (a. A. Brauer MDR 1956, 68). Doch finden sich für die Eigenschaft des Schiffes als See- oder Binnenschiff Sonderbestimmungen in § 6 SchRO. S. auch § 5 SchRO. Hinsichtlich unrichtiger tatsächlicher Angaben mag in manchen Fällen indessen eine Haftung aus Erklärungstreue in Betracht kommen. So auch Wüstendörfer SHR 64.

Wie im Grundbuchrecht wird der gute Glaube im Rahmen des § 16 SchRG vermutet. Er fehlt nur, wenn dem Dritten die Unrichtigkeit der Rechtseintragung bekannt ist, § 16 Abs. 1 SchRG. Maßgeblich ist die Kenntnis zur Zeit des Rechtserwerbs, der Leistung oder des sonstigen Verfügungsgeschäfts. Ist indessen zum Erwerb des Rechts die Eintragung erforderlich, so kommt es auf die Zeit der Stellung des Antrags auf Eintragung oder, wenn die Einigung erst später zustande kommt, auf die Einigung an, § 16 Abs. 2 SchRG.

e) Wie nach § 902 BGB unterliegen Ansprüche aus im Schiffsregister eingetragenen Rechten *nicht der Verjährung,* § 23 Abs. 1 SchRG.

f) Ähnlich dem Grundbuchrecht kennt auch das Schiffsregisterrecht eine *Berichtigung,* §§ 18 Abs. 1 SchRG, 29 SchRO, einen *Widerspruch,* § 21 Abs. 1 SchRG, sowie eine *Vormerkung,* §§ 10—14 SchRG.

6. Schiffe, die sich auf einer Werft noch im Bau befinden, können nur in das **Schiffsbauregister** eingetragen werden.

Indessen besteht kein Zwang zur Eintragung. Eine solche ist überhaupt nur möglich, wenn zugleich eine Schiffshypothek eingetragen wird oder die Zwangsversteigerung des Schiffsbauwerks beantragt ist, § 66 SchRO. In Einzelheiten folgt das Schiffsbauregister vielfach dem Schiffsregister. Doch ist es wegen seiner lediglich privatrechtlichen Bedeutung nur beschränkt öffentlich (§ 65 Abs. 2 SchRO).

7. Seit dem Gesetz zur Änderung des Gesetzes über Rechte an eingetragenen Schiffen und Schiffsbauwerken, der Schiffsregisterordnung und des Gesetzes über die Zwangsversteigerung und die Zwangsverwaltung v. 4. Dez. 1968 (BGBl. I S. 1295) können auch Schwimmdocks in das Schiffsbauregister eingetragen werden. Siehe wegen der Einzelheiten Art. 2 des Gesetzes und die dort vorgenommenen Änderungen der SchRO.

8. *Luftfahrzeuge* werden in die Luftfahrzeugrolle eingetragen (§ 3 Abs. 1 LuftVG). Diese wird zentral für die Bundesrepublik von dem Luftfahrt-Bundesamt in Braunschweig (§ 2 Abs. 1 Ziff. 3 Gesetz über das Luftfahrt-Bundesamt v. 30. Nov. 1954, BGBl. I 354) geführt, hat aber im deutschen Recht nur öffentlich-rechtliche Bedeutung: Deutsche Luftfahrzeuge dürfen nur verkehren, wenn sie in die Luftfahrzeugrolle eingetragen sind (§ 2 Abs. 1 LuftVG). Außerdem wird von dem Amtsgericht, in dessen Bezirk das Luftfahrt-Bundesamt seinen Sitz hat, ein Register für Pfandrechte an Luftfahrzeugen geführt (§ 78 Gesetz über Rechte an Luftfahrzeugen v. 26. Febr. 1959; BGBl. I 57). Siehe auch Art. 1 Abs. 1 des Abkommens über die internationale Anerkennung von Rechten

an Luftfahrzeugen v. 19. Juni 1949 (BGBl. 1959 II 129) und die Allgemeine Verfügung über die Einrichtung und die Führung des Registers für Pfandrechte an Luftfahrzeugen v. 31. März 1959 (BA Nr. 61).

III. Heimathafen. *See*schiffe haben einen Heimat*hafen*, *Binnen*schiffe einen Heimat*ort*. Der Heimathafen ist der Ort, von dem aus die Seefahrt mit dem Schiff tatsächlich betrieben wird, also der Ort, an dem der Reeder seinen geschäftlichen Mittelpunkt hat, auch wenn von ihm aus die regelmäßigen Schiffsreisen nicht ihren Ausgang nehmen, § 480 Abs. 1 HGB. Vgl. für das Binnenschiffahrtsrecht § 6 BSchG.

Die Bedeutung des Heimathafens liegt in folgendem:

1. In *sein Register* ist das Schiff einzutragen, § 4 Abs. 1 SchRO. Registerort und Heimathafen sollen also übereinstimmen. Doch ist das nicht möglich, wenn die Reedereileitung im Binnenland oder im Ausland liegt oder von Bord aus erfolgt. Alsdann steht dem Eigentümer die Wahl des Registerhafens frei, § 4 Abs. 2 SchRO. Wüstendörfer SHR 51 f. wirft die Frage auf, wie es mit dem Heimathafen stehe, wenn sich die Geschäftsleitung im Binnenland oder an Bord befinde. Es sei nach dem geltenden Recht untragbar, daß ein Heimathafen nicht vorhanden sei. Das sei nur auszuschalten, indem der nach § 4 Abs. 2 SchRO gewählte Registerhafen auch als Heimathafen angesehen werde. Dem ist zuzustimmen. So auch BGHZ 58, 170 = NJW 1972, 762 = MDR 1972, 489 = Hansa 1972, 1475. Vgl. auch K. v. Laun ZHR 115, 1 ff. = Festschrift für Wüstendörfer 1950, 343 ff. S. auch Lampe MDR 1956, 275.

2. Die *gesetzliche Bevollmächtigung des Kapitäns* besteht nicht, während sich das Schiff im Heimathafen befindet. Nur zur Annahme der Schiffsmannschaft und zur Konnossementszeichnung ist der Kapitän auch in diesem befugt (§§ 526, 642 Abs. 4 HGB).

3. Das Gericht des Heimathafens ist für alle gegen den Reeder als solchen zu erhebenden *Klagen* zuständig. Doch bleibt § 738 a HGB (Klagen aus Zusammenstößen) unberührt (§ 488 Satz 2 HGB).

4. Eine *einstweilige Verfügung*, auf Grund welcher eine Vormerkung oder ein Widerspruch gegen die Richtigkeit des Schiffsregisters eingetragen werden soll, kann von dem Amtsgericht des Heimathafens erlassen werden, § 942 Abs. 2 ZPO. Dieses Gericht ist auch zuständig für die *Zwangsvollstreckung in einem Anteil* an einem im Schiffsregister eingetragenen Schiff (Schiffspart), § 858 Abs. 1 und 2 ZPO.

IV. Flaggenrecht. Die hohe See ist herrenlos; vgl. § 4 I 4. Das einzelne Schiff muß aber auch auf ihr einer Rechtsordnung unterstehen. Es wird deshalb auf der hohen See als *schwimmender Gebietsteil seines Heimatlandes* angesehen und als solcher durch die Führung von dessen Handels- oder Nationalflagge legitimiert.

1. *Alle Kauffahrteischiffe und sonstigen zur Seefahrt bestimmten Schiffe, deren Eigentümer Deutsche sind,* haben *das Recht, aber auch die Pflicht, die Bundesflagge* zu führen (§§ 1 Abs. 1, 6 Abs. 1 FlaggRG).

Diesen Deutschen werden unter der Voraussetzung, daß sie ihren Sitz im Bereich des GG haben, gleichgeachtet (§ 1 Abs. 2 FlaggRG):

a) *Offene Handelsgesellschaften* und *Kommanditgesellschaften,* wenn die Mehrheit sowohl der persönlich haftenden als auch der zur Geschäftsführung und Vertretung berechtigten Gesellschafter aus Deutschen besteht und außerdem nach dem Gesellschaftsvertrag die deutschen Gesellschafter die Mehrheit der Stimmen haben,

b) *juristische Personen,* wenn Deutsche im Vorstand oder in der Geschäftsführung die Mehrheit haben.

2. In gewissen Fällen besteht zunächst *nur das Recht,* die Bundesflagge zu führen. Eine Pflicht, ausschließlich die Bundesflagge zu zeigen, ist hier erst dann gegeben, wenn ein Schiffszertifikat oder ein Flaggenzeugnis ausgestellt ist, § 6 Abs. 1 FlaggRG.

Hierher gehören folgende Tatbestände (§ 2 FlaggRG):

a) *Seeschiffe,* deren *Eigentümer Deutsche ohne Wohnsitz im Geltungsbereich des Grundgesetzes sind,*

b) *Partenreedereien,* deren *Partenmehrheit im Eigentum von Deutschen steht* und deren *Korrespondentreeder Deutsche sind und ihren Wohnsitz oder Sitz im Geltungsbereich des Grundgesetzes haben;* vgl. über den Korrespondentreeder § 13 XIII.

c) *Erbengemeinschaften,* bei denen *Deutsche zu mehr als der Hälfte am Nachlaß* beteiligt sind und *zu deren Vertretung ausschließlich Deutsche* bevollmächtigt sind, *die ihren Sitz oder Wohnsitz im Geltungsbereich des Grundgesetzes haben.*

3. Soweit nach 1 und 2 eine Flaggenführungspflicht besteht, kann der Bundesverkehrsminister bis zu einer Dauer von höchstens zwei Jahren von dieser entbinden, wenn das Schiff einem Ausrüster, der nicht Deutscher ist oder seinen Wohnsitz oder Sitz nicht im Geltungsbereich des Grundgesetzes hat, auf mindestens ein Jahr zur Bereederung im eigenen Namen überlassen ist, § 7 FlaggRG. In gleicher Weise kann auch einem Seeschiff, das sonst in Deutschland nicht flaggenberechtigt ist, aber einem deutschen Ausrüster überlassen ist, die Führung der deutschen Flagge gestattet werden, § 11 FlaggRG. Auch kann einem in der Bundesrepublik erbauten, für einen ausländischen Auftraggeber bestimmten Schiff für die erste Überführungsreise in einen anderen Hafen die Flaggenführungsbefugnis erteilt werden, § 10 FlaggRG. Vgl. dazu Breuer Hansa 54, 271 f.

4. Die materielle Flaggenführungsbefugnis muß formell nachgewiesen werden, und zwar regelmäßig durch das *Schiffszertifikat.*

a) Vor dessen Erteilung durch das Schiffsregistergericht darf die Bundesflagge grundsätzlich nicht geführt werden (§ 3 Abs. 1 FlaggRG). Wenn indessen das Recht zur Führung der Bundesflagge bei einem im Ausland befindlichen

Seeschiff entsteht, kann das Schiffszertifikat durch ein *Flaggenzeugnis* ersetzt werden, dessen Gültigkeit regelmäßig nur ein Jahr beträgt (§ 3 Abs. 1 FlaggRG). Vgl. über Ausstellung und Einrichtung des Flaggenzeugnisses 1. DVO FlaggRG v. 23. Febr. 1952 (BGBl. II 19). In den Fällen des § 10 FlaggRG (Überführungsreise eines Neubaus) und § 11 FlaggRG (Überlassung eines ausländischen Schiffes an einen deutschen Ausrüster) wird die Befugnis zur Führung der Bundesflagge durch einen Flaggenschein nachgewiesen (§ 12 FlaggRG). Seeschiffe im öffentlichen Eigentum und Dienst weisen sich durch eine Flaggenbescheinigung aus (§ 4 Abs. 1 FlaggRG). Vgl. auch die Flaggenordnung für Schiffe der Bundesverkehrsverwaltung vom 13. März 1973 (VkBl. 1973, 370) und die Flaggenordnung für Schiffe des Bundesgrenzschutzes vom 17. Oktober 1972 (BA Nr. 204).

b) In das Schiffszertifikat hat das Registergericht den vollständigen Inhalt der Eintragungen zum Schiffsregister aufzunehmen, § 60 Abs. 1 SchRO. Insbesondere ist aber in ihm zu bezeugen, daß das Schiff das Recht hat, die Bundesflagge zu führen, § 60 Abs. 2 SchRO. Schiffsregister und Schiffszertifikat sollen nach Möglichkeit übereinstimmen. Deshalb ist jede Eintragung in das Schiffsregister sobald als tunlich in dem Schiffszertifikat zu vermerken, mit Ausnahme solcher Eintragungen, welche die Belastung einer Schiffspart betreffen, § 61 SchRO. Für bestimmte Fälle und Personen ist zur möglichen Sicherstellung dessen eine Einreichungspflicht des Schiffszertifikats beim Schiffsregister angeordnet; vgl. im einzelnen § 62 SchRO. Am öffentlichen Glauben des Schiffsregisters nimmt das Schiffszertifikat nicht teil. Bei Widersprüchen zwischen beiden hat das Schiffsregister den Vorrang.

c) Schiffszertifikat oder ein beglaubigter Auszug aus ihm, Flaggenzeugnis oder Flaggenbescheinigung sind während der Reise mitzuführen (§§ 3 Abs. 2, 4 Abs. 2 FlaggRG).

5. *Hinweise bezüglich des Flaggenrechts in den Sonderrechten anderer Verkehrsmittel.*

Ein Flaggenrecht in dem Sinne, wie es sich für Seeschiffe entwickelt hat, ist für alle Verkehrsmittel erforderlich, die sich in hoheitsfreiem Raum bewegen. So haben ein Flaggenrecht Luftfahrzeuge, die die offene See überqueren. Für Binnenschiffe besteht im allgemeinen kein Bedürfnis nach einem Flaggenrecht. Soweit sie indessen gelegentlich die offene See befahren, ist auch an ihnen ein solches anzuerkennen. Vgl. für Binnenschiffe im übrigen § 14 FlaggRG. Die flaggenrechtlichen Fragen der Binnenschiffe und Luftfahrzeuge sind namentlich im Auslande lebhaft umstritten.

§ 8. Schiffspapiere

I. Die Schiffspapiere sind in Friedens- und in Kriegszeiten von Bedeutung. Vgl. für den Kriegsfall insbesondere Art. 43 PO. Der Kapitän hat deshalb vor Reiseantritt dafür zu sorgen, daß die Papiere an Bord sind (§ 513 HGB).

II. Einige Papiere sollen ihrer Wichtigkeit wegen besonders erwähnt werden:

a) das *Schiffszertifikat* und das *Flaggenzeugnis*. Vgl. darüber oben § 7 IV 4 und §§ 60 ff. SchRO, 3. FlaggRG, 1. DVO FlaggRG.

b) der *Fahrterlaubnisschein* der See-Berufsgenossenschaft (vgl. über diese § 11 I a), der über die durchgeführten Überholungen und die daraufhin erfolgte Zulassung des Schiffes zur Seefahrt Auskunft gibt, sowie die nach der Schiffssicherheitsverordnung v. 9. Okt. 1972 (BGBl. I 1933) erforderlichen Sicherheitszeugnisse.

c) der *Meßbrief*, der über die Ergebnisse der amtlichen Vermessung unterrichtet (vgl. VO über die Schiffsvermessung v. 28. Nov. 1962, BGBl. II 2262).

d) das *Schiffstagebuch*. Es ist eine Aufzeichnung der Reiseereignisse. Vgl. § 520 HGB. Auf Dampfern und Motorschiffen ist auf Grund übereinstimmender landesrechtlicher VOen von 1893/94 ferner ein *Maschinentagebuch* zu führen.

e) die *Musterrolle* als eine Urkunde, die über die jeweilige Zusammensetzung der Schiffsbesatzung und über die sonstigen im Rahmen des Schiffsbetriebes an Bord tätigen Personen Auskunft geben muß. Sie wird vom Seemannsamt vor Antritt der ersten Reise des Schiffes ausgestellt (§ 13 Abs. 1, 2 SeemG).

f) das *Ladungsmanifest* als ein regelmäßig vom Kapitän oder seinem Stellvertreter unterzeichnetes Verzeichnis der gesamten an Bord befindlichen Ladung. Es dient hauptsächlich zollamtlichen Zwecken, aber auch als Ausweis im Falle der Untersuchung durch ein Kriegsschiff (vgl. Art. 57 Ziff. 2, 58 PO).

§ 9. Sachenrechtliche Besonderheiten

Abraham, Die Schiffshypothek im deutschen und ausländischen Recht (Heft 20 der Überseestudien), 1950; Prause, Das Recht des Schiffskredits, 2. Aufl. 1968; Prause-Weichert, Schiffssachenrecht und Schiffsregisterrecht, Formularbuch, 1974; Herbert Wolff, Grundriß des Sachenrechts bei Schiffen und Schiffsbauwerken, 1949; Wüstendörfer SHR 72 ff.; Würdinger, Das Brüsseler Haftungsabkommen von 1957 und seine Bedeutung für die Schiffsgläubigerrechte (Heft 8 der Schriften des Deutschen Vereins für Internationales Seerecht); Würdinger und Sotiropoulos, Schiffsgläubigerrecht und Schiffshypothek, eine rechtspolitische Untersuchung (Rechtsgutachten erstattet im Auftrage der Arbeitsgemeinschaft privater Schiffsbanken sowie der Handelsbanken der Länder Bremen, Hamburg, Niedersachsen und Schleswig-Holstein), 1961; Knorr, Das internationale Brüsseler Übereinkommen über Schiffsgläubigerrechte von 1967 im künftigen deutschen Recht, Diss. Hamburg 1969; Bahls, Schiffsgläubigerrechte nach deutschem und amerikanischem Recht, Diss. Kiel 1971.

I. Schiffe sind von Natur aus bewegliche Sachen und werden sachenrechtlich auch als solche behandelt, soweit nicht ausdrücklich Besonderheiten gegenüber dem allgemeinen Recht bestehen. Das ist der Fall in Gestalt der **Schiffsgläubigerrechte** an **allen** Schiffen, einerlei, ob sie zum Schiffsregister eingetragen sind oder auch nur eingetragen werden können (siehe aber § 6 III 3), in Gestalt der im **SchRG behandelten dinglichen Rechte nur an im Schiffsregister oder Schiffsbauregister eingetragenen Schiffen und Schiffsbauwerken,** nach Maßgabe der **§§ 929 a, 932 a BGB** nur an **nicht im Schiffsregister eingetragenen Seeschiffen.** — Auch Schwimmdocks, obwohl sie nicht Schiffe sind, nehmen an den sachenrechtlichen Besonderheiten der Schiffe nach Maßgabe des Art. 1 des Gesetzes zur Änderung des Gesetzes über Rechte an eingetragenen Schiffen und Schiffsbauwerken, der Schiffsregisterordnung und des Gesetzes über die Zwangsversteigerung und die Zwangsverwaltung v. 4. Dez. 1968 (BGBl. I 1295) teilweise Teil (siehe unten II 7).

II. Die sachenrechtlichen Besonderheiten der im Schiffsregister und Schiffsbauregister eingetragenen Schiffe, Schiffsbauwerke und Schwimmdocks.

Das SchRG betrifft nur *rechtsgeschäftlichen Erwerb des Eigentums* und des *Nießbrauchs* sowie *Eigentumsaufgabe* und *Aneignung.* Für den Inhalt des Eigentums und des Nießbrauchs gelten die Bestimmungen des BGB; s. auch § 82 Abs. 1 SchRG. Außerdem sind im SchRG enthalten die Normen über Erwerb, Verlust und Inhalt einer *Schiffshypothek.* Außerhalb des SchRG sind das Arrestpfandrecht (§ 931 ZPO), die Schiffsgläubigerrechte (§§ 754 ff. HGB für Seeschiffe, §§ 102 ff. BSchG für Binnenschiffe) und auch die Schiffsparten (Anteile der Mitreeder einer Partenreederei; § 491 HGB) geregelt.

Das SchRG betrifft nur zum *Schiffsregister eines deutschen Gerichts eingetragene Schiffe,* einerlei, ob diese einzutragen waren oder nicht. Es hat also keine Geltung für nicht eingetragene Schiffe, auch wenn für diese eine Eintragungspflicht bestand. Doch muß es sich bei dem eingetragenen Gegenstande immer um ein Schiff im Rechtssinne handeln.

1. Der **Eigentumserwerb an im Schiffsregister eingetragenen Seeschiffen.**

a) Von allen Fällen des öffentlich- oder privatrechtlichen Eigentumserwerbs an Seeschiffen regelt § 2 SchRG nur den *privatrechtsgeschäftlichen Erwerb* eines *im Seeschiffsregister eingetragenen Schiffes.* Die causa eines solchen ist meistens ein Kauf- oder Bauvertrag. Der *Kaufvertrag* über ein Schiff ist nach deutschem Recht formfrei (anders viele ausländische Rechtsordnungen), wird aber auch in Deutschland in der Wirklichkeit meistens schriftlich geschlossen. Das Einheitliche Gesetz über den internationalen Kauf beweglicher Sachen (Haager Kaufrechtsübereinkommen vom 1. Juli 1964, BGBl. 1973 II 892) betrifft nach seinem

Art. 5 Abs. 1 den Kauf von eingetragenen oder eintragungspflichtigen Seeschiffen und Binnenschiffen nicht. Vgl. wegen Übergang der Preisgefahr bei Kauf eines eingetragenen Schiffes oder Schiffsbauwerks § 446 Abs. 2 BGB: Wie bei einem Grundstück erfolgt sie mit der Übergabe oder mit der Eintragung. Schrifttum: Breitzke, Die Norwegian Saleform — Probleme der freiwilligen Seeschiffsveräußerung, dargestellt am Standardformular der Norwegian Saleform, Diss. Hamburg 1971. Bei dem *Bauvertrag* über ein neu zu erbauendes Schiff handelt es sich regelmäßig um einen Werklieferungsvertrag (§ 651 BGB). Eigentümer des im Bau befindlichen Schiffes ist zunächst die Bauwerft (§§ 950, 947 Abs. 2 BGB), und zwar auch dann, wenn sie nicht Eigentümerin der Baustoffe war. Gemäß § 651 Abs. 1 S. 1 BGB ist sie verpflichtet, das Eigentum am fertigen Schiff auf den Besteller zu übertragen. Doch erfolgt vielfach zur Sicherung der vom Besteller angezahlten Raten des Kaufpreises schon vor der Fertigstellung eine Übereignung an diesen, meistens zu Bruchteilen entsprechend den angezahlten Raten. Die für die Übereignung in Betracht kommenden Bestimmungen sind § 930 BGB, wenn das Schiffsbauwerk nicht zum Schiffsbauregister eingetragen ist, §§ 78, 3 SchRG, wenn eine Eintragung zum Schiffsbauregister erfolgte. Ist der Besteller eines Schiffsneubaues von Anfang an als Eigentümer in das Schiffsbauregister eingetragen worden, so ist er doch nur dann Eigentümer, wenn zwischen der Bauwerft und ihm auch eine diesbezügliche Einigung vorliegt (RhSchOG Köln Hansa 1964, 1991 i. Sa. „Tina Scarlett"). Bei einem nicht eingetragenen Schiffsbauwerk kommen auch nach dem Stapellauf §§ 929 a, 932 a BGB nicht zur Anwendung, weil noch kein Schiff vorliegt (anders Breuer Hansa 1954, 27). Vgl. auch unten Ziff. 6 und § 6 II 6. Über Umfang und Gültigkeit von Freizeichnungsklauseln in Lieferungsbedingungen der Werften s. Hansa 1954, 551 ff.; vgl. auch BGH Hansa 1956, 324. Vgl. wegen weiterer Einzelheiten Schaps-Abraham, Anm. 5 zu § 2 SchRG. Siehe Greif, Rechtsfragen des Schiffsreparaturgeschäfts, MDR 1966, 891 f. Einem Schiffbauvertrag ist auch ohne ausdrückliche Bestimmung eine vertragliche Pflicht der Baufirma gegenüber den Vertretern der Reederei zu entnehmen, nach Maßgabe der bei einem Schiffsneubau, insbesondere während der Arbeitszeit auf der Werft bestehenden Möglichkeiten für den Schutz berechtigter Besucher Sorge zu tragen (betr. Sturz des künftigen Kapitäns von einer unzureichend befestigten Steigleiter), BGH VersR 1972, 553 = Hansa 1972, 1953 (Schiffbauvertrag als Vertrag mit Schutzwirkung für Dritte).

b) *Grundsatz* des SchRG für den rechtsgeschäftlichen Erwerb der in ihm geregelten dinglichen Rechte ist *Einigung und Eintragung zum Schiffsregister,* wie im Liegenschaftsrecht. Indessen kann nach § 2 Abs. 1 SchRG die *rechtsgeschäftliche Übereignung eines eingetragenen Seeschiffes* (anders bei eingetragenen Binnenschiffen, für die es bei dem Grundsatz bleibt; vgl. § 3 SchRG) *außerhalb des Registers* geschehen. Erforderlich und genügend ist die *Einigung* von Erwerber und Veräußerer, *das Eigentum solle auf den Erwerber übergehen.* Notwendig sind also weder Übergabe noch Übergabesurrogat oder Registereintragung des Erwerbers. Die nachfolgende Umschreibung zum Register ist lediglich Berichtigung desselben. Die Einigung nach § 2 Abs. 1 SchRG ist formlos gültig; doch kann nach § 2 Abs. 2 SchRG jede der Parteien verlangen, daß ihr auf ihre Kosten eine *öffentlich beglaubigte Urkunde* über die Veräußerung erteilt wird.

Bei Übereignung an einen Inländer ist in der Rechtswirklichkeit ohne eine solche Urkunde registerrechtlich kaum auszukommen. Dem Erwerber muß schon wegen des öffentlichen Glaubens des Schiffsregisters an seiner baldigen Eintragung gelegen sein. Seinem Antrage hierauf wird aber nur entsprochen, wenn er die erforderlichen Nachweise durch öffentliche oder öffentlich beglaubigte Urkunden oder Niederschrift vor dem Registergericht erbringt (vgl. §§ 37 Abs. 1, 32 i. Verb. mit § 13 Abs. 2 SchRO).

Auch im Falle des § 2 Abs. 1 SchRG ist gutgläubiger Erwerb nur im Rahmen des § 16 SchRG möglich. Für § 932 BGB ist auch dann kein Raum, wenn zur Einigung der Parteien die Besitzübertragung hinzukommt.

Die ratio legis für die Regelung des § 2 Abs. 1 SchRG ist, daß für den Eigentümer eines Seeschiffes sehr zwingende Erwägungen vorhanden sein können, sein Schiff ohne Formalitäten sofort zu veräußern, z. B. im Kriegsfalle.

Vgl. § 580 a BGB, nach welchem der Erwerber eines eingetragenen Schiffes, wenn dieses vermietet und dem Mieter überlassen ist, an die Stelle des Vermieters in die sich während der Dauer seines Eigentumes aus dem Mietverhältnis ergebenden Rechte und Pflichten eintritt (entsprechende Anwendung des § 571 BGB, ferner auch der §§ 572, 576—579 BGB; siehe dazu auch § 17 II).

c) *Sonstige Erwerbsgründe des öffentlichen und privaten Rechts an eingetragenen Seeschiffen* (s. auch § 6 II 5).

Die praktische Bedeutung des Eigentumserwerbs auf öffentlich-rechtlicher Basis ist nicht besonders groß. In Betracht kommt gelegentlich die *Enteignung.* S. dann für die Erstreckung der Schiffshypothek auf die Entschädigungsforderung Art. 52, 53 a EGBGB. In Kriegszeiten spielt die *prisenrechtliche Aufbringung und Einziehung* feindlicher und neutraler Schiffe eine Rolle: mit dem rechtskräftigen Prisenurteil erwirbt der Nehmerstaat das Eigentum an dem Schiff originär und lastenfrei (vgl. Art. 10, 14, 80 PO). S. Hansa 1951, 1115 über das Urteil des englischen Admiralty Court hinsichtlich der Prisung deutscher Schiffsbauwerke und Hansa 1953, 225 über das des Judicial Comittee of the Privy Council als Berufungsinstanz in gleicher Sache. Vgl. auch Hansa 1954, 549. Siehe neuerdings Steinicke, Handelsschiffahrt und Prisenrecht, 1973 (Schriftenreihe der Forschungsstelle für Völkerrecht und ausländisches öffentliches Recht der Universität Hamburg, Heft 20).

Bei privatrechtlichem Erwerb durch *Gesamtrechtsnachfolge* ist die Eintragung zum Register nur Berichtigung desselben. Wegen Erwerbs durch *Buchersitzung* vgl. § 5 SchRG; über Erwerb durch *Ausschlußurteil* s. § 6 SchRG. Die *Aneignungsbefugnis* an einem herrenlosen eingetragenen Schiff steht nur dem Fiskus zu, § 7 Abs. 2 SchRG.

d) Nach § 1 Abs. 2 SchRG bestimmen sich Erwerb und Verlust des Eigentums an einem im deutschen Schiffsregister eingetragenen Schiff nach deutschem Recht. Der deutsche Richter hat also auch eine im *Ausland* vorgenommene Eigentumsübertragung an einem im deutschen Register eingetragenen Schiff nur dann anzuerkennen, wenn sie nach dem heimatlichen Flaggenrecht erfolgt ist. Das entspricht heutigem internationalem Seerechtsdenken, welches für die Begründung dinglicher Dauerrechtsverhältnisse, abgesehen von der Entstehung der Schiffsgläubigerrechte, immer mehr an die Stelle der lex rei sitae des Heimatrecht des Schiffes treten läßt. Doch gilt § 1 Abs. 2 SchRG nur für den Eigentumserwerb, nicht auch für den einer Schiffshypothek.

e) Für den Eigentumserwerb am *Schiffszubehör* vgl. § 4 SchRG.

f) *Verlust* des Schiffseigentums kann aus öffentlich-rechtlichen Gründen (Einziehung als Prise, Enteignung, Verwaltungszwangsverfahren gegen das im Fahrwasser oder Hafen verunglückte Schiff, § 25 Abs. 6 StrandO) oder aus solchen privatrechtlicher Art erfolgen. In Betracht kommen für letztere die Veräußerung, unrettbarer Untergang oder sonstige Substanzvernichtung. Untergang mit Bergungsmöglichkeit läßt das Eigentum unberührt. *Eigentumsaufgabe* an einem eingetragenen Schiff erfordert Verzicht des Eigentümers gegenüber dem Registergericht und dessen Eintragung zum Register (§ 7 Abs. 1 SchRG). Für nicht eingetragene Schiffe richtet sich die Dereliktion nach § 959 BGB: nötig ist die Besitzaufgabe in der Absicht, auf das Eigentum zu verzichten; vgl. SchleswHolstOLG Hansa 1954, 1221, ob die Versenkung eines Kriegsschiffes aus militärischen Gründen auf Anordnung des Kommandanten in einer Tiefe von 28 Metern Eigentumsaufgabe bedeutet.

2. Nicht im SchRG geregelt ist die **Veräußerung des Anteils an einer Partenreederei** (Schiffspart, die es an Binnenschiffen nicht gibt; bei diesen ist nur gewöhnliches Bruchteilseigentum oder Gesamthandseigentum möglich).

Für sie ist formlose Einigung und formgebundene Umschreibung zum Schiffsregister erforderlich. Vgl. wegen der Möglichkeit gutgläubigen Erwerbs § 7 II 5 d und wegen sonstiger Einzelheiten § 13 IX.

3. Der **rechtsgeschäftliche Erwerb eines nicht zum Schiffsregister eingetragenen Seeschiffes** vollzieht sich nach Maßgabe der §§ 929 a, 932 a BGB.

Danach kann die nach § 929 BGB erforderliche Übergabe durch die Einigung der Parteien ersetzt werden, das Eigentum solle sofort übergehen. Erforderlich ist also eine doppelte Einigung der Parteien: über den Eigentumsübergang an sich und darüber, daß dieser sofort erfolgen solle. S. dazu auch § 1 I 2 c ff.

4. **Die Schiffshypothek**

Ein Schiff als eine von Natur aus bewegliche Sache könnte an sich nur durch ein Mobiliarpfandrecht (§§ 1204 ff. BGB) rechtsgeschäftlich verpfändet werden. Das trifft auch für nicht zum Schiffsregister eingetragene Schiffe zu. Für solche See- und Binnenschiffe, die eingetragen sind, ist indessen die rechtsgeschäftliche

Verpfändung nach deutscher Auffassung nur möglich in Gestalt der Bestellung einer Schiffshypothek. Ein Mobiliarpfandrecht kann also an eingetragenen Schiffen nicht bestellt werden. Über Schiffsgläubigerrechte vgl. unten III. Vgl. über das Registerpfandrecht an Luftfahrzeugen unten IV.

a) *Schiffshypothek* ist die Belastung eines eingetragenen See- oder Binnenschiffes in der Weise, daß der Gläubiger berechtigt ist, zur Sicherung einer Forderung wegen einer bestimmten Geldsumme Befriedigung aus dem Schiff zu suchen. Vgl. § 8 Abs. 1 S. 1 SchRG.

Die Begriffsbestimmung der Schiffshypothek entspricht also derjenigen der Grundstückshypothek in § 1113 Abs. 1 BGB. Auch ihre Ausgestaltung im einzelnen schließt sich eng an diejenige der Grundstückshypothek an, soweit nicht aus wirtschaftlichen oder technischen Gegebenheiten des Schiffskredits Besonderheiten notwendig waren oder die Erfahrungen mit dem komplizierteren Grundstückshypothekenrecht eine einfachere oder zweckmäßigere Gestaltung wünschenswert sein ließen.

b) Das Liegenschaftsrecht des BGB kennt eine Fülle von pfandrechtlichen Belastungsmöglichkeiten der Grundstücke: Hypothek, Grund- und Rentenschuld, bei der Hypothek die gewöhnliche Hypothek und die Sicherungshypothek, ferner Brief- und Buchhypothek.

Demgegenüber beschränkt sich das SchRG auf die Rechtsform der Sicherungshypothek, die im wesentlichen entsprechend derjenigen des Grundpfandrechts ausgebildet ist.

Die Schiffshypothek ist insbesondere wie die Sicherungshypothek des Grundstücksrechts stets *Buchhypothek.* Vorschriften wie §§ 1138, 1139 und 1156 BGB fehlen im SchRG. Es gibt auch nichts der Eigentümergrundschuld Entsprechendes, und zwar weder als vorläufige analog § 1163 Abs. 1 S. 1 BGB noch als nachfolgende analog § 1163 Abs. 1 S. 2 BGB. Im Schiffsrecht ist bei Nichtentstehen der Forderung, wenn von den Fällen der bedingten oder künftigen Forderung abgesehen wird, überhaupt noch keine dingliche Belastung vorhanden, und bei Erlöschen der Forderung erlischt grundsätzlich auch die Schiffshypothek (§ 57 Abs. 1 S. 1 SchRG; vgl. aber § 6 Abs. 2 SchiffbG). Die Schiffshypothek ist dann im Schiffsregister zu löschen. Die nachfolgenden Hypothekengläubiger rücken im Range auf, im wesentlichen Unterschied zum Grundstücksrecht, das von der Unveränderlichkeit der dinglichen Belastung ausgeht. Die verhältnismäßig kurze Lebensdauer und der sich gegenüber einem Hausgrundstück rascher vermindernde Wert eines Schiffes ließen es dem Gesetzgeber angebracht erscheinen, nachfolgenden Hypothekengläubigern Gelegenheit zur Rangverbesserung zu geben. Indessen steht dem jeweiligen Schiffseigentümer, solange eine erloschene Schiffshypothek nicht gelöscht ist, die *Befugnis zur Bestellung einer neuen Hypothek an alter Rangstelle* zu (Stellenoffenhaltung; vgl. § 57 Abs. 3 SchRG).

c) S. wegen der *Rangverhältnisse*, wenn das Schiff mit *mehreren* Schiffshypotheken belastet ist, § 25 SchRG.

Für das *Rangverhältnis der Schiffshypothek zu den Schiffsgläubigerrechten* gilt im deutschen Seerecht ausnahmslos, daß die *letzteren den Vorrang vor der Schiffshypothek* haben, einerlei, ob sie vor oder nach dieser entstanden sind (§ 761 HGB). Darin kann eine Gefahr für die Sicherheit des Schiffshypothekars liegen. Anders teilweise im Binnenschiffahrtsrecht (vgl. § 109 BSchG) und in ausländischen Seerechten.

Wegen der *Gesamtschiffshypothek* vgl. §§ 28, 68 bis 71 SchRG, wegen der *Schiffshypothek für Inhaber- und Orderpapiere* §§ 72 bis 74 SchRG, wegen der Höchstbetragshypothek § 75 SchRG, wegen der mithaftenden Gegenstände (Zubehör, Versicherungsforderung, Entschädigung bei Enteignung) §§ 31 bis 38 SchRG, 52, 53a EGBGB. Siehe dazu BGH JZ 1970, 153 = VersR 1970, 753: Im Falle unter in betrügerischer Absicht vom Versicherungsnehmer versuchter Versenkung des Schiffes bleibt die Verpflichtung des Versicherers aus diesem Versicherungsfall gegenüber dem Schiffshypothekengläubiger bestehen.

d) Das Recht des Schiffshypothekars bestimmt sich, da die Schiffshypothek stets Sicherungshypothek ist, nur nach der Forderung (§ 8 Abs. 1 S. 3 SchRG, analog § 1184 Abs. 1 BGB). Eine dem § 1138 BGB entsprechende Bestimmung fehlt im SchRG. Der Bestand der eingetragenen Forderung wird, soweit es sich um die Geltendmachung des dinglichen Rechts handelt, also nicht fingiert. Rechtsvermutung und öffentlicher Glaube des Schiffsregisters kommen nur dann zum Tragen, wenn und soweit die der Hypothek zugrunde liegende Forderung wirklich besteht.

e) Die *rechtsgeschäftliche Bestellung* der Schiffshypothek erfordert Einigung und Eintragung (§§ 8 Abs. 2, 24 SchRG). Das entspricht §§ 873, 878 BGB. Einen schuldrechtlichen Anspruch auf Einräumung einer Schiffshypothek gewährt § 648 Abs. 2 BGB dem Inhaber einer Schiffswerft für seine Forderungen aus dem Bau oder der Ausbesserung eines Schiffes.

Wegen *gesetzlicher Schiffshypotheken* vgl. §§ 1287 S. 2 BGB, 847 a Abs. 2 S. 2 ZPO, wegen des *Arrestpfandrechts* § 931 ZPO. Für die *Bruchteilshypothek* siehe § 8 Abs. 3 SchRG. Ihre praktische Bedeutung ist gering, weil in der Rechtswirklichkeit die Fälle des Gesamthandseigentums überwiegen.

Eine *Schiffspart* kann nicht mit einer Schiffshypothek belastet werden, sondern nur nach den Vorschriften über die Verpfändung von Rechten verpfändet werden (§ 503 Abs. 3 HGB). Das Pfandrecht an ihr wird *Schiffspartenpfandrecht* genannt und bedarf zu seiner Entstehung der Einigung und Eintragung zum Schiffsregister (§§ 1274 BGB, 503 Abs. 1 HGB). S. wegen der Möglichkeit gutgläubigen Erwerbs § 7 II 5 d und wegen sonstiger Einzelheiten § 13 IX.

f) Gläubiger der durch Schiffshypotheken gesicherten Darlehen sind vielfach die Schiffshypothekenbanken. Vgl. über diese SchiffbG.

g) Wegen der Stellung der Schiffshypothek im internationalen Privatrecht s. Abraham, Schiffshypothek, 302 ff.

h) Für die Sicherung des Schiffshypothekars bis zur Pfandreife vgl. §§ 39, 40 SchRG und dazu Abraham a. a. O. 217 ff. Nach der Fälligkeit der gesicherten Forderung kann sich der Hypothekengläubiger aus dem Schiff und den mitverhafteten Gegenständen befriedigen. Die Befriedigung erfolgt im Wege der Zwangsvollstreckung, die einen Schuldtitel gegen den Eigentümer, regelmäßig also ein Urteil, voraussetzt. Vgl. wegen der Einzelheiten §§ 41 bis 50 SchRG.

5. **Nießbrauch**

Er kann an einem eingetragenen Schiff nur bestellt werden, wenn damit eine Verpflichtung zur Bestellung des Nießbrauchs am ganzen Vermögen des Eigentümers oder an einer Erbschaft oder an einem Bruchteil von beiden erfüllt werden soll (§ 9 Abs. 1 SchRG).

Die Bestellung erfolgt durch Einigung und Eintragung in Abt. III des Schiffsregisters. Wegen der Rangverhältnisse zur Schiffshypothek vgl. § 82 Abs. 2 SchRG, wegen der Rechtsstellung des Nießbrauchers § 82 Abs. 1 SchRG. An einem eingetragenen Schiffsbauwerk kann ein Nießbrauch nicht bestellt werden.

Für nicht eingetragene Schiffe gilt allgemeines Mobiliarsachenrecht.

6. **Schiffsbauwerke.** Vgl. über den Begriff § 6 II 6. Siehe auch oben Ziff. 1.

Ein Schiffsbauwerk wird bis zu seiner Eintragung in das Schiffsbauregister wie eine bewegliche Sache behandelt. Die Eintragung kann erfolgen, sobald der Kiel gelegt und das Schiffsbauwerk durch Namen oder Nummer an einer bis zum Stapellauf sichtbar bleibenden Stelle gekennzeichnet ist. Ein Seeschiffsbauwerk muß außerdem nach seiner Vollendung einen Raumgehalt von mehr als 50 cbm brutto haben. Auch wenn diese Voraussetzungen gegeben sind, ist die Eintragung aber nur zulässig, wenn gleichzeitig eine *Schiffsbauhypothek* bestellt werden soll oder die *Zwangsversteigerung* beantragt ist. Vgl. §§ 76 SchRG, 66 SchRO.

Über das Eintragungsverfahren s. §§ 65 ff. SchRO. Vgl. über die Rechtsnatur der von der Werft für die Eintragung nach § 69 Abs. 2 SchRO abzugebenden Erklärung OLG Schleswig Hansa 1954, 1900.

Ist die Eintragung erfolgt, so kann die Eigentumsübertragung an dem Schiffsbauwerk nunmehr nur durch Einigung und Eintragung vorgenommen werden (§§ 78, 3 SchRG). Die Zwangsvollstreckung erfolgt nach §§ 162 ff. ZVG.

Die *Schiffsbauhypothek* wird rechtlich wie eine Schiffshypothek behandelt, soweit sich nicht aus den §§ 76 ff. SchRG etwas anderes ergibt (§ 77 SchRG). In der Praxis scheut man vielfach die mit der Eintragung des Schiffsbauwerks verbundenen Umstände und erreicht die Sicherung der Baugelder vornehmlich durch Übereignung eines entsprechenden Bruchteils des Schiffes nach Mobiliarsachenrecht. S. oben II 1. Vgl. Wüstendörfer, Tatsachen und Normen des Seeschiffbaues, 1920. Kraft Gesetzes entsteht eine Schiffsbauhypothek schon vor der Eintragung des Schiffsbauwerkes im Falle des § 847 a Abs. 4 i. Verb. mit Abs. 2 S. 2 ZPO.

7. **Schwimmdocks.** Seit dem Gesetz zur Änderung des Gesetzes über Rechte an eingetragenen Schiffen und Schiffsbauwerken, der Schiffsregisterordnung und des Gesetzes über die Zwangsversteigerung und die Zwangsverwaltung v. 4. Dez. 1968 (BGBl. I 1295) kann eine Schiffshypothek auch an einem im Bau befindlichen oder fertiggestellten Schwimmdock bestellt werden (Art. 1 des Gesetzes, der einen entsprechenden § 81 a in das SchRG einfügt).

Die für Schiffsbauwerke geltenden §§ 77, 78, 80 SchRG gelten entsprechend (siehe dazu oben Ziff. 6). Bei im Bau befindlichen Schwimmdocks sind auch die Vorschriften des § 76 Abs. 2 Satz 1 SchRG und der §§ 79, 81 SchRG sinngemäß anzuwenden. Die Eintragung eines Schwimmdocks erfolgt in das Schiffsbauregister des Lageortes (Art. 2 des Gesetzes v. 4. Dez. 1968 mit entsprechender Änderung des SchRG). — Gehören Schwimmdock und Werftgrundstück demselben Eigentümer, so wird in der Regel das Schwimmdock nach § 1120 BGB für eine etwaige Grundstückshypothek mithaften. Das Verhältnis einer solchen Grundstückshypothek zur Schiffshypothek am Schwimmdock scheint durch das Ges. v. 7. Dez. 1968 zweifelhaft geblieben zu sein.

III. Die Schiffsgläubigerrechte

1. *Schiffsgläubigerrechte sind gesetzliche Pfandrechte an Schiffen, die weder den Besitz des Pfandgläubigers am Schiff erfordern noch zum Schiffsregister eintragbar sind und gegen jeden Besitzer des Schiffes verfolgt werden können.* Vgl. insbesondere auch § 755 Abs. 1 HGB.

Das Schiff haftet auch für die gesetzlichen Zinsen der Forderung sowie für die Kosten der die Befriedigung aus dem Schiff bezweckenden Rechtsverfolgung (§ 755 Abs. 2 HGB).

Ohne Bedeutung für die Entstehung des Schiffsgläubigerrechts ist es, ob der Eigentümer oder ein anderer das Schiff nach Maßgabe des § 510 HGB verwendet.

Das Recht der Schiffsgläubiger ist im Seehandelsrecht auf Grund des Seerechtsänderungsgesetzes gänzlich neu gefaßt, während es für das Binnenschiffahrtsrecht in den §§ 102 ff. BSchG noch seine bisherige Fassung behalten hat. Grund für die Änderung der seerechtlichen Regeln war in erster Linie die Einführung des Summenhaftungssystems in Zusammenhang mit der Übernahme des Reederhaftungsabkommens von 1957 durch die Bundesrepublik. Hinzu kam die Absicht, das veraltete deutsche Recht der Schiffsgläubiger an das Internationale Übereinkommen über die Schiffsgläubigerrechte und Schiffshypotheken v. 24. Mai 1967 anzupassen. Insbesondere ist eine Herabsetzung der Zahl der Schiffsgläubigerrechte erfolgt, und zwar in Anpassung an das erwähnte Übereinkommen. Damit verbunden mußte auch eine inhaltliche Umgestaltung des Schiffsgläubigerrechts sein. So ist eine Mithaftung der Fracht in Fortfall gekommen. Es wird nicht mehr, wie bisher bei der Bestimmung des Rangs der Schiffsgläubigerrechte auf die einzelne Reise abgestellt, diese auch nicht mehr als Haftungseinheit angesehen. Durch die Änderung des Haftungssystems sind die Vorschriften über die persönliche Ersatzhaftung entbehrlich geworden, weil für alle durch Schiffsgläubigerrechte gesicherte Forderungen stets auch eine persönliche Haftung besteht.

2. Die Tatbestände der Schiffsgläubigerrechte sind für das Seerecht in § 754 HGB erschöpfend geregelt.

Vgl. für Binnenschiffahrtsrecht den viel umfassenderen, grundsätzlich der früheren seerechtlichen Regelung entsprechenden § 102 BSchG.

Danach gewähren folgende Forderungen im Seerecht das Recht eines Schiffsgläubigers:

a) *Heuerforderungen des Kapitäns und der übrigen Personen der Schiffsbesatzung* (§ 754 Abs. 1 Ziff. 1 HGB).

Die Vorschrift betrifft nur die Heuer (einschließlich aller arbeitsrechtlichen Nebenansprüche — vgl. § 30 Abs. 1 SeemG —, z. B. den Anspruch auf Beteiligung am Fangergebnis in der Hochseefischerei), nicht auch andere vermögens-rechtliche Ansprüche der Besatzungsmitglieder aus dem Heuervertrag. So fallen insbesondere Ersatzansprüche des Kapitäns wegen seiner Aufwendungen für den Reeder nicht darunter. Nicht hierher gehören auch Ansprüche der Stauer und der Besatzungen angenommener Schlepper, da diese nur vorübergehend Schiffsdienst leisten.

b) *Öffentliche Schiffs-, Schiffahrts- und Hafenabgaben sowie Lotsgelder* (§ 754 Abs. 1 Ziff. 2 HGB).

Einerlei ist es, ob der Lotse Zwangslotse ist oder nicht, ob die Gebühren ihm auf Grund eines bürgerlich-rechtlichen Schuldverhältnisses oder auf Grund öffentlichen Rechts zustehen.

c) *Schadensersatzforderungen wegen der Tötung oder Verletzung von Menschen sowie wegen des Verlustes oder der Beschädigung von Sachen, sofern diese Forderungen aus der Verwendung des Schiffes entstanden sind; ausgenommen sind jedoch Forderungen wegen des Verlustes oder der Beschädigung von Sachen, die aus einem Vertrag hergeleitet werden oder aus einem Vertrag hergeleitet werden können* (§ 754 Abs. 1 Ziff. 3 HGB).

Doch findet die Bestimmung keine Anwendung auf Ansprüche, die auf die radioaktiven Eigenschaften oder eine Verbindung der radioaktiven Eigenschaften mit giftigen, explosiven oder sonstigen gefährlichen Eigenschaften von Kernbrennstoffen oder radioaktiven Erzeugnissen oder Abfällen zurückzuführen sind (§ 754 Abs. 2 HGB).

Für § 754 Abs. 1 Ziff. 3 HGB kommen insbesondere Ansprüche aus Schiffskollisionen in Betracht. Die Bestimmung bildet deshalb noch immer eine erhebliche Gefahr für Schiffshypothekare. Wie ausdrücklich im Gesetz hervorgehoben ist, gehören hierher anders als nach bisherigem Recht nicht mehr Ansprüche wegen der Beschädigung von Sachen, die aus einem Vertrag hergeleitet werden oder hergeleitet werden können, also namentlich Ansprüche wegen Verlustes oder Beschädigung der Ladung, am Reisegepäck und der persönlichen Habe der Besatzung, ferner Schäden an nicht beförderten Gegenständen, sofern zwischen dem Reeder und dem Eigentümer derartiger Sachen vertragliche Rechtsbeziehungen bestehen, z. B. vom Schiff verschuldete Schäden an einem Schwimmdock beim Eindocken.

d) *Bergungs- und Hilfskosten, auch im Falle des § 743 HGB; Beiträge des Schiffes und der Fracht zur großen Haverei, Forderungen wegen der Beseitigung des Wracks* (§ 754 Abs. 1 Ziff. 4 HGB; siehe wegen des Wracks auch § 25 Abs. 5 StrandO).

e) *Forderungen der Träger der Sozialversicherung* einschließlich der Arbeitslosenversicherung gegen den Reeder (§ 754 Abs. 1 Ziff. 5 HGB).

3. Die grundsätzlich erschöpfende Aufzählung der Schiffsgläubigerrechte in § 754 HGB schließt zwar andere gesetzliche Pfandrechte nicht aus; jedoch haben diese niemals den Charakter eines Schiffsgläubigerrechts.

Neue Schiffsgläubigerrechte könnten sich auch gewohnheitsrechtlich bilden, wären dann aber nur mit großer Vorsicht anzuerkennen, da die internationale Tendenz auf Einschränkung der Schiffsgläubigerrechte gerichtet ist. Nicht unbedenklich war deshalb die Rechtsprechung des BGH hinsichtlich der entsprechenden Anwendung der in den §§ 754 a. F., 102 BSchG angeführten Positionen, weil es sich um die Erweiterung eines Kreises von Sachenrechten handelt, für die grundsätzlich ein numerus clausus besteht. Vgl. z. B. BGHZ 3, 321 ff. und 6, 102 = NJW 52, 1132 = Hansa 52, 1502.

4. a) Die Schiffsgläubigerrechte haben im deutschen Seerecht *absoluten Vorrang gegenüber allen anderen Pfandrechten,* auch wenn diese zeitlich vor ihnen entstanden sind. Das gilt insbesondere auch gegenüber allen Schiffshypotheken und Arrestpfandrechten (§ 761 HGB).

Siehe OLG Hamburg VersR 1973, 563 zu der Frage, inwieweit der Widerspruchsklage gemäß den §§ 162, 115 Abs. 1 ZVG erhebende Schiffshypothekengläubiger einen rechtskräftigen Titel eines gemäß § 761 HGB vorrangigen Schiffsgläubigers gegen sich gelten lassen muß.

Im Binnenschiffahrtsrecht gilt der absolute Vorrang nur für die in § 102 Ziff. 1—3 BSchG aufgeführten Schiffsgläubigerrechte (das sind gewisse öffentliche Forderungen aus der Reise und und solche aus werterhöhenden oder wertschaffenden Tätigkeiten und Anlagen), für die in § 102 Ziff. 4—6 genannten nur insoweit, als sonstige Pfandrechte am Schiff (nicht also auch an der Fracht) nicht früher entstanden sind (vgl. § 109 BSchG).

b) Die *Rangordnung* der Schiffsgläubigerrechte unter sich richtet sich nach der Reihenfolge der Nummern, unter denen die Forderungen in § 754 HGB aufgeführt sind (§ 762 Abs. 1 HGB). Doch haben die Pfandrechte für die in § 754

Abs. 1 Nr. 4 aufgeführte Forderung (Bergungs- und Hilfskosten, Wrackbeseitigung) den Vorrang vor allen anderen Schiffsgläubigern, deren Forderungen früher entstanden sind (§ 762 Abs. 2 HGB). Von den Pfandrechten für die in § 754 Abs. 1 Nr. 1 bis 3, 5 aufgeführten Forderungen haben die Pfandrechte für die unter derselben Nummer genannten Forderungen ohne Rücksicht auf den Zeitpunkt der Entstehung den gleichen Rang (§ 763 Abs. 1 HGB). Pfandrechte für die in § 754 Abs. 1 Nr. 3 HGB aufgeführten Forderungen wegen Personenschäden gehen jedoch Pfandrechten für die unter derselben Nummer aufgeführten Forderungen wegen Sachschäden vor (§ 763 Abs. 2 HGB). Von den Pfandrechten für die in § 754 Abs. 1 Nr. 4 aufgeführten Forderungen geht das für die später entstandene Forderung dem für die früher entstandene Forderung vor. Pfandrechte wegen gleichzeitig entstandener Forderungen sind gleichberechtigt (§ 764 HGB). Beitragsforderungen zur großen Haverei gelten als im Zeitpunkt des Havereifalls, Forderungen auf Bergungs- und Hilfskosten als im Zeitpunkt der Beendigung des Bergungs- und Hilfsleistungswerks und Forderungen wegen der Beseitigung des Wracks als im Zeitpunkt der Beendigung der Wrackbeseitigung entstanden (§ 762 Abs. 3 HGB).

5. **Gegenstand** des Schiffsgläubigerrechts sind **Schiff** und **Zubehör** (§ 756 Abs. 1 HGB).

Die für das bisherige Recht geltende Mithaftung der Fracht ist also entfallen.

Im einzelnen haften:

a) **Schiff** und **Zubehör**: Das Schiffsgläubigerrecht ergreift dasjenige Schiff, durch dessen Verwendung die Schiffsgläubigerforderung entstanden ist, in seinem jeweiligen Zustande, ohne Rücksicht darauf, ob es inzwischen ausgebessert oder verbessert oder durch Zufall verschlechtert wurde. In wessen Eigentum das Schiff gegenwärtig steht, ist unerheblich. Das Schiffsgläubigerrecht beschränkt sich aber immer nur auf das verwendete Schiff, auch wenn demselben Eigentümer noch andere Schiffe gehören.

Für die Mithaftung des Zubehörs kommt nur das Zubehör in Betracht, das im Eigentum des Schiffseigentümers steht (wie nach § 31 SchRG), § 756 Abs. 1 HGB.

b) Das Pfandrecht erstreckt sich auch auf einen Ersatzanspruch, der dem Reeder wegen des Verlustes oder der Beschädigung des Schiffes gegen einen Dritten zusteht, wozu auch Ansprüche aus Gefährdungshaftung und aus rechtmäßigem Handeln (§ 904 BGB) gehören. Das gleiche gilt hinsichtlich der Vergütung für Schäden am Schiff in Fällen der großen Haverei (§ 756 Abs. 2 HGB).

c) Dagegen erstreckt sich das Schiffsgläubigerrecht nicht auf die Kaskoversicherungsforderung (§ 756 Abs. 3 HGB). Der Haftungsverband des Schiffsgläubigerrechts kann mit demjenigen der Schiffshypothek, für den § 32 SchRG die Mithaftung der Versicherungsforderung anordnet, wesensmäßig nicht gleichgestellt werden. So schon die h. M. vor dem Seerechtsänderungsgesetz. Vgl. etwa J. v. Gierke ZHR 116, 219; Pflüger Hansa 1955, 1705 ff.; Helmers Hansa 1955, 377 ff.; OLG Köln als Rheinschiffahrtsobergericht MDR 1955, 485; Prause Hansa 1955, 2115; Prüssmann § 775 HGB A 2; a. A. Wüstendörfer SHR 129 f.

6. Gehört das Schiff einer Reederei, so haftet es den Schiffsgläubigern in gleicher Weise, als wenn es nur einem Reeder gehörte (§ 757 HGB).

7. Anders als sonstige Pfandrechte, insbesondere abweichend von § 936 BGB, erlischt das Schiffsgläubigerrecht nicht zugunsten eines bezüglich Lastenfreiheit gutgläubigen Erwerbers: es wirkt nach § 755 Abs. 1 Satz 2 HGB gegenüber jedem dritten Besitzer von Schiff und Zubehör.

8. **Die Geltendmachung des Schiffsgläubigerrechts.** Befriedigt der Schuldner den Gläubiger nicht freiwillig aus seinem sonstigen Vermögen, so kann sich dieser an das Schiff mit Zubehör halten. Er bedarf dazu eines vollstreckbaren Titels, denn seine Befriedigung aus dem Schiff erfolgt nach den für die Zwangsvollstreckung geltenden Vorschriften (§ 760 Abs. 1 HGB).

Die Klage auf Duldung der Zwangsvollstreckung kann gegen den Eigentümer des Schiffes, den etwaigen Ausrüster (§ 510 HGB) oder gegen den Kapitän gerichtet werden (§ 760 Abs. 2 HGB). Das gegen den Ausrüster oder gegen den Kapitän gerichtete Urteil ist auch gegenüber dem Eigentümer wirksam (§ 760 Abs. 2 Satz 2 HGB). Bei der Verfolgung des Pfandrechts des Schiffsgläubigers gilt zugunsten des Gläubigers als Eigentümer, wer im Schiffsregister als Eigentümer eingetragen ist (§ 760 Abs. 3 Satz 1 HGB). Doch bleibt dadurch das Recht des nicht eingetragenen Eigentümers, die ihm gegen das Pfandrecht zustehenden Einwendungen geltend zu machen, unberührt (§ 760 Abs. 3 Satz 2 HGB).

Die *Durchführung der Befriedigung* des Schiffsgläubigers erfolgt bei eingetragenen Schiffen durch gerichtliche Zwangsversteigerung oder Eintragung einer Zwangshypothek, bei nicht eingetragenen nach den Bestimmungen über die Mobiliarvollstreckung und bei Ersatzforderungen durch gerichtliche Forderungspfändung. — Nach HansOLG Hamburg MDR 1967, 51 = VersR 1966, 1181 = Hansa 1967, 192 und MDR 1967, 677 = Hansa 1967, 1805 (zustimmend Prüssmann vor § 476 II A 5 a, aa) soll die Sicherung des Schiffsgläubigerrechts allein keinen Arrest gegen den Reeder begründen. Wolle der Schiffsgläubiger die Entfernung des Schiffes verhindern, so müsse er den Erlaß einer einstweiligen Verfügung beantragen und das Schiff sequestrieren lassen (sehr bestr., anders insbesondere Liesecke MDR 1967, 625, Schaps-Abraham I 564 mit weiteren Nachweisen).

9. Erlischt die durch das Pfandrecht eines Schiffsgläubigers gesicherte Forderung, so erlischt auch das Pfandrecht (§ 758 HGB).

Damit ist klargestellt, daß der Eigentümer selbst nicht Inhaber eines Schiffsgläubigerrechts am eigenen Schiff sein kann, wenn die zugrundeliegende Forderung erloschen ist. Doch wird durch § 758 HGB der Fall nicht ausgeschlossen, daß der Eigentümer Inhaber eines Schiffsgläubigerrechts am eigenen Schiff wird, wenn die gesicherte Forderung, etwa infolge der Befriedigung des Gläubigers durch ihn, auf ihn übergeht. Unberührt bleibt auch die gesetzliche Ausnahme des § 743 HGB (BT Drucks. VI/2225, 37).

Das Schiffsgläubigerrecht endet ferner durch Zuschlag in der Zwangsversteigerung, sofern es nicht ausnahmsweise — bei inländischen Schiffen — in das geringste Gebot aufgenommen ist. Es endet weiter durch rettungslosen Untergang des Schiffes oder prisenrechtliche Einziehung.

Schiffsgläubigerrechte erlöschen auch nach Maßgabe des § 20 Abs. 1 Satz 1 SVO, wenn nämlich der gesicherte Anspruch im Rahmen des Seerechtlichen Verteilungsverfahrens festgestellt ist. Das bedeutet, daß Schiffsgläubigerrechte nach heutigem Recht nur noch außerhalb eines Seerechtlichen Verteilungsverfahrens von Bedeutung sind.

Gemäß § 759 Abs. 1 HGB erlischt das Pfandrecht eines Schiffsgläubigers durch Ausschlußfrist nach Ablauf *eines Jahres* seit der Entstehung der Forderung. Doch ist das nicht der Fall, wenn der Gläubiger innerhalb dieser Frist die Beschlagnahme des Schiffes wegen des Pfandrechts erwirkt, sofern das Schiff später im Wege der Zwangsvollstreckung veräußert wird, ohne daß die Beschlagnahme in der Zwischenzeit aufgehoben ist (§ 759 Abs. 2 HGB, siehe auch § 759 Abs. 3 HGB). Die Klage auf Duldung der Zwangsvollstreckung in das Schiff genügt zur Fristwahrung nicht (BT-Drucksache VI/2225, 38).

10. *Internationalprivatrechtlich* ist die Entstehung eines Schiffsgläubigerrechts umstritten. Richtiger Ansicht nach bestimmt sie sich nach der lex rei sitae (so auch z. B. Kegel bei Soergel/Siebert, Komm. z. BGB, 10. Aufl. Vorbem. 360 vor Art. 7 EGBGB, Schlegelberger-Liesecke Anm. 1 zu § 754 HGB, Würdinger-Sotiropoulos 20, Trappe, Das Recht der Schiffsgläubiger im nationalen und internationalen Recht, Hansa 1960, 942), auf hoher See nach dem Flaggenrecht des Schiffes. Eine andere Meinung will auf eine Kombination von Schuldstatut der gesicherten Forderung und der lex rei sitae des Schiffes abstellen, vgl. etwa RGZ 81, 283, OLG Hamburg HansRGZ 1933 B 285; nach einer weiteren Auffassung kommt die lex causae in Betracht, so insbesondere Prüssmann vor § 754 HGB II B 3, Zweigert-Drobnig, Das Statut des Schiffsgläubigerrechts, VersR 1971, 581, und dazu kritisch H. N. RabelsZ 1971, 773. Siehe zu der Frage, welches Recht auf Schiffsgläubigerrechte anzuwenden ist, die aus einem Seefrachtvertrage hergeleitet werden, auch OLG Hamburg VersR 1967, 1173.

Die Rangordnung der Schiffsgläubigerrechte bestimmt sich nach der lex fori (bestr.: nach anderer Ansicht ist das Flaggenrecht maßgeblich). Vgl. auch BGHZ 35, 269.

IV. Ausblicke auf andere Verkehrsmittel

1. Während bis vor einigen Jahren unter den Verkehrsmitteln nur die See- und Binnenschiffe sowie unter gewissen Voraussetzungen die Schiffsbauwerke im deutschen Sachenrecht eine besondere Stellung

einnahmen, ist das seit dem *Gesetz über Rechte an Luftfahrzeugen* v. 26. Febr. 1959 (BGBl. I 57) auch hinsichtlich der **Luftfahrzeuge** der Fall. An ihnen kann unter den im Gesetz genannten Voraussetzungen eine vom Gesetzgeber als **Registerpfandrecht** bezeichnete *Luftfahrzeughypothek* bestellt werden.

Anders als das SchRG regelt das Gesetz über Rechte an Luftfahrzeugen *nicht* die *Eigentumsübertragung an Luftfahrzeugen.* Diese erfolgt nach wie vor ausschließlich nach den §§ 929 ff. BGB.

Schrifttum zum Gesetz über Rechte an Luftfahrzeugen: Schleicher-Reymann-Abraham II 408 mit weiteren Angaben. Hinzuweisen ist insbesondere auf Groth, Das Registerpfandrecht nach dem Gesetz über Rechte an Luftfahrzeugen, Diss. Frankfurt a. M. 1965.

2. a) Luftfahrzeuge verkörpern einen erheblichen Wert. Deshalb kommt der Aufnahme von Krediten zu ihrem Ankauf eine immer größere Bedeutung zu. Bei der Internationalität des Luftverkehrs ist es in noch größerem Maße als in der Seeschiffahrt notwendig, daß derartige Sicherungsrechte am Luftfahrzeug international anerkannt und auch in fremden Staaten realisierbar sind. Diesem Zwecke soll das am 19. Juni 1948 in Genf unterzeichnete „Abkommen über die internationale Anerkennung von Rechten an Luftfahrzeugen" dienen. Das Abkommen führt keine materielle Rechtsvereinheitlichung herbei, sondern will nur den in den einzelnen Staaten üblichen Sicherungsformen international zu Anerkennung verhelfen, insbesondere dergestalt, daß Luftfahrzeuge zur Sicherung von Forderungen verpfändet werden können, ohne daß der Besitz des Luftfahrzeugs auf den Gläubiger übertragen werden müßte. Dementsprechend enthält das Abkommen im wesentlichen Kollisionsnormen, nach denen unabhängig von dem Ort des Rechtsgeschäfts und dem jeweiligen Standort des Luftfahrzeugs die Rechtsordnung des Heimatstaates als für die Wirksamkeit der Begründung von Rechten sowie für deren Inhalt und Rang maßgebend erklärt wird. Das Abkommen ist gleichsam das luftrechtliche Gegenstück zu den seerechtlichen Brüsseler Übereinkommen von 1924/26 und 1967 über Vorzugsrechte und Schiffshypotheken und dem entsprechenden Genfer Übereinkommen für die Binnenschiffahrt von 1930.

Die Bundesrepublik ist dem Genfer Abkommen durch Gesetz vom 26. Febr. 1959 (BGBl. II 129) im Zusammenhang mit der Schaffung der deutschen Luftfahrzeughypothek beigetreten, um der deutschen Luftfahrt erweiterte Kreditmöglichkeiten beim Ankauf namentlich größerer Verkehrsflugzeuge im Ausland zu eröffnen. Hierfür schied ein Besitzpfandrecht am Luftfahrzeug von vornherein aus, aber auch im Hinblick auf § 3 LuftVG Eigentumsvorbehalt und Sicherungsübereignung.

b) Das deutsche Registerpfandrecht an Luftfahrzeugen ist als Sicherungshypothek ausgestaltet, ebenso wie die Schiffshypothek (in folgendem wird das Recht an Luftfahrzeugen nur als Luftfahrzeughypothek bezeichnet). Bei ihm bestimmt sich also das Recht des Gläubigers nur nach der Forderung (§ 4 Ges. v. 26. Febr. 1959). Die Luftfahrzeughypothek kann rechtsgeschäftlich durch Einigung und Eintragung entstehen, aber auch im Wege der Zwangsvollstreckung oder der Arrestvollziehung (§ 99 des Gesetzes). Die im Vollstreckungswege bestellte Luftfahrzeughypothek macht jedoch die nachfolgende rechtsgeschäftliche Bestellung einer solchen unmöglich (§ 7 des Gesetzes). Der Grund hierfür liegt in Art. I Abs. 2 des Genfer Pfandrechtsabkommens, der den Vorrang einer Zwangshypothek gegenüber einer nachfolgenden rechtsgeschäftlichen Hypothek nicht anerkennt.

Ebenso wie ein im deutschen Schiffsregister eingetragenes Schiff nicht mit einem Faustpfandrecht belastet werden kann, ist auch für in der Luftfahrzeugrolle eingetragene Luftfahrzeuge — nur diese kommen für die Belastung mit einer Luftfahrzeughypothek in Betracht — ein Pfandrecht nach §§ 1204 ff. BGB und ein Unternehmerpfandrecht nach § 647 BGB ausgeschlossen, ferner anders als für eingetragene Schiffe (vgl. § 9 SchRG) auch ein Nießbrauch (§ 9 des Gesetzes). Während aber § 648 Abs. 2 BGB einer Schiffswerft für den Bau oder die Reparatur eines Schiffes an Stelle des Unternehmerpfandrechts nach § 647 BGB den schuldrechtlichen Anspruch auf rechtsgeschäftliche Bestellung einer Schiffshypothek gewährt, fehlt es an einer derartigen Bestimmung für eine Flugzeugwerft.

Während das Schiffsregister öffentlich-rechtlichen und privatrechtlichen Zwecken dienen kann, ist die Luftfahrzeugrolle nur öffentlichen Belangen vorbehalten. Die Luftfahrzeughypothek wird in ein besonderes Register eingetragen, das zentral bei dem Amtsgericht in Braunschweig, wo auch das Luftfahrt-Bundesamt seinen Sitz hat, geführt wird. Vgl. über das Register die *Allgemeine Verfügung über die Einrichtung und die Führung des Registers für Pfandrechte an Luftfahrzeugen* v. 31. März 1959 (BA Nr. 61). Das Register ist wie das Grundbuch (§§ 891 ff. BGB) und das Schiffsregister (§§ 15 ff. SchRG) mit einer Vermutung für die Richtigkeit der Eintragung (§ 15 Ges. v. 26. Febr. 1959) und gutem Glauben (§§ 16, 17 dieses Gesetzes) ausgestattet. Doch bezieht sich beides nur auf das Pfandrecht, weil das Register lediglich für dieses bestimmt ist. Vormerkung und Widerspruch entsprechen der Regelung des BGB und des SchRG.

Die Luftfahrzeughypothek kann an einem einzelnen Luftfahrzeug bestellt werden, aber auch als Gesamtregisterpfandrecht an mehreren Luftfahrzeugen (§ 28 Ges. v. 26. Febr. 1959). Die Hypothek erstreckt sich auf eine etwaige Versicherungsforderung (§§ 32 ff.) und auf das Zubehör (§ 31), dessen Begriff gegenüber § 97 Abs. 2 S. 1 BGB durch § 31 Abs. 1 S. 2 des Ges. v. 26. Febr. 1959 derart erweitert ist, daß zum Zubehör auch solche Teile gehören, die nur vorübergehend für den Betrieb des Luftfahrzeugs benutzt werden. Das hat insbesondere für die Wechselteile Bedeutung, die nach einer gewissen Zeit ausgebaut und häufig in Flugzeuge gleichen Typs wieder eingebaut werden. Die §§ 68 ff. des Gesetzes v. 26. Febr. 1959 sehen die Möglichkeit der Erweiterung der Hypothek auf Ersatzteillager für das Flugzeug vor. Vgl. auch § 6 IV 1.

Die Luftfahrzeughypothek erlischt grundsätzlich mit der Forderung (§ 57). Es gibt also weder eine Eigentümerhypothek wie im Grundbuchrecht noch den Stellenvorbehalt wie in § 57 Abs. 2 SchRG. Ein dem Schiffsgläubigerrecht entsprechendes Recht an Luftfahrzeugen gibt es in Deutschland nicht.

Vgl. für ausländische Luftfahrzeuge die Vorschriften der §§ 103 ff. des Gesetzes v. 26. Febr. 1959.

§ 10. Zwangsvollstreckung und Arrest

Vgl. Schaps-Abraham Bd. I 553 ff.; Heinerici und Gilgan 285 ff.; Wüstendörfer SHR 109 f.; Prüssmann vor § 476 HGB I E, II 5 a, IV.

I. Die **Zwangsvollstreckung** *in zum Schiffsregister eingetragene See und Binnenschiffe* ist grundsätzlich dem Immobiliarsachenrecht nachgebildet, §§ 864 f., 870 a ZPO, 162 ff. ZVG.

Diese Vorschriften gelten auch für *Schiffsbauwerke*, die im Schiffsbauregister eingetragen sind oder eingetragen werden können und nach Einleitung der Zwangsvollstreckung stets eingetragen werden (§ 66 SchRO), ferner nach Art. 2 und 3 des Gesetzes zur Änderung des Gesetzes über Rechte an eingetragenen Schiffen und Schiffsbauwerken, der Schiffsregisterordnung und des Gesetzes über die Zwangsversteigerung und die Zwangsverwaltung v. 4. Dez. 1968 (BGBl. I 1295) auch für die entsprechenden Schwimmdocks.

Zuständig für die Zwangsversteigerung ist das Amtsgericht, in dessen Bezirk das Schiff sich befindet (§ 163 Abs. 1 ZVG).

Die Zwangsvollstreckung in nicht in das Schiffsregister eingetragene Schiffe erfolgt nach den Bestimmungen über die Zwangsvollstreckung in das bewegliche Vermögen (§§ 803 ff. ZPO; siehe insbesondere auch § 817 ZPO).

Siehe auch unten V 2, wonach die Anordnung der Zwangsversteigerung eines Seeschiffes im Wege der Zwangsvollstreckung unzulässig ist, wenn sich das Schiff auf der Reise befindet und nicht in einem Hafen liegt.

Auch die Zwangsversteigerung eines in der Luftfahrzeugrolle eingetragenen Luftfahrzeugs ist grundsätzlich dem Liegenschaftsrecht nachgebildet. Vgl. §§ 171 a ff. ZVG (eingefügt durch § 109 Ziff. 3 des Gesetzes an Luftfahrzeugen v. 26. Febr. 1959, BGBl. I 57).

II. Arrest

Albrecht, die Arrestbeschlagnahme von Seeschiffen nach deutschem Recht und nach dem internationalen Übereinkommen über den Arrest von Seeschiffen, Brüssel Mai 1952, Hansa 1954, 1142 ff. und 1185 ff.; Schaps-Abraham Bd. I 563; Lebuhn, Der Arrest der Seeschiffe nach deutschem Recht, Internationale Transport-Zeitschrift 1960, 1453; Kornmann, Die vorsorgliche Beschlagnahme von Seeschiffen, Zürich 1957; Herber, Zur Modernisierung des deutschen Seehandelsrechts, Hansa 1972, 508 ff.; Abraham, Reform des deutschen Seehandelsrechts 83.

a) Voraussetzung für den Arrest ist es, daß der Gläubiger eine Geldforderung hat oder einen Anspruch, der in eine Geldforderung übergehen kann (§ 916 Abs. 1 ZPO). Für das deutsche Recht ist es einerlei, ob die Forderung mit dem

Betrieb des Schiffes, das arrestiert werden soll, zusammenhängt oder nicht. Siehe zu der umstrittenen Frage, ob ein Schiffsgläubigerrecht durch Arrest gesichert werden kann, oben § 9 III 8. Nach § 917 Abs. 1 ZPO findet eine Beschlagnahme im Wege des Arrests statt, wenn zu besorgen ist, daß ohne dessen Verhängung die Vollstreckung des Urteils vereitelt oder wesentlich erschwert werden würde. Der Anspruch und der Arrestgrund sind grundsätzlich glaubhaft zu machen (§ 920 Abs. 2 ZPO). Wegen Sicherheitsleistung siehe § 921 Abs. 2 ZPO. Vgl. darüber, wann im konkreten Fall eine Gefährdung der Zwangsvollstreckung vorliegt und glaubhaft gemacht wird, Schaps-Abraham I 564 Anm. 2—4. Ein Arrestgrund (§ 917 ZPO) ist nicht dargetan bei einer angesehenen ausländischen Reederei mit ständigem Liniendienst nach deutschen Häfen, da hier sowohl die in regelmäßigen Abständen in deutsche Häfen einlaufenden Schiffe als auch die bei inländischen Banken durchlaufenden Gelder vollwertige Vollstreckungsobjekte darstellen (OLG Hamburg VersR 1971, 124 = MDR 1971, 767; OLG Bremen VersR 1972, 250, auch Hansa 1956, 906 = MDR 1955, 749; Boye Hansa 1965, 2174. — Über den Streitwert für den Arrest in ein Seeschiff vgl. HansOLG Hamburg MDR 1967, 174.

b) Die *Vollziehung* des Arrests in eingetragene Schiffe, Schiffsbauwerke und Schwimmdocks erfolgt durch *Pfändung nach Fahrnisrecht* (§ 931 Abs. 1 ZPO). Doch sind deren Regeln im Hinblick auf den öffentlichen Glauben des Schiffsregisters durch liegenschaftsrechtliche Momente (vgl. § 931 Abs. 2 ff. ZPO) ergänzt. Für nicht eingetragene Schiffe gilt ausschließlich das Fahrnisrecht des § 930 ZPO.

III. In den *Bruchteil eines Miteigentümers* an einem eingetragenen deutschen Schiff oder einem eingetragenen oder eintragungsfähigen Schiffsbauwerk wird in gleicher Weise vollstreckt wie in das ganze Schiff (§ 864 Abs. 2 ZPO). Doch gilt das nicht für die Vollstreckung in die *Schiffspart der Partenreederei*, für die überwiegend Fahrnisrecht zur Anwendung kommt, allerdings mit liegenschaftsrechtlichem Einschlag (§§ 858, 857 ZPO).

IV. *Ausländische Schiffe*, die nach deutschem Recht registerpflichtig wären, unterliegen bei Aufenthalt in deutschem Hafen der liegenschaftlichen Zwangsversteigerung, jedoch mit einigen Besonderheiten (§ 171 ZVG; vgl. dazu HansOLG Bremen und Zander Hansa 1955, 1772). Die Arrestvollziehung richtet sich grundsätzlich nach § 930 ZPO. Vgl. wegen weiterer Einzelheiten Schaps-Abraham Bd. I 565 Anm. 7.

V. In gewissen Fällen besteht **Beschlagnahmefreiheit**:

1. Für staatliche Seeschiffe ergibt sie sich aus dem *Internationalen Abkommen zur einheitlichen Feststellung von Regeln über die Immunitäten der Staatsschiffe* v. 10. April 1926 (RGBl. 1927 II 484) nebst Zusatzprotokoll v. 24. Mai 1934 (RGBl. 1936 II 303). Danach können *Kriegsschiffe, Staatsyachten, Schiffe des Überwachungsdienstes, Hospitalschiffe, Hilfsschiffe, Proviantschiffe sowie andere Schiffe*, die einem Staat *gehören* oder von ihm *verwendet* werden und zur Zeit des Entstehens

der Forderung *ausschließlich für einen staatlichen Dienst* und nicht für Handelszwecke bestimmt sind oder verwendet werden, nicht zum Gegenstand einer *Beschlagnahme, Arrestierung oder Zurückbehaltung* durch irgendeine gerichtliche Maßnahme gemacht werden und unterliegen keinem gerichtlichen Verfahren „in rem". Dagegen sind die einem Staat gehörigen oder von ihm verwendeten Seeschiffe, die *kommerziellen Zwecken* dienen, einschließlich der *kommerziellen Ladungen* den gleichen Regeln über die Verantwortlichkeit und den gleichen Verbindlichkeiten wie private Schiffe, Ladungen und Schiffahrtsunternehmer unterworfen (Art. 1 des Abk.).

2. Die Anordnung der Zwangsversteigerung eines Seeschiffes im Wege der Zwangsvollstreckung sowie die Vollziehung (nicht etwa der Erlaß) des Arrestes in das Schiff sind nicht zulässig, wenn sich das Schiff auf der Reise befindet und nicht in einem Hafen liegt (§ 482 HGB). Das gilt auch für Schulden, die aus Anlaß oder im Verlaufe der Reise begründet worden sind (anders § 482 Abs. 2 HGB a. F., der von dem Verbot der Beschlagnahme eines segelfertigen Schiffes handelte, und Art. 20 Abs. 2 des Genfer Übereinkommens von 1958 über das Küstenmeer). Durch das Wort „Reise" hat die neue Fassung des § 482 HGB zum Ausdruck gebracht, daß Fahrtunterbrechungen während der Reise die Beschlagnahme nicht zulässig machen. Anders liegt es nur bei einem Aufenthalt des Schiffes in einem Zwischenhafen (Amtl. Begr. BT-Drucks. 2225, 14).

VI. Im Zusammenhang mit dem Seerechtsänderungsgesetz hat die Bundesrepublik Deutschland das auf der Diplomatischen Seerechtskonferenz Brüssel 1952 beschlossene *Übereinkommen zur Vereinheitlichung von Regeln über den Arrest in Seeschiffe* ratifiziert. Siehe dazu von Laun MDR 1952, 599. Mit dem Übereinkommen sollen die Gefahren verhindert werden, die durch Beschlagnahme der Schiffe in fremden Häfen drohen. Deshalb soll die Sicherungsbeschlagnahme von Schiffen anderer Vertragsstaaten nur wegen sog. „Seeforderungen", deren Kreis umgrenzt ist, zulässig sein. Diese ist auch nicht gestattet, wenn schon in einem anderen Vertragsstaat eine ausreichende Sicherheit für die Forderung vorhanden ist. Doch ist eine Beschlagnahme nicht nur des Schiffes möglich, auf welches sich die Seeforderung bezieht, sondern auch jedes anderen Schiffes desselben Reeders.

Das Verfahren wird nach wie vor durch das Recht des Arrestortes bestimmt, wie überhaupt das Übereinkommen keine sonstigen Bestimmungen über die Vereinheitlichung des Arrestrechts enthält.

Siehe für die Luftfahrt das *Abkommen zur Vereinheitlichung von Regeln über die Sicherungsbeschlagnahme von Luftfahrzeugen* v. 29. Mai 1933 (RGBl. 1935 II 301). S. auch RGBl. 1937 II 26 und das zur Durchführung des Abkommens in Deutschland ergangene Ges. über die Unzulässigkeit der Sicherungsbeschlagnahme von Luftfahrzeugen v. 17. März 1935 (RGBl. I 385).

§ 11. Öffentlich-rechtliche Sicherheitsbestimmungen für Schiffe

I. Einrichtungen, die sich vornehmlich der technischen Sicherheit der Seeschiffe annehmen, sind die **See-Berufsgenossenschaft** und die **Klassifikationsgesellschaften.**

a) Die *See-Berufsgenossenschaft* ist eine Selbstverwaltungskörperschaft des öffentlichen Rechts, der einmal die gesamte Sozialversicherung der Seeleute und der seemännischen Angestellten obliegt, zum anderen auch allgemein die Fürsorge für die Sicherheit auf deutschen Seeschiffen. Sie hat gemäß den Vorschriften der RVO eingehende *Unfallverhütungsvorschriften* erlassen. Ihre Aufsichtsbeamten überwachen die Schiffe in regelmäßigen Zeitabständen. Siehe Wiele, die Rechtsstellung der See-Berufsgenossenschaft als Vollzugsorgan auf dem Gebiet der Schiffssicherheit, VersR 1969, 402 ff.

b) *Klassifikationsgesellschaften* sind gewerbliche private oder auch halböffentliche Unternehmungen, die Seeschiffe im Bau und während ihrer Lebensdauer durch periodisch wiederkehrende Untersuchungen auf ihre Tüchtigkeit zur Schiffahrt überwachen (Einteilung der Schiffe in Klassen). Sie bestehen nach dem Vorbild der ältesten Klassifikationsgesellschaft Lloyds in London in allen großen Schiffahrtsländern (in der Bundesrepublik Deutschland Germanischer Lloyd).

II. Umfangreiche Bestimmungen für die Sicherheit der Schiffe in der Auslandsfahrt finden sich im *Anhang A (Internationales Übereinkommen zum Schutze des menschlichen Lebens auf See) des Internationalen Schiffssicherheitsvertrages London* 1960, dem auch die Bundesrepublik beigetreten ist (vgl. BGBl. 1965 II 465). Siehe insbesondere dazu die *VO über die Sicherheit der Seeschiffe (Schiffssicherheitsverordnung* — SSV) vom 9. Oktober 1972 (BGBl. I 1933), die VO über die Sicherung der Seefahrt v. 15. Dez. 1956 (BGBl. II 1579), VO über die Funkausrüstung und den Sicherheitsfunkwachdienst der Schiffe (Funksicherheitsordnung) v. 9. Sept. 1955 (BGBl. II 860).

IV. Abschnitt

Die Personen des Seerechts

§ 12. Reeder und Ausrüster

Wüstendörfer SHR 114 ff.; J. v. Gierke 584; Willner, Die Zeitcharter (Heft 22 der Überseestudien), 1953; Lorenz-Meyer, Reeder und Charterer, 1962, (Überseestudien Heft 29); Lüders, Gedanken zum Zeitcharter- und Reederproblem, Diss. Hamburg 1939; Riensberg Hansa 1956, 2294; Necker, Die Rechtsstellung des Zeitcharterers, Hansa 1957, 353; Würdinger, Zur Rechtsnatur der Zeitcharter, MDR 1957, 257.

I. Bei Schiffen, Luft- und Kraftfahrzeugen sowie Eisenbahnen werden bestimmte Haftungsfolgen nicht an die Person des Eigentümers geknüpft, sondern unter gewissen Voraussetzungen an die des Verwenders des Verkehrsmittels. Doch ist das nicht für alle Verkehrsmittel gleichartig geschehen. So ist dem Eisenbahnrecht als Anknüpfungspunkt für den Bereich des Reichshaftpflichtgesetzes und des SachschHaftpflGes. der Begriff des Betriebsunternehmers bekannt. Im Kraftfahrzeug- und im Luftrecht wird der Begriff des Halters gebraucht (vgl. insbesondere § 7 StVG und § 33 LuftVG). Ähnlichen, aber weitergehenden, über das Deliktsrecht hinausgehenden Funktionen, zum Mittelpunkt eines geschlossenen Haftungssystems werdend, dienen im Schiffahrtsrecht Doppelbegriffe: im Seerecht die des *Reeders* und *Ausrüsters*, im Binnenschiffahrtsrecht die des Schiffseigners und Ausrüsters. Vgl. hierzu auch die Hamb. Diss. von Fiedler, Die verkehrsrechtliche Haftung des Mieters als Halter und Ausrüster, 1952, und Meinert, Das außervertragliche Haftungsrecht der Verkehrsmittel, 1953.

II. Reeder ist der **Eigentümer** eines **ihm** zum Erwerbe durch die Seefahrt dienenden Schiffes, § 484 HGB.

1. Erforderlich ist zunächst das *Eigentum* an einem zur Seefahrt dienenden Schiff. Doch ist zwischen dem Eigentümer des Schiffes und dem Reeder zu unterscheiden: Zwar ist jeder Reeder notwendig auch Eigentümer des Schiffes, aber umgekehrt braucht das nicht der Fall zu sein, z. B. wenn der Eigentümer sein Schiff so vermietet hat, daß der Mieter Ausrüster im Sinne des § 510 HGB wird (vgl. unten Ziff. III). Auch macht der Reederbegriff den des Eigentümers nicht wertlos. So knüpfen insbesondere das SchRG und die SchRO und öffentlich-rechtliche Pflichten an letzteren an.

2. Das Schiff muß sodann dem Eigentümer zum *Erwerb durch Seefahrt* dienen. Vgl. hierüber § 6 III 2 und § 18 II. Gewerbsmäßiges Dienen ist nicht erforderlich. Auch während einer einmaligen gelegentlichen Erwerbsfahrt ist der Eigentümer Reeder. Vgl. dazu eingehend HansOLG Bremen Hansa 1956, 469.

Es muß sich um Eigennutzung handeln. Hierunter fällt auch die Vermietung (Chartervertrag mit Mietcharakter) eines Schiffes, sofern nicht der Mieter zum Ausrüster nach § 510 HGB wird. Hier liegt die Unternehmerfunktion des Vermieters in der Beschaffung der Besatzung und der Ausrüstung, in der Zurverfügungstellung eines in jeder Weise betriebsfähigen Schiffes und in der (regelmäßig gewerbsmäßigen) Entgegennahme des Mietzinses. Bestr.; vgl. Willner a. a. O. 11 f. Willner ist nur zuzustimmen für den wohl nur selten vorkommenden Fall der unentgeltlichen Überlassung dergestalt, daß einem Nießbraucher oder dem Entleiher ein Schiff mit Kapitän, der der Befehlsgewalt des Überlassenden im wesentlichen unterworfen bleibt (vgl. unten Ziff. III), zum Erwerb durch Seefahrt zur Verfügung gestellt ist. In diesem kaum praktischen Fall hat das Schiff in der Tat weder Reeder noch Ausrüster. Doch greift dann Art. 7 Abs. 1 EGHGB ein.

Der Eigentümer eines Schiffes, welches nicht zum Erwerb durch Seefahrt dient, ist also nicht Reeder. Doch sind solche Nichterwerbsschiffe nicht schlechthin vom ganzen Seehandelsrecht ausgeschlossen. Vgl. wegen der Einzelheiten Art. 7 Abs 1 EGHGB und oben § 6 III 3. Siehe auch RhSchOG Köln Hansa 1964, 1991 i. Sa. „Tina Scarlett". Das Binnenschiffahrtsrecht ist in diesen Fragen unkomplizierter und moderner. Der in ihm sonst dem Reederbegriff entsprechende Begriff des Schiffseigners verlangt nicht Erwerb durch Binnenschiffahrt, vgl. § 1 BSchG.

3. *Nicht* Voraussetzung für die Reedereieigenschaft ist, daß das Schiff zum Schiffsregister eingetragen ist. Für den Schiffseigner gilt das gleiche.

4. Reeder kann eine *physische* oder *juristische Person* sein oder eine Verbindung von solchen in Form einer Gesellschaft des bürgerlichen Rechts (doch kaum einer schlichten Bruchteilsgemeinschaft, denn der Erwerb durch Seefahrt ist ganz ohne gesellschaftsrechtliches Band schwer denkbar — siehe auch Ziff. 5), einer Personengesellschaft des Handelsrechts, einer Erbengemeinschaft, einer der dem Seerecht eigentümlichen (dem Binnenschiffahrtsrecht nicht bekannten) Partenreederei (§§ 489 ff. HGB; vgl. § 13).

5. *Kaufmann* ist nach § 1 Abs. 2 HGB — s. dort Nr. 5 — nur derjenige Reeder, dessen Gewerbebetrieb die Übernahme der Beförderung von Gütern oder Reisenden oder die Geschäfte eines Schleppschiffahrtsunternehmers zum Gegenstand hat. Die Kaufmannseigenschaft jedes anderen Reeders bestimmt sich nach § 2 HGB. Ist hiernach der Reeder Kaufmann und liegt im Falle des § 1 Abs. 2 Ziff. 5 HGB ein vollkaufmännisches Handelsgewerbe vor, so ist die Gesellschaft des bürgerlichen Rechts (§§ 705 ff. BGB) als Unternehmensform ausgeschlossen.

6. Die Reedereigenschaft bezieht sich nur auf das Eigentum eines konkreten, einzelnen Schiffes. Bei mehrfachem Vorliegen der Voraussetzungen des § 484 HGB ist jemand mehrfacher Reeder.

7. Der Reeder als solcher kann vor dem Gericht des Heimathafens verklagt werden. Doch bleibt § 738 a HGB (Klagen aus Zusammenstößen) unberührt (§ 488 HGB).

III. 1. Der Begriff des Reeders wird durch denjenigen des **Ausrüsters** ergänzt, § 510 HGB.

Ausrüster ist, wer ein ihm nicht gehöriges Schiff zum Erwerb durch Seefahrt für eigene Rechnung verwendet und es entweder selbst führt oder die Führung einem Kapitän anvertraut.

Auch das Binnenschiffsrecht kennt den Ausrüsterbegriff in § 2 BSchG. Er entspricht dem seerechtlichen, nur mit der Maßgabe, daß, ebenso wie beim Begriff des Schiffseigners (vgl. II 2), das Erwerbsmoment in Fortfall kommt.

Die Bedeutung des Ausrüsterbegriffs liegt darin, daß der Ausrüster *im Verhältnis zum Dritten als Reeder* angesehen wird.

Der Eigentümer kann deshalb auch denjenigen, welcher aus der Schiffsverwendung durch einen Ausrüster einen Anspruch als Schiffsgläubiger herleitet, an der Durchführung des Anspruchs nicht hindern, es sei denn, daß die Verwendung ihm gegenüber eine widerrechtliche und der Gläubiger nicht in gutem Glauben war (§ 510 Abs. 2 HGB, § 2 Abs. 2 BSchG).

Doch betrifft die Ausrüsterfunktion nur die privatrechtliche Seite der Reederstellung, nicht also z. B. die öffentlich-rechtlichen Pflichten wie Anmeldungen zum Schiffsregister, Schiffsvermessung und dergleichen. Auch bleiben beim Schiffseigentümer alle diejenigen Befugnisse, die reiner Ausfluß des Eigentums am Schiff sind, insbesondere also Veräußerung und hypothekarische Belastung.

2. Im einzelnen erfordert der Ausrüsterbegriff:

a) **die Verwendung eines fremden Schiffes,** einerlei, ob diese gegenüber dem Eigentümer rechtmäßig oder rechtswidrig erfolgt. In der Praxis liegt allerdings meistens ein Miet- oder Leihverhältnis vor. Doch kommt es für den Ausrüsterbegriff auf das Innenverhältnis zwischen Schiffseigentümer und Schiffsverwender gar nicht an.

b) die Schiffsverwendung **zum Erwerb durch Seefahrt und für eigene Rechnung.**

aa) Wegen des *Erwerbs durch Seefahrt* vgl. § 6 III 2 und oben II 2. Erfolgt die Schiffsverwendung nicht zum See-Erwerb, z. B. bei der Verwendung eines beschlagnahmten Schiffes durch den Staat während des Krieges oder bei der Miete eines privaten Schiffes für Vergnügungszwecke, so ist der Verwender in entsprechender Anwendung von Art. 7 Abs. 1 EGHGB, § 510 HGB als Quasi-Ausrüster anzusehen; vgl. auch BHGZ 3, 321 und 25, 245 = BB 1957 1056 NJW 1957, 1717 = Hansa 1957, 2480 = MDR 1958 Nr. 93 (mit Anm. von Sieg).

bb) Die Worte *„Verwendung für eigene Rechnung"* sind nach heute h. A. (vgl. z. B. Wüstendörfer SHR 116; Willner 13) nicht wörtlich auszulegen, so daß es also nicht darauf ankommt, wer im Innenverhältnis die Betriebskosten zu tragen hat. Gemeint ist vielmehr „Verwendung im eigenen Namen", weil das Merkmal der Kostentragung für Außenstehende nicht erkennbar ist. Indessen weist Spiliopoulos (ZHR 92, 272) nicht unzutreffend darauf hin, auch die selbstbeschaffte Schiffsführung sei kein nach außen erkennbares Merkmal. Auch geht die herrschende Auslegung nicht parallel zum Halterbegriff bei Kraft- und Luftfahrzeugen. Vgl. auch AG Hamburg Hansa 1951, 539 und LG Hamburg Hansa 1951, 1580.

c) Der Verwender muß das Schiff **selbst führen** oder die **Führung einem Kapitän anvertrauen.**

Eine eigene Führung des Schiffes durch den Schiffsverwender kommt heute unter normalen Verhältnissen fast nur noch in der Küstenschiffahrt vor.

Die zweite Möglichkeit, daß der Verwender die Schiffsführung einem Kapitän anvertraut, ist in ihren Kriterien umstritten.

aa) Die herrschende Ansicht meint, von einem Anvertrauen könne nur dann die Rede sein, wenn eine *vertragliche* Bindung zwischen Schiffsverwender und Kapitän vorhanden sei, entweder, indem eine solche bei der Einstellung des Kapitäns durch den Verwender begründet werde, oder auch so, daß dieser in einen mit dem Kapitän bestehenden Dienstvertrag an Stelle des bisherigen Dienstherrn eintrete. Vgl. z. B. RGZ 98, 186; 103, 280; BGHZ 22, 197 = NJW 1957, 828 = MDR 1957, 280 = VRS 1956, 270 (gegen OLG Hamburg Hansa 1955, 538 — vgl. auch RG HansRGZ 1941 B 237 Nr. 86): Der „Deuzeit"-Frachtvertrag begründet kein Ausrüster-Verhältnis im Sinne des § 510 HGB, auch nicht in entsprechender Anwendung; BGHZ 26, 152 = Hansa 1958, 157 = NJW 1958, 220 (Baltime-Charterer ist nicht Ausrüster); Riensberg a. a. O.; Schlegelberger Anm. 4 zu § 510; Prüssmann § 510 B 4 b und C 3. Weitere Nachweise bei Schaps-Abraham II § 510 Anm. 4.

Danach kann die Ausrüstereigenschaft eines Mieters nur dann angenommen werden, wenn es sich um die Miete eines bloßen Schiffskörpers — bare-boat-charter — handelt und der Mieter den Vertrag mit dem Kapitän geschlossen hat, oder um eine Miete, bei der der Mieter in den Heuervertrag mit dem Kapitän an die Stelle des Vermieters mit allen Rechten und Pflichten eingetreten ist, oder schließlich um eine solche mit voller Abtretung des Dienstanspruchs gegen den Kapitän mit dessen Einverständnis (für letzteren Fall a. A. Prüssmann § 510 B 4 b, der indessen übersieht, daß nach § 613 Abs. 2 BGB der Anspruch auf die Dienste nur im Zweifel nicht übertragbar ist), nicht dagegen in denjenigen Fällen, in denen der Kapitän im Dienstverhältnis zum Vermieter bleibt, auch grundsätzlich nach wie vor dessen Befehlsgewalt unterworfen ist und derjenigen des Mieters oder Befrachters nur in gewisser Hinsicht unterstellt wird, wie dies bei der sog. employment-Klausel der Fall ist: „Captain and Crew although appointed by the Owner shall be under the order and direction of the Charterer, as regards employment, agency and other arrangements". Auch die englische Rechtsprechung sieht einen Zeitcharterer nicht als Ausrüster (owner pro tempore) an. Über den Charterer by demise s. Katzenstein Hansa 1951, 1515, wegen der Identity of Carrier- oder Demise-Klausel unter § 19 IV 1.

Der h. A. wird nicht zu Unrecht entgegengehalten, daß sie zu Schwierigkeiten bei Zeitcharterverträgen führen kann. Hat sich der Zeitcharterer die Befugnis ausbedungen, seine Schornsteinmarke anzubringen und seine Kontorflagge zu setzen, so könnte bei einem Dritten der Eindruck hervorgerufen werden, er habe Reeder- oder Ausrüsterstellung, die ihm die h. A., wie oben dargelegt, nicht zugebilligt.

Von praktischer Bedeutung ist dies namentlich für die Frage, ob der Eigentümer oder der Charterer für Ansprüche gegen das Charterschiff passiv legitimiert ist (vgl. § 9 III 9).

bb) Es ist deshalb verständlich, daß immer wieder Versuche gemacht worden sind, den Begriff des „Anvertrauens" anders als die h. A. auszulegen.

aaa) Insbesondere von Wüstendörfer (HB 303 und SHR 118 ff.) (s. auch J. v. Gierke 584; Katzenstein Hansa 1951, 1515) ist die Auffassung vertreten worden, der Begriff des Ausrüsters ergreife über den Wortlaut des § 510 HGB hinaus jeden, der sich nach außen als Reeder gebärde, jeden, der im eigenen Namen als Seefahrtsunternehmer mit einem fremden Schiff auftrete. Zur Stützung seiner Ansicht will Wüstendörfer nicht nur § 510 HGB in diesen Fällen entsprechend anwenden, sondern weist auch auf § 5 HGB und das Gebot der Erklärungstreue hin. Gegen die analoge Anwendung des § 510 HGB spricht, daß es sich um eine eng umgrenzte Ausnahmevorschrift handelt. Man darf vielleicht auch rein rechtstatsächlich die Schwierigkeiten des Zeitcharterproblems nicht überschätzen. In einschlägigen Kreisen sind Zeitchartern und ihre rechtliche Regelung meistens bekannt. Allerdings folgt aus dem Gebot der Erklärungstreue, daß jemand, der den Eindruck erweckt, er sei Reeder oder Ausrüster, daran festzuhalten ist. Er haftet dann wie ein solcher neben dem wirklichen Reeder oder Ausrüster.

bbb) Abzulehnen ist die von Willner a. a. O. 106 ff. und Hansa 1953, 929 ff. vertretene Ansicht. Willner will eine Aufsplitterung der Haftung vornehmen.

Danach soll der sein Schiff auf Zeit vercharternde Eigentümer als Unternehmer des Schiffahrtsbetriebes wie der Reeder für den Schaden verantwortlich sein, den er, eine Person der Schiffsbesatzung oder einer seiner Leute durch ein Verschulden bei der Ausführung *nautisch-technischer* Verrichtungen einer anderen Person als den Ladungsbeteiligten zufügt. Der Mieter (Zeitcharterer) soll als Unternehmer des Transportbetriebs und Verfrachter wie dieser und wie der Reeder für den Schaden verantwortlich sein, der durch Verschulden bei der Ausführung *transporttechnischer* Verrichtungen entsteht (kommerzielles Verschulden).

Gegen diese Aufsplitterung spricht, daß Anweisungen, die den kommerziellen Einsatz des Schiffes betreffen, auch immer den nautischen Einsatz berühren und eine Unterscheidung zwischen beiden Einsätzen praktisch kaum möglich ist (so zutreffend HansOLG Hansa 1955, 539).

ccc) Gegenüber allen Ausdehnungsversuchen ist zu sagen, daß die durch sie hervorgerufenen Unklarheiten nicht geringer sind, als wenn man bei der herrschenden engen Auslegung des § 510 HGB verbleibt.

§ 13. Die Reederei (Partenreederei)

Becker, Die Konkursfähigkeit der Partenreederei, Hansa 1963, 1386; Bötticher, Die durch Reederei-Statut vinkulierte Schiffspart in der allgemeinen Gütergemeinschaft, ZHR 114, 91 ff.; J. v. Gierke 588 ff.; Glitza, Die Problematik der Konkurseröffnung über das Vermögen einer Partenreederei, Diss. Hamburg 1968; Hasche, Haftungsfragen innerhalb der Partenreederei, Hansa 1952, 1344; Kronenberg, Die moderne Partenreederei auf dem Wege der Angleichung an die „Single-Ship-Company", Diss. Hamburg 1954; ders., Das Wesen der Reedereipart und deren Vinkulierung, ZHR 119, 111; K. von Laun, Partenreederei, „Stille" Partenreederei und Bruchteilseigentum am Schiff, MDR 1953, 467; Lebuhn, Neubaufinanzierung und Partenreederei, Hansa 1951, 758; Mangulis, Das innere Verhältnis der Partenreederei, Diss. Hamburg 1949; Richert, Zur Frage der Umwandlung der Gesellschaft mit beschränkter Haftung in eine Partenreederei, MDR 1958, 201; Ruhwedel, Die Partenreederei, Das Erscheinungsbild einer historisch gewachsenen Gesellschaft im modernen Recht, 1973; Stier, Die Veräußerung der Schiffspart, Diss. Hamburg 1959; Winn, Die Rechtsnatur der Partenreederei, Diss. Köln 1937; Wüstendörfer HB 444 ff. und SHR 147 ff.

Zum französischen Recht siehe Beaucourt, De la copropriété des navires et sa réforme par le statut du 3 Janvier 1967, DMF 1967, 643—654, 707—716.

I. Das Seerecht kennt eine gesellschaftsrechtliche Sonderform in Gestalt der *Reederei (Partenreederei).*

Dieses dem Binnenschiffahrtsrecht unbekannte Institut ist in den §§ 489 ff. HGB unvollkommen und teilweise veraltet geregelt, noch zugeschnitten auf die kleinen Verhältnisse in der Segelschiffszeit. Damals war es die typische Unternehmensform in der Seefahrt. Bis 1945 war seine Bedeutung erheblich zurückgegangen. Vornehmlich steuerliche Maßnahmen und die Notwendigkeit der Heranziehung fremden Kapitals haben die Partenreederei beim Wiederaufbau der Handelsflotte nach dem 2. Weltkrieg erheblich in den Vordergrund treten lassen.

II. Die Reederei in ihrer Gestalt als Partenreederei (dieser Ausdruck ist in der Praxis gebräuchlicher) ist die *Reederei des HGB schlechthin.*

Gehört also das Schiff zum Vermögen einer OHG, KG, AktG oder GmbH, so sind diese Handelsgesellschaften in der Sprache des HGB (anders als in der des Lebens) nur Reeder, nicht Reederei. Vgl. § 489 Abs. 2 HGB.

III. **Begriff.** Reederei ist die vertragliche Vereinigung mehrerer Personen, die, ohne eine Handelsgesellschaft zu bilden, ein ihnen gemeinsam nach Bruchteilen gehöriges Schiff zum Erwerb durch Seefahrt für gemeinschaftliche Rechnung verwenden (§ 489 HGB).

Das bedeutet im einzelnen:

1. Es muß *Miteigentum nach Bruchteilen an einem Seeschiff* vorliegen. Gegenstand der Reederei ist immer nur *ein* Schiff. In letzterem Punkte ähnelt die Reederei der in der Praxis entwickelten „Ein-Schiff-GmbH" (Single-Ship Company).

2. Auf diesem Miteigentum muß sich ein *Gesellschaftsverhältnis* aufbauen. Bloßes Miteigentum nach Bruchteilen oder ein Gesamthandsverhältnis infolge einer Erbengemeinschaft genügen also nicht. Das Gesellschaftsverhältnis darf aber nicht zu einer Handelsgesellschaft ausgestaltet sein.

Der Reedereivertrag ist an eine bestimmte Form nicht gebunden. Der Wortlaut des Gesetzes fordert nur die Tatsache der Verwendung eines im Miteigentumsverhältnisse stehenden Seeschiffes für gemeinschaftliche Rechnung. In der Praxis erfolgt der Abschluß meistens schriftlich (Reedereistatut). Wegen der Eintragung zum Register vgl. Ziff. 4. Liegt noch kein Miteigentumsverhältnis an einem Seeschiff vor, so ist die Vereinbarung, ein Schiff für gemeinschaftliche Rechnung zu bauen und zur Seefahrt zu verwenden, zunächst nur ein *Baureedereivertrag* (§ 509 HGB) mit der Anwendung gewisser Normen der Partenreederei. Geht die Vereinbarung auf den Ankauf eines Schiffes zu dem gleichen Zweck, so kann § 509 HGB zur entsprechenden Anwendung kommen. In solchen Verträgen spielen Finanzierungsvereinbarungen eine besondere Rolle; vgl. dazu Hasche Hansa 1952, 1344; Röhreke Hansa 1953, 1098.

3. Das Schiff muß zum See-Erwerb für *gemeinschaftliche Rechnung* verwendet werden. Das bedeutet aber nicht, wie Wüstendörfer SHR 150 meint, daß die Reederei im gemeinschaftlichen Namen, also auch nach außen als Unternehmer auftreten müsse.

4. Eine Eintragung der Partenreederei zum Handelsregister erfolgt nicht. Zum Seeschiffsregister erfolgt eine Eintragung nur, wenn es sich um ein seeschiffsregisterpflichtiges Schiff handelt. Alsdann werden die Größe der Schiffsparten, der Rechtsgrund für ihren Erwerb und der Korrespondentreeder eingetragen (§ 11 Abs. 1 SchRO).

Vor Inkrafttreten der SchRO v. 1940 war es in Schrifttum und Rechtsprechung anerkannt, daß die Eintragung der Partenreederei zum Schiffsregister keine rechtsbegründende Wirkung habe, sie also auch ohne Eintragung ent- und bestehen könne (RGZ 74, 406; 126, 40; HansOLG HansRGZ 1929 B 179; Wüstendörfer HB 504 f.). Nach der Neuordnung des Schiffssachenrechts ist es zweifelhaft geworden, ob das noch zutreffend ist (s. Röhreke Hansa 1953, 1036; Prause, Schiffskredit 11; vgl. auch Stoldt SchlHAnz. 1950 A 205: Nach welchem Recht bestimmen sich die Beziehungen von Miteigentümern eines nicht im Seeschiffsregister eingetragenen Fischkutters zueinander?). Die Zweifel sind entstanden, weil § 503 Abs. 1 HGB für die Übertragung einer Schiffspart Einigung und Eintragung fordert, was ja die Eintragung des übertragenden Parteninhabers selbst voraussetzt. § 11 Ziff. 6 SchRO verlangt für Anmeldung eines Partenschiffes zum Schiffsregister die Angabe der Mitreeder und die Größe der Schiffsparten, § 11 Ziff. 7 ferner den Rechtsgrund für den Erwerb des Eigentums. Doch sieht andererseits § 17 Abs. 1 SchRO die Anmeldung einer Änderung dieser Rechtsverhältnisse nicht vor. Vgl. aber auch §§ 33, 58 SchRO, nach welchen das Registergericht notfalls zwangsweise einschreiten kann, wenn sich Zweifel gegen die Richtigkeit der Eigentumseintragung ergeben. Indessen weist Röhreke a. a. O. zutreffend darauf hin, daß die Bedeutung des § 33 SchRO nur öffentlichrechtlicher Art sei und sich deshalb aus den Vorschriften der SchRO Argumente für den konstitutiven Charakter der Eintragung für die Entstehung der Partenreederei nicht herleiten ließen. Eine rechtsbegründende Wirkung der Registereintragung könnte also nur auf § 503 Abs. 1 HGB gestützt werden. Indessen hat auch dieser nur den Zweck, die *Rechtsverhältnisse an der Schiffspart* aus flaggen- und zivilrechtlichen Gründen offenkundig zu machen. Zu Rückschlüssen auf den Gründungsakt der Reederei ist auch in ihm kein Raum (vgl. im einzelnen Röhreke a. a. O., auch O. v. Laun NJW 1961, 354). Wie hier auch Prüssmann § 490 B 1 e, Ruhwedel 162 ff.

5. Die *Teilhaber* der Reederei werden als *Mitreeder* bezeichnet, ihre Anteile als *Schiffsparten*. Eine bestimmte Größe für die Parten ist im deutschen Recht (anders z. B. in England) nicht vorgeschrieben. Die Zahl der Schiffsparten kann also variieren. Auch ist die Anzahl der Schiffsparten und die der Mitreeder nicht notwendig gleich, weil ein Mitreeder mehrere Parten haben kann.

Die Schiffspart baut sich auf dem *bruchteilsmäßigen Miteigentumsanteil des Mitreeders am Schiff und dessen Zubehör* als Grundlage auf. Hinzu kommt ein *entsprechender Anteil am übrigen Reedereivermögen* (z. B. Bankguthaben, Barbestand) und an den *gesellschaftlichen Mitgliedschaftsrechten* und *-pflichten* (z. B. Dividendenrecht, Stimmrecht, Nachschuß- und Haftpflicht). Vgl. Wüstendörfer SHR 150 ff., J. v. Gierke 588 ff., Schlegelberger § 489 Anm. 1, Prüssmann § 489 B, Prause Schiffskredit 2. Aufl. 10 (anders 1. Aufl.).

In der Amtl. Begr. zum SchRG DJ 1940, 1331 — vgl. auch Krieger DJ 1941, 98 u. 181 ff. u. 209 ff., Däubler DR 1941, 609 ff., Krieger bei Pfundtner-Neubert II b Nr. 75 Art. 4 Nr. 1 — ist die Rede davon, seit dem Inkrafttreten des SchRG und der mit ihm verbundenen Gesetzesänderungen sei die Schiffspart nunmehr zu einem rein gesellschaftlichen Anteil am gesamten Reedereivermögen geworden. Dem hat sich ein großer Teil des neueren Schrifttums angeschlossen, ohne indessen eine überzeugende Begründung geben zu können, so z. B. Heinerici u. Gilgan 173, v. Laun MDR 1953, 468, Lebuhn Hansa 1951, 758, Wolff, Grundriß des Sachenrechts bei Schiffen und Schiffsbauwerken 1949, 9, Röhreke Hansa 1953, 1053, Kronenberg ZHR 119, 111. Der neueren Ansicht ist nur zuzugeben, daß Schiffspart *im weiteren Sinn* auch Anteil am gesamten Reedereivermögen bedeuten kann, einschließlich der Schiffspart im *engeren Sinne* als bruchteilsmäßigem Miteigentumsanteil am Schiff (vgl. auch J. v. Gierke 597). Ähnlich wie hier Wüstendörfer SHR 150, Schlegelberger a. a. O., Prause a. a. O. Bei Prüssmann Anm. B 1 zu § 489 heißt es: „Nur durch Auswechselung eines gesetzlich nicht definierten Begriffs ohne gleichzeitige Änderung der auf diesem Begriff aufbauenden sonstigen Vorschriften des Gesetzes kann man nicht das

Wesen einer geschichtlich gewachsenen Rechtsfigur mit einem Federstrich grundlegend umwandeln." Demgegenüber ist in der Amtl. Begr. zum SRÄG BT-Drucks. VI/2225, 17, 19 und 20 ohne Begründung wieder von der „gesamthänderischen Verbundenheit" der Mitreeder die Rede. Die Neufassung des § 507 Abs. 1 HGB gibt m. E. weder für die eine noch für die andere Ansicht etwas her.

Gegenüber der überkommenen Ansicht, daß das Bruchteilseigentum am Schiff die Grundlage der Partenreederei ist, überzeugen auch die Ausführungen von Ruhwedel a. a. O. 98 ff., insbesondere 125 ff. nicht. Obwohl er (S. 117) betont, daß im ausländischen Recht das historisch überkommene Bild der Partenreederei vielfach beibehalten sei, was doch auch für das deutsche Recht sehr zu denken geben sollte, meint er, Schiffspart im Sinne des Gesetzes sei heute nur die Schiffspart im weiteren Sinne als ein Mitgliedschaftsrecht am gesamten Reedereivermögen. Die Partenreederei sei heute eine Gesamthandsgemeinschaft, was jedoch ein quotiell verstandenes Beteiligungsverhältnis der Mitglieder am Gemeinschaftsvermögen nicht ausschließe. Insbesondere sei der gesamthänderische „Anteil" des einzelnen Mitreeders am Schiff in einer solchen Weise quotiell bestimmt, so daß der Schiffsanteil heute rechtlich nicht mehr als Träger der Mitgliedschaft anzusehen sei, sondern nur noch Skalenwert besitze. Ähnlich wie Ruhwedel auch Schulze-Osterloh, Das Prinzip der gesamthänderischen Bindungen, 1972, Schriften des Instituts für Arbeits- und Wirtschaftsrecht der Universität Köln, Bd. 28, 137 ff.

Der Streitfrage kommt wohl praktischer Wert kaum zu. Doch scheint es mir, daß die Schiffahrtswelt noch immer das Schiff als Grundlage der Partenreederei ansieht. Man gibt sein Geld für einen Anteil am Schiff, hinter dem die sonstigen Vermögenswerte der Partenreederei zurücktreten. Diesen wirtschaftlichen Blickwinkel sollte auch der Jurist respektieren und beachten, daß eine dogmatische Einordnung im allgemeinen keinen Erkenntnis-, sondern nur Formulierungswert hat.

6. Ihrer Struktur nach nähert sich die Partenreederei in vielen Beziehungen der juristischen Person. Doch ist sie eine solche nicht. Vielmehr handelt es sich um eine Sonderform der bürgerlich-rechtlichen Gesellschaft (so auch Ruhwedel 170). Die Rechte und Pflichten der Reederei sind grundsätzlich solche der Mitreeder (§ 494 Abs. 2 HGB).

Es besteht also eine unmittelbare Verpflichtung derselben gegenüber den Gläubigern, jedoch nur nach dem Verhältnis der Größe ihrer Schiffsparten (§ 507 Abs. 1 HGB). Doch wurde schon vor Erlaß des SRÄG angenommen, daß auch insoweit eine passive Vermögensfähigkeit der Partenreederei anzuerkennen sei, als man es zuließ, daß aus Schulden mit persönlicher Haftung auch die Reederei verklagt werden könne mit Vollstreckungsmöglichkeit in das Reedereivermögen; vgl. aus der Rechtsprechung HansOLG HansGZ 1911 Nr. 76, aus dem Schrifttum Wüstendörfer SHR 162, Lebuhn Hansa 1951, 758. Das soll die Neufassung des § 507 Abs. 1 durch das SRÄG bestätigen (BT Drucks. VI/2225 S. 20). Es haftet also für die Reedereiverbindlichkeiten einmal die Reederei selbst und sodann jeder Mitreeder nach Maßgabe des § 507 Abs. 1 HGB. Angesichts der durch das SRÄG geänderten beschränkten Reederhaftung (siehe dazu § 15) wird wahrscheinlich die persönliche Inanspruchnahme der Mitreeder an Bedeutung gewinnen. — Ist eine Schiffspart veräußert, so haften für die in der Zeit zwischen der Veräußerung und der in § 504 HGB erwähnten Anzeige begründeten Verbindlichkeiten rücksichtlich dieser Schiffspart sowohl der Veräußerer wie der Erwerber (§ 507 Abs. 2 HGB).

Ist die Möglichkeit der Haftungsbeschränkung nach § 486 HGB gegeben, so hat diese einmal die Partenreederei als solche, andererseits aber auch jeder einzelne Mitreeder. Nach § 486 Abs. 4 Satz 3 HGB können indessen die Mitreeder die Haftung nicht beschränken, wenn den Korrespondentreeder ein Verschulden trifft. Das gilt einmal für die Haftung der Partenreederei, aber auch für die anteilige Haftung der Partenreeder nach § 507 HGB. Der einzelne Partenreeder kann seine Haftung auch dann nicht beschränken, wenn ihn persönlich ein Verschulden trifft (§ 486 Abs. 4 Satz 2 1. Alternative HGB).

Aus dieser passiven Vermögensfähigkeit folgt die heute anerkannte *Konkursfähigkeit. Kaufmannseigenschaft* hat die Reederei *nicht*, auch *keine Firmenfähigkeit* (anders Wüstendörfer SHR 163; J. v. Gierke 589; s. auch Röhreke Hansa 1953, 1099). Die herrschende Meinung läßt die Kaufmannseigenschaft nur gegebenenfalls den einzelnen Mitreedern zukommen. Dagegen hat die Reederei formelle *aktive und passive Parteifähigkeit*, indem sie nach außen zumeist unter einer *namensähnlichen Gesamtbezeichnung* auftritt, deren wesentlicher Bestandteil der Name des Schiffes ist, vgl. z. B. RGZ 71, 26. Das entspricht jedenfalls der herrschenden Meinung; vgl. Wüstendörfer SHR 163, Ruhwedel 353 ff., BGH NJW 1960, 662 = MDR 1960, 665.

Ist ein Darlehen aufgenommen worden, das durch eine Schiffshypothek gesichert ist, so ist hinsichtlich der schuldrechtlichen Verpflichtung zu unterscheiden, ob Darlehnsschuldner die Partenreederei im ganzen oder nur ein bestimmter Mitreeder allein ist. Ist derjenige Mitreeder, der den Kredit selbst aufgenommen hat, zur Rückzahlung nicht in der Lage und wird sodann das Schiff versteigert, so entsteht im Innenverhältnis der Mitreeder eine komplizierte und schwer lösbare Situation. Vgl. dazu Hasche Hansa 1952, 1344.

IV. Das **Verhältnis der Mitreeder untereinander** richtet sich in erster Linie nach dem **Gesellschaftsvertrag.** Im Gesetz finden sich nur ergänzende, nachgiebige Bestimmungen; vgl. §§ 490, 491 HGB.

1. Für die *Verwaltung* sind die *Beschlüsse* der Mitreeder maßgeblich. In der Regel muß die *Mehrheit der Gesamtheit der Anteile*, nach der *Größe berechnet*, dem Beschluß zustimmen. Doch finden sich im Reedereistatut häufig andere Bestimmungen. S. über Beschlußfassung ohne Reederversammlung RGZ 125, 108.

In bestimmten Fällen wird *Einstimmigkeit* gefordert, nämlich (§ 491 Abs. 2 HGB):

a) Für *satzungsändernde Beschlüsse.* Gemeint sind indessen nur wesentliche Abänderungen; vgl. Wüstendörfer SHR 155 und Wulf, Die Schiffspart nach deutschem Seerecht und die rechtliche Stellung des Parteninhabers, Diss. Erlangen 1929, 24.

b) Für Beschlüsse, denen *Bestimmungen des Reedereivertrages entgegenstehen.*

c) Für dem *Reedereizweck-fremde Beschlüsse,* z. B. den Übergang von der Frachtfahrt zum Walfang, dagegen wohl in der Regel nicht für den Übergang von der europäischen Trampfahrt zur überseeischen. Doch kommt es hier auf den Einzelfall an (grundsätzlich bejahend Wüstendörfer SHR 155).

d) Für die *Bestellung eines Korrespondentreeders,* der nicht zu den Mitreedern gehört, § 492 Abs. 1 S. 2 HGB.

e) Für die *Genehmigung* der Mitreeder zur *Veräußerung einer Schiffspart, durch welche das Schiff das Recht zur Führung der Bundesflagge verlieren würde,* § 503 Abs. 2 HGB.

f) Für den *Auflösungsbeschluß* der Partenreederei ist dann zwingend eine Zustimmung aller Mitreeder vorgeschrieben, wenn der Schiffsverkauf nicht unter Beachtung bestimmter Schutzbestimmungen erfolgt, § 506 Abs. 4 HGB.

2. Richtiger Auffassung nach besteht in allen diesen Fällen ein *Stimmverbot* in entsprechender Anwendung der §§ 34 BGB, 47 Abs. 4 GmbH; vgl. Wüstendörfer HB 455, Schaps-Abraham Anm. 3 zu § 491, Ruhwedel 193 ff. mit weiteren Einzelheiten. Siehe wegen der Bestellung und Anstellung eines Mitreeders als Korrespondentreeder Wüstendörfer SHR 164, Schaps-Abraham a. a. O., Ruhwedel 225; der Mitreeder, der die Mehrheit der Parten hat, kann sich auch selbst zum Korrespondentreeder bestellen.

V. **Gewinn** und **Verlust** berechnen sich nach der **Partengröße,** § 502 Abs. 1 HGB.

Doch ist das dispositives Recht, ebenso die nicht mehr zeitgemäße Bestimmung des § 502 Abs. 2 HGB, wegen der Auszahlung des etwaigen Gewinns.

VI. Wegen der **Bilanzpflicht,** der **Rücklagen,** der **Bewertung** und der **Abschreibungen** sind im Gesetz kaum Bestimmungen vorhanden. Vgl. § 499 Satz 1 und 2 HGB. Entsprechende Anwendung der §§ 666, 675 BGB kommt in Betracht; s. Wüstendörfer SHR 167.

VII. Reichen die laufenden Einnahmen aus dem Reedereigeschäft zur Aufbringung der Betriebskosten nicht aus, so besteht für jeden Mitreeder nach dem Verhältnis seiner Schiffspart eine **Nachschußpflicht,** insbesondere wenn es sich um die Neuausrüstung oder Reparatur handelt (§ 500 Abs. 1 HGB; vgl. RGZ 71, 26).

Für diese der Höhe nach unbeschränkt bestehende Nachschußpflicht haftet jeder Mitreeder mit seinem ganzen Vermögen. Doch ist sie *nur im Innenverhältnis* gegeben und dispositives Recht.

VIII. In gewissen Fällen wird ein **Preisgaberecht** (Abandonrecht) gewährt (§ 501 Abs. 1 HGB), und zwar bei einem Beschluß der Mitreeder für jeden Mitreeder, der dem Beschluß nicht zugestimmt hat,

a) eine neue Reise zu unternehmen;

b) nach Beendigung einer Reise das Schiff zu reparieren;

c) einen Gläubiger voll zu befriedigen, für dessen Anspruch die Reederei ihre Haftung beschränkt hat oder beschränken könnte.

Vgl. wegen der Form der Preisgabe § 501 Abs. 2 HGB: Sie bedarf der notariellen Beurkundung und ist innerhalb von drei Tagen nach der Beschlußfassung, in der der Ausscheidende überstimmt wurde, zu erklären. Ihre *Wirkung* ist, daß der Mitreeder seine gesamten Rechte und Pflichten aus der Part *entschädigungslos* verliert (§ 501 Abs. 1 HGB). Die abandonnierte Part geht kraft Gesetzes auf die übrigen Mitreeder nach dem Verhältnis ihrer Parten über (§ 501 Abs. 3 HGB).

IX. 1. Jeder Mitreeder hat das Recht, seine **Part zu veräußern** (§ 503 Abs. 1 HGB). Zustimmung aller Mitreeder ist nur dann erforderlich, wenn das Schiff das Recht verlieren würde, die Bundesflagge zu führen (§ 503 Abs. 2 HGB).

Vgl. wegen eines im Reedereistatut festgelegten Vorkaufsrechts Wüstendörfer HB 451, wegen der Wirkung einer im Reedereistatut festgelegten Verfügungsbeschränkung — § 503 Abs. 1 HGB ist dispositives Recht — Bötticher ZHR 114, 95 ff.; Ruhwedel 390.

Verfügt werden kann nur über die gesamte Part in ihrem vollen Bestande oder über einen rechnerischen Bruchteil davon, also nicht über einzelne Partbestandteile. Vgl. auch HansRGZ 1938 B Nr. 11.

Siehe über das Ausscheiden aus einer Partenreederei auch BGH BB 1969, 153 = Hansa 1969, 1714.

2. *Die Partveräußerung* geschieht nach den *Grundsätzen über die Veräußerung von Rechten.* Als zusätzliches Formerfordernis ist die *Eintragung in das Schiffsregister* vorgeschrieben (§ 503 Abs. 1 S. 2 HGB). Vgl. auch § 504 HGB und BGH Hansa 1963, 442.

Indessen ist eine Eintragung zum Schiffsregister nur möglich, wenn das Schiff selbst eingetragen ist (Ruhwedel 380 f.).

Die Übertragung kann bedingt oder befristet erfolgen. Eine entsprechende Anwendung von § 925 Abs. 2 BGB ist ausgeschlossen. Vgl. BGH Hansa 1958, 984.

3. Die **Verpfändung** einer Schiffspart erfolgt nach den *Vorschriften über die Verpfändung von Rechten (§ 503 Abs. 3 HGB). Das Pfandrecht an ihr wird Schiffspartenpfandrecht* genannt und bedarf zu seiner Entste-

hung der Einigung und Eintragung zum Schiffsregister (§§ 1274 BGB, 503 Abs. 1 HGB). S. wegen der Möglichkeit gutgläubigen Erwerbs § 7 II 5 d.

X. Durch *Partenwechsel*, *Tod* oder *Konkurs eines Mitreeders* wird die Existenz der Reederei nicht betroffen (§ 505 HGB). Unzulässig ist die *Kündigung* eines Mitreeders. Auch gibt es kein *Ausschließungsrecht* für einen Mitreeder.

Doch wird entsprechend heutigem Rechtsdenken in beiden Fällen eine Ausnahme bei Vorliegen eines wichtigen Grundes zu machen sein.

XI. **Aufgelöst** wird die Partenreederei:

a) Durch *Mehrheitsbeschluß* der Partenreeder oder auch nur durch einen *Beschluß, das Schiff zu veräußern* (§ 506 Abs. 1 HGB).

b) Durch *Konkurs der Partenreederei*, der heute zutreffenderweise von der h. A. bejaht wird; vgl. Schaps-Abraham II Anm. 15 zu § 489 HGB, Schlegelberger § 491 Anm. 1, Prüssmann § 489 F 3, Ruhwedel 367.

c) Durch *Verlust des Schiffes*, einerlei aus welchem Grunde, oder durch *Verlust der Schiffseigenschaft*, z. B. durch dauernde Auflegung. Vgl. BGH Hansa 1963, 442 über Berechnung des Reedereivermögens nach Untergang des Schiffes.

d) Nach herrschender und zutreffender Ansicht auch durch *Vereinigung aller Parten in einer Hand*. Vgl. Wüstendörfer SHR 168, Prüssmann § 505 A; s. auch HansRGZ 1938 B 52.

XII. Im Falle der Auflösung der Reederei findet regelmäßig eine **Liquidation** statt; erst deren Erledigung führt zur Beendigung der Reederei. S. dazu auch RGZ 123, 108.

XIII. 1. Es ist zweckmäßig, daß für das Auftreten der Reederei nach außen von der mangels anderweitiger Bestimmung des Reedereistatuts freiwilligen Möglichkeit der Bestellung eines **Korrespondentreeders** (managing owner, ship's husband, armateur gérant) Gebrauch gemacht wird (§ 492 Abs. 1 S. 1 HGB).

Für den Korrespondentreeder ist deutsche Staatsangehörigkeit erforderlich, wenn das Partenschiff in das deutsche Schiffsregister eingetragen werden soll (§ 2 Abs. 2 a FlaggRG). Sonstige gesetzliche Erfordernisse an seine Person sind nicht vorhanden. Es braucht sich bei ihm nicht um eine natürliche Person zu handeln. Auch eine juristische Person, eine OHG oder eine KG als Korrespondentreeder sind möglich. Der Praxis entsprechend kann jemand Korrespondentreeder für mehrere Partenreedereien sein. Vgl. Ruhwedel 228 ff. Dann gelten nach § 136 SeemG für das Heuerverhältnis der Besatzungsmitglieder die mehreren Partenreedereien als ein Unternehmen.

Ist das Schiff zum Schiffsregister eingetragen, so ist auch der Korrespondentreeder dort gemäß § 16 Abs. 1, § 11 Abs. 1 Ziff. 9 SchRO einzutragen, ohne daß der Eintragung eine besondere rechtliche Wirkung zukäme. Sie hat keine konstitutive Bedeutung. Der öffentliche Glaube des Schiffsregisters bezieht sich nicht auf sie.

Für die Bestellung des Korrespondentreeders genügt Stimmenmehrheit nach Partengröße. Nur in dem in der Praxis seltenen Falle, daß der Korrespondentreeder nicht Mitreeder ist, ist Einstimmigkeit erforderlich (§ 492 Abs. 1 HGB).

Unbeschadet des Anspruchs auf die vertragsmäßige Vergütung, die gelegentlich in einer festen Summe, häufiger aber in einer Beteiligung an den eingefahrenen Brutto- oder — zweckmäßiger — Nettofrachten besteht, kann die Bestellung des Korrespondentreeders zu jeder Zeit durch Stimmenmehrheit widerrufen werden (§ 492 Abs. 2 HGB).

Der Korrespondentreeder ist zu unterscheiden von dem sog. *Vertragsreeder*, der auf Grund eines Bereederungsvertrages die Bewirtschaftung eines nicht einer Partenreederei gehörigen Schiffes für dessen Eigentümer übernimmt und in der Praxis oft fälschlich als Korrespondentreeder bezeichnet wird; vgl. Hasche Hansa 1952, 335 ff.; HansOLG Bremen, Hansa 1951, 996. Aus der unzutreffenden Bezeichnung des Dienstverpflichteten ist aber zu entnehmen, daß der Umfang der erteilten Vollmacht der gesetzlich vermuteten Vollmacht eines Korrespondentreeders entspricht; HansOLG Bremen a. a. O. Der Vertragsreeder ist Handelsvertreter gemäß §§ 84 ff. HGB (vgl. Breuer, Hansa 1953, 1999). Siehe BGH Hansa 1959, 373 zu den Pflichten eines Vertragsreeders, der zugleich Agent des Zeitcharterers ist.

2. Mit der **Sorgfalt eines ordentlichen Reeders** hat der Korrespondentreeder seine **Geschäftsführungsbefugnis** auszuüben, deren Umfang grundsätzlich gleich derjenigen seiner Vertretungsbefugnis ist (§§ 496 Abs. 2, 493 HGB), vorbehaltlich von der Reederei gesetzter Beschränkungen und gefaßter Beschlüsse (§ 496 Abs. 1 HGB) und mit der weiteren Einengung, daß der Korrespondentreeder für neue Reisen und Unternehmungen, zu außergewöhnlichen Reparaturen sowie zur Anstellung und Entlassung des Kapitäns vorher die Beschlüsse der Reederei einzuholen hat, § 496 Abs. 2 HGB.

Doch ist dies nachgiebiges Recht; moderne Reedereistatute entbinden zumeist von den Beschränkungen; s. z. B. RGZ 123, 110.

3. a) Anders als die nach außen ohne Einschränkung bestehende Vertretungsbefugnis des Vorstands einer AktG oder Geschäftsführers einer GmbH ist die **Vertretungsbefugnis** des Korrespondentreeders auf *solche Geschäfte und Rechtshandlungen begrenzt, die ein Reedereibetrieb*

gewöhnlich mit sich bringt, § 493 Abs. 1 HGB. Der Korrespondentreeder handelt dabei im Namen der Partenreederei.

Siehe über die persönliche Haftung des „Managing Owner" wegen unzureichender Kennzeichnung des Handelns in fremdem Namen BGH Hansa 1964, 1703 = VersR 1964, 585.

Auf außergewöhnliche Handlungen erstreckt sich die Vollmacht des Korrespondentreeders also nicht, andererseits aber auch nicht nur auf das, was der gewöhnliche Geschäftsbetrieb mit sich bringt, sondern auch auf das in außergewöhnlicher Geschäftslage Übliche: vgl. RGZ 42, 72; 82, 132; OLG Bremen Hansa 1951, 996; Wüstendörfer HB 474 ff. und SHR 165. Beispiele für zulässige Vertretungshandlungen finden sich in § 493 Abs. 2 HGB: Ausrüstung, Erhaltung und Verfrachtung des Schiffes, Versicherung der Fracht, der Ausrüstungskosten und der Havereigelder, die mit dem gewöhnlichen Geschäftsbetriebe verbundene Empfangnahme von Geld. In diesem Umfange ist der Korrespondentreeder auch befugt, die Reederei vor Gericht zu vertreten, § 493 Abs. 3 HGB. Er darf auch den Kapitän anstellen und entlassen, der sich nur nach den Anweisungen des Korrespondentreeders und nicht auch nach solchen einzelner Mitreeder zu richten hat, § 493 Abs. 4 HGB.

b) Ausdrücklich ist betont, daß für bestimmte Rechtsgeschäfte stets eine Sondervollmacht erforderlich ist (§ 493 Abs. 5 HGB), und zwar für die Eingehung von Wechselverbindlichkeiten oder die Aufnahme von Darlehen im Namen der Reederei oder einzelner Mitreeder, für den Verkauf oder die Verpfändung von Schiff oder Schiffsparten, für die Versicherung von Schiff oder Schiffsparten. Dem Verkauf ist eine Vercharterung gleichzustellen, die den Charterer zum Ausrüster nach § 510 HGB machen würde, weil dadurch der eigene Reedereibetrieb stillgelegt würde. In modernen Reedereistatuten wird die hypothekarische Belastung meistens bis zu einer gewissen Höhe gestattet und die Befugnis zur Kaskoversicherung erteilt. Siehe über die Vertretungsmacht des Korrespondentreeders, der zugleich Mehrheitsreeder ist, BHG Hansa 1963, 442.

c) Der *Vollmachtsumfang* ist zwar nicht zwingendes Recht, aber kraft der Bestellung des Korrespondentreeders wird er doch *vermutet.* Die Reederei kann eine Beschränkung einem Dritten nur entgegensetzen, wenn sie diesem zur Zeit des Abschlusses des Geschäfts bekannt war, § 495 HGB, oder, nach herrschender Ansicht (vgl. Schaps-Abraham II Anm. 3 zu § 495 HGB), er sich in grobfahrlässiger Unkenntnis befand (anders Ruhwedel 331).

d) § 31 BGB kommt analog auf die Partenreederei wegen eines Verschuldens des Korrespondentreeders zur Anwendung (h. A., vgl. Schaps-Abraham II § 494 Anm. 5; Freise, Die summenmäßige Beschränkung der Reederhaftung 72; Ruhwedel 337; anders Schlegelberger-Liesecke § 494 Anm. 4). Mit Recht weist Freise darauf hin, daß die h. A. durch § 486 Abs. 4 Satz 3 bestätigt wird, wonach die Mitreeder ihre Haftung nicht beschränken können, wenn den Korrespondentreeder an der Entstehung des Schadens ein Verschulden trifft.

XIV. In der Rechtswirklichkeit ist gelegentlich der Korrespondentreeder nach außen hin als Alleineigentümer in das Schiffsregister eingetragen, während im Innenverhältnis die Bestimmungen über die Partenreederei gelten sollen. Häufiger ist der Fall, daß die Stellung des Korrespondentreeders nach außen so ausgebaut ist, daß er als Ausrüster im Sinne des § 510 HGB erscheint. Wüstendörfer SHR 171 spricht in diesen Fällen von einer „stillen Reederei" (Ruhwedel: „als Innengesellschaft betriebene Reederei"). Doch ist diesem Begriff bei zum Schiffsregister eingetragenen Schiffen mit Skepsis zu begegnen, worauf insbesondere auch Prause, Schiffskredit 11, hingewiesen hat. Oben Ziff. III 4 ist zwar ausgeführt worden, daß für das Entstehen der Partenreederei eine Eintragung zum Schiffsregister nicht erforderlich sei. Aus § 503 Abs. 1 HGB, nach welchem die Partveräußerung der Eintragung bedarf, ergibt sich indessen, daß die Reederei als stille nur so lange bestehen kann, wie die Parten noch sämtlich in den Händen der Gründer oder deren allgemeiner Rechtsnachfolger sind. Nach Veräußerung auch nur einer Part versagt das Gebilde der stillen Reederei, oder die Veräußerung der Part ist unwirksam. Die „stille Reederei" könnte dann nur noch als schuldrechtliche Vereinbarung aufgefaßt werden, jedenfalls ist das Innenverhältnis so zu behandeln, als ob eine Partenreederei vorliege. Ist aber der Korrespondentreeder nach außen zum Ausrüster geworden, so bedarf es des Begriffes der stillen Reederei überhaupt nicht, denn für die Partenreederei ist es nicht erforderlich, daß sie nach außen als Unternehmer auftritt. Vgl. oben III 3.

§ 14. Besondere Schuldvoraussetzungen für Reeder und Ausrüster

Wauschkulen, Die außervertragliche Haftung des Reeders für das Verschulden der an Bord befindlichen Hilfspersonen, Diss. Hamburg 1969; Wüstendörfer SHR 124 f.; Westphal, Die Haftung des Schiffseigners bei Schwarzfahrten, ZfBsch. 1957, 141; Wehrmann, Die Anwendbarkeit der Bestimmungen des privaten Seerechts über die Haftung des Reeders für Verschulden der Schiffsbesatzung auf Kriegsschiffe und Dienstfahrzeuge der Marineverwaltung, Diss. Kiel 1939. Siehe die Ausführungen und weiteren Schrifttumsangaben in den Kommentaren von Schaps-Abraham, Prüssmann und Schlegelberger-Liesecke zu § 485 HGB.

I. Die *Schuldvoraussetzungen* sind im Verkehrsrecht für bestimmte Tatbestände anders als im allgemeinen Recht geregelt. Sie sind *dem Grunde nach* diesem gegenüber vielfach erweitert. So haftet der Betriebsunternehmer einer Eisenbahn nach dem RHG für Personenschäden und nach dem SHG für Drittsachschäden bis zur höheren Gewalt, der Luftfahrzeughalter nach §§ 33 ff. LuftVG für Personen- und Sachdrittschäden sogar einschließlich der höheren Gewalt, der Kraftfahrzeughalter nach dem StVG bis zum unabwendbaren Ereignis.

II. Die Erweiterung der schiffahrtsrechtlichen Schuldvoraussetzungen kommt insbesondere (siehe wegen § 22 WHG unten § 15 I 1 und II 4) zum Zuge, wenn es sich um das Einstehenmüssen des Reeders für eine *Person der Schiffsbesatzung oder einen an Bord tätigen Seelotsen* handelt: Der Reeder ist für den Schaden verantwortlich, *den eine solche Person einem Dritten schuldhaft in Ausführung von Dienstverrichtungen zufügt* (§ 485 S. 1 HGB; s. auch § 3 Abs. 1 BSchG).

Der Reeder kann in diesen Fällen nicht, wie bei der Haftung aus § 831 BGB, nachweisen, daß ihn ein Verschulden bei der Auswahl oder Überwachung des Besatzungsmitgliedes nicht treffe. Anders als im Falle des § 831 BGB muß indessen nicht nur eine rechtswidrige Handlung des Besatzungsmitgliedes, sondern auch ein Verschulden desselben vorliegen. § 254 Abs. 2 S. 2 BGB kommt gegenüber §§ 485 HGB, 3 BSchG zur Anwendung, dagegen nicht gegenüber § 831 BGB (HansOLG Hamburg Hansa 1957, 880 = Recht der Schiffahrt 1957, Heft 7/8 = VRS 1958, 174).

Im Rahmen des § 485 S. 1 HGB haftet der Reeder einem *Ladungsbeteiligten* jedoch nur insoweit, als der *Verfrachter ein Verschulden der Schiffsbesatzung zu vertreten hat* (§ 485 S. 2 HGB). Vgl. dazu unten § 22 und §§ 559, 606 ff., 662 ff. HGB. Ohne die Bestimmung des § 485 S. 2 HGB hätte ein Ladungsbeteiligter die Möglichkeit, einen mit dem Verfrachter nicht identischen Reeder gegebenenfalls weitgehender in Anspruch zu nehmen als den Verfrachter.

Für die Haftung aus § 485 S. 1 HGB kommt es nicht darauf an, ob es sich bei der Dienstverrichtung um die Erfüllung einer schon bestehenden (insbesondere vertraglichen) Verpflichtung des Reeders handelt (bei einem Wasserboot gehört die Erfüllung der Wasserlieferungsverträge zur Versorgung anderer Schiffe zu den Dienstobliegenheiten der Schiffsbesatzung; BGH MDR 1958, 357) oder ob eine solche nicht gegeben ist (vgl. auch RGZ 116, 213). Doch ist im letzteren Falle Voraussetzung, daß dem Geschädigten *auf Grund anderer gesetzlicher Bestimmungen ein Ersatzanspruch* gegen das schuldige Besatzungsmitglied zusteht. § 485 S. 1 HGB bildet keine selbständige deliktische Haftungsnorm, sondern schafft nur eine adjektizische Haftung des Reeders (siehe Schaps-Abraham II Anm. 18 zu § 485 HGB, BGHZ 26, 152, OLG Bremen Hansa 1964, 419, BGH VRS Bd. 28, 256 zu § 3 BSchG; vgl. auch unten § 27 III 2 b). Siehe OLG Hamburg VersR 1973, 1116 über den Unfall eines Lotsen an Bord eines Schiffes und zur Verletzung von Schutz- und Verkehrssicherungspflichten durch den Kapitän sowie zur Auslegung von § 57 UVV.

§ 485 S. 1 HGB ist kein zwingendes Recht. Neben ihm besteht die Haftung aus § 831 BGB, wenn dessen Voraussetzungen gegeben sind (siehe dazu BGH Hansa 1957, 197 = NJW 1958, 220 und BGH VRS Bd. 28, 256 betr. § 3 BSchG). Vgl. OGHZBrZ 2, 379 und BGHZ 3, 34 über das Verhältnis der Haftungsmöglichkeiten gemäß Art. 131 WeimVerf. sowie gemäß Art. 7 Abs. 1 EGHGB i. Verb. mit §§ 734 ff. HGB und über die Bedeutung des § 839 Abs. 1 S. 2 BGB im Rahmen von §§ 485, 735 HGB.

III. Voraussetzung für die Haftung aus § 485 S. 1 HGB ist im einzelnen:

1. Der Schaden muß von einer **Person der Schiffsbesatzung oder einem an Bord tätigen Seelotsen in Ausführung von Dienstverrichtungen schuldhaft verursacht sein.**

Hierunter fällt *jede Tätigkeit,* die *mit der Verwendung des Schiffes* als *solchem* unmittelbar zusammenhängt und von einem schuldigen Besatzungsmitglied *dienstlich* verrichtet ist, ohne daß dieses gerade zu ihr angestellt zu sein braucht (siehe auch oben BGH MDR 1958, 357). Unerheblich ist es, ob der Schiffsmann die Dienstverrichtung mit dem Willen oder ohne oder gegen den Willen des Kapitäns ausgeführt hat (BGH THB 1970 B Nr. 138: Schwarzfahrten eines in Dienst befindlichen Schiffsmannes auf einem Binnenschiff). Siehe über einen tödlichen Unfall durch einen Sturz von der ungesicherten Lotsenleiter BGH Hansa 1970, 953 = VersR 1969, 953.

Das Verschulden kann Vorsatz oder jede Fahrlässigkeit sein. Der Begriff der Fahrlässigkeit entspricht demjenigen im bürgerlichen Recht. Doch können erhöhte Gefährdungsmöglichkeiten eine erhöhte Sorgfaltspflicht fordern (RGZ 147, 356; BGH Hansa 1954, 1581 f.)

Bei einem Betriebsunfall ist die Haftung des Reeders als unfallversichertem Betriebsunternehmer gegenüber unfallverletzten Besatzungsangehörigen und diesen gleichgestellten Personen (vgl. unten dd))meistens durch §§ 636 f. RVO ausgeschlossen (siehe insbesondere BGHZ 26, 126, auch OLG Hamburg Hansa 1973, 2129). Der Geschädigte kann wegen dieser Schäden in der Regel nur Ansprüche gegen den Sozialversicherungsträger geltend machen.

a) Die **Personen der Schiffsbesatzung**

Zu ihr gehören nach § 481 HGB der *Kapitän,* die *Schiffsoffiziere,* die *Schiffsmannschaft* sowie *alle übrigen auf dem Schiffe angestellten Personen.*

Vgl. über den hiermit nicht ganz übereinstimmenden Begriff der Besatzungsmitglieder im Sinne des SeemG dessen § 3 und unten § 17 IV 3.

aa) Über den *Kapitän* vgl. unten § 16.

bb) *Schiffsoffiziere* sind gemäß § 4 SeemG diejenigen Angestellten des nautischen oder des technischen Schiffsdienstes, die eines staatlichen Befähigungszeugnisses bedürfen, weiter die Schiffsärzte, die Seefunker, die Inhaber eines Seefunkzeugnisses 1. oder 2. Klasse sind, und die Zahlmeister (vgl. auch unten § 17 III).

cc) Zur *Schiffsmannschaft* zählen alle unter § 6 SeemG fallenden Personen, also jedes in einem Heuerverhältnis (vgl. dazu §§ 23 ff. SeemG und unten § 17 V) stehende Besatzungsmitglied, das nicht Schiffsoffizier (§ 4 SeemG) oder sonstiger Angestellter im Sinne des § 5 SeemG ist. Mit dieser Begriffsbestimmung kann es auch für § 481 HGB sein Bewenden haben, sofern man die durch § 5 SeemG erfaßten Personen (gelegentlich auch als Unteroffiziere bezeichnet) im Sinne des § 481 HGB zu „allen übrigen auf dem Schiffe angestellten Personen“

rechnet. Zwar würde es in der Sache und nach der Entwicklung zutreffender sein, das nicht zu tun, sondern diese Unteroffiziere zu der Schiffsmannschaft im Sinne des § 481 HGB zu zählen. Doch würde eine solche Lösung es erschweren, die Begriffsbestimmungen des HGB und die des SeemG nach Möglichkeit in Einklang zu bringen. Für § 6 SeemG ist es auch einerlei, welcher Art die Tätigkeit an Bord ist, sofern nur ein unmittelbares Dienstverhältnis zum Reeder besteht, so daß sich die frühere Streitfrage, ob zur Schiffsmannschaft im Sinne des § 481 nur das seemännische Personal gehörte, erledigt hat.

dd) *Alle übrigen auf dem Schiff angestellten Personen.* Hierher gehören alle nicht zur Schiffsmannschaft oder zu den Schiffsoffizieren rechnenden oder als Kapitän tätigen Personen, die als Arbeitnehmer in den arbeitsteiligen Organismus der Schiffsdienste und Bordgemeinschaft kraft eines auf eine gewisse Dauer berechneten unmittelbaren Dienstverhältnisses zum Reeder eingegliedert sind, einerlei, ob diese Dienste an Bord, längsseits oder am Kai zu verrichten sind (BGHZ 3, 35 = Hansa 1951, 299 = NJW 1952, 64; Wüstendörfer SHR 173). Es fallen hierunter z. B. eigene Stauerarbeiter des Reeders (HansRGZ 1940 B Nr. 14), die Decks- und Maschineninspektoren der Reederei, vornehmlich aber auch die sog. Unteroffiziere des § 5 SeemG, sofern man sie nicht zur Schiffsmannschaft rechnet (vgl. dazu cc).

Immer aber muß eine unmittelbare Beziehung zum Reeder auf Grund eines mit ihm geschlossenen längeren Dienstverhältnisses bestehen. Sonstige während der Reise im Rahmen des Schiffsbetriebs an Bord tätige Personen, die in einem Arbeitsverhältnis zu einem anderen Arbeitgeber als dem Reeder stehen oder selbständige Gewerbetreibende sind, fallen weder unter cc) noch unter dd). Vgl. § 7 SeemG.

Gewohnheitsrechtlich oder in entsprechender Anwendung sind der Gruppe zu dd) gewisse Personen hinzuzurechnen, die zwar nur zeitweise für Schiffszwecke tätig sind, aber Arbeiten verrichten, die jedenfalls nach früherer Auffassung solche des Schiffes waren, z. B. der freiwillig angenommene Hafenlotse (aber seit dem Seelotsges. nicht mehr der Seelotse), Wachleute selbständiger Schiffsbewachungsunternehmen, auch wenn sie sich nicht an Bord, sondern auf einem besonderen Wachschiff oder sogar an Land aufhalten (BGHZ 3, 34), Schiffsfestmacher (RGZ 119, 270), selbständige Staueruntemehmen mit ihren Leuten (RGZ 126, 15; BGHZ 26, 152 = Hansa 1958, 197), Tallyleute (OLG Hamburg VersR 1961, 51), nicht aber Unternehmer und ihre Leute, die Ausbesserungsarbeiten am Schiff vornehmen. Doch gehört die ordnungsgemäße Befestigung des Laufsteges zu den Schiffsarbeiten, unabhängig davon, ob sie von der eigentlichen Schiffsbesatzung oder von Werftarbeitern ausgeführt wird (HansOLG Hansa 1954, 232 = MDR 1954, 44), ebenso die Tätigkeit eines Schleusendecksmanns auf der Brunsbüttelkooger Schleuse beim Festmachen eines Schiffes in der Schleuse (OLG Hamburg Hansa 1973, 2122).

Auch die *Schlepperbesatzung* gehört dann zur Besatzung des *geschleppten Schiffes,* wenn die *nautische Leitung beim Führer des geschleppten Schiffes liegt* (RGZ 65, 382; Wüstendörfer SHR 174). Das trifft meistens zu beim Bugsieren von Seeschiffen; anders bei Seeleichtern oder Binnenschiffen, die dem Schlepper lediglich nachsteuern (RGZ 78, 177; vgl. auch § 17 I 2).

ee) Im *Binnenschiffahrtsrecht* gehören zur Schiffsbesatzung der Schiffer, die Schiffsmannschaft und alle übrigen auf dem Schiffe angestellten Personen mit Ausnahme des Zwangslotsen. Wegen Analogie vgl. BGHZ 3, 34. Der Begriff des Schiffsoffiziers ist dem Binnenschiffahrtsrecht nicht bekannt, der der Schiffsmannschaft ist in § 21 Abs. 2 BSchG abgegrenzt: es zählen zu ihr alle Personen, die zu Schiffahrtsdiensten auf dem Schiffe angestellt sind, z. B. Heizer, aber nicht Stewards. Der Schiffsmann untersteht der GewerbO (§ 21 Abs. 2 BSchG).

b) Der an Bord tätige Seelotse

aa) Lotsen sind besonders revierkundige Nautiker, die entweder den Kapitän während der Fahrt des Schiffes durch ihr Revier *beraten* (vgl. dazu BOSA Hansa 1957, 622) oder die *Führung des Schiffes übernehmen*. Je nachdem unterscheidet man *Beratungslotsen* und *Führungslotsen*.

In der gegenwärtigen deutschen Praxis kommt nur der Beratungslotse vor. Vgl. zum Führungszwangslotsen im Panama-Kanal Lorenzen Hansa 1965, 1785.

Der Lotsvertrag ist in seinen wesentlichen Zügen Dienstvertrag oder ähnelt doch einem solchen (BGHZ 27, 79; 50, 250; 59, 242).

bb) Eine weitere Unterscheidung ergibt sich daraus, ob es Zwang ist, einen Lotsen zu nehmen, oder ob seine Annahme eine freiwillige ist. Im ersteren Falle spricht man von einem *Zwangslotsen*, im letzteren von einem *freiwilligen Lotsen*. Vgl. auch BGH Hansa 1951, 1437.

cc) Die beiden Unterscheidungen zu aa und bb überschneiden sich. Es gibt Beratungslotsen, die Zwangslotsen sind, und solche, die freiwillige Lotsen sind, ebenso sind Führungslotsen denkbar, die angenommen werden müssen oder deren Annahme freiwillig ist. Siehe über die Fürsorgepflicht des Reeders gegenüber dem Lotsen BGHZ 27, 79 = MDR 1958, 487.

Schließlich kommt auch eine *Lotsgeldpflicht* vor: Das Lotsgeld ist auf jeden Fall zu zahlen, auch wenn der Lotse nicht genommen wird.

dd) Je nach der Lage des Reviers, in welchem die Lotsentätigkeit ausgeübt wird, kann man *Seelotsen* und *Hafenlotsen* unterscheiden.

Siehe über die Hamburger Hafenlotsen OLG Hamburg MDR 1967, 696 = Hansa 1967, 1163 und BGHZ 50, 250; Domine HansRGZ 1936, 266.

Das Recht der *Seelotsen* hat durch das Seelotsges. (vgl. dazu Kallus Hansa 1954, 1965) eine besondere Regelung erfahren. Im Sinne dieses Gesetzes ist Seelotse, wer nach behördlicher Zulassung auf See oder auf Seeschiffahrtsstraßen, zu denen auch der Nord-Ostsee-Kanal gehört, außerhalb der Häfen Schiffe als orts- und schiffahrtskundiger Berater geleitet (§ 1 Seelotsges.). Die unter das Gesetz fallenden Lotsen sind also stets nur Beratungslotsen. Die Verwaltung des Seelotswesens in den Revieren ist Selbstverwaltung und obliegt den Lotsenbrüderschaften und der Bundeslotsenkammer (§ 4 Seelotsges.). Wer den

Beruf eines Seelotsen ausüben will, bedarf einer Bestallung (§ 9 Seelotsges.). Vgl. wegen weiterer Einzelheiten das Gesetz und Kallus a. a. O.

ee) Vgl. über die Haftung des Lotsen aus dem Rechtsverhältnis zwischen ihm und dem gelotsten Schiffe HansOLG Hansa 1952, 1763 = MDR 1952, 681 und Hasche Hansa 1952, 1368 ff.

Durch die beratende Tätigkeit des Lotsen wird die Verantwortlichkeit der Schiffsführung für die Navigation nicht aufgehoben (siehe dazu BOSA Hansa 1969, 1867 und BGH NJW 1973, 1327). Trotzdem muß jedoch der Lotse für diejenigen seiner Ratschläge, die als Fahrtanweisung entweder unmittelbar oder durch Vermittlung der Schiffsführung für den Kurs des Schiffes bestimmend geworden sind, gegenüber dem Reeder einstehen und haftet wegen schuldhafter Vertragsverletzung auf Schadensersatz. Begeht der Schiffsführer einen Fehler, weil ihn der Lotse falsch beraten oder es pflichtwidrig unterlassen hat, ihn auf eine schwierige Fahrwasserstelle hinzuweisen und die in diesem Zusammenhang zu treffenden Maßnahmen zu empfehlen, so ist sein Verhalten entschuldigt, sofern er die fehlerhafte Handlungsweise des Lotsen nicht erkennen konnte. (BGH a. a. O.). Ein Lotse darf bei einer Befragung des Kapitäns oder des wachhabenden Offiziers grundsätzlich davon ausgehen, daß dessen Angaben über die Geschwindigkeit und die sonstigen für die Lotsung wichtigen Eigenschaften des Schiffes richtig sind (BOSA Hansa 1967, 21).

2. **Ersatzberechtigt** aus § 485 S. 1 HGB ist jeder geschädigte Dritte, mit Ausnahme des Reeders oder Täters.

Z. B. Reisende oder Ladungsbeteiligte des eigenen Schiffes, Reeder, Reisende oder Ladungsbeteiligte eines fremden Schiffes, mit dem schuldhaft kollidiert wurde, dessen Besatzungsangehörige, aber auch die Besatzungsangehörigen des eigenen Schiffes. Vgl. als Beispiel aus der neueren Praxis BGHZ 3, 321.

§ 15. Haftungsbeschränkungsmöglichkeit für den Reeder und sonstige Personen

BT-Drucksache VI/2224 (Gesetz zu dem Übereinkommen vom 10. Oktober 1957 über die Beschränkung der Haftung der Eigentümer von Seeschiffen und zu den auf der IX. Diplomatischen Seerechtskonferenz in Brüssel am 10. Mai 1952 geschlossenen Übereinkommen); BT-Drucksache VI/2225 (Gesetz zur Änderung des Handelsgesetzbuchs und anderer Gesetze (Seerechtsänderungsgesetz)); BT-Drucksache VI/2226 (Gesetz über das Verfahren bei der Einzahlung und Verteilung der Haftungssumme zur Beschränkung der Reederhaftung); Abraham, Die Reform des deutschen Seehandelsrechts durch das Seerechtsänderungsgesetz vom 21. Juni 1972, 1973; Boye und Heine, Der Sachwalter im neuen seerechtlichen Verteilungsverfahren, MDR 1972, 908 ff.; Dietrich, Die Haftung des Reeders und ihre gesetzliche Beschränkung unter besonderer Berücksichtigung des Brüsseler Abkommens von 1957 (Zürcher Beiträge zur Rechtswissenschaft NF Heft 319), 1969; Freise, Die summenmäßige Beschränkung der Reederhaftung nach kommendem Recht (Schriften zum deutschen und europäischen Zivil-, Handels- und Prozeßrecht, Bd. 66), 1971 = Freise Reederhaftung; ders., Die Reform der Reederhaftung und das allgemeine Haftpflichtrecht, VersR 1972, 123 ff.; ders., Die Ergänzung des Rechtspflegergesetzes im Zusammenhang mit der Seerechtsreform 21. Juni 1972, Der deutsche Rechtspfleger 1973, 41; Gessler, Die Reform des Seehandelsrechts im Zusammenhang mit der Ratifikation der Brüsseler Seerechtsabkommen von 1952 und 1957 (Schriften des Deutschen Vereins für internationales Seerecht Reihe A Heft 6), 1959; v. d. Hagen und Sieveking, Rechtsprobleme im Zusammenhang mit dem Betrieb von Atomschiffen, MDR 1961, 274 ff.; Helm, Das Brüsseler Abkommen von 1957 über die Beschränkung der Reederhaftung und das deutsche Recht, RabelsZ 1959, 639 ff.; ders., Probleme des Rechts der beschränkten Reederhaftung nach dem Brüsseler Abkommen von 1957, ZHR 123, 68 ff.; Herber, Zur Modernisierung des deutschen Seehandelsrechts, Hansa 1972, 508 ff., 795 ff., 1065 ff.; ders., Besprechung von Freise, Die summenmäßige Beschränkung der Reederhaftung, RabelsZ 1971, 736; ders., Quelques problèmes concernant l'unification du droit surgis à l'égard de la Convention internationale sur la limitation de la responsabilité des propriétaires de navires de mer, signée à Bruxelles le 10 octrobre 1957, DMF 1967, 267 ff.; ders., Zur Neuregelung der Reederhaftung, insbesondere zur Seerechtlichen Verteilungsordnung, VersR 1973, 981 ff.; K. von Laun und Röhreke, Diskussionsbeiträge zur Vereinheitlichung des Rechts der beschränkten Reederhaftung, Schriften des Deutschen Vereins für Internationales Seerecht, Reihe B Heft 1, 1956; Lopuski, Die beschränkte Reederhaftung — Bedeutung der Institution in der Evolution des Seerechts, Seeverkehr 1968, 213; Lureau, La responsabilité du propriétaire de navires d'après la loi du 3 janvier 1967, DMF 1167, 259 ff.; Mützel, Haftungsrechtliche Fragen bei Unfällen von Tankschiffen auf hoher See, Diss. Münster 1969; Richter, Bemerkungen zum Entwurf einer seerechtlichen Verteilungsordnung (Schriften des Deutschen Vereins für internationales Seerecht, Reihe A Heft 12), 1969; Rodière, La limitation de responsabilité du propriétaire de navire, DMF 1973, 289 ff.; Schwörbel, Die Beschränkung der Reederhaftung nach dem Brüsseler Abkommen vom 10. 10. 1957, eine Erläuterung der aus der englischen Rechtspraxis in das Abkommen übernommenen Rechtsbegriffe, Diss. Hamburg 1967; Sotiropoulos, Die Beschränkung der Reederhaftung, eine rechtshistorische und rechtsvergleichende Studie (Überseestudien Heft 30), 1962; Würdinger, Das Brüsseler Haftungsabkommen von 1957 und seine Bedeutung für die Schiffsgläubigerrechte (Schriften des Deutschen Vereins für internationales Seerecht, Reihe A Heft 8), 1962; Würdinger und Sotiropoulos, Schiffsgläubigerrechte und Schiffshypothek, eine rechtspolitische Untersuchung, 1961.

I. 1. Für seine Verbindlichkeiten haftet der Reeder wie jedermann regelmäßig mit seinem ganzen Vermögen.

Eine solche Haftung des Reeders mit seinem ganzen Vermögen wurde vor dem SRÄG als persönliche Haftung bezeichnet, im Gegensatz zu der damaligen auf das Schiffsvermögen beschränkten Haftung. Vgl. dazu den früheren § 486

Abs. 1 HGB am Anfang. So noch heute § 4 Abs. 1 BSchG. Eine Haftung mit dem ganzen Vermögen galt vor dem SRÄG insbesondere auch für die nach § 22 WHG gegebenen Ansprüche aus Gefährdungshaftung, was für die Seeschiffahrt von Bedeutung war, nachdem durch Gesetz vom 15. August 1967 die Wirksamkeit des WHG auf die Küstengewässer der Bundesrepublik ausgedehnt war. Vgl. Prüssmann § 485 I 3 a, OLG Köln VersR 1966, 485 für das Binnenschifffahrtsrecht, BGHZ 47, 1 = VersR 1967, 375 für die Höchsthaftungssummen nach dem StVG. Siehe BGH Hansa 1970, 205: Tankschiffe sind Anlagen i. S. des § 22 WHG. Siehe weiter Wassermeyer, Die Bedeutung von § 22 WHG für die Binnenschiffahrt, Sammlung der Rechtsprechung in ZfBsch. 1973, 483; dazu Stellungnahme von Papst 484. Auch die Gefährdungshaftung nach dem Gesetz über die friedliche Verwendung der Kernenergie und den Schutz gegen ihre Gefahren (AtomG) vom 23. Dezember 1959 (BGBl. I 814) war und ist auch gegenwärtig noch nicht beschränkbar (§ 486 Abs. 3 Nr. 3 HGB).

2. Doch kennen wohl die Seerechte aller Staaten auch eine beschränkte Haftung des Reeders. Indessen ist deren Ausgestaltung unterschiedlich. Außer der in Deutschland bis zum SRÄG geltenden *Beschränkung auf das sog. Schiffsvermögen* (siehe dazu oben 1 und unten 3), auch als Exekutionssystem bezeichnet, sind vornehmlich zu erwähnen das dem romanischen Rechtskreis entstammende, in Frankreich selbst indessen aufgegebene Abandonsystem, bei dem der Reeder sich von der Haftung mit seinem ganzen Vermögen in gewissen Fällen durch die dem Gläubiger erklärte Preisgabe von Schiff und Fracht befreien kann, das nordamerikanische *Werthaftungssystem*, bei dem grundsätzlich in Höhe des Wertes des Schiffsvermögens mit dem gesamten Vermögen gehaftet wird, und das auch dem Reederhaftungsabkommen von 1957 zugrundeliegende englische *Summenhaftungssystem*, das eine Haftung mit festen Höchstsummen festlegt, die nach der Schiffsgröße unabhängig vom Bestand und Wert des Schiffsvermögens berechnet werden. Dieses Nebeneinander führte zu Rechtsunsicherheit und zu den Vereinheitlichungsbestrebungen, die in den Übereinkommen über die Beschränkung der Reederhaftung von 1924 und 1957 ihren Ausdruck gefunden haben.

3. Bis zum Seerechtsänderungsgesetz galt in der Bundesrepublik Deutschland (*und gilt noch heute in deren Binnenschiffahrtsrecht;* über die Haftung des Schiffseigners im Binnenschiffahrtsrecht liegt lediglich der Entwurf einer internationalen Konvention vor von 1958/59, der dem Reederhaftungsabkommen von 1957 nachgebildet ist) folgendes: In einigen praktisch häufigen und bedeutsamen Fällen beschränkte sich die Zugriffsmöglichkeit von Gläubigern des Reeders auf das sog. *Schiffsvermögen*, bestehend aus dem konkreten Schiff, in dessen Bereich die Forderung entstanden war, und der ausstehenden Bruttofrachtforderung der konkreten Reise (beschränkte Haftung). Der Schuldausweitung des § 485 S. 1 HGB im Verhältnis zum allgemeinen Recht stand also in wichtigen Fällen eine Haftungsverengerung gegenüber. In diesen — aber nicht nur in diesen — erhielt der Gläubiger als Ausgleich die Rechte eines Schiffsgläubigers. Neben die beschränkte Haftung des Reeders oder an deren Stelle konnte eine sog. beschränkt persönliche Haftung treten, nämlich in Höhe des Wertes des

Schiffsgläubigerrechts mit dem ganzen Vermögen (vgl. die früheren §§ 771 Abs. 4, 774 HGB).

4. *Beschränkte Haftung* des Reeders bestand

a) Wenn der Anspruch auf ein Rechtsgeschäft gegründet wurde, welches der Kapitän als solcher kraft seiner gesetzlichen Befugnisse und nicht mit Bezug auf eine besondere Vollmacht geschlossen hatte (§ 486 Abs. 1 Ziff. 1 a. F.).

b) Wenn der Anspruch auf Nichterfüllung oder unvollständige oder mangelhafte Erfüllung eines vom Reeder abgeschlossenen Vertrages gegründet wurde, sofern dessen Ausführung zu den Dienstobliegenheiten des Kapitäns gehörte, ohne Unterschied, ob die Nichterfüllung oder unvollständige Erfüllung von einer Person der Schiffsbesatzung verschuldet war oder nicht (§ 486 Abs. 1 Ziff. 2 HGB a. F.).

c) Wenn der Anspruch auf das Verschulden einer Person der Schiffsbesatzung gestützt wurde, § 486 Abs. 1 Ziff. 3 HGB a. F.

5. Die Haftungsbeschränkung trat in den unter Ziff. 4 a und b genannten Fällen ausnahmsweise nicht ein, wenn den Reeder selbst in Ansehung der Vertragserfüllung ein Verschulden traf oder wenn er die Vertragserfüllung besonders gewährleistet hatte (§ 486 Abs. 2 HGB a. F.). Außerdem haftete der Reeder für die *Forderungen der zur Schiffsbesatzung gehörenden Personen aus den Dienst- und Heuerverträgen* stets *persönlich,* also unbeschränkt mit seinem ganzen Vermögen.

Im Binnenschiffahrtsrecht besteht noch heute eine dem § 486 HGB a. F. grundsätzlich entsprechende Regelung. Siehe § 4 BSchG und dazu BGH MDR 1961, 665.

§ 486 Abs. 1 Ziff. 3 HGB a. F. kam (wie es noch jetzt für § 4 Abs. 1 Nr. 3 BSchG zutrifft) in der Regel zur entsprechenden Anwendung auf die in § 904 S. 2 BGB festgelegte Schadensersatzpflicht. Zwar trifft diese an sich denjenigen, der auf die fremde Sache selbst eingewirkt hat, und zwar auch dann, wenn er die Einwirkung zugunsten eines anderen vorgenommen hat. Doch war dann eine Ausnahme zu machen (und ist es für das Binnenschiffahrtsrecht noch heute), wenn der Kapitän für den Reeder oder Ausrüster in Ausübung seiner Dienstverrichtungen eine Notstandsmaßnahme im Sinne des § 904 S. 1 BGB traf. Dann hafteten Reeder oder Ausrüster (oder haftet für das Binnenschiffahrtsrecht noch heute der Schiffseigner) grundsätzlich für den dadurch entstandenen Schaden (BGHZ 6, 103 = Hansa 1952, 1502, RGZ 88, 215, vgl. auch BGHZ 19, 82).

Soweit eine Haftung des Reeders aus § 831 BGB gegeben war, war seine Haftung unbeschränkt (RGZ 151, 296; Schaps-Abraham Anm. 29 zu § 485 HGB mit weiteren Nachweisen).

II. 1. Nachdem durch Gesetz vom 21. Juni 1972 (BGBl. II 653) die Übernahme des *Übereinkommens über die Beschränkung der Haftung der Eigentümer von Seeschiffen* von 1957 in das Recht der Bundesrepublik erfolgt ist, ist das innerdeutsche Recht durch das **Seerechtsänderungsge-**

setz vom 21. Juni 1972 (BGBl. I 953), das am 6. April 1973 in Kraft getreten ist (BGBl. I 267, II 161), dem Übereinkommen angepaßt worden, was zu einer erheblichen Umgestaltung des 4. Buches des HGB geführt hat. Vgl. dazu Abraham, Die Reform des deutschen Seehandelsrechts durch das Seerechtsänderungsgesetz vom 21. Juni 1972, 1973.

Eine solche Einarbeitung des Übereinkommens in das heimische Recht ist nach Ziff. 2 litt. c. des Zeichnungsprotokolls zulässig. Sie war zweckmäßig für die Bundesrepublik, weil das Übereinkommen auch auf innerdeutsche Tatbestände angewandt werden sollte und seine dem englischen Recht entnommene Systematik zur unmittelbaren Anwendung auf das deutsche Recht wenig geeignet erschien.

Weitere Mitgliedstaaten des Übereinkommens, das am 31. Mai 1968 in Kraft getreten ist, sind nach dem Stande vom Herbst 1973 Ägypten, Algerien, Dänemark, Fidschi, Finnland, Frankreich, Ghana, Indien, Iran, Island, Israel, Kongo (Dem. Rep.), Madagaskar, die Niederlande, Norwegen, Portugal, Schweden, die Schweiz, Spanien, Syrien, das Vereinigte Königreich (mit abhängigen Gebieten) und Polen. In vielen Nichtvertragsstaaten gelten ähnliche Haftungsregeln. So hat Äthiopien die Neuregelung des Übereinkommens in sein Gesetzbuch v. 5. Mai 1960 übernommen.

2. Im bisherigen deutschen Recht galt, wie oben dargelegt, der Grundsatz, daß der Reeder für die Mehrzahl der sog. Seeforderungen nicht persönlich, sondern nur mit Schiff und Fracht haftete (§ 486 HGB a. F.). Demgegenüber geht das Übereinkommen von dem Grundsatz aus, daß der Reeder zunächst unbeschränkt haftet. Er kann indessen durch Hinterlegung einer Haftungssumme gegenüber den Gläubigern bestimmter Ansprüche seine Haftung beschränken. Für die Berechnung der Haftungssumme kommt nicht der tatsächliche Wert des Schiffes in Betracht. Vielmehr erfolgt sie nach dessen Tonnengehalt, und zwar unterschiedlich, je nachdem, ob einerseits nur Personen oder Personen- und Sachschäden oder andererseits nur Sachschäden vorliegen. Als Währungseinheit dient der sog. Poincaré-Franken, der sich als fiktive Währungseinheit in dem luftrechtlichen Warschauer Abkommen von 1929 bewährt hat. Hinterlegt der Reeder oder eine sonst nach dem Übereinkommen für eine Haftungsbeschränkung in Betracht kommende Person die erforderlichen Summen, so beschränkt sich die Haftung für alle diese Personen für die aus einem bestimmten Ereignis herrührenden Schadensersatzansprüche. Doch darf den Reeder an der Entstehung des Schadens kein persönliches Verschulden treffen. Die Haftungssumme wird an die Gläubiger verteilt, für deren Ansprüche die Haftung beschränkt worden ist. Die Verteilung erfolgt in einem konkursähnlichen Verfahren, und zwar grundsätzlich im Verhältnis

der festgestellten teilnahmeberechtigten Ansprüche, allerdings mit Unterschieden, wenn Personen- und Sachansprüche vorliegen.

3. In den jetzigen §§ 486 bis 487 d HGB sind die wesentlichen materiellen Bestimmungen des Übereinkommens über die Beschränkung der Haftung der Eigentümer von Seeschiffen übernommen, und zwar nicht nur für den völkerrechtlichen Geltungsbereich des Übereinkommens, sondern allgemein für das deutsche Recht.

4. a) § 486 HGB enthält in inhaltlicher Übereinstimmung mit Art. 1 des Reederhaftungsabkommens die sachlichen Voraussetzungen, unter denen die Haftung des Reeders beschränkt werden kann. Dabei ist im Gegensatz zum bisherigen deutschen Recht nicht mehr auf die Art der der Haftung zugrunde liegenden Ansprüche abgestellt, sondern die Tatbestände der Beschränkbarkeit der Haftung sind nach der Art der Entstehung des Schadens gekennzeichnet.

Der Grundsatz ist in generalklauselähnlicher Formulierung in § 486 Abs. 1 HGB festgelegt, nach welchem der Reeder seine Haftung für vertragliche und außervertragliche Ansprüche Dritter auf Ersatz des Schadens aus der Tötung oder Verletzung eines Menschen (Personenschaden) oder auf Ersatz des Schadens aus dem Verlust oder der Beschädigung einer Sache oder des sonstigen Vermögensschadens (Sachschaden) beschränken kann, sofern diese Ansprüche aus der Verwendung des Schiffes entstanden sind.

Es kommen also für eine Haftungsbeschränkung grundsätzlich alle Ansprüche wegen Personen- und Sachschäden in Betracht, sofern diese aus der Verwendung des Schiffes entstanden sind. Eine Haftungsbeschränkung ist indessen nur möglich für *Schadensersatzansprüche.* Die dem bisherigen deutschen Recht bekannte Haftungsbeschränkung für Erfüllungsansprüche aus Kapitänsgeschäften (§ 486 Abs. 1 Nr. 1 HGB a. F.) ist entfallen. Nicht kommt es für die Haftungsbeschränkung darauf an, ob es sich um vertragliche oder außervertragliche Ansprüche handelt oder — anders als im bisherigen Recht —, um solche des Seerechts oder des allgemeinen Haftpflichtrechts (vgl. Art. 7 Abs. 2 EGHGB). Damit unterliegen der Möglichkeit der Haftungsbeschränkung auch Ansprüche aus Gefährdungshaftung, insbesondere solche aus § 22 WHG (Herber RabelsZ 1971, 759; bedauernd Freise, Reederhaftung 252, auch 92 ff. und VersR 1972, 125), dagegen nach der Spezialregelung in § 486 Abs. 3 Nr. 3 HGB nicht solche aus Atomhaftung, abgesehen von dem Tatbestand des Art. 3 § 2 Abs. 2 SRÄG. § 486 HGB gilt auch für Tankschiffe und die durch sie verursachten Schäden (BT-Drucks. VI/2225, 15). Doch ist die Rechtslage noch unklar bezüglich des bisher von der Bundesrepublik noch nicht ratifizierten Tankerhaftungsabkommens vom 29. November 1969, das die Haftungssummen für Ölschäden gegenüber dem Reederhaftungsübereinkommen von 1957 verdoppelt hat und noch dazu als Gefährdungshaftung. Vgl. dazu Herber a. a. O. Maßgeblich ist auch nicht, ob der Anspruch auf ein Verhalten der Besatzung, des Lotsen oder eines Landangestellten des Reeders gestützt wird, *sofern nur der Anspruch aus der Verwendung des Schiffes entstanden ist.* Im Haftungsübereinkommen ist diese Voraussetzung nicht ausdrücklich erwähnt. In der Amtl. Begründung zum Seerechtsänderungsgesetz (BT-Drucks. VI/2225, 15) ist die Rede davon, die Worte „aus der Verwendung des Schiffes" seien vornehmlich im Hinblick auf Ansprüche aus Gefährdungshaftung bedeutsam. Sie müßten den Reeder als solchen, nicht etwa in anderer Eigenschaft, z. B. als Halter eines beim Laden verwendeten Kraftfahrzeugs oder als Inhaber einer (Land-)Reaktoranlage betreffen. Der Begriff der „Verwendung des Schiffes" habe sein Vorbild in § 510 HGB und erfasse den gesamten unmittelbaren wirtschaftlichen Schiffsbetrieb. Demgegenüber einschränkender Freise, Reederhaftung 51, Würdinger und Sotiropoulos a. a. O. 43, Sotiropoulos a. a. O. 164: Gemeint seien nur Ansprüche aus dem technischen Schiffsbetrieb, wobei darunter allerdings nautisches und kommerzielles Verschulden fallen könne. Immer aber müsse ein unmittelbarer Zusammenhang zwischen Schaden und Schiffsbetrieb bestehen, der z. B. fehle, wenn jemand einen Unfall auf dem Geschäftsgrundstück des Reeders erleide, und zwar auch dann, wenn der Geschädigte in geschäftlicher Absicht, etwa als Befrachter oder Ablader, die Geschäftsräume des Reeders aufgesucht habe. Jedenfalls nach dieser Ansicht ist die Haftung des Reeders aus unrichtiger Konnossementsausstellung nicht begrenzbar (Freise a. a. O., Sotiropoulos a. a. O.).

Nicht unter § 486 Abs. 1 HGB fallen Ansprüche aus Wrackbeseitigung. Bei ihnen handelt es sich nicht um Schadensersatzansprüche, sondern um Leistungsansprüche. Zwar unterwirft Art. 1 Abs. 1 c des Übereinkommens von 1957 auch die Ansprüche aus Wrackbeseitigung der Haftungsbeschränkung. Indessen hat die Bundesrepublik von der Möglichkeit der Ziff. 2 a des Unterzeichnungsprotokolls Gebrauch gemacht, die Anwendbarkeit des Übereinkommens für diesen Fall auszuschließen (BT-Drucks. VI/2225, 16).

Siehe Art. 3 § 1 SRÄG zu der Haftungsbeschränkung für Ansprüche, die sich materiell nicht nach deutschem Recht bestimmen, für die jedoch das Übereinkommen über die beschränkte Reederhaftung von 1957 gilt.

b) Eine Haftungsbeschränkung kann nur erfolgen bei Ersatzansprüchen aus *Tötung oder Verletzung eines Menschen*, aus *Verlust oder Beschädigung einer Sache* oder wegen *sonstigen Vermögensschadens* (sofern die Ansprüche aus der Verwendung des Schiffes entstanden sind).

aa) Was im Falle der *Tötung oder Verletzung eines Menschen* zu ersetzen ist, ergibt sich aus dem bürgerlichen Recht.

Danach sind bei Tötung zu ersetzen alle noch in der Person des Getöteten, auf die Erben übergegangenen Ansprüche (§§ 249, 842, 845 BGB, auch § 847 BGB), ferner die Ansprüche mittelbar Geschädigter (so §§ 844, 845 BGB). Bei Körperverletzung kommen alle dem Verletzten und mittelbar Geschädigten zustehenden Ansprüche in Betracht.

bb) Bei *Beschädigung* oder *Verletzung* einer Sache — dazu gehören auch Hafenanlagen und Wasserstraßen (BT-Drucks. VI/2225, 15) — ist für alle sich daraus ergebenden Ansprüche die Haftungsbeschränkung möglich. In Betracht kommen vornehmlich Beeinträchtigungen durch Verletzung des Eigentums oder eines beschränkten dinglichen Rechts mit § 823 Abs. 1 BGB oder §§ 735 ff. HGB als Anspruchsgrundlage. Zu ersetzen sind auch Aufwendungen und entgangener Gewinn (Sotiropoulos 261, Freise Reederhaftung 52) sowie ein Sachschaden aus einer Notstandshandlung nach § 904 BGB (Freise Reederhaftung 53).

cc) Nicht ganz einfach ist es, darzulegen, was unter dem in § 486 Abs. 1 HGB weiter erwähnten „sonstigen Vermögensschaden" zu verstehen ist (im englischen Text des Übereinkommens von 1957 ist in Art. 1 [1] die Rede von „infringement of any rights").

Es muß hier auch ein Sachschaden vorliegen (vgl. den Wortlaut des § 486 Abs. 1 HGB), der indessen seinen Grund nicht unmittelbar in der Verletzung eines absoluten Rechts hat, sondern der auf der Verletzung irgendeines anderen Rechts beruht (v. d. Hagen und Sieveking MDR 1961, 275).

Es gehören hierher Ansprüche aus der Verletzung von Beförderungs- oder Charterverträgen, insbesondere auch aus ihnen herrührende Verspätungsschäden (Sotiropoulos a. a. O. 263, Freise Reederhaftung 54 f.), die Sachschäden sind. In Betracht kommen sodann Ansprüche deliktischer Art aus der Verletzung von Schutzgesetzen im Sinne des § 823 Abs. 2 BGB, so Verstöße gegen die Seestraßenordnung, die Seeschiffahrtsstraßen-Ordnung und die wegerechtlichen Bestimmungen der Hafenordnungen. Auch die Gewässerverschmutzung nach § 22 WHG kann unter die Bestimmung fallen (Herber Hansa 1972, 796), soweit sie nicht bereits unter die unmittelbare Sachbeschädigung einzuordnen ist.

Der Anspruch „auf Ersatz des Schadens aus Verlust oder Beschädigung" und der aus „sonstigem Vermögensschaden" können miteinander konkurrieren, etwa wenn einem Ladungseigentümer aus Frachtvertrag und aus § 823 Abs. 1 BGB gehaftet wird.

c) Die weite Formulierung des § 486 Abs. 1 HGB wird zunächst durch § 486 Abs. 2 HGB eingeschränkt. Nach dem Beginn dieses Absatzes ist eine Haftungsbeschränkung nicht möglich wegen der Schäden, die von nicht an Bord des Schiffes befindlichen Personen verursacht worden sind.

§ 486 Abs. 1 HGB bleibt also hiernach von Bestand, wenn eine schädigende Handlung von einer Person an Bord des Schiffes ausgeht, auch wenn diese sich nur vorübergehend an Bord aufhält. Einerlei ist es dann, ob die geschädigte Person oder Sache sich an Bord befunden hat oder nicht. Die an Bord befindliche Person, von der die schädigende Handlung ausgeht, muß eine solche sein, für die der Reeder nach § 485 HGB oder nach §§ 735 ff. HGB oder nach bürgerlichem Recht (z. B. Schäden, die durch an Bord arbeitende Werftarbeiter oder sonstige Handwerker entstanden sind, wenn der Reeder nach bürgerlichem Recht für sie einzustehen hat) haftet. Es braucht also keine zur Schiffsbesatzung gehörende Person zu sein. Daß auch Fälle der Gefährdungshaftung unter § 486 Abs. 1 HGB fallen, abgesehen von der Atomhaftung, ist oben dargelegt worden.

d) Doch soll die Ausnahme unter c wiederum nach Abs. 2 Ziff. 1 und 2 nicht gelten für Ansprüche wegen der Tötung oder Verletzung von zur Beförderung an Bord des Schiffes befindlichen Menschen oder für solche, die aus dem Verlust oder der Beschädigung von an Bord befindlichen Sachen entstanden sind oder sich auf Schäden beziehen, die durch ein Verhalten im Zusammenhang mit der Führung oder sonstigen Bedienung des Schiffes oder mit dem Einladen, Befördern oder Löschen von Gütern oder dem Einschiffen, Befördern oder Ausschiffen von Reisenden verursacht worden sind.

Das bedeutet im einzelnen:

aa) Nach § 486 Abs. 2 Ziff. 1 HGB ist die Haftungsbeschränkung möglich, wenn es sich handelt

aaa) Um einen Anspruch wegen der Tötung oder Verletzung einer zum Zweck der Beförderung an Bord befindlichen Person. Das Schiff braucht sich im Augenblick des Schadensereignisses noch nicht in Fahrt befunden zu haben. „Zur Beförderung an Bord" befinden sich Fahrgäste, auch wohl blinde Passagiere (Sotiropoulos a. a. O. 60), denn das Vorliegen eines Beförderungsvertrages wird im Gesetz nicht vorausgesetzt. Ein Passagier wird etwa durch die Wurfleine eines Schleppers oder Schiffsbefestigers verletzt, ein Sachverhalt, der allerdings auch unter § 486 Abs. 2 Ziff. 2 HGB fallen kann. Der Fahrgast ist bereits an Bord, wenn er die schiffsseitig gestellte Gangway betreten hat (anders Sotiropoulos 261, Freise Reederhaftung 60) oder die Lotsenleiter des Schiffs benutzt.

Da ihre Ansprüche nach § 486 Abs. 3 HGB überhaupt von der Möglichkeit der Haftungsbeschränkung ausgenommen sind, kommen Personen der Schiffsbesatzung für § 486 Abs. 2 Ziff. 1 nicht in Betracht (anders Sotiropoulos 260), ebenfalls der Seelotse nicht, wenn er Lotsendienste verrichtet, weil er sich dann nicht „zur Beförderung" an Bord aufhält, aus dem gleichen Grunde weiter nicht während der Reise Reparaturen ausführende Werftarbeiter oder sonstige Handwerker. Auch die Besatzung des Bugsierschleppers fällt nicht unter die Bestimmung, auch nicht Personen, die nur während des Aufenthalts im Hafen an Bord kommen, wie Besucher, Schauerleute, Handwerker aller Art.

bbb) Wenn es sich um Verlust oder Beschädigung von an Bord des Schiffes — nicht notwendig zur Beförderung — befindlichen Sachen handelt. Beim Laden und Löschen sind Sachen an Bord, sobald und solange das bordeigene Geschirr angeschlagen ist. Bei nicht bordeigenem Geschirr ist entscheidend das Absetzen auf dem oder von dem Schiff, bei Übernahme oder Vonbordgeben flüssiger Ladung das Passieren der Deckswand durch dieselbe. Es kommt also nicht, wie im Falle des § 663 Abs. 2 Ziff. 2 HGB (vgl. dazu § 22 IV 3 c), immer darauf an, ob die Sachen bereits die Reling passiert haben oder nicht (anders Sotiropoulos a. a. O. 261 und Freise Reederhaftung 60).

bb) Doch kann nach § 486 Abs. 2 Ziff. 2 HGB die Haftungsbeschränkung auch für Schäden erfolgen, die von einer Person außerhalb des Schiffes verursacht sind, wenn das den Schaden verursachende Verhalten mit der Führung oder der sonstigen Bedienung des Schiffes, dem Einladen, Befördern oder Ausladen von Gütern oder dem Ein- und Ausschiffen oder Befördern von Reisenden in Zusammenhang steht. Ob sich die geschädigte Persrn oder Sache an Bord befunden hat oder nicht, ist gleich. Der Begriff Führung entspricht dem in § 607 Abs. 2 Satz 1 HGB gebrauchten Ausdruck (Sotiropoulos 265, Freise Reederhaftung 62). Dagegen umfaßt in § 486 Abs. 2 Ziff. 2 der Ausdruck „sonstige Bedienung des Schiffes" anders als in § 607 Abs. 2 Satz 1 HGB nautisches und kommerzielles Verschulden, denn in § 486 Abs. 2 Ziff. 2 handelt es sich auch um Maßnahmen, die überwiegend im Interesse der Ladung getroffen sind (Sotiropoulos 265 f., Freise Reederhaftung 62).

Beispiele für § 486 Abs. 2 Ziff. 2 HGB: Schaden an Sachen oder Personen an Land durch Handlungen von Angestellten des reedereieigenen Kaibetriebs, die mit der Bedienung des Schiffes oder mit dem Ein- und Ausladen zusammenhängen. Verschulden von Besatzungsmitgliedern eines Assistenzschleppers, sofern die nautische Leitung dem assistierten Schiff zusteht und dessen Reeder für das Verschulden der Schlepperbesatzung haftet (§ 485 HGB analog; siehe dazu oben § 14 III 1 a dd). Dabei ist es einerlei, ob der Schaden an Personen oder Sachen auf dem assistierten Schiff, an einem dritten Schiff oder an Hafenanlagen entstanden ist. Schäden infolge unrichtiger oder unterlassener Anweisungen von Reedereiinspektoren, die allerdings auch bereits unter § 486 Abs. 2 Ziff. 1 fallen können.

e) Vgl. zu der Frage der *Beweislast* Freise Reederhaftung 63: Der Gläubiger hat zunächst zu beweisen, daß der Reeder für den Schaden einzustehen hat. Will der Reeder seine Haftung beschränken, so muß er das Vorliegen der Voraussetzungen des § 486 Abs. 1 HGB nachweisen. Der Gläubiger, der demgegenüber unbeschränkte Haftung des Reeders geltend macht, muß das Vorliegen eines Sachverhalts nach § 486 Abs. 2 1. Halbsatz beweisen. Der Reeder kann dann seinerseits nachweisen, daß die Voraussetzungen des § 486 Abs. 1 Nr. 1 oder 2 HGB gegeben sind.

f) § 486 Abs. 3 und 4 führen weitere Tatbestände auf, in denen eine Haftungsbeschränkung nicht möglich ist.

aa) Nach § 486 Abs. 3 Nr. 1 HGB kann der Reeder seine Haftung nicht beschränken für Ansprüche von Besatzungsmitgliedern oder von Dritten, denen aus der Tötung oder Verletzung von Besatzungsmitgliedern Ansprüche zustehen (§§ 844 f. BGB).

In dem früheren § 487 HGB waren die Ansprüche Dritter wegen der Tötung oder Verletzung von Mitgliedern der Schiffsbesatzung nicht einbezogen. Doch entspricht die Einbeziehung Art. 1 Abs. 4 litt. b des Übereinkommens von 1957.

Eine Haftungsbeschränkung ist indessen möglich, wenn das Heuerverhältnis ausländischem Recht unterliegt und nach diesem die Haftung beschränkt werden kann (§ 486 Abs. 3 Ziff. a. E.). Doch kommt das nur für unter ausländischer Flagge fahrende Schiffe in Betracht, da für alle unter deutscher Flagge fahrende Schiffe zwingend deutsches Arbeitsrecht gilt.

In der BT-Drucks. VI/2225, 16 ist zum Ausdruck gebracht, § 486 Abs. 3 Ziff. 1 werde wohl kaum große praktische Bedeutung erlangen, da nach dem deutschen Sozialversicherungsrecht Ansprüche gegen den Arbeitgeber aus Betriebsunfällen regelmäßig ausgeschlossen sind (§§ 836 ff., 849 RVO).

§ 486 Abs. 3 Ziff. 1 gilt nicht nur für vertragliche, sondern auch für deliktische Ansprüche.

Zur Schiffsbesatzung gehören nach § 481 HGB der Kapitän, die Schiffsoffiziere, die Schiffsmannschaft und alle übrigen auf dem Schiff angestellten Personen, wozu die Personen gerechnet werden, die als Arbeitnehmer kraft eines auf eine gewisse Dauer berechneten unmittelbaren Dienstverhältnisses zum Reeder in den arbeitsteiligen Organismus der Schiffsdienste und der Bordgemeinschaft eingegliedert sind, ohne Rücksicht darauf, ob sie Arbeiten an Bord, längsseits des Schiffes oder am Kai verrichten. (BGHZ 3, 35). Siehe dazu auch § 14 III 1 a dd). Doch kommt dieser Personenkreis für § 486 Abs. 3 Ziff. 1 HGB nur insoweit in Betracht, als er dauernd an Bord tätig ist. Eigene Stauer des Reeders fallen also nicht unter ihn, auch nicht die Gruppe von Personen, die gewohnheitsrechtlich oder in entsprechender Anwendung des § 481 HGB der Schiffsbesatzung hinzuzurechnen ist, weil sie zeitweise für Schiffszwecke tätig ist und dabei Dienste verrichtet, die jedenfalls nach früherer Auffassung solche des Schiffes waren, z. B. Wachleute selbständiger Schiffsbewachungsunternehmen und ihre Leute, Tallyleute (a. A. Sotiropoulos a. a. O. 279 Anm. 122, Freise, Reederhaftung 82 im Hinblick auf die weite Fassung des Art. 1 Abs. 2 des Übereinkommens von 1957). Der in § 3 SeemG enthaltene Begriff der Schiffsbesatzung scheidet als zu eng für § 486 Abs. 3 Ziff. 1 HGB aus.

bb) In § 486 Abs. 3 Nr. 2 HGB sind Ansprüche aus Bergung und Hilfsleistung und solche auf Beitragsleistung zur großen Haverei von der Haftungsbeschränkung nach § 486 Abs. 1 HGB ausgenommen.

Die Vorschrift hat nur klarstellende Bedeutung, denn es handelt sich nicht um eigentliche Schadensersatzansprüche (BT-Drucks. VI/2225, 16 f.), ist aber sachlich berechtigt, denn bei dem durch das Seerechtsänderungsgesetz eingeführten Summenhaftungssystem kommt es für die Befriedigung des Gläubigers grundsätzlich nicht auf Bestand und Wert des Schiffes an. Auch kommen beim Summenhaftungssystem Rettung und Erhaltung des Schiffes ausschließlich dem Reeder zugute.

cc) In § 486 Abs. 3 Nr. 3 HGB sind Ansprüche wegen nuklearer Schäden von der Möglichkeit der Haftungsbeschränkung nach § 486 Abs. 1 HGB ausgenommen.

Das gilt nicht nur für Reaktorschiffe, sondern auch für konventionelle Schiffe, die Kernmaterialien befördern. Die Ausnahme hat ihren Grund darin, daß das

Atomrecht für derartige Ansprüche eine summenmäßige Haftungsbegrenzung vorsieht, die bei Anwendung der Regeln der seerechtlichen Haftungsbeschränkung praktisch gegenstandslos werden würde. Das Übereinkommen gestattet eine derartige Ausnahme nicht. Deshalb kann sie zunächst nur für deutsche Schiffe und Schiffe von Nichtvertragsstaaten gelten, während für Schiffe, die die Flagge eines Vertragsstaates des Reederhaftungsabkommens führen, grundsätzlich in Art. 3 § 2 SRÄG eine Ausnahme vorgesehen ist.

dd) Gemäß § 486 Abs. 4 Satz 1 HGB kann der Reeder seine Haftung nicht beschränken, wenn er die Erfüllung des Anspruchs besonders gewährleistet hat.

Das gilt in Erweiterung des früheren § 486 Abs. 2 HGB für vertragliche und außervertragliche Ansprüche.

ee) Nach § 486 Abs. 4 Satz 2 HGB ist für den Reeder eine Haftungsbeschränkung nicht möglich, wenn ihn selbst oder seinen gesetzlichen Vertreter an der Entstehung des Schadens ein Verschulden trifft.

Eine Personenhandelsgesellschaft (offene Handelsgesellschaft oder Kommanditgesellschaft) als Reeder kann nach der gleichen Bestimmung ihre Haftung nicht beschränken, wenn einen zur Vertretung berechtigten Gesellschafter ein Verschulden an der Entstehung des Schadens trifft. Ist der Reeder eine juristische Person, so kann eine Haftungsbeschränkung nicht erfolgen, wenn ein Mitglied des zur Vertretung berechtigten Organs ein Verschulden trifft.

Mit Recht weist Freise Reederhaftung 62 indessen darauf hin, daß nicht nur die Vorstandsmitglieder einer Aktiengesellschaft oder die Geschäftsführer einer Gesellschaft mit beschränkter Haftung, sondern auch „andere verfassungsmäßig berufene Vertreter" (§§ 31, 30 BGB) in Betracht kommen, da der in § 486 HGB gebrauchte Ausdruck „Vorstand" weiter geht als der in § 31 BGB gebrauchte Ausdruck „Vorstand".

Nach § 486 Abs. 4 Satz 3 HGB können bei einer Partenreederei die Mitreeder ihre Haftung nicht beschränken, wenn den Korrespondentreeder ein Verschulden an der Entstehung des Schadens trifft.

Das gilt sowohl für die Haftung der Partenreederei als solcher als auch für die anteilige Haftung der einzelnen Mitreeder nach § 507 HGB. Auf den sog. Vertragsreeder ist die Vorschrift über den Korrespondentreeder entsprechend anzuwenden (Sotiropoulos a. a. O. 287).

Reeder im Sinne des § 486 Abs. 4 Satz 2 HGB sind auch die nicht vertretungsberechtigten Gesellschafter einer Personenhandelsgesellschaft und alle Mitreeder einer Partenreederei (vgl. Schaps-Abraham II § 484 Anm. 8). Für jeden von ihnen trifft deshalb die genannte Bestimmung zu, daß sie ihre Haftung bei eigenem Verschulden nicht beschränken können, unabhängig davon, daß eine Beschränkung auch nicht möglich ist, wenn einen vertretungsberechtigten Gesellschafter oder den Korrespondentreeder ein Verschulden trifft.

Die Beweislast für ein auch das Mitverschulden umfassendes Verschulden im Sinne des § 486 Abs. 4 HGB hat regelmäßig der Gläubiger. Er beruft sich nämlich auf die unbeschränkte Haftung des Reeders, die einen Sondertatbestand darstellt (anders das englische Recht House of Lords i. Sa. „The Norman" 1960 1 Lloyd's Rep. 1). Diese Beweislastregelung für die Frage der Haftungsbeschränkung nach § 486 Abs. 1 und 4 HGB ist unabhängig von der Beweisfrage nach bürgerlichem Recht, die im übrigen von Bestand bleibt (Freise Reederhaftung 73 f.).

Zweifelhaft ist es, ob ein eigenes Verschulden des Reeders im Sinne des § 486 Abs. 4 Satz 2 HGB vorliegt, wenn der Anspruch gegen ihn auf § 831 BGB gestützt wird, weil nach dessen Wortlaut ein Verschulden des Reeders bezüglich Auswahl und Überwachung von Verrichtungsgehilfen vermutet wird. Es ist Freise Reederhaftung 80 und VersR 1972, 123 zuzustimmen, daß die Anwendung des § 831 BGB im Rahmen des § 486 Abs. 2 HGB jedenfalls dann zu bejahen ist, wenn es sich um einen rein deliktischen Anspruch handelt, etwa wenn ein unbeteiligter Hafenbenutzer bei einer Schiffsexplosion im Hafen verletzt wird oder wenn an Bord des Gegenkommers im Falle einer Kollision Menschen geschädigt werden und dem Reeder der Entlastungsbeweis aus § 831 BGB nicht gelingt. A. A. BT-Drucks. VI/2224, 33, Sotiropoulos a. a. O. 55, Herber, Probleme der Reform des Seehandelsrechts, Schriften des Deutschen Vereins für Internationales Seerecht Reihe A Heft 9, 1964, 5, Richter a. a. O. 7. Diese Gegenmeinung ist der Ansicht, zum Eintritt der unbeschränkten Haftung sei gemäß der Formulierung des § 486 Abs. 4 HGB der positive Verschuldensbeweis erforderlich.

ff) Nach § 487 c HGB sind Ansprüche auf Ersatz der Kosten der Rechtsverfolgung von der Haftungsbeschränkung ausgenommen.

Das gilt nicht nur für die Kosten der einzelnen gegen den Reeder geführten Schadensersatzprozesse, sondern auch für die Kosten des zur Herbeiführung der Haftungsbeschränkung eingeleiteten Verteilungsverfahrens.

g) Steht das Schiff im Eigentum einer offenen Handelsgesellschaft oder einer Kommanditgesellschaft, so kann auch jeder Gesellschafter seine persönliche Haftung für Ansprüche beschränken, für welche die Gesellschaft sie nach § 486 Abs. 1 bis 4 HGB beschränken kann, sie aber von dieser Möglichkeit keinen Gebrauch gemacht hat (§ 486 Abs. 5 HGB).

Für die Partenreederei fehlt es an einer entsprechenden Bestimmung wegen der Haftung der Mitreeder aus § 507 HGB. Indessen ist auch hier eine Haftungsbeschränkung für den einzelnen Mitreeder möglich. Das ergibt ein Umkehrschluß aus § 486 Abs. 4 Satz 3 HGB (Abraham, Die Reform des deutschen Seehandelsrechts 37). Doch hat ein Partenreeder, wenn er nicht mit anderen Mitreedern gemeinsam handelt, dann allein den vollen Haftungsbetrag einzuzahlen.

h) Die Haftungsbeschränkung nach dem Reederhaftungsabkommen und nach § 486 HGB berührt sonstige Haftungsbeschränkungen des Reeders, Ausrüsters oder Verfrachters nicht. § 485 Satz 2 HGB gilt neben § 486 HGB, ebenso die in §§ 559, 606 bis 608, 660 HGB enthaltenen Haftungsbeschränkungen der Haager Regeln.

5. In § 487 HGB wird eine Reihe von Personen hinsichtlich des Rechts auf Beschränkung dem Reeder gleichgestellt (schon auf Grund des § 510 HGB ist ihm der Ausrüster gleichzusetzen).

Auch bei diesen gleichgestellten Personen muß es sich um eine vertragliche oder außervertragliche Haftung Dritten gegenüber wegen Ersatz von Personen- oder Sachschaden handeln, die im Zusammenhang mit der Schiffsverwendung steht.

a) aa) Die Gleichstellung gilt zunächst für den **Charterer.** Das HGB kennt sonst den Begriff des Charterers nicht.

Es kann sich bei ihm um einen Mieter oder Befrachter (Reise- oder Zeitbefrachter) des Schiffes handeln (vgl. dazu § 18 II). In den seltenen Fällen, daß ein solcher zum Ausrüster im Sinne des § 510 HGB, ergibt sich die Möglichkeit der Haftungsbeschränkung bereits aus §§ 510, 484, 486 Abs. 1 HGB. § 487 Abs. 1 hat also nur Bedeutung für Charterer, die nicht Ausrüster sind. Für solche Charterer war es vor dem Seerechtsänderungsgesetz umstritten, ob ihnen die beschränkte Reederhaftung des § 486 HGB a. F. zukam (bejahend BGH VersR 1971, 835 = MDR 1971, 829 = NJW 1971, 2224 = BGHZ 56, 300). § 487 Abs. 1 HGB stellt dies jetzt zugunsten des Verfrachters fest, insbesondere wenn ein solcher als Unterverfrachter auftritt. Nach § 487 Abs. 2 Satz 1 HGB ist auch § 486 Abs. 2—5 auf den Charterer entsprechend anzuwenden mit der Folge, daß der Charterer wie der Reeder und der Ausrüster seine Haftung im Falle eigenen Verschuldens nicht beschränken kann.

bb) § 487 Abs. 1 HGB gestattet auch Personen der **Schiffsbesatzung und sonstigen Bediensteten des Schiffseigentümers, Reeders oder Charterers** ihre Haftung für Ersatzansprüche Dritter zu beschränken, sofern sie die zu ersetzenden Schäden in Ausübung ihres Dienstes verursacht haben und die Schäden in Zusammenhang mit der Verwendung des Schiffes entstanden sind.

Der sonstige Bedienstete braucht nicht an Bord tätig zu sein. Seine Aufgabe braucht auch nicht unmittelbar mit dem Schiff zusammenzuhängen, sofern die Ansprüche nur in Zusammenhang mit der Schiffsverwendung entstanden sind.

Bei den sonstigen Bediensteten muß es sich um im Betrieb des Reeders angestellte Personen handeln. Selbständig Tätige, die auf Grund eines Vertragsverhältnisses für den Reeder Leistungen erbringen, wie etwa Reparaturwerften, Stauereien, fallen nicht darunter (Sotiropoulos a. a. O. 360, Freise Reederhaftung 128), ebenso nicht Korrespondentreeder oder Vertragsreeder. Siehe über den Seelotsen unter c.

Diese gesetzlich vorgesehene Möglichkeit der Haftungsbeschränkung für Personen der Schiffsbesatzung und sonstige Bedienstete und deren haftungsmäßige Gleichstellung mit dem Reeder ist für das deutsche Seerecht eine Neuheit, die durch das SRÄG eingeführt wurde. Das Recht auf Beschränkung steht einer Person der Schiffsbesatzung oder einem Landbediensteten unabhängig davon zu, ob auch der Reeder es hat, etwa weil diesen ein eigenes Verschulden trifft (Sotiropoulos a. a. O. 359, Freise Reederhaftung 125). Ein Vorgehen gegen den unmittelbaren Schädiger im Hinblick auf einen etwaigen arbeitsrechtlichen Freistellungsanspruch hat damit im Rahmen der für den Arbeitnehmer gegebenen Möglichkeit der Haftungsbeschränkung seine Bedeutung verloren. Kritisch zur Haftungsbeschränkung für Schiffsbesatzung und sonstige Bedienstete, insbesondere auch für den Fall fahrlässigen Verhaltens, Freise 123 ff.

Die Haftungsbeschränkungsmöglichkeit für Besatzungsmitglieder oder sonstige Bedienstete geht noch über die des Reeders hinaus, weil sie nach § 487 Abs. 2 Satz 2 HGB auch dann möglich ist, wenn der Betreffende den Schaden fahrlässig herbeigeführt hat, während Reeder, Ausrüster und Charterer in jedem Falle des eigenen Verschuldens der Beschränkungsmöglichkeit verlustig gehen.

b) § 487 Abs. 2 Satz 2 HGB sieht die unbeschränkte Haftung eines Besatzungsmitglieds oder sonstigen Bediensteten dann vor, wenn der Betreffende zugleich Reeder oder Charterer ist und den Schaden in dieser Eigenschaft verursacht hat.

Das ist folgerichtig, weil nach § 486 Abs. 4 HGB auch der Reeder und Charterer ihre Haftung nicht begrenzen können. Praktische Bedeutung hat § 487 Abs. 2 Satz 2 HGB vornehmlich für den Fall, daß der Kapitän zugleich Reeder oder Charterer des von ihm geführten Schiffes ist. Liegt dann ein Verschulden des Reeder-Kapitäns in seiner Eigenschaft als Reeder vor, so ist eine Haftungsbeschränkung ebensowenig wie für den Nur-Reeder möglich (z. B. eine notwendige Reparatur wird nicht durchgeführt). Anders, wenn dem Kapitän-Reeder ein Verschulden als Kapitän zur Last fällt, z. B. fahrlässig unrichtige Navigation. Siehe für das Binnenschiffahrtsrecht § 4 Abs. 2 Satz 2 BSchG.

c) § 487 Abs. 3 HGB stellt den **Seelotsen** bezüglich der Haftungsbeschränkung, insbesondere auch bei eigener Fahrlässigkeit, den unselbständigen Bediensteten des Reeders in gewissem Umfange gleich. Das scheint angesichts der besonderen Haftungsgefahr, welcher der Lotse ausgesetzt ist, gerechtfertigt, obwohl er seine Tätigkeit nach § 25 Abs. 1 SeelotsG als freien Beruf ausübt und das Übereinkommen von 1957 die Möglichkeit der Haftungsbeschränkung nur für unselbständige Bedienstete vorsieht.

Der Lotse kann nach § 487 Abs. 3 Satz 1 2. Halbsatz HGB seine Haftung nur beschränken, wenn neben ihm auch der Reeder oder eine der in § 487 Abs. 1 Satz 1 genannten Personen als Gesamtschuldner haftet und die Haftung nach § 486 oder nach § 487 Abs. 1 und 2 HGB beschränken kann. Dadurch wird erreicht, daß trotz der Mitberücksichtigung der Gläubiger des Seelotsen der Kreis der auf den Haftungsfonds verwiesenen Gläubiger tatsächlich nicht erweitert wird. § 487 a Abs. 1 Satz 2 HGB gilt auch für den Seelotsen. Das Ergebnis der Regelung des § 487 Abs. 3 HGB ist also für den Seelotsen zwiespältig: Er hat keine Möglichkeit der Haftungsbeschränkung, wenn außer ihm niemand für den Schaden verantwortlich ist. Freise a. a. O. 130 meint deshalb, es sei nicht ausgeschlossen, daß die Auslegung des Gesetzes trotz dessen Wortlaut auch diesen Fall in die Haftungsbeschränkung einbeziehe, da doch nach dem Willen des Gesetzgebers der Seelotse möglichst weitgehend den unselbständigen Bediensteten des Reeders gleichgestellt werden sollte.

6. Nach § 487 a Abs. 1 Satz 1 HGB wird die Haftungsbeschränkung durch ein **gerichtliches Verteilungsverfahren** nach den Vorschriften der *seerechtlichen Verteilungsordnung* bewirkt (siehe unten VI.). Doch schließt das eine außergerichtliche Einigung der Parteien nicht aus (Freise a. a. O. 164). Die Haftungsbeschränkung auf die eingezahlte Haftungssumme tritt ein mit der Eröffnung des Verteilungsverfahrens, und zwar für alle Personen, die ihre Haftung beschränken können, ohne daß es darauf ankommt, wer das Verteilungsverfahren beantragt und wer die Haftungssumme einbezahlt hat (§ 487 a Abs. 1 Satz 2 HGB).

Sofern wegen der aus einem Schadensereignis entstandenen Ansprüche mehrere zur Haftungsbeschränkung zugelassene Personen belangt werden, ist also insgesamt die Haftungssumme nur einmal aufzubringen.

Der Eröffnung des Verteilungsverfahrens nach der Seerechtlichen Verteilungsordnung steht die Errichtung eines Haftungsfonds in einem Vertragsstaat des Reederhaftungsabkommens von 1957 gleich, sofern der Fonds entsprechend den Vorschriften des Übereinkommens errichtet ist und den Gläubigern tatsächlich zur Verfügung steht.

Nach der jetzigen Regelung ist also im Gegensatz zum bisherigen Recht die Haftung des Reeders und der ihm in § 486 Abs. 5 und § 487 HGB gleichgestellten Personen nicht von vornherein beschränkt, sondern zunächst unbeschränkt, jedoch durch die Errichtung des Haftungsfonds beschränkbar. In der Amtl. Begründung (BT-Drucks. VI/2225, 18) ist ausgeführt, die Auslegung von Art. 2 Abs. 2, 4 des Übereinkommens sei zweifelhaft. Der Text des Übereinkommens spreche dafür, daß die Haftung des Reeders bis zur Errichtung des Haftungsfonds vollständig unbeschränkt sei. Doch sei auf der Konferenz auch die Auffassung vertreten worden, daß es den Vertragsstaaten freistehe, eine summenmäßige Haftungsbeschränkung auf die Übereinkommenssätze für alle der Regelung unterfallenden Ansprüche kraft Gesetzes auch ohne Errichtung des Haftungsfonds anzuordnen und lediglich die gegenständliche Haftungsbeschränkung auf den hinterlegten Haftungsfonds von der Errichtung dieses Fonds abhängig zu machen. Der vom SRÄG gewählte Weg sei aber auf jeden Fall mit dem Übereinkommen vereinbar. Für ihn spreche auch, daß der Reeder sich auf eine Beschränkung seiner Haftung erst dann berufen können soll, wenn er die Beträge seiner Mindesthaftung wirklich zur Verfügung seiner Gläubiger gestellt habe. Doch ist der andere Weg von einigen Ratifikationsstaaten gewählt worden, insbesondere von den skandinavischen Staaten. Wie in der Bundesrepublik Deutschland ist die Regelung namentlich auch in den Niederlanden und in Großbritannien erfolgt. Eine internationale Vereinheitlichung besteht also insoweit nicht.

a) Die **Haftungssummen** berechnen sich nach dem **Raumgehalt** des Schiffes (§ 487 a Abs. 2 HGB).

Dieser bestimmt sich bei Schiffen ohne mechanischen Antrieb nach dem Nettoraumgehalt. Bei Schiffen mit mechanischem Antrieb kommt es auf den um den Raumgehalt des Maschinenraums vermehrten Nettoraumgehalt an (§ 487 a Abs. 2 Satz 2) (sog. Brüsseler Tonnage).

Für Schiffe mit weniger als 300 Tonnen ist die Haftungssumme auf jeden Fall nach einer Größe von 300 Tonnen zu berechnen (§ 487 a Abs. 2 Satz 3 HGB).

b) Den Haftungssummen des Reederhaftungsübereinkommens und damit des Seerechtsänderungsgesetzes liegt der sog. Poincaré-Franken (Goldfranken) zugrunde, der auf das luftrechtliche Warschauer Abkommen von 1929 zurückgeht.

Es handelt sich um eine fiktive Geldeinheit von 65,5 Milligramm Gold von 900/1000 Feingehalt (§ 487 a Abs. 3 HGB). Durch eine solche Währungseinheit mit festgelegtem Goldwert soll die Wertbeständigkeit der Haftungseinheit gesichert werden. Indessen muß, da der Poincaré-Franken selbst keine Zahlungseinheit ist, in jedem Vertragsstaat des Reederhaftungsabkommens die Umrechnung in die Landeswährung vorgenommen werden. Nach Art. 3 Abs. 6 Satz 2 des Übereinkommens hat die Umrechnung der Goldfrankenbeträge in die Landeswährung nach dem Verhältnis der Landeswährung zum Goldfranken in dem Zeitpunkt der haftungsbeschränkenden Maßnahme oder der Zahlung des Reeders zu erfolgen. Vgl. dazu für das deutsche Recht § 487 a Abs. 3 Satz 3 HGB, wonach bei der Berechnung der Haftungssumme von dem Wert auszugehen ist, der im Zeitpunkt der Eröffnung des Verteilungsverfahrens der Parität der Deutschen Mark zum Gold zugrunde liegt. Die Umrechnung muß von dem mit der Verteilung der Haftungssumme befaßten Gericht in jedem einzelnen Fall neu vorgenommen werden. Nach dem luftrechtlichen Warschauer Abkommen ist dagegen eine Umrechnung der Frankenbeträge in abgerundete DM-Beträge zulässig (Art. 22 Abs. 5 Satz 2 WA).

c) Die Haftungssumme beträgt für jede Raumtonne des Schiffes 3100 Poincaré-Franken (§ 487 a Abs. 3 Satz 1 HGB). Wenn allerdings nur Ansprüche wegen Sachschadens entstanden sind, oder können außerdem entstandene Ansprüche wegen Personenschäden nicht mehr geltend gemacht werden, so beläuft sie sich nur auf 1000 Poincaré-Franken je Raumtonne (§ 487 a Abs. 3 Satz 2 HGB).

Die Verteilungsgrundsätze für den Fall, daß Ansprüche wegen Personen- und Sachschäden zu befriedigen sind (Art. 3 Abs. 1 c des Übereinkommens) finden sich in § 23 Abs. 1 SVO. Sind danach nur Personenschäden vorhanden, so erhalten die Personenschadensgeläubiger den vollen Haftungsbetrag von 3100 Poincaré-Franken pro Tonne. Wenn Personen- und Sachschäden vorliegen, dann kommt auf die Personenschadensgläubiger zunächst ein Teilbetrag von 2100 Poincaré-Franken. An der Verteilung der Restsumme von 1000 Poincaré-Franken nehmen die Gläubiger der festgestellten Ansprüche wegen Sachschäden mit dem vollen Betrag sowie die Gläubiger von Ansprüchen wegen Personenschäden mit dem Betrag teil, mit dem sie bei der Verteilung der 2100 Poincaré-Franken ausgefallen sind, und zwar beide Gläubigergruppen nach dem Verhältnis dieser Beträge. Hat das Verfahren nur Wirkung für Ansprüche wegen Sachschäden, so nehmen die Gläubiger der festgestellten Ansprüche an der Verteilung der gesamten Haftungssumme nach dem Verhältnis der Beträge ihrer Ansprüche teil. Ein nach der Verteilung einer der beiden Teilsummen oder der gesamten Haftungssumme verbleibender Überschuß wird an den Einzahler zurückgezahlt.

Der DM-Betrag für 3100 Poincaré-Franken beläuft sich nach der Bek. des Bundesministers für Wirtschaft vom 10. Okt. 1969 (BA v. 28. Okt. 1969) auf 752,68 DM, für 1000 Poincaré-Franken auf 242,78 DM. Siehe zu der Frage, ob der DM-Betrag durch die seitdem erfolgten wiederholten Aufwertungen der DM geändert ist, Herber VersR 1973, 985. Zwar sei der in der Bekanntmachung v. 10. Okt. 1969 enthaltene Umrechnungskurs die „Parität" im Sinne des § 487 a Abs. 3 S. 3 HGB. Doch sei wegen der Währungsentwicklungen der letzten Zeit den Gerichten zu empfehlen, entgegen dem Wortlaut des Gesetzes von dem sog. „Leitkurs" der DM auszugehen, wie es auch schon vom AG Hamburg im ersten Verteilungsverfahren geschehen sei.

Die Haftungssummen beziehen sich auf das einzelne Schiff. Sind deshalb an der Kollision mehrere Schiffe schuldig, so muß der Reeder eines jeden schuldigen Schiffes die für sein Schiff in Betracht kommende Haftungssumme einzahlen.

d) Aus der hiernach sich ergebenden Haftungssumme sind alle der Haftungsbeschränkung unterliegenden Ansprüche aus einem bestimmten Ereignis nach Maßgabe der unter c) dargelegten Grundsätze und nach dem Verhältnis der in Betracht kommenden Beträge zu befriedigen (§ 487 a Abs. 1 Satz 2 HGB).

Es gilt also der Grundsatz des Haftungsereignisses, im Gegensatz zu dem Grundsatz der einheitlichen Haftungsreise, der dem § 757 HGB a. F. zugrunde lag. Der Reeder hat also für jedes Schadensereignis im Falle der Haftungsbeschränkung die volle Haftungssumme aufzubringen, und zwar auch dann, wenn auf einer Reise mehrere voneinander unabhängige Unfälle auftreten.

Treten mehrere Schäden hintereinander ein, so kann die Frage entstehen, ob es sich um ein einheitliches Ereignis oder um mehrere unabhängige Ereignisse handelt und damit der Reeder den Haftungsfonds mehrfach aufzubringen hat. Ein einheitliches Ereignis ist dann anzunehmen, wenn zwischen mehreren Tatbeständen ein adäquater Kausalzusammenhang besteht (Freise 139), z. B. ein Schiff kollidiert schuldhaft mit einem anderen Schiff und wird dann, um es vor dem Sinken zu hindern, vorsorglich auf Strand gesetzt, wobei neue Schäden an der Ladung entstehen. Der Begriff des „Ereignisses" ist in das Übereinkommen aus dem englischen Recht übernommen. Nach dortiger Auffassung werden zwei Unfälle als ein Schadensereignis angesehen, wenn der zweite Unfall die unvermeidliche Folge des ersten war. Es darf dabei kein neues haftungsbegründendes Handeln (Tun oder Unterlassen) als mitursächlich für den zweiten Unfall hinzukommen. Auch können sich für das deutsche und das angloamerikanische Recht unterschiedliche Ergebnisse ergeben, weil das englische Recht grundsätzlich noch immer von der causa-proxima-Lehre ausgeht, während für das deutsche Recht die Lehre vom adäquaten Kausalzusammenhang maßgeblich ist (vgl. Schwörbel a. a. O. 194, Sotiropoulos a. a. O. 136, Freise Reederhaftung 139). Siehe die Beispiele bei Sotiropoulos a. a. O. und Abraham, Reform des deutschen Seehandelsrechts 43.

e) Ist aus dem Ereignis, aus dem ein Anspruch gegen den Reeder oder eine der in § 486 Abs. 5, 487 Abs. 1 und 3 HGB genannten Personen entstanden ist, zugleich ein Gegenanspruch des Schuldners gegen den Gläubiger entstanden, so sind nach § 487 b HGB die Bestimmungen der §§ 486 bis 487 a HGB nur auf denjenigen Betrag des gegen den Reeder oder eine ihm gleichgestellte Person gerichteten Anspruchs anzuwenden, der nach Abzug des dem Schuldner aus demselben Ereignis gegen den Gläubiger zustehenden Gegenanspruchs verbleibt.

Die Vorschriften über die Haftungsbeschränkung sind also nur auf den Unterschiedsbetrag anzuwenden, wenn aus dem schadenstiftenden Ereignis zugleich ein Gegenanspruch des Schuldners gegen den Gläubiger entstanden ist. Damit ist die Haftung des Schuldners in diesen Fällen über den Haftungsbetrag des Übereinkommens hinaus auf die Gegenansprüche aus demselben Ereignis erweitert.

Soweit ein gegenseitiger Anspruch nach § 487 b HGB nicht von der Haftungsbeschränkungsregelung erfaßt wird, bleibt es bei der Anwendung der allgemeinen Vorschriften über die Aufrechnung. Eine hiernach zulässige Aufrechnung wird nicht durch das mit der Eröffnung des Verteilungsverfahrens verbundene Aufrechnungsverbot (§ 8 Abs. 6 SVO) ausgeschlossen, weil es sich insoweit nicht um einen im Verteilungsverfahren geltend zu machenden Anspruch handelt (Amtl. Begr., BT-Drucks. VI/2225, 19).

f) Wird die Haftung eines Schuldners für einen Anspruch durch die Eröffnung eines Verteilungsverfahrens beschränkt, in dem ein anderer die Haftungssumme einbezahlt hat, so ist bei einem Ausgleich zwischen dem anderen und dem Schuldner nur der Betrag zugrunde zu legen, den der Gläubiger des Anspruchs im Verteilungsverfahren erhält (§ 487 d HGB). Dadurch ist klargestellt, daß der Berechnung des Ausgleichsanspruchs nicht die volle Höhe des Anspruchs zugrunde zu legen ist, in welcher der Ausgleichsverpflichtete durch die Eröffnung des Verteilungsverfahrens von der Haftung frei geworden ist. Das wäre unbillig, da derjenige, der den Betrag im Verteilungsverfahren eingezahlt hat, nur den niedrigeren Betrag der Haftungssumme aufbringen mußte und da auch die anderen Schuldner die Möglichkeit gehabt hätten, ihre Haftung durch ein selbständiges Verteilungsverfahren zu beschränken (Amtl. Begr., BT-Drucks. VI/2225).

III. 1. Im Zusammenhang mit der Neuordnung der beschränkten Reederhaftung durch das Seerechtsänderungsgesetz steht das **Gesetz über das Verfahren bei der Einzahlung und Verteilung der Haftungssumme zur Beschränkung der Reederhaftung (Seerechtliche Verteilungsordnung)** vom 21. Juni 1972 (BGBl. I 953), das am 6. April 1973 in Kraft getreten ist (BGBl. I 267, II 161).

In Verfolg des Übereinkommens von 1957 über die Beschränkung der Reederhaftung sieht § 487 a HGB vor, daß die Haftung des Reeders für bestimmte Ansprüche durch ein gerichtliches Verteilungsverfahren beschränkt werden kann. Die seerechtliche Verteilungsordnung enthält die notwendigen Vorschriften zur Durchführung des Verteilungsverfahrens. Sie lehnt sich in ihren Grundzügen an das Konkursrecht an.

Nach Art. 4 des Übereinkommens über die beschränkte Reederhaftung ist die Ausgestaltung des Verteilungsverfahrens dem Recht jedes Vertragsstaates überlassen. Ähnliche ausführliche Regeln, wie sie für die Bundesrepublik Deutschland durch die SVO erlassen worden sind, finden sich teilweise auch in anderen Ratifikationsstaaten des Übereinkommens, so in Art. 320 a f. des niederländischen Wetboek van Burgerlijke Regtsvordering i. d. F. v. 3. Juni 1965, in Art. 45 ff. der schweizerischen Seeschiffahrtsverordnung i. d. F. v. 4. Nov. 1966, in dem schwedischen Gesetz Nr. 85 zur Änderung des Seegesetzes vom 3. April 1964, in Frankreich in dem Dekret Nr. 67—967 v. 27. Okt. 1969. Für Großbritannien siehe Art. 509 MerchShA.

2. Jeder Schuldner, der nach §§ 486 bis 487 a HGB oder nach Art. 3 § 1 bis § 3 SRÄG beschränkbar haftet, hat die Möglichkeit, bei einem Gericht ein Verfahren zur Einzahlung und Verteilung der Haftungssumme (Verteilungsverfahren) zu beantragen (§ 1 Satz 1 SVO).

Doch ist Voraussetzung, daß der Gesamtbetrag der aus dem Ereignis entstandenen Ansprüche, für welche die Haftung beschränkt werden soll, die in § 487 a HGB bestimmte Haftungssumme voraussichtlich übersteigt.

Siehe über den Inhalt des Antrags § 4 SVO.

Zuständig sind die Amtsgerichte, und zwar ist bei einem in der Bundesrepublik ins Schiffsregister eingetragenem Schiff nach § 2 Abs. 1 SVO ausschließlich das Amtsgericht zuständig, bei dem das Schiffsregister geführt wird. Bei einem Verteilungsverfahren für ein ausländisches (nicht in ein deutsches Schiffsregister eingetragenes) Schiff ist gemäß § 2 Abs. 2 Satz 1 SVO dasjenige Amtsgericht ausschließlich zuständig, in dessen Bezirk der Antragsteller seine gewöhnliche Niederlassung oder in Ermangelung einer solchen seinen gewöhnlichen Aufenthaltsort hat. Fehlt beides, so ist das Amtsgericht ausschließlich zuständig, in dessen Bezirk ein Gericht seinen Sitz hat, vor dem gegen den Antragsteller in erster

Instanz Klage wegen eines Anspruchs erhoben werden kann, der der beschränkten Haftung unterliegt, oder in dessen Bezirk die Zwangsvollstreckung gegen den Antragsteller wegen eines solchen betrieben wird (§ 2 Abs. 2 Satz 2 SVO). Siehe § 2 Abs. 3 und 4 SVO mit der Möglichkeit, das Verfahren auf bestimmte Amtsgerichte zu konzentrieren. Hiervon haben die Länder und das Land Hamburg mit einer Vereinbarung Gebrauch gemacht, daß alle Verteilungsverfahren im Land Hamburg durchgeführt werden (Abk. v. 3. Nov. 1972 über die Zuständigkeit des AG Hamburg nach der Seerechtlichen Verteilungsordnung — Hamb. GVOBl. 1973, 40; siehe wegen des Inkrafttretens Bek. v. 10. Juli 1973, Hamb. GVOBl. 1973, 280). Nach der hamburgischen VO v. 18. Juli 1972 (GVOBl. 1972, 149) ist das AG Hamburg ausschließlich zuständig.

3. Das Gericht setzt nach § 5 Abs. 1 SVO durch Beschluß die zur Beschränkung einzuzahlende Haftungssumme fest. Nach der Einzahlung der Haftsumme (vgl. auch § 6 SVO) bei der Gerichtskasse und der Eröffnung des Verfahrens (vgl. dazu § 7 SVO) beschränkt sich die Haftung des Reeders und der ihm in § 487 HGB gleichgestellten Personen für alle aus dem bezeichneten Ereignis entstandenen Ansprüche, für die die Haftung beschränkbar ist, auf die eingezahlte Haftungssumme. Die Haftungsbeschränkung ist unabhängig davon, welche der hiernach in Betracht kommenden Personen die Eröffnung des Verteilungsverfahrens beantragt hat und wer die Haftungssumme einbezahlt hat. An dem Verteilungsverfahren nehmen alle Gläubiger von Ansprüchen teil, für welche die Haftung durch die Eröffnung des Verfahrens beschränkt worden ist (§ 6 Abs. 1 Satz 1 SVO). Diese Ansprüche können nur nach den Vorschriften der Verteilungsordnung verfolgt werden (§ 6 Abs. 1 Satz 2 SVO). Rechtsstreitigkeiten ihretwegen, die bei der Eröffnung des Verteilungsverfahrens anhängig sind, werden mit dem Erlaß des Eröffnungsbeschlusses unterbrochen, bis sie nach § 19 SVO aufgenommen werden oder bis das Verteilungsverfahren aufgehoben oder eingestellt wird (§ 8 Abs. 2 SVO).

4. Die Eröffnung des Verfahrens macht Einzelvollstreckungen und Zwangsvollstreckungen wegen der teilnahmeberechtigten Ansprüche unzulässig (§ 8 Abs. 3 SVO). Sicherungsrechte erlöschen (§§ 20, 22 SVO).

Der Fortgang des Verteilungsverfahrens wird nicht dadurch berührt, daß nach seiner Eröffnung über das Vermögen des Schuldners das Konkursverfahren oder ein gerichtliches Vergleichsverfahren eröffnet wird (§ 8 Abs. 5 SVO). Siehe dazu Abraham, Reform des deutschen Seehandelsrechts 51.

5. In den §§ 23 bis 29 SVO finden sich eingehende Bestimmungen über das gerichtliche Verfahren bei der Haftungsbeschränkung. Der Schuldner haftet einem Gläubiger, der bei der Verteilung der Haftungssumme den auf seinen Anspruch entfallenden Anteil ganz oder

teilweise entgegennimmt, nicht mehr (§ 24 Satz 1 SVO). Gemäß § 26 Abs. 1 Satz 1 SVO soll nach der Abhaltung des allgemeinen Prüfungstermins eine Verteilung an die Gläubiger der festgestellten Ansprüche erfolgen, eine weitere nach § 28 SVO dann, wenn ein weiterer hinreichender Betrag der Haftungssumme verfügbar ist. Siehe wegen der Gläubiger, deren Ansprüche nicht festgestellt sind und für deren Ansprüche ein mit der Vollstreckungsklausel versehener Schuldtitel, ein Endurteil oder ein Vollstreckungsbefehl nicht vorliegt, § 26 Abs. 3 SVO. Vgl. wegen der Kostentragung § 31 SVO.

6. Bei der Eröffnung des Verteilungsverfahrens ist vom Gericht ein Sachwalter zu bestellen (§ 9 Abs. 1 SVO). Sein Aufgabenbereich bestimmt sich vornehmlich nach § 9 Abs. 2 Satz 1 SVO. Siehe wegen weiterer Einzelheiten Abraham, Reform des Seehandelsrechts 52 f.

7. Ein Schuldner, der seine Haftung nach §§ 486 bis 487 HGB oder nach Art. 3 § 1 bis 3 SRÄG beschränken kann, kann vor Einleitung des Verteilungsverfahrens die Aufhebung eines Arrests, der wegen eines Anspruchs, für welchen die Haftung beschränkt werden kann, ausgebracht ist, gegen Hinterlegung eines der Haftungssumme entsprechenden Betrages erreichen (§ 35 Satz 1 SVO und dazu Abraham a. a. O. 53 f.).

8. Das Verfahren gehört wie das Konkursverfahren und das Vergleichverfahren nicht zur freiwilligen Gerichtsbarkeit. Es finden vielmehr die Vorschriften der ZPO entsprechende Anwendung, soweit die SVO keine abweichenden Bestimmungen trifft (§ 3 Abs. 1 SVO). Die Entscheidungen im Verteilungsverfahren können ohne mündliche Verhandlung ergehen. Gegen sie findet grundsätzlich die sofortige Beschwerde statt, die innerhalb eines Monats eingelegt werden kann (§ 3 Abs. 2 SVO).

§ 16. Der Kapitän

Wüstendörfer SHR 178 ff.; Segelken, Kapitänsrecht, 1967; Wodrich, Ist die strenge Haftung des Kapitäns noch zeitgemäß? Hansa 1971, 820 ff.

I. Der *Kapitän* (bis zum SRÄG vom HGB als *Schiffer* bezeichnet) ist der Führer des Schiffes und nächst dem Reeder die wichtigste Person des Seerechts.

Wer als Kapitän in der Seeschiffahrt tätig sein will, bedarf dazu eines *Befähigungszeugnisses.* Vgl. § 2 Abs. 2 SeemG und § 4 SBAO. Das Kapitänspatent kann durch Spruch des Seeamts entzogen werden, wenn der Kapitän durch sein Verhalten bei Gelegenheit des Unfalls das Fehlen einer für sein Gewerbe erforderlichen Eigenschaft erweist. Vgl. wegen Einzelheiten SeeUG v. 28. September 1935 und unten § 27 IV.

Das Binnenschiffahrtsrecht kennt noch den Schiffer (§ 7 BSchG) als den Führer des Schiffes. Doch findet sich auch hier in der Praxis die Bezeichnung Kapitän. Seine Verantwortlichkeit ist erheblich geringer als die des Kapitäns eines Seeschiffes. Er hat rechtlich deshalb auch nicht dessen Selbständigkeit. Ist der Binnenschiffer zugleich der Schiffseigner, so wird er als Partikulierschiffer bezeichnet. Der Binnenschiffer rechnet zur Schiffsbesatzung, aber nicht zur Schiffsmannschaft (§§ 3 Abs. 2, 21 BSchG). Vgl. wegen seiner Aufgaben namentlich auch die §§ 8—11 BSchG. Der Binnenschiffer bedarf für die Schiffsführung auf großen Flüssen, Kanälen und Seewasserstraßen eines Befähigungsnachweises (Patent), für dessen Erteilung unter anderem eine bestimmte Erfahrung vorausgesetzt wird, die sich aus den Eintragungen zu den Schifferdienstbüchern ergibt (vgl. VO über die Befähigungszeugnisse in der Binnenschiffahrt v. 15. Juni 1956 [BGBl. 1956 II 722 mit nachträglichen Änderungen])

Wegen des Befähigungsnachweises für den *Flugzeugführer* vgl. die Prüfordnung für Luftfahrtpersonal v. 5. April 1967 (BGBl. I 413). Die Stellung des Flugzeugführers in öffentlich-rechtlicher und privatrechtlicher Hinsicht hat bisher keine nähere Regelung erfahren. Insbesondere steht ihm von Gesetzes wegen eine Vertretungsbefugnis für den Eigentümer des Luftfahrzeugs nicht zu. Vgl. Ruhwedel, Die Rechtsstellung des Flugzeugkommandanten im zivilen Luftverkehr, 1964 (Bd. 27 der Schriften zum deutschen und europäischen Zivil-, Handels- und Prozeßrecht).

II. Der Kapitän eines Seeschiffes wird regelmäßig vom Reeder (oder auch dem Ausrüster gemäß § 510 HGB) bestellt. In den in § 35 des Gesetzes, betreffend die Organisation der Bundeskonsulate sowie die Amtsrechte und Pflichten der Bundeskonsuln vom 8. Nov. 1867 (BGBl. 137) erwähnten Not- und Ausnahmefällen kann die Bestellung auch durch einen Konsul der Bundesrepublik erfolgen (§ 2 Abs. 1 SeemG). Nach § 2 Abs. 3 SeemG ist, wenn ein Kapitän nicht vorhanden oder ein vorhandener verhindert ist, der Erste Offizier des Decksdienstes oder der Alleinsteuermann der geborene Stellvertreter des Kapitäns. Er tritt kraft Gesetzes in alle Rechte und Pflichten des verhinderten Kapitäns ein. Siehe auch § 516 Abs. 2 HGB, wonach auch der Kapitän im Verhinderungsfall einen anderen Kapitän einsetzen kann. Vgl. über das Verhältnis von § 516 Abs. 2 HGB zu § 2 Abs. 3 SeemG Schaps-Abraham Anm. 2 ff. zu § 516 HGB, Prüssmann § 516 B 2 b, bb.

Regelmäßig, und davon geht auch das Gesetz aus, befindet sich der Kapitän in einem *Angestelltenverhältnis* zum Reeder (Dienstvertrag, der auf eine Geschäftsbesorgung gerichtet ist, § 675 BGB). Für den Anstellungsvertrag finden sich in § 78 SeemG Mindestbedingungen. Das SeemG regelt das Arbeitsverhältnis des Kapitäns als ein modifiziertes Heuerverhältnis, das eine Hinneigung zu dem Arbeitsverhältnis eines leitenden Angestellten zeigt. Dementsprechend gelten die Vorschriften über das Heuerverhältnis der Besatzungsmitglieder (zu denen der

Kapitän gemäß §§ 2, 3 SeemG nicht gehört) im Rahmen des § 78 SeemG auch für den Kapitän. Der Bestellungsvertrag kann von Gesetzes wegen mündlich oder schriftlich geschlossen werden. Ein Heuerschein (§ 24 SeemG) wird dem Kapitän nicht erteilt.

Für das Vertragsverhältnis des Kapitäns zum Reeder kommen außer den Bestimmungen des SeemG und denjenigen des Tarifvertrages vornehmlich auch die §§ 511 ff. HGB in Betracht. Die SeemG hatte Bestimmungen über den Kapitän nur insoweit getroffen, als es sich um seine Rechtsstellung an Bord und um die gegenüber den übrigen Besatzungsmitgliedern handelte. Im übrigen war seine Rechtsstellung in den §§ 511 ff. HGB geregelt. Doch waren auch in diesen arbeitsrechtliche Fragen nur in ganz geringem Umfange angeschnitten, vornehmlich solche, die mit der Beendigung des Arbeitsverhältnisses, der Erkrankung und dem Tod des Kapitäns in Zusammenhang standen. Bei Erlaß des SeemG sind die diesbezüglichen Bestimmungen des HGB, die §§ 546 bis 551, 553—554 sowie 555 Satz 2 und 3 aufgehoben worden. Das Arbeitsrecht des Kapitäns wurde mit in das SeemG einbezogen. Das SeemG regelt aber die Rechte und Pflichten des Kapitäns nur so weit, als er Vertreter des Arbeitgebers an Bord ist oder als sie sein arbeitsrechtliches Verhältnis zum Reeder betreffen. In den §§ 511 ff. HGB sind also die handelsrechtlichen Befugnisse und Pflichten des Kapitäns, insbesondere auch die Regelung seiner Haftung, nach wie vor enthalten.

Die Stellung als Kapitän *endet* mit seinem Tode (nicht aber durch denjenigen des Reeders), durch Zeitablauf (wenn der Vertrag auf eine bestimmte Zeit vereinbart war) oder durch den Eintritt einer auflösenden Bedingung, durch ordentliche Kündigung (wenn das Vertragsverhältnis auf unbestimmte Zeit eingegangen war, vgl. § 78 Abs. 3 SeemG; siehe über die Kündigung aus wichtigem Grunde bei bestimmter oder unbestimmter Zeitdauer § 78 Abs. 4 SeemG), durch tatsächliche Aufgabe oder durch Patententziehung (vgl. § 26 SUG).

III. Den Kapitän treffen zahlreiche öffentlich-rechtliche und privatrechtliche Pflichten. Dem entspricht es, daß er auch gegenüber dem allgemeinen Recht erhöhte Befugnisse hat.

Insbesondere ist der Kapitän auch Vertreter des Arbeitgebers gegenüber der Schiffsbesatzung an Bord und damit ein sehr wichtiges Zwischenglied zwischen dem Reeder als Arbeitgeber und dem einzelnen Besatzungsmitglied. Er hat gleichsam eine arbeitgeberähnliche Stellung und übt einen Teil der diesbezüglichen Funktionen als gesetzlicher Vertreter des Reeders aus, andere kraft Gesetzes aus eigenem Recht (vgl. Becker ZHR 121, 114).

1. Hinsichtlich der *öffentlich-rechtlichen* Pflichten und Rechte des Kapitäns findet sich eine Reihe von Rechtsvorschriften, namentlich auch in den §§ 86 ff. SeemG. Die einzelnen Befugnisse werden in ihrer Zusammenfassung als **Schiffsgewalt** bezeichnet. Doch sind in dieser auch privatrechtliche Befugnisse entweder für sich allein oder in Verflechtung mit dem öffentlichen Recht enthalten. Es handelt sich bei der

Schiffsgewalt also um eine Mischung öffentlich-rechtlicher und privatrechtlicher Funktionen (so auch Wüstendörfer SHR 182). Die Schiffsgewalt umfaßt Befugnisse über das Schiff und die darauf befindlichen Sachen, sodann Befugnisse gegenüber bestimmten Personengruppen und schließlich die Wahrnehmung gewisser im allgemeinen der Staatsgewalt zukommender Funktionen während der Reise.

Hinsichtlich der Befugnisse über das *Schiff* kommt namentlich das Hausrecht in Betracht, das dem Kapitän die Möglichkeit gibt, Privatpersonen (aber nicht Organen der Staatsgewalt; Ausnahme: Strandvogt, § 7 Abs. 1 StrandO) das Betreten des Schiffes zu verbieten, sogar solchen, die in Seenot Hilfe leisten wollen (es sei denn, daß das Verbot „unverständlich" ist, § 742 HGB). Siehe die Sonderregelung für Besatzungsmitglieder in § 111 Abs. 1 SeemG. Danach dürfen auch diese keine Personen, die nicht zur Schiffsbesatzung gehören oder nicht im Rahmen des Schiffsbetriebs an Bord tätig sind, ohne Erlaubnis an Bord bringen. Doch darf die Erlaubnis im Hafen nicht verweigert werden, wenn es sich um Familienangehörige des Besatzungsmitglieds handelt und der Schiffsbetrieb nicht gestört wird.

Zu den Befugnissen über das Schiff gehört ferner das Recht, dem Schiffe im Falle großer Haverei Schaden zuzufügen (§ 700 HGB). Bezüglich der an Bord befindlichen Gegenstände ist vornehmlich das Recht zu erwähnen, gefährliches oder ohne Wissen des Kapitäns an Bord gebrachtes Ladungs- oder Reisegut oder Eigentum von Schiffsleuten an Land zu setzen bzw. über Bord zu werfen (vgl. für Ladungsgut §§ 564 Abs. 5, 564 a und b HGB, die gemäß § 673 HGB auch auf Reisegut Anwendung finden). Für das Eigentum von Schiffsleuten vgl. die eingehende Sonderregelung in § 111 Abs. 2 und 3 SeemG. Danach dürfen Besatzungsmitglieder persönliche Bedarfsgegenstände und Verbrauchsgüter in angemessenem Umfange an Bord bringen, sofern dadurch nicht gesetzliche Vorschriften verletzt, die Ordnung an Bord beeinträchtigt oder Menschen, Schiff oder Ladung gefährdet werden. Die Mitnahme von anderen Gegenständen durch Besatzungsangehörige, insbesondere von Waffen und Munition, ist nur mit Einwilligung des Kapitäns zulässig, die, wenn sie versagt wird, durch das Seemannsamt ersetzt werden kann.

Reisende sind den die Schiffsordnung betreffenden Anweisungen unterworfen (§ 665 HGB). Kommt der Reisende den Anordnungen nicht freiwillig nach, so kann der Kapitän notfalls auch Gewalt anwenden. Eine ausdrückliche Bestimmung hierüber gibt es nicht, doch folgt das aus der Natur der Sache. Ein Kapitän, der einen geflohenen Fremdenlegionär, der sich als blinder Passagier eingeschlichen hatte, der ausländischen Macht wieder zuführt, ist nicht strafbar nach § 109 h StGB, sondern allenfalls wegen einer versuchten Nötigung (§§ 240, 43 StGB). Vgl. LG Hamburg VerkBl. 1959, 71.

Die SeemO hatte dem Kapitän gegenüber den Schiffsoffizieren und der Schiffsmannschaft Kommandogewalt (vgl. insbesondere § 34 SeemO) und Disziplinargewalt (vgl. §§ 84 ff. SeemO) gegeben. Das SeemG hat die diesbezüglichen Bestimmungen dem modernen Rechtsempfinden angepaßt. Gemäß § 106 SeemG ist der Kapitän *Vorgesetzer aller Besatzungsmitglieder und der sonst an Bord tätigen Personen.* Er hat ihnen gegenüber eine *oberste Anordnungsbefugnis,* für die Erhaltung der Ordnung und Sicherheit an Bord zu sorgen und die in dieser Hinsicht erforderlichen Maßnahmen zu treffen (siehe auch BOSA Hansa 1969, 1469: Dem entspricht die oberste Verantwortung des Kapitäns für das gesamte Geschehen an Bord, von dem der Kapitän auch durch die Assistenz eines Lotsen nicht freigestellt wird). Ein Besatzungsmitglied ist nicht verpflichtet, eine Anordnung auszuführen, wenn es dadurch eine Straftat oder eine Ordnungswidrigkeit begehen würde (§§ 89, 109 SeemG). In allen anderen Fällen wird die Nichtbefolgung einer Anordnung des Kapitäns durch ein Besatzungsmitglied als Straftat oder Ordnungswidrigkeit geahndet (§§ 115, 124 SeemG). Bei unmittelbarer Gefahr für Menschen oder Schiff ist es zulässig, daß der Kapitän seine Anordnungen notfalls mit den erforderlichen Zwangsmitteln durchsetzt. Auch die vorübergehende Festnahme ist zulässig. Eine Disziplinarbefugnis hat er im übrigen nicht mehr. Sie besteht nur noch gegenüber heimzuschaffenden Seeleuten gemäß § 4 Abs. 3 des Gesetzes, betreffend die Verpflichtung der Kauffahrteischiffe zur Mitnahme heimzuschaffender Seeleute v. 2. Juni 1902 (RGBl. 212).

Der Kapitän (aber auch die anderen Vorgesetzten) haben die ihnen unterstellten Personen gerecht und verständnisvoll zu behandeln (§ 108 SeemG mit weiteren Einzelheiten insbesondere auch bezüglich der Behandlung von Jugendlichen). Er hat den Landgang (§ 61 SeemG) und den Urlaub (§ 55 SeemG) der Besatzungsmitglieder im Rahmen der angeführten Bestimmungen zu regeln. Er ist gemäß § 80 SeemG für den allgemeinen Schutz gegen Betriebsgefahren verantwortlich.

2. Die Stellung des Kapitäns wird besonders hervorgehoben auch durch die ihm vom Gesetz eingeräumte **Vollmacht für den Reeder mit vermutetem Umfang.** Auch für die Ladungsbeteiligten ist er gesetzlicher Bevollmächtigter.

Auch das Binnenschiffahrtsrecht kennt eine gesetzliche Vollmacht des Kapitäns, aber mit erheblich geringerem Umfang (vgl. §§ 15—19 BSchG): er kann nur auswärts die Geschäfte vornehmen, die zur Ausführung der konkreten Reise *erforderlich* sind. Am Heimatort des Schiffes oder an einem Ort mit einer Geschäftsniederlassung des Schiffseigners darf er nur Ladescheine ausstellen. Dem Luftrecht ist eine solche gesetzliche Vollmacht für den Chefpiloten fremd, obwohl sie für ihn mit ähnlichen Gründen wie im Schiffahrtsrecht zu motivieren wäre. Vgl. über die geschichtliche Entwicklung im Seerecht Wüstendörfer SHR 199 f.

Die gesetzliche Vertretungsbefugnis des Kapitäns ist unterschiedlich geregelt bei Aufenthalt des Schiffes im oder außerhalb des Heimathafens.

a) Im Heimathafen besteht nur die Befugnis zur *Annahme der Schiffsmannschaft* (§ 526 Abs. 2 HGB) und zu *allen mit der Konnossementsausstellung zusammenhängenden Rechtshandlungen.* § 642 Abs. 1 und 4 HGB sprechen zwar nur von der Konnossementsausstellung, werden jedoch von der h. A. zutreffend so aufgefaßt, es sei darin u. a. auch die Befugnis zur Entgegennahme und Auslieferung der Ladung (§§ 648 f. HGB), zur Annahme von Stauern zum Lade- und Löschdienst, zur Einziehung der Fracht und Nebengelder (§§ 614 Abs. 2, 615 Abs. 1 HGB) enthalten. S. Wüstendörfer SHR 201. Ferner ist der Kapitän nach § 760 Abs. 2 HGB auch im Heimathafen passiv aus der Klage eines Schiffsgläubigers legitimiert.

Die Benutzung eines bestimmten Hafens für die wiederholte Ausrüstung des Schiffes, das z. B. in „wilder Trampfahrt" eingesetzt wird, macht ihn nicht zum Heimathafen i. S. des § 526 HGB. Hat der Reeder keine gewerbliche Niederlassung in einem deutschen Hafen, so ist Heimathafen der Ort, in dem das Schiffsregister geführt wird (BGHZ 58, 170 = NJW 1972, 762 = MDR 1972, 489 = Hansa 1972, 1475).

b) *Außerhalb des Heimathafens* kann der Kapitän für den Reeder *alle Geschäfte und Rechtshandlungen vornehmen, welche die Ausrüstung, Bemannung, Verproviantierung und Erhaltung des Schiffes sowie die Ausführung der Reise mit sich bringen.* Auch auf die *Eingehung von Frachtverträgen* erstreckt sich die Befugnis, ferner auf die *Erhebung von Klagen,* die sich auf den Wirkungskreis des Kapitäns beziehen (§ 527 Abs. 1 und 2 HGB). Einerlei ist es, ob es sich um gewöhnliche oder ungewöhnliche Geschäfte handelt.

Darlehnsaufnahmen, Kreditkäufe und ähnliche Kreditgeschäfte sind indessen dem Kapitän nur gestattet, wenn sie zur Erhaltung des Schiffes oder zur Ausführung der Reise notwendig und zur Befriedigung des Bedürfnisses erforderlich sind (§ 528 Abs. 1 Satz 1 HGB). Zur Eingehung von Wechselverbindlichkeiten ist der Kapitän nur befugt, wenn ihm eine besondere Vollmacht hierzu erteilt worden ist (§§ 528 Abs. 1 Satz 2 HGB).

Nach § 528 Abs. 2 HGB ist die Gültigkeit des Geschäfts nicht davon abhängig, daß der Kapitän nach § 528 Abs. 1 HGB zu dem Geschäft befugt war, daß die von ihm zwischen mehreren Geschäften getroffene Wahl zweckmäßig war und daß die durch das Geschäft erlangten Mittel oder sonstigen Gegenstände tatsächlich zur Erhaltung des Schiffes oder zur Ausführung der Reise verwendet werden. Indessen ist das Geschäft für den Reeder nicht verbindlich, wenn der Dritte den Mangel der Befugnis des Kapitäns oder die Absicht zur anderweitigen Verwendung kennt. Grobfahrlässige Unkenntnis des Dritten genügt nicht.

c) Der Kapitän handelt in Ausübung seiner gesetzlichen Vollmacht als *unmittelbarer Stellvertreter des Reeders,* § 533 Abs. 1 HGB.

Durch diese Bestimmung wird eine etwaige Haftung des Kapitäns nach Maßgabe der §§ 511, 512 HGB nicht berührt.

d) Auch für die *Ladungsbeteiligten* (Befrachter, Ablader, Empfänger, auch für denjenigen, der ohne Wissen und Willen des Kapitäns Güter zur Beförderung an Bord brachte) hat der Kapitän kraft Gesetzes gewisse Befugnisse (§§ 535 f., 538 ff., 632 Abs. 1, 634 Abs. 7, 564 a HGB). Er hat im Interesse der Ladungsbeteiligten während der Reise nach

Möglichkeit für das Beste der Ladung zu sorgen (so übereinstimmend §§ 535 Abs. 1 HGB und 10 Abs. 2 BSchG).

Äußerstenfalls darf er die Ladung, wenn ein erheblicher Schaden wegen drohenden Verderbs oder aus sonstigen Gründen anders nicht abzuwenden ist, veräußern oder zur Beschaffung der Mittel zu ihrer Erhaltung oder Weiterbeförderung verpfänden (§ 535 Abs. 3 HGB). Er ist berechtigt, Ansprüche eines Ladungsbeteiligten aus Verlust oder Beschädigung der Ladung außergerichtlich oder gerichtlich zu betreiben, soweit der Ladungsbeteiligte selbst hierzu nicht rechtzeitig in der Lage ist (§ 535 Abs. 4 HGB).

Außer in den Fällen des § 535 HGB ist der Kapitän zur Verfügung über Ladungsteile durch Veräußerung, Verpfändung oder Verwendung nur befugt, soweit es zum Zwecke der Fortsetzung der Reise notwendig ist (§ 538 HGB).

Gründet sich das Bedürfnis auf eine große Haverei und kann der Kapitän ihm durch verschiedene Maßregeln abhelfen, so hat er diejenige Maßregel zu ergreifen, welche für die Beteiligten mit dem geringsten Nachteil verbunden ist (§ 539 HGB). Liegt ein Fall der großen Haverei nicht vor, so ist der Kapitän zur Verfügung über Ladungsteile durch Veräußerung, Verpfändung oder Verwendung nur befugt, wenn er dem Bedürfnis auf anderem Wege nicht abhelfen kann oder wenn die Wahl eines anderen Mittels einen unverhältnismäßigen Schaden für den Reeder zur Folge haben würde (§ 540 HGB). Siehe dazu auch §§ 541, 542 HGB.

e) Die gesetzliche Vollmacht des Kapitäns hat vornehmlich in der modernen Linienschiffahrt viel von ihrer früheren Bedeutung verloren. Insbesondere entlasten ihn ständig Agenten des Reeders in allen Anlaufhäfen und Heuerstellen von einem großen Teil seiner rechtsgeschäftlichen Tätigkeit.

3. Von den **privatrechtlichen Pflichten** des Kapitäns sind namentlich zu erwähnen:

a) aa) *Seine Sorgepflicht* bezieht sich darauf, daß das Schiff im *gehörigen Zustande, gehörig eingerichtet, ausgerüstet, bemannt* und *verproviantiert* ist (§ 513 HGB). Er hat weiter zu sorgen für die *Tüchtigkeit der Gerätschaften zum Laden und Löschen* sowie für die *gehörige Stauung* nach Seemannsbrauch, auch wenn die Stauung durch besondere Stauer bewirkt wird (§ 514 Abs. 1 HGB, OLG Hamburg VersR 1968, 552; 1967, 1173 = Hansa 1968, 13. Schließlich obliegt ihm die Sorge dafür, daß das Schiff *nicht überladen*, aber mit dem nötigen *Ballast* und der erforderlichen *Garnierung* versehen ist (§ 514 Abs. 2 HGB). Er ist verantwortlich, wenn schuldhaft *Kriegskonterbande* geladen (§ 515 Abs. 2 HGB) oder im In- oder Auslande die Polizei-, Steuer- und Zollgesetze nicht beobachtet werden (§ 515 Abs. 1 HGB).

bb) Das Gesetz geht noch immer von der persönlichen Wahrnehmung dieser Sorgepflichten durch den Kapitän aus. In der Wirklichkeit sind sie vielfach zu einer Oberaufsicht mit Kontrollpflicht geworden. Im modernen Schiffsbetrieb wird der Kapitän durch die Schiffsoffiziere entlastet, hinsichtlich der Sorgepflichten für die Seetüchtigkeit des Schiffes auch durch Klassifikationsgesellschaften (vgl. über diese oben § 11 I b) und die See-Berufsgenossenschaft (vgl. über diese § 11 I a), ferner durch die Inspektoren seiner Reederei. Vgl. über die Bedeutung des Klassenattests im französischen Recht Cour de Cassation Hansa 1953, 301.

b) Der Kapitän hat die *Reise rechtzeitig anzutreten und fortzusetzen* (§ 516). Er hat dabei mit Vorrang die Pflicht zur *sorgfältigen und vorsichtigen Navigierung*, was als selbstverständlich im Gesetz gar nicht hervorgehoben ist. Es trifft ihn eine besondere *Anwesenheitspflicht* (vgl. im einzelnen § 517 HGB). Er hat im Interesse der Ladungsbeteiligten während der Reise für das Beste der Ladung nach Möglichkeit zu sorgen (§ 535 Abs. 1 HGB). Er muß seinen Reeder von allen wichtigen Umständen der Reise fortlaufend in Kenntnis setzen; in allen erheblichen Fällen hat er Weisungen einzuholen, sofern die Umstände es gestatten (vgl. § 534 Abs. 2 HGB, siehe auch dessen Abs. 5).

c) Der Sicherung des Beweises über Reiseunfälle dient die *Verklarung* (Seeprotest).

Vgl. §§ 522 bis 525 HGB, die durch das Seerechtsänderungsgesetz neu gefaßt worden sind. Die Neuordnung war erforderlich, weil infolge der technischen Fortschritte der Schiffahrt, namentlich im Funkverkehr, die Funktionen des Verfahrens geändert wurden (Amtl. Begr. BT-Drucks. VI/2225, 20). Die Verklarung wird im Geltungsbereich des Grundgesetzes durch die Gerichte, außerhalb desselben durch die vom Bundesminister des Auswärtigen durch Rechtsverordnung bestimmten Auslandvertretungen der Bundesrepublik aufgenommen (§ 522 Abs. 2 HGB). Der Kapitän ist bei einem Unfall, der sich während der Reise ereignet und der das Schiff oder die Ladung betrifft oder sonst einen Vermögensnachteil zur Folge haben kann, berechtigt oder auf Verlangen verpflichtet, die Aufnahme einer Verklarung zu verlangen (§ 522 Abs. 1 Satz 1 HGB). Das Verlangen kann von dem Reeder und von den Personen gestellt werden, für die der Unfall als Inhaber eines Rechts am Schiff, Ladungsbeteiligte, Reisende oder Personen der Schiffsbesatzung Vermögensnachteil zur Folge haben kann (§ 522 Abs. 1 Satz 2 HGB). Der Kapitän ist berechtigt und auf Verlangen einer der eben genannten Personen verpflichtet, die Aufnahme der Verklarung in dem Hafen, den das Schiff nach dem Unfall oder nach dem Verlangen zuerst erreicht und in dem sie ohne unverhältnismäßige Verzögerung der Reise möglich ist, oder im Falle des Schiffsverlustes an dem ersten geeigneten Ort zu beantragen (§ 522 Abs. 1 Satz 3 HGB). Der Kapitän hat sich selbst zum Zeugnis zu erbieten und die zur Feststellung des Sachverhalts sonst dienlichen Beweismittel zu bezeichnen (§ 523 HGB). Gegenüber der bisherigen Regelung besteht also jetzt ein absoluter Zwang zur Ablegung der Verklarung nicht mehr. Siehe wegen weiterer Einzelheiten die §§ 523 bis 525 HGB, rechtsvergleichend Helmers Hansa 1953, 33.

IV. Für die Erfüllung seiner Pflichten haftet der Kapitän mit der Sorgfalt eines ordentlichen Kapitäns, § 511 HGB, und zwar nicht nur dem Reeder, sondern auch den *Ladungsbeteiligten* (Befrachter, Ablader,

Empfänger (siehe dazu BGH MDR 1971, 561), analog auch dem Schiffsmieter, den beförderten Personen (Reisenden) und der Schiffsbesatzung (analoge Anwendung auf einen Stauer: OLG Bremen Hansa 1964, 419). Vgl. § 512 HGB. Siehe für die Möglichkeit für den Kapitän, seine Haftung zu beschränken, oben § 15 II 5 a, bb).

Siehe OLG Hamburg VersR 1967, 1173: Für die Haftung des Kapitäns wegen fehlerhafter Stauung kommt es nicht darauf an, wer die Güter eingeladen hat, in wessen Auftrag dies geschehen ist und ob der Ablader der Verladung auf Deck zugestimmt hat (vgl. BGHZ 6, 127; 26, 152). Insbesondere darf der Kapitän nicht Güter, die durch überkommendes Seewasser beschädigt werden können, an Deck verladen.

Handelte der Kapitän auf Anweisung des Reeders, so wird der Kapitän diesem gegenüber in der Regel haftfrei, ferner auch dann, wenn die Inanspruchnahme des Kapitäns gegen Treu und Glauben verstoßen würde (RGZ 119, 397). Anders als im Binnenschiffahrtsrecht (§ 7 Abs. 2 S. 1 am Ende und S. 2 BSchG) wird aber der Kapitän des Seerechts durch eine solche Weisung des Reeders nicht von der Haftung gegenüber den übrigen in § 512 Abs. 1 HGB genannten Personen befreit (§ 512 Abs. 2 HGB). Vielmehr verpflichtet eine solche Anweisung den Reeder (wie auch den Schiffseigner des Binnenschiffahrtsrechts) ebenfalls gegenüber diesen Personen, wenn er bei ihrer Erteilung von dem Sachverhältnis unterrichtet war (§ 512 Abs. 3 HGB). Vgl. im übrigen für das Binnenschiffahrtsrecht die den §§ 511, 512 HGB grundsätzlich entsprechende Regelung in § 7 BSchG. Ist der Binnenschiffer gleichzeitig Schiffseigner, so beschränkt sich bei nur nautischem Verschulden seine Haftung auf das Schiffsvermögen, es sei denn, daß er „böslich" gehandelt hat (§ 4 Abs. 2 S. 2 BSchG).

Die Verantwortlichkeit des Kapitäns aus §§ 823 ff. BGB besteht neben derjenigen aus §§ 511, 512 HGB. Das ist von Bedeutung insbesondere für die Haftung gegenüber anderen Personen als den in § 512 Abs. 1 genannten, so gegenüber den Reisebeteiligten des entgegenkommenden Schiffes bei Schiffszusammenstoß.

§ 17. Das seerechtliche Arbeitsrecht

Becker, in Gläser-Becker, Neues See- und Binnenschiffahrtsrecht 475 ff.; Schaps-Abraham III 1—182; Schelp-Fettback, SeemG, 1961; dies., Textausgabe zum SeemG mit Anm., 2. Aufl. 1963; Janssen, Der Schutz der minderjährigen Seeleute auf deutschen Schiffen im In- und Ausland, 1969; Küster, Seemännisches Arbeitsrecht, Die Kommandobrücke 1970, Maiheft I—XII; Stabenow, Das seemännische Arbeitsrecht in der Deutschen Demokratischen Republik, Hansa 1970 Nr. 15 und 16; Harten, Seemannsgesetz und Schiffahrtspraxis, Kritische Bemerkungen zu zwei Entscheidungen des TSchG, Hansa 1968, 1045—48; Schildkneckt, 15 Jahre Tarifverträge in der deutschen Seeschiffahrt, Hansa 1967, 1988; Kapust, Ausländische Offiziere auf Seeschiffen unter der

Bundesflagge, Kommandobrücke 1973, 100. Ausführliche Schrifttumsangaben zum SeemG finden sich bei Schaps-Abraham III 3 ff.

I. Die erste reichsrechtliche Regelung des Seearbeitsrechts fand sich in der SeemO v. 27. Dez. 1872 (RGBl. 409). Sie wurde durch die SeemO v. 2. Juni 1902 (RGBl. 175) ersetzt, welche bis zum Inkrafttreten des SeemG v. 26. Juli 1957 in Geltung blieb.

Die SeemO von 1902 wurde während ihres Bestehens wenig geändert, obwohl fast durchweg anerkannt wurde, daß viele ihrer Bestimmungen durch die moderne Entwicklung des Arbeitsrechts überholt seien. Sie waren in der Praxis weitgehend durch tarifliche Regelungen ersetzt, obwohl diese eigentlich die zwingenden Bestimmungen der SeemO nicht ändern konnten.

II. Trotz der unverkennbaren Überalterung großer Teile der SeemO begannen erst 1950 ernsthafte Bestrebungen zur Reform des Seearbeitsrechts. In diesem Jahre wurde von den Bundesministern für Arbeit und für Verkehr eine Kommission zur Neufassung der SeemO eingesetzt. Das Beratungsergebnis wurde nach Überarbeitung in einem Redaktionsausschuß als Entwurf eines neuen SeemG den Reederverbänden und den die Seeleute vertretenden Gewerkschaften im Jahre 1954 zur Stellungnahme vorgelegt. So entstand das **Seemannsgesetz** vom 26. Juni 1957 (BGBl. II 713), das am 1. April 1958 in Kraft getreten ist.

Das SeemG behandelt in sieben Abschnitten Allgemeine Vorschriften, Seefahrtsbücher und Musterung, das Heuerverhältnis der Besatzungsmitglieder, den Arbeitsschutz, die Ordnung an Bord und Ordnungswidrigkeiten, schließlich Schluß- und Übergangsvorschriften.

Inhaltlich stellt das SeemG gegenüber der SeemO keine vollständige Neuerung dar. Vorschriften, die mit dem heutigen Rechtsempfinden noch vereinbar sind, wurden übernommen, wenn auch teilweise in veränderter Form und unter systematischen Umstellungen. Hervorzuheben ist u. a. die Neugestaltung des Musterungswesens und die der Vorschriften über die Ordnung an Bord und über die Zuwiderhandlungen, die der Heuerzahlung, des Urlaubs, der Kündigungsfristen, des Arbeitsschutzes, der Arbeitszeit und des Ausgleichs für die Sonn- und Feiertage.

III. Außer dem SeemG gibt es eine Reihe von Spezialgesetzen, die Seearbeitsrecht enthalten. Vgl. dazu im einzelnen die Ausführungen in § 2 II 2 d. Daneben kommen arbeitsrechtliche Gesetze allgemeinen Charakters in Betracht, insbesondere das *Kündigungsschutzgesetz* vom 10. Aug. 1951 (BGBl. I 499).

Das *Betriebsverfassungsgesetz* vom 15. Januar 1972 (BGBl. I 13) kommt auf Seeschiffahrtsunternehmen und ihre Betriebe nach Maßgabe seiner §§ 114—116 zur Anwendung. Siehe dazu 2. VO zur Durchführung des Betriebsverfassungsgesetzes (Wahlordnung Seeschiffahrt — WOS) vom 24. Oktober 1972 (BGBl. I 2029).

Die durch die VO über seemännische Heuerstellen v. 8. Nov. 1924 geschaffenen paritätischen Heuerstellen, deren Aufgabe die für Seeleute unentgeltliche, nichtgewerbsmäßige Arbeitsvermittlung war, sind durch das Arbeitsförderungsgesetz v. 13. Mai 1969 aufgelöst worden. Schrifttum: Kaltenbach, Das Arbeitsförderungsgesetz und die seemännischen Heuerstellen, Hansa 1969, 1605 ff.

Von Bedeutung ist eine Reihe *Internationaler Abkommen.* S. darüber oben § 2 III 4.

Eine erhebliche Rolle spielt gerade auch in der Seeschiffahrt neben dem staatlichen Recht der *Tarifvertrag.*

IV. Der Inhalt des SeemG im einzelnen

1. Wie viele seerechtliche Gesetze gilt auch das SeemG nicht für alle Seeschiffe, sondern nur für *Kauffahrteischiffe,* die in der Bundesrepublik flaggenberechtigt sind und die Bundesflagge auch führen (§ 1 SeemG). Es gilt also nicht für Schiffe, die hoheitlichen Zwecken dienen, aber auch nicht für private Lustfahrzeuge, wissenschaftliche Forschungsschiffe in privatem Eigentum, Schiffe gemeinnütziger Einrichtungen, wie etwa die der Deutschen Gesellschaft zur Rettung Schiffbrüchiger (vgl. Becker ZHR 121, 98). Zweifelhaft, aber wohl zu verneinen ist es, ob ein Neubau, der von seinem Besteller zum See-Erwerb benutzt werden soll, auf der Abnahmeprobefahrt schon unter das Gesetz fällt. Die Bestimmung des Schiffes zum Erwerb durch Seefahrt kann frühestens nach der Abnahme erfolgen, also erst während der Abnahmeprobefahrt. Diese aber muß einheitlich beurteilt werden, und bei Beginn der Probefahrt steht noch gar nicht fest, ob die Abnahme wirklich erfolgen wird (anders Becker, in „Die Kommandobrücke" 1959, 7).

2. § 2 SeemG gibt die Begriffsbestimmung des **Kapitäns,** ordnet an, daß er Inhaber eines staatlichen Befähigungszeugnisses sein muß, und setzt den Ersten Offizier des Deckdienstes oder den Alleinsteuermann als seinen geborenen Vertreter ein. Vgl. darüber im einzelnen § 16. Siehe § 78 SeemG darüber, inwieweit die Vorschriften über das Heuerverhältnis der Besatzungsmitglieder auf den Kapitän Anwendung finden.

3. § 3 SeemG legt fest, wer zu den **Besatzungsmitgliedern** im Sinne des SeemG gehört: es sind dies die in § 4 SeemG angesprochenen *Schiffsoffiziere,* die *sonstigen Angestellten* des § 5 SeemG und die *Schiffsleute* des § 6 SeemG. Es gehört also zu ihnen anders als nach § 481 HGB nicht der Kapitän, weiter auch nicht die in § 7 SeemG genannten Personen und auch nicht nur zur Leistung von Diensten im Hafen an Bord kommende Personen, wie Stauer oder Werftarbeiter. Die Begriffbestimmung des § 3 gilt nur im Rahmen des SeemG, während die des § 481 HGB vornehmlich haftungsmäßig im Rahmen des § 485 HGB von Bedeutung ist. Nach § 481 HGB werden zur Schiffsbesatzung gerechnet der Kapitän, die Schiffsmannschaft sowie alle übrigen auf dem Schiff angestellten Personen.

Auch wenn heute Einigkeit darüber besteht, daß unter die letzte Gruppe nur solche Personen fallen, die als Arbeitnehmer in den arbeitsteiligen Organismus der Schiffsleute und der Bordgemeinschaft kraft eines auf eine gewisse Dauer berechneten unmittelbaren Dienstverhältnisses zum Reeder eingegliedert sind, einerlei, ob diese Dienste an Bord, längsseits oder am Kai zu verrichten sind (vgl. BGHZ 3, 35), so ist der Begriff der Schiffsbesatzung im Sinne des § 481 HGB doch weitergehender als der des § 3 SeemG. Vgl. oben § 14 III 1 a.

a) Zu den **Schiffsoffizieren** gehören nach § 4 SeemG die Angestellten des nautischen oder des technischen Schiffsdienstes, die eines staatlichen Befähigungszeugnisses bedürfen, die Schiffsärzte, die Seefunker, die Inhaber eines Seefunkzeugnisses 1. oder 2. Klasse sind, und die Zahlmeister.

Siehe über die Befähigungszeugnisse der Offiziere des nautischen Dienstes § 4 SBAO, über die des maschinentechnischen Dienstes § 6 SBAO. Über den *Schiffsarzt* vgl. § 15 der VO über die Krankenfürsorge auf Kauffahrteischiffen vom 25. April 1972 (BGBl. I 734). Siehe Gläser, Die Wahrung des Arzt- und Fernmeldegeheimnisses durch den Kapitän, in „Die Kommandobrücke", 1959, 143. Vgl. ferner § 23 der VO über die Einrichtung von Auswandererschiffen v. 21. Dez. 1956. Als Funkoffiziere werden diejenigen Seefunker bezeichnet, die Inhaber eines Seefunkzeugnisses 1. oder 2. Klasse sind (§ 4 Ziff. 3 SeemG). Bloße Inhaber von Sprechfunkzeugnissen gehören nicht hierher. Unter einem *Zahlmeister* ist ein Angestellter zu verstehen, dem auf größeren Schiffen die Verwaltungsaufgaben obliegen.

Siehe über ausländische Offiziere auf Seeschiffen unter der Bundesflagge § 33 SBAO und dazu Kapust, Die Kommandobrücke 1973, 51.

b) **Sonstige Angestellte** (vgl. § 5 SeemG) sind Besatzungsmitglieder, die, ohne Schiffsoffiziere zu sein, nach der seemännischen Verkehrsauffassung als Angestellte angesehen werden, insbesondere wenn sie eine überwiegend leitende, beaufsichtigende oder büromäßige Tätigkeit oder eine solche verantwortlicher Art ausüben, die besondere Kenntnisse erfordert. Gemeint sind damit Besatzungsangehörige, die Zwischenglieder zwischen den Schiffsoffizieren und den Schiffsleuten des § 6 SeemG sind. Diese Gruppe hat sich in den letzten Jahrzehnten neben den Schiffsoffizieren mit der Entwicklung der Tarifverträge herausgebildet. Es sind die auch als Unteroffiziere bezeichneten Personen an Bord, insbesondere die Maschinenassistenten, Zahlmeistergehilfen, Arztgehilfen, Oberstewards, Oberköche und dergleichen. Nicht entscheidend ist, ob sie wirklich Angestellte im rechtlichen Sinne sind, sofern sie nur nach der seemännischen Verkehrsauffassung als solche angesehen werden.

c) **Schiffsmann** ist gemäß § 6 SeemG jedes andere in einem Heuerverhältnis (§§ 23 ff. SeemG) stehende Besatzungsmitglied, das nicht Angestellter im Sinne der §§ 4 und 5 SeemG ist.

4. Außer dem Kapitän und den Besatzungsmitgliedern kennt das SeemG noch die in § 7 SeemG aufgeführte Gruppe der *sonstigen im Rahmen des Schiffsbetriebs an Bord tätigen Personen.* § 7 Abs. 1 SeemG behandelt Arbeitnehmer, die nicht vom Reeder für eine Tätigkeit an Bord während der Reise angenommen werden, also nicht in einem Heuerverhältnis stehen. In Betracht kommen die auf größeren Fahrgastschiffen beschäftigten Angestellten in Buchhandlungen, Friseurge-

schäften und Blumenläden, deren Inhaber mit dem Reeder einen Pachtvertrag geschlossen haben. § 7 Abs. 2 betrifft Personen, die zwar im Rahmen des Schiffsbetriebs an Bord tätig sind, aber weder in einem Heuer- noch in einem Arbeitsverhältnis stehen, z. B. selbständige Photographen oder Friseure, die selbst auf Grund eines Pachtvertrages an Bord tätig werden. Auf den in § 7 Abs. 1 genannten Personenkreis kommen die Vorschriften des SeemG grundsätzlich zur Anwendung, insbesondere die des 1., 2., 5. und 7. Abschnitts ohne Einschränkung, die des 3. dagegen nur hinsichtlich der in § 79 SeemG aufgeführten Vorschriften. Der vierte Abschnitt kommt dagegen gemäß § 103 SeemG überhaupt nicht zur Anwendung, der sechste nur bezüglich der §§ 115 (Nichtbefolgen dienstlicher Anweisungen), 116 (Widerstand) und 124 (Ordnungswidrigkeiten). Für den in § 7 Abs. 2 SeemG genannten Personenkreis gelten dagegen nur die Vorschriften des 2. und 5. Abschnitts und diejenigen des 6. Abschnitts, die sich auf die Ordnung an Bord beziehen. Gemäß § 7 Abs. 3 SeemG finden auf *Lotsen* nur die Vorschriften des 5. Abschnitts und diejenigen des 6. Abschnitts, die sich auf die Ordnung an Bord beziehen, Anwendung.

5. a) Der Arbeitsvertrag eigener Art zwischen den Besatzungsmitgliedern und dem Reeder wird als **Heuerverhältnis** bezeichnet (vgl. §§ 23 ff. SeemG).

Das SeemG regelt das Heuerverhältnis zwingend, soweit es sich um Abweichungen zuungunsten des Besatzungsmitglieds handelt, wie überhaupt die Vorschriften des SeemG grundsätzlich nicht abdingbar sind (§ 10 SeemG).

Das Heuerverhältnis ist einer behördlichen Überwachung durch die **Seemannsämter** unterworfen.

Seemannsämter sind im Geltungsbereich des Grundgesetzes die von den Landesregierungen als Seemannsämter eingerichteten Verwaltungsbehörden, außerhalb des Geltungsbereichs des Grundgesetzes die vom Bundesminister des Auswärtigen bestimmten diplomatischen und konsularischen Vertretungen der Bundesrepublik (§ 9 SeemG). Gemäß § 143 Abs. 1 S. 1 SeemG sind die Bundesminister für Arbeit und für Verkehr befugt, mit Zustimmung des Bundesrats Rechtsverordnungen für das Verfahren vor den Seemannsämtern zu erlassen. Das ist durch die VO über das Verfahren vor den Seemannsämtern, das Seefahrtbuch, die Musterrolle und die Musterung (SeemannsamtsVO) v. 3. Juni 1959 (BGBl. II 687) i. d. F. der VO zur Änderung musterungsrechtlicher Vorschriften v. 2. Sept. 1963, BGBl. II 1207, geschehen.

b) **Einzelheiten des Heuerverhältnisses**

aa) Schon oben wurde darauf hingewiesen, daß sich für das Heuerverhältnis des Kapitäns Sonderbestimmungen in § 78 SeemG finden. Während der Anstellungsvertrag des Kapitäns in der Regel Dienstvertrag ist, gerichtet auf eine Geschäftsbesorgung, handelt es sich bei dem Arbeitsvertrag des Seemanns um ein gewöhnliches Arbeitsverhältnis. Der Heuervertrag des Schiffsoffiziers steht etwa in der Mitte dazwischen.

Nur Personen über 14 Jahre sind zum Schiffsdienst zugelassen (§ 94 SeemG). Siehe über den Begriff des Jugendlichen § 8 SeemG. Jugendliche, d. h. Personen zwischen 14 und 18 Jahren, erhalten insbesondere längeren Urlaub (§ 54 Abs. 2 SeemG) und erhöhten Arbeitsschutz (§§ 94 ff. SeemG).

bb) Voraussetzung für die Dienstleistung ist der Besitz eines *Seefahrtbuchs*, das vom Seemannsamt ausgestellt wird. Vgl. wegen der Einzelheiten §§ 11, 12 SeemG und die oben angeführte SeemannsamtsVO.

cc) Das auf unbestimmte Zeit oder auf bestimmte Zeit, insbesondere auch für eine Reise (vgl. § 23 SeemG) begründete Heuerverhältnis kann nach dem SeemG mündlich oder schriftlich geschlossen werden. § 24 Abs. 1 SeemG legt dem Reeder oder seinem Vertreter nur die Verpflichtung auf, den wesentlichen Inhalt des Heuerverhältnisses in einer von ihnen zu unterzeichnenden Beweisurkunde *(Heuerschein)* aufzunehmen und diese dem Besatzungsmitglied auszuhändigen. Diese Verpflichtung entfällt, wenn das Heuerverhältnis schriftlich geschlossen wird (siehe im einzelnen § 24 Abs. 2 SeemG).

dd) Vgl. über den Dienstantritt des Schiffsmanns § 25 SeemG, über seine Bordanwesenheitspflicht § 28 SeemG (siehe dazu TSchG 160/66 = Hansa 1967, 944: Verläßt ein Besatzungsmitglied unabgemeldet sein Schiff und verzögert der Kapitän das Auslaufen, um die Rückkehr des Besatzungsmitgliedes abzuwarten, so ist es dem Reeder auch für den dadurch entstandenen Schaden ersatzpflichtig), über seine Dienstleistungspflicht (§ 29 SeemG. Nach der letzten Bestimmung hat das Besatzungsmitglied die Schiffsdienste zu verrichten, zu denen es im Rahmen des Heuerverhältnisses verpflichtet ist. Es hat dabei den Anordnungen der zuständigen Vorgesetzten Folge zu leisten. Darüber hinaus hat das Besatzungsmitglied jede Anordnung des Kapitäns zu befolgen, die dazu dienen soll, drohende Gefahr für Menschen, Schiff oder Ladung abzuwenden, einen großen Schaden zu vermeiden, schwere Störungen des Schiffsbetriebs zu verhindern oder öffentlich-rechtliche Vorschriften über die Schiffssicherheit zu erfüllen. In dringenden Fällen gilt das gleiche gegenüber Anordnungen eines an Ort und Stelle befindlichen Vorgesetzten. Siehe weitere Einzelheiten in § 29 Abs. 3 und 4 SeemG.

ee) Die Vergütung des Schiffmanns wird als *Heuer* bezeichnet. Sie umfaßt gemäß § 30 Abs. 1 SeemG alle auf Grund des Heuerverhältnisses gewährten Vergütungen einschließlich des Anteils an Fracht, Gewinn oder Erlös. Das feste Entgelt (Grundheuer) wird nach Monaten berechnet. Siehe wegen weiterer Einzelheiten §§ 31 ff. SeemG. Über Verpflegung, Unterbringung und Krankenfürsorge siehe §§ 39 ff. SeemG, über Urlaub und Landgang §§ 53 ff. SeemG.

ff) Wegen der *Beendigung* des Heuerverhältnisses im Wege der ordentlichen oder außerordentlichen Kündigung vgl. §§ 62 ff. SeemG.

gg) Über den Schutz gegen Betriebsgefahren siehe § 80 SeemG, über die gesundheitliche Betreuung §§ 81 ff. SeemG, über die Arbeitszeit (Seearbeitszeit und Hafenarbeitszeit) §§ 84 ff. SeemG. Danach besteht grundsätzlich auf See ein Dreiwachenplan.

6. Der Kapitän hat während der Reise die sog. *Musterrolle* mitzuführen, eine Urkunde, die über die jeweilige Zusammensetzung der Schiffsbesatzung und über die sonstigen im Rahmen des Schiffsbetriebs an Bord tätigen Personen (§ 7

SeemG) Auskunft gibt. Die Musterrolle wird vom Seemannsamt vor Antritt der ersten Reise des Schiffs ausgestellt, und zwar erfolgen die Eintragungen in sie auf Grund einer als *Musterung* bezeichneten Verhandlung vor dem Seemannsamt. Siehe über die Einzelheiten §§ 13—17 SeemG und die genannte SeemannsamtsVO. Im Nebenzweck dient die Musterrolle auch als Beweissicherung für den Inhalt der einzelnen Heuerverhältnisse (vgl. § 14 Nr. 5 SeemG).

7. Der fünfte Abschnitt des SeemG ist der **Ordnung an Bord** gewidmet. Nach § 105 SeemG hat die Schiffsbesatzung vertrauensvoll und unter gegenseitiger Achtung zusammenzuarbeiten, um den Schiffsbetrieb zu fördern und Ordnung und Sicherheit an Bord zu erhalten. Vgl. über die Befugnisse des Kapitäns oben 16 III. Über die Stellung der Schiffsoffiziere und der anderen Vorgesetzten siehe §§ 107 f. SeemG. Während die arbeitsrechtliche Folgepflicht des Besatzungsmitglieds in § 29 SeemG geregelt ist, bestimmt § 109 SeemG hinsichtlich Anordnungen über die Ordnung und Sicherheit an Bord, daß die Besatzungsmitglieder verpflichtet sind, die Anordnungen eines jeden Vorgesetzten zu befolgen, sofern nicht dadurch eine Straftat oder eine Ordnungswidrigkeit begangen würde. Die in der SeemO enthalten gewesene Pflicht zu unweigerlichem Gehorsam ist also in Fortfall gekommen. Vgl. § 111 SeemG über das Anbordbringen von Personen und Gegenständen.

8. Über Straftaten und Ordnungswidrigkeiten siehe §§ 114 ff. SeemG.

9. Für Rechtsstreitigkeiten aus Arbeitsverhältnissen zwischen tarifgebundenen Partnern war bis Ende 1970 das Tarifschiedsgericht für die deutsche Seeschiffahrt zuständig (1971 auslaufend). Seit 1971 ist in allen seerechtlichen Arbeitsstreitigkeiten das Arbeitsgericht zuständig.

10. Hinweis auf das Binnenschiffahrtsrecht. Die Schiffsbesatzung wird gebildet aus dem Schiffer, der Schiffsmannschaft und allen anderen auf dem Schiff angestellten Personen einschließlich des Vertrags-, nicht aber des Zwangslotsen (§ 3 Abs. 2 BSchG). Zur Schiffsmannschaft gehören nur die zum Schiffahrtsdienst auf dem Schiff angestellten Personen mit Ausnahme des Schiffers (§§ 21—25 BSchG). Der Schiffsmann ist verpflichtet, den sich auf den Schiffsdienst beziehenden Anordnungen des Schiffers Folge zu leisten (§ 23 Abs. 1 BSchG).

V. Abschnitt

Erwerb durch Seefahrt

§ 18. Vorbemerkung

I. 1. Am häufigsten ist Erwerb durch Seefahrt, indem sich jemand als Unternehmer entgeltlich verpflichtet, Personen oder Güter zur See zu befördern, also *Personen-* oder *Güterbeförderungsverträge* abschließt. Aus welchen Gründen die Beförderung erstrebt wird, ist ohne Bedeutung: Auch eine solche zum Vergnügen, wie bei Rundfahrten, Erholungsreisen, gehört hierher. Hat der Unternehmer die zu befördernden Güter in seine *Obhut* genommen, so liegt ein **Frachtvertrag** (Seefrachtvertrag) vor, im 4. Buch des HGB als *Frachtgeschäft zur Beförderung von Gütern* bezeichnet (§§ 556—663 b). Bei der Personenbeförderung spricht man von einem **Überfahrts-** oder **Passagevertrag,** im HGB noch *Frachtgeschäft zur Beförderung von Reisenden* genannt (§§ 664—678 HGB).

2. Die *Seebeförderungsverträge* sind ihrer *juristischen Natur* nach, wie auch die Beförderungsverträge mit anderen Verkehrsmitteln **Werkverträge** mit (beim Frachtvertrage eingehender) gesetzlicher Sonderregelung. Vgl. Wüstendörfer Studien 95, 136; Capelle, Frachtcharter (Überseestudien Heft 17, 1940) S. 96.

Das Werk, das der Unternehmer herzustellen verspricht, ist der durch seine Dienstleistung herbeizuführende Beförderungserfolg. Dieser *Erfolg,* die Verbringung der Güter oder Personen an den Bestimmungsort, nicht die dazu als Hilfsleistung unerläßliche Gewährung des Schiffsraums oder die Dienstleistung als solche, ist der eigentliche Zweck des Vertrages. Durch ihn werden auch etwa vorhandene Elemente der Gebrauchsüberlassung des Schiffes und der Überlassung von Diensten der Besatzung konsumiert. Vgl. dazu auch Riensberg Hansa 1956, 2294.

3. Auch das **Schleppen** ist innerhalb der Seegrenzen oder bei kombinierten Reisen Erwerb durch Seefahrt. Vgl. für das französische Recht Legendre, Le contrat de remorquage, DMF 1958, 3.

a) Eines Schleppers bedienen sich Schiffe, die keine oder keine ausreichende Fähigkeit zur Selbstbewegung haben. Seeschiffe bedürfen der Hilfe eines Schleppers namentlich in engem Fahrwasser (Flüsse, Häfen), auf See nur, wenn sie in Seenot sind oder Beschleunigung ihrer Fahrt wünschen, ferner stets als

Seeleichter. Der Schlepper eines Seeschiffes kann in Häfen und auf Flüssen ein Binnenschiff oder ein Seeschiff sein (vgl. § 1 I 2 und § 6 III 1).

b) Meistens liegt zwischen Schlepper und Schleppschiff ein Vertragsverhältnis vor. Doch kommt ein Schleppen auch ohne ein solches vor, namentlich oft im Falle der Hilfeleistung in Seenot. Besteht ein Vertragsverhältnis, so spricht man von einem *Schleppvertrag* (vgl. § 742 Abs. 3 HGB), der indessen einen sehr verschiedenen Inhalt haben kann. Ein *Frachtvertrag* ist nur dann anzunehmen, wenn der Schlepper nicht nur die Führung, sondern auch die Obhut des Schleppschiffes erhalten hat (RGZ 67, 10; BGH NJW 1956, 1065 = BB 1956, 577; Wüstendörfer SHR 225), so wenn das Schleppschiff unbemannt ist oder wenn es vom Schlepper mit eigenen Leuten besetzt ist, oder im Falle der Beförderung eines zum Abbruch bestimmten Schiffes. Bleibt das Schleppschiff dagegen im Gewahrsam seiner eigenen Besatzung, so kann der Schleppvertrag ein gewöhnlicher Werkvertrag (§ 631 BGB) oder ein Dienstvertrag (§ 611 BGB) sein. Ein Werkvertrag liegt vor, wenn der Schlepper es gegen Entgelt übernommen hat, ein Schiff nach einem bestimmten Platz oder Hafen oder ein bestimmtes Stück zu schleppen (vgl. dazu auch BGH Hansa 1957, 1094, OLG Hamburg MDR 1968, 421). Ein Dienstvertrag ist gegeben, wenn der Schlepper nur Bugsierdienste zu leisten hat, wie meistens beim Assistieren eines Seeschiffes mit mitlaufender Maschine im Hafen. Soweit der Schleppvertrag gewöhnlicher Werkvertrag oder Dienstvertrag ist, hat er eine gesetzliche Sonderregelung nicht erfahren. Die Rechtswirklichkeit wird von allgemeinen Geschäftsbedingungen (Schleppbedingungen) beherrscht. Für sie besteht grundsätzlich Vertragsfreiheit. Siehe indessen BGH a. a. O. über die Unzulässigkeit der Freizeichnung von der Haftung für Seeuntüchtigkeit, die vom Unternehmer oder leitenden Angestellten verschuldet ist. Siehe BGHZ 27, 236 über die Entlastungspflicht des Schleppunternehmers bei einem Unfall. Vgl. US. Supreme Court Hansa 1955, 1944 über Auslegung und Wirksamkeit von Haftungsklauseln in Schleppverträgen. Siehe weitere Einzelheiten bei Schaps-Abraham Anm. 23—27 vor § 556 HGB; Allgemeine Schleppbedingungen sind unter den hafenrechtlichen Bestimmungen im III. Bande von Schaps-Abraham wiedergegeben. Siehe Reichenbach und Raab, Rechtliche und kybernetische Aspekte des Schleppereinsatzes, Seeverkehr 1968, 300; Parks, Law of Tug, Tow and Pilotage, Cambridge, Maryland, 1971.

c) Vgl. darüber, inwieweit die Besatzung des Schleppers der Schiffbesatzung des geschleppten Schiffes im haftungsrechtlichen Sinne der §§ 485, 486 HGB zugezählt wird, oben § 14 III 1 a dd.

II. *Auch derjenige, der ein Seeschiff so vermietet, daß der Mieter nicht zum Ausrüster* (§ 510) *wird* (vgl. darüber oben § 12 III 2 c), *betreibt Erwerb durch Seefahrt* (a. A. Willner, Die Zeitcharter, Überseestudien Heft 22, S. 11 f.).

1. Die Miete eines Seeschiffes mit Dienstleistungen der Besatzung (im Gegensatz zu der bloßen bare-boat charter (vgl. über diese § 12 III 1 c) wird in der Praxis meistens ebenso wie die eines Binnenschiffes oder Luftfahrzeuges als Charter (Zeitcharter) bezeichnet. Doch ist der Ausdruck Charter rechtlich farblos.

Unter ihm kann sich ein Raumfrachtvertrag oder eine Miete verbergen (anders Riensberg a. a. O., Würdinger MDR 1957, 257, Necker Hansa 1957, 353, Argyriadis MDR 1958, 728, die beim Chartervertrag mit Employment-Klausel stets einen Raumfrachtvertrag annehmen).

Die Frage, ob im konkreten Falle Miete oder Raumfrachtvertrag (die Praxis nennt diesen Reisecharter) gegeben ist, kann schwierig zu entscheiden sein. Maßgeblich dafür ist weder die von den Parteien gewählte Bezeichnung noch der Besitz am Schiff, dessen Übergang zwar zeigt, daß ein Frachtvertrag nicht gegeben ist, aus dessen Nichtübergang aber nicht zu entnehmen ist, daß Miete nicht vorliegt. Entscheidend ist allein, ob der Reeder selbst für seinen Gegenkontrahenten Transportleistungen vornehmen oder es ihm nur ermöglichen will, das Schiff seinerseits auszunützen. Im ersteren Fall handelt es sich um einen Frachtvertrag, im letzteren um eine Schiffsmiete (Prüssmann § 556 HGB B 3 d sieht in der Mietcharter mit Employmentklausel einen gemischten Vertrag, der sich aus Elementen des Werk- und Mietvertrages zusammensetze; da aber bei der Mietcharter mit Employmentklausel die werkvertraglichen Elemente, die ihrerseits zum größten Teile typische Elemente des Seefrachtvertrages seien, überwögen, würden auch hier in der Regel die Bestimmungen des Raumfrachtvertrages analog anzuwenden sein; vgl. auch Lorenz-Meyer, Reeder und Charterer, 1961, 133 [Überseestudien Heft 29]). Dabei steht dem Vorliegen eines Frachtvertrages nicht ohne weiteres entgegen, daß etwa der Charterer das Recht hat, Zahl und Ziel der auszuführenden Reisen innerhalb der Grenzen der Charter zu bestimmen, wenn auch der Umstand, daß der Charterer beliebige Ladungen nach beliebigen Häfen befördern lassen kann, in vielen Fällen erheblich für einen Mietvertrag sprechen kann. Es muß beim Frachtvertrag ein doch jedenfalls bestimmbarer Leistungserfolg vorliegen. Ist das Entgelt nach Zeit bemessen, so besagt diese Tatsache für sich allein nichts für oder gegen einen Miet- oder Frachtvertrag, da auch bei diesem als einem Werkvertrag die Vergütung nach Zeitaufwand bestimmt werden kann. Vgl. auch § 622 Abs. 4 HGB. Ein Mietvertrag wird im Zweifel dann anzunehmen sein, wenn eine Linienreederei in Ergänzung ihres Schiffsparks ein fremdes Schiff chartert und in ihre Linie einstellt (vgl. Wüstendörfer ArchcivPrax. 110, 261 ff.; s. auch LG Bremen Hansa 1951, 1115). Dagegen wird regelmäßig ein Frachtvertrag vorliegen, wenn der des Schiffahrtsgeschäfts im einzelnen nicht kundige Charterer im Rahmen eines Handelsgewerbes Güter verschiffen will, und zwar auch dann, wenn ein derartiger Vertrag auf eine Reihe von Jahren geschlossen wird, wie etwa bei der „Zeitcharter" eines Tankers durch eine Ölproduktions- und Handelsgesellschaft. Vgl. auch BGH Hansa 1958, 1709, Prüssmann § 556 HGB B 3 c.

2. Im *Verhältnis zu Dritten* ist es von erheblicher Bedeutung, ob Miete oder Frachtvertrag vorliegt. Zwar entstehen Rechte und Pflichten nur unter den jeweiligen Vertragsparteien, wenn ein Frachtcharterer Unterfrachtverträge abschließt, namentlich bezüglich der Konnossementsverpflichtung, der Haftung für Ladungsschäden (vgl. § 605 HGB; s. für den Rechtszustand vor dem Ges. v. 10. Aug. 1937 § 662 HGB a. F.). Wird aber während der Dauer einer Frachtcharter das Schiff mit Schiffsgläubigerrechten nach § 754 Abs. 1 HGB belastet, so können diese nur gegen den Reeder geltend gemacht werden. Hingegen ist

der Mieter, falls er Ausrüster ist (§ 510 HGB; s. oben § 12 III), im Verhältnis zu Dritten als Reeder anzusehen, so daß er dann allein für die Dauer einer solchen Schiffsmiete passiv legitimiert ist.

Auch unter den Parteien selbst ist die Frage von Wichtigkeit. Zwar können in beiden Fällen die Vertragsbedingungen unter den Parteien frei vereinbart werden. Doch ist beim Frachtvertrag § 663 a HGB zu berücksichtigen, wenn das Konnossement in die Hände eines Dritten gelangt.

Siehe auch § 580 a BGB, nach welchem insbesondere die „überlassene" Schiffsmiete (vgl. § 571 BGB) gegenüber einem Schiffserwerber gilt. Diese Bestimmung ist im Hinblick auf die oft schwierige Abgrenzung der Schiffsmiete gegenüber einem Frachtvertrage recht unglücklich und kann zu sehr ungerechten Ergebnissen führen. Es kommt auch bei Bejahung einer Schiffsmiete die schwierige Frage hinzu, wann das Schiff dem Mieter „überlassen" ist. Ist das auch bei einer solchen Schiffsmiete der Fall, bei der der unmittelbare Alleinbesitz am Schiff beim Vermieter bleibt? M. E. nein. Ferner ist zu beachten, daß § 580 a BGB bei einer Veräußerung des Schiffes ins Ausland in seiner Durchsetzbarkeit mehr als problematisch ist.

3. Für Zeitcharterverträge werden meistens vorgedruckte Standardformulare verwendet, die von internationalen Reederorganisationen, insbesondere auch der Baltic and International Maritime Conference, oder auch von Gremien, die aus Reedern und Verladern zusammengesetzt sind, ausgearbeitet sind. Die Formulare sind in der Praxis die gleichen ohne Rücksicht darauf, ob rechtlich Miete oder Frachtvertrag vorliegt. In diesen Standardformularen, in die von den Parteien dann nur die für sie wesentlichen Einzelbestimmungen eingefügt werden, werden insbesondere geregelt die im allgemeinen nach Monaten festgesetzte Dauer der Zeitcharter, die einzuhaltenden Grenzen der Fahrt, die zur Beförderung erlaubten und von ihr ausgeschlossenen Güter, der Zeitpunkt und der Ort der Anlieferung des Schiffes, die vom Reeder zu tragenden Kosten — vornehmlich diejenigen für die Erhaltung des Schiffes im seetüchtigen Stande, für den Unterhalt der Mannschaft, für die Kaskoversicherung —, die vom Charterer zu übernehmenden Kosten — insbesondere für Kesselwasser, Brennstoffe, Hafenabgaben, Lotsengebühren, Kanal- und Schleppgebühren, Kosten für Laden, Stauen, Trimmen, Löschen. Die Zeitfracht ist im allgemeinen monatlich im voraus zu zahlen und wird entweder für das Schiff im ganzen festgesetzt oder nach der Tragfähigkeit berechnet. Bei Vertragsende ist das Schiff in gleich gutem Zustande in einem Hafen innerhalb der vertraglich festgelegten Grenze (range) nach Wahl des Charterers zurückzuliefern. Siehe auch Schaps-Abraham II Anm. 2 zu § 557 HGB und Trappe, Einige Fragen zum Zeitfrachtvertrag, Hansa 1966, 1945 ff. Vgl. auch unter § 19 III 1 und § 20 I 2.

4. Siehe über das Leasing von Schiffen Pape und Dolly Richter-Hannes, Nature juridique du contrat de leasing pour les navires, DMF 1973, 383 ff., 451 ff.

III. Über See-Erwerb durch *gewerbsmäßige Bergung und Hilfsleistung* vgl. § 28. Der See-Erwerb durch *Fischerei* bietet privatrechtlich kaum Besonderheiten gegenüber dem allgemeinen Recht; öffentlich-rechtlich, vornehmlich völkerrechtlich, gelten für ihn verschiedene Spezialabkommen. Siehe die diesbezüglichen internationalen Abkommen bei Schaps-Abraham Bd. I 2. Teil, auch oben § 2 III 5.

IV. Abgesehen von den für ausländische Schiffe die Beförderung im deutschen Küstenverkehr (Kabotage) einengenden Bestimmungen des *Gesetzes über die Küstenschiffahrt* vom 26. Juli 1957 (BGBl. II S. 338), das die Beförderung zwischen deutschen Häfen grundsätzlich der deutschen Flagge vorbehält, finden sich wirtschaftsrechtliche Bestimmungen für den Erwerb durch Seefahrt, insbesondere den Seefrachtvertrag, verhältnismäßig wenig. Nach § 18 des Außenwirtschaftsgesetzes v. 28. April 1961 (BGBl. I 481) können, wenn der internationale Seeverkehr durch Maßnahmen beeinträchtigt wird, die eine wettbewerbsmäßige Beteiligung der deutschen Handelsflotte an der Beförderung von Gütern behindern, der Abschluß von Frachtverträgen zur Beförderung von Gütern durch Seeschiffe fremder Flagge und das Chartern solcher Seeschiffe durch Gebietsansässige beschränkt werden, um erheblichen nachteiligen Auswirkungen auf die wirtschaftliche Lage der deutschen Handelsflotte entgegenzuwirken. Zu beachten ist auch das Gesetz über die Kontrolle von Kriegswaffen v. 20. April 1961 (BGBl. I 444). Die Fischerei in deutschen Hoheitsgewässern ist Deutschen vorbehalben (vgl. § 296 a StGB). Die §§ 1 (Unwirksamkeit wettbewerbsbeschränkender Vereinbarungen), 15—18 Ges. gegen Wettbewerbsbeschränkungen i. d. F. vom 3. Januar 1966 (BGBl. I 37) finden gemäß seinem § 99 Abs. 2 keine Anwendung auf *Verträge von Unternehmen der See-, Küsten- und Binnenschiffahrt* sowie auf Beschlüsse und Empfehlungen von Vereinigungen dieser Unternehmen, wenn und soweit sie die Beförderung über die Grenzen oder außerhalb des Geltungsbereiches des genannten Gesetzes zum Gegenstand haben, und auch, wenn sie deren unmittelbarer Durchführung dienen, auf sonstige Verträge, Beschlüsse und Empfehlungen solcher Unternehmen und Vereinigungen. Dasselbe gilt für *Verträge von Seehafen-Unternehmen* sowie für Beschlüsse und Empfehlungen von Vereinigungen dieser Unternehmen über die Bedingungen und Entgelte für die Inanspruchnahme ihrer Dienste und Anlagen, für *Verträge* von Unternehmen sowie für Beschlüsse und Empfehlungen von Vereinbarungen dieser Unternehmen, die den *Güterumschlag, die Güterbeförderung und die Güterlagerung und die damit verbundenen Nebenleistungen in den deutschen See- und Binnenhäfen* sowie die *Vermittlung dieser Leistungen, die Vermittlung der Befrachtung* und die

Abfertigung von See- und Binnenschiffen einschließlich der Schlepperhilfe zum Gegenstand haben, ferner für *Verträge von Unternehmen der Küsten- und Binnenschiffahrt* sowie für Beschlüsse und Empfehlungen von Vereinigungen dieser Unternehmen, soweit sie sich darauf beschränken, im Interesse eines geordneten Verkehrs die Beförderungsbedingungen und Fahrpläne von Fahrgastschiffen sowie die Verteilung der Fracht- und Schleppgüter zu regeln. Damit ist der See- und Binnenschifffahrt bezüglich der Wettbewerbsbeschränkung eine sehr weitgehende Ausnahmestellung eingeräumt. Lediglich die Mißbrauchklausel des § 104 GWB kommt auch auf die oben genannten Organisationen und Unternehmen zur Anwendung.

Die Freistellung von wettbewerbrechtlichen Beschränkungen im internationalen Verkehr begünstigt insbesondere auch die sog. Schiffahrtskonferenzen. Das sind Vereinbarungen von Linienreedereien bestimmter Fahrtgebiete, in denen vornehmlich die Frachttarife gemeinsam festgelegt werden, und zwar so, daß Verfrachtern, die ausschließlich mit Konferenzreedereien verschiffen, Vorteile gewährt werden. Vor- und Nachteile dieser Schiffahrtskonferenzen sind international sehr umstritten. Siehe Hansa 1973, 1255 über die gerichtsseitig aufgehobene Anwendung der Mißbrauchklausel durch das Kartellamt. Es handelte sich dabei um die Nichtgewährung von Treurabatten. Als neueres Schrifttum zu den Schiffahrtskonferenzen ist namentlich zu erwähnen Harten, Die Konferenzen der internationalen Linienschiffahrt und das Gesetz gegen Wettbewerbsbeschränkungen, Hansa 1970, 739, Lieberknecht, Frachtratendiskriminierung durch Seeschiffahrtskonferenzen und §§ 25, 26 GWB (Heidelberger rechtsvergleichende und wirtschaftsrechtliche Studien Bd. I, 1967); Erichsen, Die internationalen Linienschiffahrtskonferenzen in kartellrechtlicher Betrachtung unter besonderer Berücksichtigung der Bestimmungen des Gesetzes wegen Wettbewerbsbeschränkung, Diss. Köln 1963; Dipner, Verhaltenskodex für Linienkonferenzen, Hansa 1973, 416 ff.

Die Binnenschiffahrt ist in sehr viel stärkerem Maße als die Seeschiffahrt wirtschaftsrechtlichen Einflüssen unterworfen. Abgesehen von den Festfrachten (vgl. dazu § 19 IV) gestattet das Gesetz über den gewerblichen Binnenschifffahrtsverkehr eine Verteilung von Fracht- und Schleppgut, und zwar primär durch die wirtschaftliche Selbstverwaltung der Schiffahrtstreibenden unter Genehmigung der Wasser- und Schiffahrtsdirektion (§ 1 des Gesetzes). Nach § 3 des Gesetzes ist der Bundesminister für Verkehr bei bereits eingetretenen oder sich anbahnenden Notständen sogar ermächtigt, selbst die Verteilung zu regeln. §§ 11 ff. des Gesetzes sehen eine Zwangsmitgliedschaft in einem öffentlich-rechtlichen Schifferbetriebsverband für diejenigen Schiffseigner und Ausrüster vor, die in der Regel mit nicht mehr als drei Binnenschiffen gewerbliche Güter für andere befördern und deren Gewerbebetrieb dem eines Kleinschiffers entspricht. Vgl. über die Ausnahme hierzu insbesondere auch für die Hamburger Hafenschiffahrt § 14 des Gesetzes. Die Aufgabe dieser Schifferbetriebsverbände ist es, für die Auslastung der Tonnage ihrer Mitglieder unter gleichmäßiger Behandlung zu sorgen.

§ 19. Allgemeines zum Frachtvertrag

Capelle, Die Frachtcharter in rechtsvergleichender Darstellung, 1940 (Überseestudien Heft 17); Wüstendörfer SHR 224 ff.; ders., Studien zur modernen Entwicklung des Seefrachtvertrages, I, 1905—1909; Gramm, Das neue deutsche Seefrachtrecht, 1938; Schaps-Abraham II vor § 556 HGB und Erl. zu §§ 556, 557 HGB; Schlegelberger-Liesecke, Erl. zu §§ 556, 557 HGB; Lorenz-Meyer, Reeder und Charterer, 1962 (Überseestudien Heft 29); Prüssmann § 556 HGB III; Puchta, Die GENCON-CHARTER, 1968; *Becker,* Klauseln des Seefrachtgeschäfts, 1970; Lopuski, Le Contrat de transport maritime de marchandises dans le droit des pays socialistes européens, DMF 1973 S. 300 ff. und 371 ff.; Trappe, Reisecharter und Konnossement, Hansa 1969, 1538; Ramberg, Cancellation of Contracts of Affreightment on account of war and similar circumstances, 1970; Richter-Hannes und Trotz, Seefrachtvertrag und Konnossement, 1972.

I. Der Frachtvertrag ist zwar bei allen Beförderungsmitteln *Werkvertrag* mit der Maßgabe, daß der Beförderungsunternehmer einen Beförderungs*erfolg* schuldet. Subsidiär kommt also stets das Werkvertragsrecht des BGB (§§ 631 ff., 675 BGB) zur Anwendung. Wesentlich für ihn ist auch stets, daß der Beförderungsunternehmer das zu befördernde Gut in seine Obhut nimmt (vgl. oben § 18 I 1). Darüber hinaus aber läßt sich nur wenig Allgemeingültiges über die Frachtverträge für sämtliche Beförderungsmittel aussagen. Zwar zeigen sich fast überall dieselben Probleme, ihre Lösung weist auch vielfach dieselben Noten auf, doch ist auch dann noch die Nuancierung recht mannigfaltig. Bei einigen Verkehrsmitteln, so namentlich beim gewöhnlichen Landfrachtgeschäft, ist die gesetzliche Gestaltung der Frachtverträge fast ausschließlich dispositives Recht, und die Rechtswirklichkeit ist deshalb hier durch weitgehende Freizeichnungen in Allgemeinen Geschäftsbedingungen gekennzeichnet. Das Frachtrecht der übrigen Verkehrsmittel wird dagegen mehr oder weniger durch zwingende Normen beherrscht.

II. Diesen sachlichen Unterschieden entspricht es, daß auch die besonderen **Rechtsquellen** für das Frachtrecht der einzelnen Verkehrsmittel nicht die gleichen sind. Für das *Seefrachtrecht* kommen die §§ 556—663 b HGB in Betracht, für das Frachtrecht der *Binnenschiffahrt* die §§ 26—27 BSchG, die weitgehend auf die Regeln für das gewöhnliche *Landfrachtgeschäft* (§§ 425—452 HGB) Bezug nehmen, aber durch die wirtschaftlichen Regeln des Ges. über den gewerblichen Binnenschiffsverkehr ergänzt werden. Für den *Güterfernverkehr mit Lastkraftwagen* gilt vornehmlich die Kraftverkehrsordnung (KVO), im grenzüberschreitenden Verkehr für die Vertragsstaaten das Übereinkommen über den internationalen Straßengüterverkehr v. 19. Mai 1956 (CMR), für den *Eisenbahnverkehr* die Eisenbahnverkehrsordnung und im internationalen Verkehr das Internationale Übereinkommen über den Eisenbahnfrachtverkehr (CIM), für den *Luftverkehr* das Warschauer Abkommen i. d. F. von 1929 oder in derjenigen des Haager Protokolls von 1955, ferner insbesondere für den innerdeutschen Luftverkehr die §§ 44 ff. LuftVG. Vgl. auch § 2 ADSp, nach welchem die ADSp für alle Verrichtungen des Spediteurs gelten, auch wenn es sich um Frachtgeschäfte von ihm handelt. Siehe über die Rechtsquellen insbesondere auch Helm, Haftung für Schäden an Frachtgütern, 1966, S. 11 ff.

III. *Der Frachtvertrag ist* **Raumfrachtvertrag** *oder* **Stückgütervertrag.**

Eine solche Unterteilung versteht sich auch für die übrigen Verkehrsmittel fast von selbst.

1. **Raumfrachtvertrag** (auch als Chartervertrag bezeichnet — vgl. § 18 II — [engl. charter = carta, Urkunde], deutlicher schon die Bezeichnung „Frachtcharter" [so das oben angegebene Buch von Capelle]), ist der Seefrachtvertrag, bei welchem dem Befrachter entweder das Schiff *im ganzen* (en rouge) oder ein *verhältnismäßiger Teil von ihm* oder ein *bestimmt bezeichneter Raum in ihm* zur Befrachtung eingeräumt wird.

Diese drei Arten des Raumfrachtvertrages weisen zwar untereinander Verschiedenheiten auf, verdanken aber ihre Einordnung unter den gleichen Begriff dem Umstande, daß im Seerecht bei ihnen, im Gegensatz zum Stückgütervertrage, gewöhnlich eine *Chartepartie* ausgestellt wird (§ 557 HGB), auch dem, daß bei ihnen die Beförderungsleistung mehr nach dem Beförderungsmittel als nach dem Gegenstande der Ladung individualisiert wird. Dem Binnenschiffahrtsrecht ist die Chartepartie unbekannt.

Die Abstellung „auf das Schiff im ganzen" (§ 556 Ziff. 1 HGB 1. Fall: Ganzcharter, Vollcharter) ist der häufigste Fall, diejenige auf einem „verhältnismäßigen Teil" oder „bestimmt bezeichneten Raum des Schiffes" (§ 556 Ziff. 1 HGB 2. und 3. Fall) ist selten.

Seiner Verwendungsart nach ist der Raumfrachtvertrag oft ein Reisefrachtvertrag (einfache oder auch zusammengesetzte Reisen). Doch kommen häufig auch Zeitfrachtverträge (time-charter) mit der dann gelegentlich schwierigen Abgrenzung zur Schiffsmiete vor. Vgl. dazu oben § 18 II.

2. **Stückgütervertrag** ist derjenige Frachtvertrag, der sich auf einzelne Ladungsgüter oder einzelne Partien von Ladungsgütern (Spezies- oder Gattungssachen) bezieht. Die Beförderungsleistung wird hier in erster

Linie durch den *Gegenstand der Ladung*, nicht durch das Beförderungsmittel bestimmt (Wüstendörfer SHR 229).

Stückgüter sind hier nicht im verkehrstechnischen Sinne als Gegensatz zu Massengut zu verstehen, sondern im juristischen: Auch Massengut in loser Schüttung, das von Liniendampfern befördert wird, ist regelmäßig Stückgut im seefrachtrechtlichen Sinne. Doch kann es sich dabei auch um einen Teilchartervertrag handeln. Andererseits zwingt der Umstand, daß das Ladegut einen erheblichen Teil des Schiffes in Anspruch nimmt, nicht zur Annahme eines Raumfrachtvertrages, sondern läßt die Möglichkeit eines Stückgutvertrages offen (OLG Düsseldorf VersR 1973, 50).

Die Tendenz des Stückgütervertrages geht immer mehr dahin, die Beförderungsverpflichtung nicht an ein bestimmtes Schiff zu binden, sondern zu einer Wahlschuld mit Wahlrecht des Verfrachters oder sogar zu einer Gattungsschuld zu gestalten. Wüstendörfer SHR 236 und ZHR 88, 241 spricht von einer „hinkenden Speziesschuld".

3. Die Verschiedenheiten der einzelnen Fälle des Seefrachtvertrages äußern sich rechtlich darin, daß gewisse Gesetzesbestimmungen nicht auf alle, sondern nur auf einzelne von ihnen Anwendung finden. Der Grund für die unterschiedliche Behandlung ist, daß einerseits der Stückgüterbefrachter eines stärkeren Schutzes gegenüber dem Verfrachter bedarf, andererseits dem Raumbefrachter ein größerer Einfluß auf die Durchführung der Reise eingeräumt werden muß.

Es gelten nämlich § 557 (Errichtung einer Chartepartie) nur für den Raumfrachtvertrag, § 558 (Verladung von Gütern in die Kajüte) nur für die Verfrachtung eines ganzen Schiffes, §§ 567—586 (Abladung, Fautfracht und damit Zusammenhängendes) nur für die Verfrachtung eines ganzen Schiffes (dagegen für die beiden anderen Arten des Raumfrachtvertrages nur mit den Modifikationen des § 587), §§ 588 und 590 (Abladung, Fautfracht, Reiseantritt) nur für den Stückgütervertrag, §§ 594—602 (Löschung und damit Zusammenhängendes) für die Verfrachtung eines ganzen Schiffes und — § 603 — für die beiden anderen Arten des Raumfrachtvertrages, § 605 (Unterfrachtverträge über Stückgüter) nur für den Raumfrachtvertrag, §§ 628—640 (Endigung des Frachtvertrages, Distanzfracht usw.) nur für die Verfrachtung eines ganzen Schiffes, dagegen § 641 für die übrigen Fälle des Raumfrachtvertrages und den Stückgütervertrag.

Wird bei einem Raumfrachtvertrag ein Konnossement ausgestellt, so gilt § 662 (zwingende Mindesthaftung des Verfrachters) erst von dem Zeitpunkt ab, in dem das Konnossement an einen Dritten gegeben wird (§ 663 a).

4. Im Binnenschiffahrtsrecht gelten für den Fall der Ganzcharter namentlich die §§ 28—37, 47—52 BSchG, während sie für die Teilcharter nur mit den Modifikationen der §§ 38 und 53 BSchG zur Anwendung kommen. Für den Stückgütervertrag siehe §§ 39, 54 BSchG, für Teilcharter und Stückgüter §§ 38, 39,

53, 54 BSchG. Im Luftfrachtrecht findet sich eine unterschiedliche gesetzliche Behandlung von Raum- und Stückgütervertrag nicht.

IV. Die am Frachtvertrag beteiligten Personen

1. **Verfrachter** (carrier) ist derjenige, der vertragsmäßig *im eigenen Namen die Ausführung der Beförderung übernimmt.*

Gewerbsmäßigkeit ist nicht, wie beim Frachtführer des § 425 HGB, erforderlich. Liegt sie aber vor, so wird der Verfrachter zum Mußkaufmann nach § 1 Abs. 2 Ziff. 5 HGB. Der Verfrachter braucht nicht der Reeder des zur Beförderung verwendeten Schiffes zu sein, er kann auch ein fremdes Schiff zum Seefahrtserwerb verwenden, gleichviel, ob die Voraussetzungen der Ausrüstereigenschaft (§ 510) vorliegen oder nicht; er braucht überhaupt nicht selbst ein Schiff zum Seefahrtserwerb zu verwenden, sondern kann die Beförderung in der Weise beabsichtigen, daß er mit einem anderen Verfrachter einen Frachtvertrag (Unterfrachtvertrag) schließt. Dann wälzt er die Ausführung der Beförderung auf einen Verfrachter ab, der sein Erfüllungsgehilfe und zugleich Reeder oder Ausrüster ist. In der großen Mehrzahl der Fälle ist der Verfrachter aber auch zugleich Reeder oder Ausrüster. Siehe über die „Identity of Carrier-Clause" (auch Demise-Clause), durch die der Reeder in die vom Charterer abgeschlossenen Frachtverträge oder ausgestellten Konnossemente nominell als Verfrachter eintritt, nach deutschem Recht OLG Hamburg Hansa 1966, 511 = MDR 1966, 680 und VersR 1972, 585; Schutzverein Deutscher Reeder, Jahresbericht 1970 Rdnr. 40; Trappe, Zur Frage der Zeichnung der Konnossemente unter einer Zeitcharter, VersR 1972, 519; H. E. Dabelstein, Die Demise-Klausel, Diss. Hamburg 1968. Die Zulässigkeit der Klausel, die etwa lautet „The contract evidenced by this Bill of Lading is between the Merchant and the Owner of the vessel named herein (or substitute) and it is therefore agreed that said Shipowner only shall be liable for any damage or loss due to any breach or nonperformance for any obligation out of the contract of carriage, whether or not relating to the vessel's seaworthiness", setzt nach deutschem Recht voraus, daß der Vercharterer den Charterer entsprechend bevollmächtigt hat und daß dies auch für einen Dritten, der nur im Besitz des Konnossements ist, erkennbar ist. Eine solche Vollmacht des Reeders ist nicht schon in Klausel 9 der Gencon-Charter enthalten (OLG Hamburg VersR 1972, 585). Der Reeder braucht bei Abschluß einer solchen Charter nicht damit zu rechnen, daß der Charterer bei Abschluß von Unterfrachtverträgen Konnossemente mit der Identity-of-Carrier-Klausel verwendet. Eine Genehmigung zur Verwendung dieser Klausel ist nicht schon darin zu sehen, daß der Kapitän Kopien dieser Konnossemente entgegennimmt und die Konnossemente im Bestimmungshafen bedient (OLG Hamburg a. a. O.).

Die Klausel war nach bisherigem deutschen Recht auch nicht überflüssig, denn die Frage, ob ein Verfrachter, der nicht Reeder oder Ausrüster war, auf jeden Fall nur beschränkt bis zum Wert von Schiff und Fracht haftete, war lebhaft umstritten (bejahend Wüstendörfer SHR 131, Schlegelberger-Liesecke Einf. § 556 HGB, OLG Hamburg Hansa 1969, 1865, BGH 56, 300; verneinend OLG Hamburg Hansa 1966, 511, Schaps-Abraham II Anm. 4 vor § 556, Lorenz-

Meyer, Reeder und Charterer 120. Vgl. auch Liesecke Hansa 1967, 1998). Nunmehr ist nach dem neuen § 487 Abs. 1 HGB der Charterer dem Reeder hinsichtlich der Möglichkeit der Haftungsbeschränkung gleichgestellt. Siehe dazu oben § 15 II 5 a, aa. Siehe zur „Identity-of-Carrier-Klausel" auch Vaes, The Identity of the Hague Rule Carrier, Schriftenreihe der Handelshochschule Göteborg, 1968, 3.

Anders als bei der Schiffsmiete (vgl. 580 a BGB) tritt, wenn der Verfrachter das ihm gehörende Schiff veräußert, der Erwerber nicht in den Frachtvertrag ein.

Der Verfrachter wird im *Binnenschiffahrtsrecht* und beim *gewöhnlichen Landfrachtgeschäft* als *Frachtführer* bezeichnet, im *Luftrecht* als *Luftfrachtführer*.

2. **Befrachter** (engl. shipper, charterer, freighter; franz. affréteur) ist der Gegenkontrahent des Verfrachters. Er ist Ladungsbeteiligter im Sinne der §§ 535 ff. und Reiseinteressent im Sinne des § 512 HGB. Eigentümer der Ladung braucht er nicht zu sein.

Die Sprache des Gesetzes und die des Verkehrs stimmen hinsichtlich der Bezeichnung des Befrachters nicht überein. Dieser wird im Verkehr oft als Charterer oder Verlader, gelegentlich sogar als Verfrachter bezeichnet.

Dem Befrachter entspricht bei den übrigen Verkehrsmitteln der Absender.

3. Der Befrachter braucht nicht identisch zu sein mit dem **Ablader** (shipper, chargeur, aber ohne deutliche Scheidung dieser Bezeichnungen vom Befrachter, namentlich dem Stückgüterbefrachter, vgl. Wüstendörfer SHR 225).

Ablader (siehe dazu Ernst, Der Ablader im deutschen Seerecht, Diss. Hamburg 1971) ist derjenige, der die Güter regelmäßig auf Grund des zwischen Verfrachter und Befrachter geschlossenen Frachtvertrages, ausnahmsweise ohne einen solchen (der Verfrachter verschifft eigene Güter), dem Schiffe oder auch dem Verfrachter sonstwie (z. B. am Kai) zur Beförderung übergibt.

Ablader kann entweder der Befrachter oder ein Dritter sein, der im Namen des Befrachters — nicht im eigenen Namen —, aber als dessen selbständiger Vertreter, nicht als dessen Angestellter, handelt; vgl. Wüstendörfer a. a. O. Im Falle seiner Nichtidentität mit dem Befrachter kann das *interne* Rechtsverhältnis beider Personen auf den verschiedensten Rechtsgründen beruhen, z. B. auf Kauf, Spedition, Einkaufskommission, Unterfrachtvertrag, bloßem Auftrag. Nach *außen* ist der Ablader dem Verfrachter gegenüber zunächst nicht Kontrahent, sondern Vertreter des Befrachters, und zwar ein Vertreter, der präsumtiv zur Vornahme aller mit der Lieferung und Verschiffung der Güter zusammenhängenden Fragen bevollmächtigt ist.

Später tritt der Ablader (als Besonderheit des deutschen gegenüber fremden Seerechten) in ein *unmittelbares Vertragsverhältnis zum Ver-*

frachter und gewinnt hieraus eigene Rechte. Er wird alsdann zum Ladungsbeteiligten und Reiseinteressenten, dem der Kapitän für jedes Verschulden haftet.

Im einzelnen: Nach der Abladung hat der Ablader, nicht der Befrachter, das Recht, die Ausstellung des Konnossements zu verlangen (§ 642 HGB), besitzt er das frachtrechtliche Verfügungsrecht über das zur Beförderung übergebene Gut. Er hat auch zu bestimmen, wer konnossementsmäßiger Empfänger sein soll (§ 643 Ziff. 5 i. Verb. mit § 642 HGB). Die Befugnis, die Wiederausladung zu verlangen, steht ihm zu (vgl. dazu § 654 HGB).

Der Ablader als besondere Rechtsfigur ist den Sonderrechten der übrigen Verkehrsmittel fremd.

4. Nicht unbedingt notwendig ist das Vorhandensein eines **Ladungsempfängers** (engl. consignee, receiver; franz. consignataire, réceptionnaire). Er fehlt z. B., wenn der Verfrachter die Ladung ins Meer versenken soll (Kabellegung ist nicht Frachtvertrag, sondern gewöhnlicher Werkvertrag). Regelmäßig aber wird vom Befrachter oder Ablader ein Ladungsempfänger im Bestimmungshafen genannt.

Der Empfänger kann mit dem Befrachter oder Ablader identisch sein. Meistens aber ist es ein Dritter (Überseekäufer), der für eigene oder fremde Rechnung (Empfangsspediteur, Kommissionär, eine mit der Abwicklung des Überseekaufs betraute Inkassobank) tätig sein kann.

V. *Es ist nicht erforderlich, daß die Ausführung des Transports mit einem bestimmten Schiff zugesagt wird.* Zwar ist beim Raumfrachtvertrag die Vereinbarung eines bestimmten Schiffes die Regel (vgl. Capelle Frachtcharter 125; eine Ausnahme z. B. HansOLG LZ 1917, 1282 = HansGZ 1917, 247. Über Unzulässigkeit einseitiger Frachterhöhung bei Gestellung eines Substitutschiffes vgl. HansOLG Hansa 1952, 1312; s. US. Court of Appeal Hansa 1955, 1052 über das mehrfache Gebrauchmachen von einer Substitutionsklausel). Dagegen behält sich der Verfrachter für den Stückgutverkehr der festen Schiffahrtslinien fast immer die Befugnis vor, die Güter auf einem anderen als dem genannten Schiff zu verladen. Das braucht für den Befrachter kein Nachteil zu sein, denn die Schiffe einer Linienreederei sind meistens einander etwa gleichwertig. Die weitgefaßten Substitutionsklauseln im Linienverkehr haben die Bedeutung, daß die Konkretisierung des in ihnen liegenden Gattungsschuldelements bis zur Verladung oder sogar bis zur Ankunft der Güter im Bestimmungshafen hinausgeschoben sein kann. Vgl. im einzelnen Wüstendörfer SHR 236 und ZHR 88, 241 ff., Capelle a. a. O. 128.

Ohne besondere Erlaubnis ist der Verfrachter, wenn ein bestimmtes Schiff vereinbart wurde, nicht befugt, die Güter in ein anderes Schiff zu verladen (§ 565

Abs. 1 S. 1 HGB). Ausgenommen sind *Umladungen in Notfällen* nach Antritt der Reise für die Dauer der Not (§ 565 Abs. 2 HGB).

VI. Die **Vergütung** für die Beförderung unterliegt beim Seefrachtvertrag und beim Seepassagevertrag einer zwingenden gesetzlichen Regelung nicht. Sie wird beim Raumfrachtvertrag regelmäßig zwischen den Parteien auf der Basis von Angebot und Nachfrage frei ausgehandelt. Beim Stückgütervertrag und beim Passagevertrag finden sich weit überwiegend vom Verfrachter einseitig bestimmte Tarife, die meistens in Verfrachterkartellen (Schiffahrtskonferenzen) festgelegt werden.

Vgl. im übrigen die dispositiven Bestimmungen der §§ 619 HGB (übliche Fracht), 620 HGB (Frachtbestimmung nach Menge der abgelieferten Güter), 621 Abs. 1 HGB (keine Nebenkosten zur Fracht), 622 (Zeitfracht). Bei der „Lumpsum"-Fracht erhält der Verfrachter eine bestimmte Pauschalfracht und wird dadurch des Risikos enthoben, daß z. B. bei sperrigem Gut weniger Ladung als von ihm kalkuliert eingenommen wird. Siehe LG Hamburg Hansa 1957, 1657 über die Zuständigkeit des Gerichts des Löschhafens für Ansprüche auf Zahlung der Fracht als Gericht des Erfüllungsorts. Siehe über die Bedeutung der Barzahlungsklausel „Die Fracht ist bar und ohne Abzug zu zahlen, und zwar die Hälfte sofort bei Ankunft des Schiffes im Löschhafen und der Rest während der Entlöschung" LG Kiel VersR 1968, 469.

Im Binnenschiffahrtsrecht finden sich für den inländischen Verkehr Festfrachten. Vgl. §§ 21 ff. Ges. über den gewerblichen Binnenschiffsverkehr. Sie werden durch die Frachtenausschüsse festgesetzt, die paritätisch von Schiffahrts- und Verladerkreisen besetzt sind und die unter der Aufsicht des Bundesministers für Verkehr stehen. Dieser oder die von ihm ermächtigte Wasser- und Schiffahrtsdirektion erläßt sie sodann als Rechtsverordnung. Die Festentgelte können auch Höchst- oder Mindestentgelte sein. Diese Festregelung gilt nicht für die Vergütung beim eigentlichen Frachtvertrag, sondern auch für Schlepplohn, Schiffsmieten, Maklerentgelte, Spediteurprovisionen, Liegegelder und Lagergeld für den Fall der Benutzung eines Kahns als Lagerraum. Im grenzüberschreitenden Verkehr oder bei Überschreitung der Seefahrtsgrenze können die Entgelte noch frei vereinbart werden (§ 42 des obigen Gesetzes). Hier spielen Kartelle eine Rolle (vgl. über die Zulässigkeit § 99 Abs. 2 Ges. gegen Wettbewerbsbeschränkungen v. 3. Januar 1966), so z. B. die Duisburger Frachtenkonvention, der Kettwiger Pool, die Schweizer Rheinschiffahrts-Konvention (Rheinfelder Pool).

VII. Die zu befördernde **Warengattung** wird regelmäßig fest vereinbart. Doch findet sich beim Raumfrachtvertrag auch häufig, daß der Befrachter nach seiner Wahl verschiedene Güterarten verladen darf. Ist im Chartervertrag vorgesehen, daß „general merchandise" befördert werden soll, so kann es sich dabei um eine volle Ladung eines bestimmten Massengutes oder um eine Teilladung von Massengütern gemischt mit Stückgütern oder nur um Stückgüter der verschiedensten Art handeln.

VIII. Der **Ladehafen** und der **Bestimmungshafen** werden meistens fest vereinbart, beim Raumfrachtvertrag gelegentlich mit Wahlrecht (Option) des Befrachters, wobei auch mehrere Lade- und Löschhäfen in Betracht kommen können.

§ 20. Abschluß des Frachtvertrages sowie Vorbereitung und Durchführung der Frachtreise

Capelle, die Frachtcharter in rechtsvergleichender Darstellung (Überseestudien Heft 17), 1940; Wüstendörfer SHR 234 ff.; W. Müller, Seeuntüchtigkeit und Management of the ship, Diss. Hamburg 1937; Tiberg, Demurrage, London 1971 (2. Aufl. von Tiberg, Law of Demurrage und Claim for Demurrage); Götz, Das Seefrachtrecht der Haager Regeln, 1960; Ramberg, Unsafe Ports and Berths, Oslo 1967; Göger, Haftung des Verfrachters für Seeuntüchtigkeit des Schiffes in rechtsvergleichender Darstellung, Diss. Hamburg 1957; Puchta, Die GENCON-Charter, 1968.

I. Nach den gesetzlichen Bestimmungen bedarf der Abschluß eines Seefrachtvertrages *keiner* Form. Ein Kontrahierungszwang besteht, ebenso wie in der Binnenschiffahrt, nicht (anders für die Luftfahrt, § 21 Abs. 2 LuftVG, auch für die Eisenbahn, § 453 HGB, § 3 EVO). Bei Verstoß gegen die §§ 134, 138 BGB (Beförderung von Konterbande, Verstöße gegen Zoll- oder Einfuhrbestimmungen) ist der Frachtvertrag nichtig. Eine Zuwiderhandlung gegen das Gesetz über die Küstenschiffahrt v. 26. Juli 1957 (BGBl. II 738) berührt die Gültigkeit des Vertrages nicht.

1. Formlos ist der *Stückgütervertrag* auch in der Rechtswirklichkeit. Größere Partien werden meistens vor der Anlieferung beim Verfrachter oder dessen Agenten angemeldet („vorgebucht"). Indessen ist zweifelhaft, ob darin bereits ein rechtsverbindlicher Frachtvertrag zu erblicken ist. Kleine Partien werden meistens ohne Voranmeldung am Schuppen oder auch unmittelbar am Schiff angeliefert, wobei dann ein „Schiffszettel" ausgestellt wird (siehe dazu auch OLG Hamburg VersR 1973, 1138). In beiden Fällen wird regelmäßig über die Verfrachtungsbedingungen nicht gesprochen werden, sofern es sich nicht um die Vereinbarung dieser oder jener Spezialklausel handelt. Der Befrachter weiß, daß der Verfrachter „Allgemeine Geschäftsbedingungen" hat, die in den Konnossementsformularen niedergelegt sind. Die Konnossementsformulare sind jederzeit erhältlich, so daß sich der Befrachter auch über die Bedingungen rechtzeitig unterrichten kann (vgl. Wüstendörfer SHR 233 f.). In vielen Konnossementen ist auch ausdrücklich betont, das der Konnossementsinhalt nicht nur im Verhältnis Verfrachter—Empfänger, sondern auch in dem des Befrachters zum Verfrachter gelten soll, vgl. z. B. die in BGHZ 6, 127 erwähnte Klausel: „In accepting this Bill of Lading shippers, receivers as well as Owners of the goods shipped or their respective Agents unreservedly agree and submit themselves to all the stipulations and conditions whether printed, stamped or handwritten hereforth or overpage, notwithstanding any laws or

local usages that might exist to the contrary or otherwise at the ports of shipment or destination or elsewhere."

Das mag einleuchtend sein, wenn entweder die Konnossementsbedingungen mit der gesetzlichen Regelung übereinstimmen oder es sich um einen Fall handelt, wo das Gesetz ausdrücklich Sondervereinbarungen zuungunsten des Befrachters zuläßt (vgl. darüber § 663 HGB). Wie aber, wenn die Konnossementsbedingungen in einem sonstigen Falle von der zwingenden Mindesthaftung der §§ 662 ff. HGB abweichen? Das Gesetz sagt in § 662 HGB nur, im Falle der Ausstellung eines Konnossements könne die Geltung der dort erwähnten Bestimmungen nicht im voraus ausgeschlossen werden, schweigt aber darüber, ob das nur im Verhältnis des Verfrachters zum Konnossementsinhaber gilt oder auch in demjenigen zum Befrachter. Nach § 656 Abs. 3 HGB sollen für das Rechtsverhältnis zwischen Verfrachter und Befrachter die Bestimmungen des Frachtvertrages maßgebend sein. Es entspricht indessen wohl dem Sinngehalt der Haager Regeln, ihre zwingende Haftung auch stets gegenüber dem Stückgutbefrachter anzunehmen, obwohl es nicht ganz einfach ist, die Begründung dafür im Gesetz zu finden. Es wird anzunehmen sein, daß der Befrachter davon ausgehen kann, daß die Konnossementsbedingungen des Verfrachters den §§ 662 ff. HGB entsprechen, und, sofern das nicht der Fall ist, er nur zu solchen Bedingungen abschließen will. Es würde jedenfalls ein der seit den Haager Regeln eingetretenen Entwicklung nicht entsprechendes Ergebnis sein, wollte man nur den Konnossementsinhaber, aber nicht den Befrachter in den Genuß der zwingenden Mindesthaftung kommen lassen. Der Verfrachter kann sich dann also auch gegenüber dem Befrachter nicht auf abweichende Konnossementsbedingungen berufen. So im Ergebnis auch Wüstendörfer SHR 278, Schlegelberger-Liesecke Anm. 13 zu § 662 HGB, Prüssmann § 662 HGB B 2; vgl. Schaps-Abraham Anm. 9 zu § 662 HGB.

2. Auch der Abschluß von *Raumfrachtverträgen* ist an sich formlos. Üblich ist jedoch die Beurkundung in Gestalt einer **Chartepartie** (§ 557 HGB).

Die Chartepartie ist keine konstitutive Urkunde, sondern hat lediglich Beweiswirkung. Mündliche Nebenabreden sind deshalb neben ihr zulässig, vgl. RGZ 114, 326. Häufig erfolgt die Zeichnung durch den vermittelnden Schiffsmakler für eine oder beide der Parteien, §§ 181 BGB, 346 HGB (RGZ 116, 156). Meistens werden Standardformulare von Schiffahrtsorganisationen benutzt oder es wird doch auf sie unter bloßer Hinzufügung der Sonderabreden Bezug genommen. An der Ausarbeitung der Standardformulare sind in erster Linie die Baltic and International Maritime Conference in Kopenhagen und die Chamber of Shipping of the United Kingdom in London beteiligt. Zu erwähnen sind insbesondere von den Standardformularen für Güter aller Art die Gencon-Charter (siehe zu ihr vornehmlich Puchta, Die Gencon-Charter, 1968) und die auf ihr beruhende deutsche Deutgencon-Charter, für Kohlen die *Baltcon-Charter* (vgl. dazu Rørdam, Treatises on the Baltcon-Charterparty, London 1954), für Holz die Baltwood-Charter, Deutholzneu, Nubaltwood (vgl. dazu Hansa 1973, 1541), für Getreide Centrocon, für Erz Deuterz(neu) und Skanderz, für Tankeranschlußreisen Interconsec (siehe dazu Hansa 1973, 1541). Siehe wegen weiterer Einzelheiten Capelle, Frachtcharter. Vgl. HansOLG Hansa 1955, 1000 über den Abschluß des Chartervertrages als „Charterers Agent". Vgl. über Entstehung und Bedeutung der German Coal Charter 1957 Röhreke Hansa 1957, 982. Siehe die bei Schaps-Abraham im Anhang zu § 557 HGB wiedergegebenen Charterformulare.

Weicht der Inhalt der Chartepartie von den *vorher getroffenen Vereinbarungen* ab, so kann daraus nicht ohne weiteres auf eine nachträgliche Änderung des Vertragsinhalts geschlossen werden. Die Parteien können vielleicht gemeinsam den Vertrag nach außen in anderer Form erscheinen lassen wollen, als er unter ihnen gelten soll. Dann werden die wahren Abmachungen vielfach in einem besonderen, neben der Chartepartie ausgestellten Schriftstück („back letter") niedergelegt. Der Grund hierfür kann sein, daß der Verfrachter nicht zeigen will, daß er zugunsten des Charterers von den Bedingungen der ihm von seinem Verbande oder sonstwie zur Pflicht gemachten Standardcharter abgewichen ist. Eine Abweichung kann sich auch ergeben, weil *nach der Ausstellung der Urkunde* der Vertrag außerhalb derselben ergänzt oder geändert wird. Abweichende Klauseln des Konnossements bedeuten nicht ohne weiteres eine Abänderung des ursprünglichen Vertrages und damit eine Divergenz zwischen diesem und der Chartepartie. Beim Chartervertrag dient nämlich das Konnossement nicht, wie beim Stückgütervertrag, der Festlegung der Vertragsbedingungen. Um deshalb auf eine Änderung der Vertragsbedingungen durch abweichenden Konnossementsinhalt beim Raumfrachtvertrag schließen zu können, sind besondere Umstände erforderlich, so, wenn das Konnossement Klauseln enthält, die nur im Verhältnis zwischen Verfrachter und Charterer einen Sinn haben können. Vgl. dazu HansOLG Hamburg MDR 1958, 519 = Hansa 1958, 1438 = VersR 1958, 214.

Während also das Konnossement beim Stückgütervertrag über die ihm vom Gesetz zugewiesene Rolle, das Rechtsverhältnis zum Empfänger zu regeln (vgl. § 656 HGB), hinaus meistens auch Beweisurkunde für den Inhalt des Stückgutfrachtvertrages ist (vgl. oben unter 1), hat es beim Raumfrachtvertrag regelmäßig nur die Aufgabe, das Verhältnis des Verfrachters zum Empfänger zu bestimmen. Vgl. dazu auch Trappe, Reisecharter und Konnossement, Hansa 1969, 1538 ff.; ders., Zur Frage der Zeichnung der Konnossemente unter einer Zeitcharter, VersR 1972, 518; K. H. Pflüger, Nochmals: Reisecharter und Konnossement, Hansa 1969, 2059 ff. mit Anm. von Trappe. Siehe zur Verlängerungsoption bei einem Zeitfrachtvertrag Schutzverein Deutscher Reeder Jahresbericht 1970, 9, ebendort 12 über das Recht, ein auf Zeit verfrachtetes Schiff aus der Charter zu ziehen.

3. Im *Binnenschiffahrtsrecht* wird der Frachtvertrag zwischen Absender und Frachtführer geschlossen, von Gesetzes wegen formlos, in der Rechtswirklichkeit üblicherweise unter Ausstellung eines Befrachtungs- oder Schlußscheins, auch als Charter bezeichnet. Die rechtliche Sonderstellung des Abladers im deutschen Seerecht (vgl. oben IV 3) kennt das Binnenschiffahrtsrecht nicht.

II. Eine der Hauptpflichten des Verfrachters ist bei jeder Art des Seefrachtvertrages die **Stellung eines seetüchtigen Schiffes.** Nach § 559 Abs. 1 HGB hat der Verfrachter dafür zu sorgen, daß das Schiff in *seetüchtigem Stand, gehörig eingerichtet, ausgerüstet, bemannt und mit genügenden Vorräten versehen ist* (Seetüchtigkeit) sowie daß sich die *Laderäume einschließlich der Kühl- und Gefrierräume in dem für die Aufnahme, Beförderung und Erhaltung der Güter erforderlichen Zustand befinden* (Ladungstüchtigkeit). Neueres Schrifttum: Ballin, Die Verantwortlichkeit des Verfrachters für Seetüchtigkeit unter Einbeziehung der anglo-amerikanischen Rechtsprechung, Diss. Hamburg 1965; Rodière, Le bon état de navigabilité du navire affrété, DMF 1965 S. 387—399; Paulick, Die Folgen der Seeuntüchtigkeit eines Schiffes im Seeversicherungsrecht, Diss. Berlin 1969.

1. Der Begriff der *Seetüchtigkeit* in § 559 Abs. 1 umfaßt damit neben der Seetüchtigkeit des Schiffskörpers im engeren Sinne auch die *Reisetüchtigkeit,* d. i. die Einrichtung, Ausrüstung, Bemannung und Verproviantierung des Schiffes. Damit ist insoweit die Haftung des Verfrachters der des Kapitäns nach § 513 HGB angeglichen (vgl. § 16 IV 1 a). Hinsichtlich der Fürsorgepflicht gleichgestellt ist die *Ladungstüchtigkeit* des Schiffes. Vgl. unter 2. Siehe dazu Ballin a. a. O. 3 ff., der außer der unter Ziff. 2 erwähnten besonderen Ladungstüchtigkeit noch eine „eigentliche Ladungstüchtigkeit", d. h. die Fähigkeit des Schiffes, für die Ladung die Gefahren der See zu überstehen, unterscheiden will, die aber richtiger Ansicht nach mit der Seetüchtigkeit verschmilzt.

Ausreichend ist *relative Seetüchtigkeit,* d. h. die Tauglichkeit des Schiffes bezüglich der gerade bevorstehenden Reise (Wüstendörfer Studien 469; ders. SHR 238: . . . Fähigkeit des Schiffes, mit der konkreten Ladung die vorgesehene Reise zur vereinbarten Jahreszeit zu bestehen, soweit es sich nicht um Gefahren ganz außergewöhnlicher Art handelt; Gramm, Seefrachtrecht, Anm. I 1 a zu § 559; Capelle, Frachtcharter 130 f.). Vgl. über ausreichende Stabilität BGHZ 27, 79 = Hansa 1958, 1377, über intakten Maschinentelegraph Bundesoberseeamt Hansa 1952, 379, über Längsschotten bei Getreideladung HansOLG Hamburg 1957, 537, über Lockerung einer Muffe der Deckswasserleitung LG Bremen Hansa 1955, 1001. Nicht ordnungsgemäße Stauung fällt nur dann unter § 559, wenn sie Seeuntüchtigkeit des Schiffes zur Folge hat, z. B. weil sie die Stabilität des Schiffes in ganz besonderem Maße ungünstig beeinflußt. Im übrigen richtet sich die Haftung für sie nach §§ 606 ff. HGB.

Für die Frage des Vorhandenseins der Seetüchtigkeit geben die öffentlich-rechtlichen Vorschriften über die Schiffssicherheit (vgl. dazu im einzelnen § 2 II 1 f.) und die Unfallverhütungsvorschriften der See-Berufsgenossenschaft sowie die Entscheidungen der Seeämter wesentliche Anhaltspunkte, sind aber nicht immer allein ausschlaggebend.

2. Die besondere *Ladungstüchtigkeit* gehört nicht zur Seetüchtigkeit. Sie ist die Geeignetheit des Schiffes zur unversehrten Erhaltung der *konkreten* Ladung im Hinblick auf andere Transportgefahren als Seegefahren, hat also damit, daß

die Güter zur See befördert werden, nichts zu tun. Das Schiff ist danach ladungsuntüchtig, wenn es nicht mit den für den Transport der konkreten Ladung erforderlichen Spezialeinrichtungen eingerichtet ist, z. B. Kühl- und Gefrierräumen, Ventilatoren, ordnungsgemäß schließbaren Ventilen der Ölpumpe an Tankeinrichtungen bei Öltransporten (vgl. HansRGZ 1941 Nr. 59), Fehlen von Stauholz (s. District Court for the Southern District of New York, Hansa 1955, 1709), nicht genügende Reinigung der Schiffsräume (Stadtgericht Oslo Hansa 1955, 1143), desgleichen, wenn die Güter durch im Schiff verbliebene Reste früherer Güter Schaden nehmen (BGH Hansa 1962, 2122: Desinfektionsgeruch bei Getreide) oder die Laderäume nicht ordnungsgemäß voneinander getrennt sind, so daß sich die schädlichen Eigenschaften von Ladungsgütern auf in anderen Räumen untergebrachte nachteilig auswirken (Gramm, Seefrachtrecht Anm. I 1 c zu § 559; Wüstendörfer SHR 239). Siehe wegen Ladungsuntüchtigkeit infolge Abdeckung der Luken mit schadhaften Persenningen BGH VersR 1969, 536 = Hansa 1969, 1773, wegen anfänglicher Ladungsuntüchtigkeit nach englischem Recht, wenn die Dichtung eines Gasöltanks einem gewissen Überdruck beim Bunkern nicht standhalten kann und infolgedessen ausgetretenes Öl zur Geruchsbeschädigung der Ladung führt OLG Hamburg VersR 1970, 663.

3. *Der seetüchtige Zustand muß grundsätzlich schon beim Beginn der Beladung vorhanden sein* (Wüstendörfer SHR 241, Schlegelberger-Liesecke Anm. 13 zu § 559 HGB, Götz a. a. O. 91; vgl. Schaps-Abraham Anm. 3 zu § 559 HGB mit weiteren Angaben). Regelmäßig ist nämlich dem Ablader nicht zuzumuten, in ein seeuntüchtiges Schiff zu verladen. Sind indessen die die Seeuntüchtigkeit begründenden Mängel so unerheblich, daß sich die Weigerung des Abladers, zu verladen, als ein Mißbrauch seines Rechts darstellt, so ist dem Verfrachter das Recht zuzubilligen, noch während der Beladung Reparaturen vorzunehmen, sofern diese die Beladung nicht hindern (Pappenheim 3, 139).

Das Schiff muß aber auch noch bei Antritt der Reise seetüchtig sein (vgl. Art. III 1 HR „before and at the beginning of the voyage"). Umstritten ist, ob die Haftung aus § 559 HGB nur gilt für den Zeitpunkt des Ladebeginns einerseits und den des Reisebeginns andererseits, aber nicht für den dazwischenliegenden Zeitraum (so W. Müller HansRGZ 1937 A 375 f., 387, Götz Hansa 1960, 492). Für diesen will Müller den Verfrachter nur nach § 606 ff. HGB haften lassen. Jedoch ist Wüstendörfer SHR 241 zuzustimmen, diese Auffassung führe zu sehr unbilligen Ergebnissen. Mit ihm ist deshalb § 559 HGB so zu verstehen, daß die Haftung aus ihm *vom Beginn der Verladung bis zum Antritt der Frachtreise* besteht, einerlei, ob die Ladungspartie schon vorher vom Verfrachter übernommen wurde oder unmittelbar an Bord abgeliefert wurde. Ebenso Schlegelberger-Liesecke Anm. 12 zu § 559, Prüssmann § 559 D 1 b; vgl. die Entscheidung des kanadischen Judical Committee of the Privy Council in Sa. Maxime Footwear Co., v. Canadian Government Merchant Marine Co., Ll. L. R. 1958, 105 = Hansa 1959, 2275 und dazu kritisch Götz, The Canadian Bar Review Bd. 38 S. 93 ff.; siehe wegen weiterer Einzelheiten Schaps-Abraham Anm. 3 zu § 559 HGB.

4. Über die *Haftung des Verfrachters für anfängliche* See- und Ladungstüchtigkeit vgl. § 22 II.

III. 1. Der *Befrachter* ist *verpflichtet,* die Frachtgüter nebst den erforderlichen Papieren (vgl. § 591 HGB) kostenfrei bis *an das Schiff* zu liefern (§ 561 HGB). *Die Einladung in das Schiff und die Kosten hierfür sind Sache des Verfrachters.* Vgl. die andersartige Regelung für das Binnenschiffsrecht in § 41 BSchG: Hier hat der Absender die Güter nicht nur an das Schiff zu liefern, sondern „lose“ Güter „in“ das Schiff, „gepackte“ „auf“ das Deck des Schiffes zu laden (gepackte Güter können auch nicht verpackte umfassen, z. B. Bretter, Schieferplatten). Vertrag, örtliche Verordnungen des Abladehafens oder ein dortiger Ortsgebrauch können jedoch auch im Seerecht etwas anderes bestimmen. Wenn z. B. beim Raumfrachtvertrag die Fio-Klausel „free in and out, stowed and trimmed“ vereinbart wird, so bedeutet das, daß Verladung, Stauung und Löschung durch vom Befrachter oder Empfänger gestellte Leute und auf ihre Kosten geschehen sollen. Siehe die näheren Angaben über die Klausel bei Schaps-Abraham Anm. 5 zu § 561 HGB, weiter den Jahresbericht des Schutzvereins Deutscher Reeder Hansa 1969, 703; Kreutzinger, Die Kommandobrücke 1969, 101. Siehe darüber, daß in Hamburg die öffentliche Kaianstalt (Hamburger Hafen- und Lagerhaus AG) beim Einladen von Stückgütern in ein Seeschiff bis zum Niedersetzen an Deck bzw. bis zur Lukenhöhe nicht als Vertreter des Verfrachters, sondern im Auftrage des Befrachters handelt, OLG Hamburg VersR 1973, 1138 (mit Anm. von Trappe).

Die Einladung ist im *vereinbarten Ladehafen* an einem dort vom *Befrachter angewiesenen Platz* vorzunehmen (§ 560 Abs. 1 HGB), in Ermangelung einer Anweisung oder einer rechtzeitigen oder einer solchen, die mit der Sicherheit des Schiffes oder öffentlichen Anordnungen nicht vereinbar ist, an dem *ortsüblichen Ladungsplatz* (§ 560 Abs. 2 HGB).

Befrachter (oder bei Löschung der Empfänger) haben dafür zu sorgen, daß der für die Einnahme (oder Löschung) der Ladung ausgewählte Liegeplatz nach Wassertiefe und Einrichtung die Sicherheit des Schiffes nicht gefährdet. Die hierzu erforderlichen Vorkehrungen sind nach Maßgabe dessen zu bestimmen, was für den ordnungsgemäßen Verkehr nach seemännischer Auffassung zu verlangen und zumutbar ist. Für abnorme Verhältnisse braucht keine Vorsorge getroffen zu werden. Sache des Kapitäns ist es, die notwendigen Maßnahmen zur Gefahrenabwehr zu ergreifen, wenn während des Liegens ein abnorm tiefer Wasserstand eintritt (BGH VersR 1965, 1169). Siehe über die Haftung des Charterers wegen Benennung eines unsicheren Liegeplatzes auch Queen's Bench Division Hansa 1954, 2230. Schrifttum: Ramberg, Unsafe Ports and Berths, Oslo 1967.

Die Schadensersatzpflicht der (Hamburger) Kaiverwaltungsgesellschaft wegen verspäteter Bereitstellung eines vorbestellten Kailiegeplatzes ist privatrechtlicher Natur und besteht nur bei schuldhaftem Verhalten; LG Hamburg Hansa 1956, 2337. Siehe HansOLG Hamburg Hansa 1958, 419 wegen der Haftung des Befrachters für das Verschulden eines Kranführers bei der Beladung.

2. Für die *Zeit der Einladung* sind besondere Vorschriften erlassen, unterschiedlich für den Raum- und den Stückgutvertrag (vgl. über die Unmöglichkeit der Abladung auf Grund gesetzlicher Bestimmungen im Ladehafen — Schiff erhält keine Erlaubnis, in den Hafen einzulaufen und die Ladung zu übernehmen — Queen's Bench Division LL v. 6. 12. 1958 = Hansa 1959, 1049). Siehe über die entsprechende Regelung in Binnenschiffahrtsrecht die §§ 28 ff. BSchG.

a) Beim *Raumfrachtvertrag* hat der Verfrachter eine gesetzliche Frist (*Wartezeit:* §§ 567 ff. HGB) zu warten.

Voraussetzung für ihren Beginn ist, daß der Kapitän zur Einnahme der Ladung *fertig* und *bereit* ist und hiervon dem Befrachter *Anzeige* gemacht hat (§ 567 Abs. 1 HGB). Nicht unbedingt ist es erforderlich, daß das Schiff im Zeitpunkt der Anzeige schon am Ladeplatz liegt, sofern es diesen nur rechtzeitig bis zum Beginn der Ladezeit erreichen kann. Dazu ist regelmäßig nötig, daß sich das Schiff jedenfalls schon im Ladehafen befindet: „arrived ship". Vgl. Wüstendörfer SHR 249; Lindenmaier Hansa 1951, 204; K. v. Laun Hansa 1951, 239; HansOLG Bremen Hansa 1964, 2374; LG Hamburg Hansa 1954, 1029; siehe auch Fairplay International Shipping Journal 1971, 18. März, wegen Einzelheiten Schaps-Abraham Anm. 1 zu § 567 HGB, ferner Peters, Der Beginn der Liegezeit, 1964 (Überseestudien Heft 32), Trappe, Die Liegezeit eines Charterschiffes in der neueren deutschen und englischen Rechtsprechung, ZHR 131, 47—81. Aisenstein, Staries et Sustaries, Paris 1965, Tiberg, The Law of Demurrage, London (zugleich 2. Aufl. von The Law of Demurrage und 2. Aufl. von The Claim for Demurrage), Summerskill, Laytimes, 2. Aufl. London 1973, Govare, Staries, Sustaries, Dispatch-Money, Paris 1928, Mittag, Das Liegegeld, Diss. Hamburg 1935, Warneken, Lade- und Löschfristen im Seerecht, Diss. Erlangen 1908, Berlingieri, Stallie e controstallie, Mailand 1970, Righetti, Il problema della natura giuridica delle stallie e controstallie, Mailand 1970, Papamichalopoulus, Le controstallie, Athen 1956.

Die Klausel „whether in berth or not" lastet das Risiko der Hafenüberfüllung dem Befrachter bzw. dem Empfänger an, aber grundsätzlich auch nur dieses. Richtiger Ansicht nach berechtigt die Klausel den Kapitän nicht, die Lade- oder Löschbereitschaft anzuzeigen, bevor das Schiff den Lade- oder Löschhafen erreicht hat (OLG Bremen Hansa 1964, 2394; Trappe ZHR 131, 56; Prüssmann § 560 HGB C 3; Schlegelberger-Liesecke § 594 Anm. 6; a. A. Peters a. a. O. 141; Rørdam, Treatise on the Baltcon-Charterparty, 1954, 28; Schiedsspruch BIMCO Monthly Circular 1959, 7962). Siehe zu der Klausel „time to count from the first working period on the next day following receipt during ordinary office hours of written notice of readiness to discharge, whether in berth or not" und Liverpool/Birkenhead als Bestimmungshafen Fairplay v. 21. 10. 1971, Ll. L. R. 1971, 96. Vgl. zur Bedeutung der „ready berth"-Klausel und zur Unterscheidung zwischen „demurrage“ und „damage for detention“ Schutzverein Deutscher Rheder Jahresbericht 1970, 25.

Die *Ladezeit beginnt* dann mit dem auf die Anzeige folgenden Tage (§ 567 Abs. 2 HGB). Ihre *Dauer* richtet sich mangels vertraglicher Vereinbarung nach der Ortsüblichkeit (§ 568 Abs. 1 HGB). Doch wird die Wartezeit nicht immer allein durch die Ladezeit bestimmt. Vielmehr kann zu dieser noch eine *vereinbarte Überliegezeit* hinzukommen (§ 567 Abs. 4 HGB; Dauer mangels anderweitiger vertraglicher Vereinbarung 14 Tage, § 568 Abs. 2 HGB). Vgl. für die Berechnung der Lade- und Überliegezeit § 573 HGB.

Nach Ablauf dieser *gesetzlichen Wartezeit* ist der Verfrachter nicht verpflichtet, noch länger zu warten. Doch muß er dies dann spätestens drei Tage vor ihrem Ende dem Befrachter erklären (§ 570 Abs. 1 HGB). Ist das nicht geschehen, so läuft die gesetzliche Wartefrist nicht früher ab, als bis die Erklärung nachgeholt ist und seit dem Tage ihrer Abgabe drei Tage verstrichen sind (§ 570 Abs. 2 HGB).

Hat sich der Verfrachter bedungen, daß die Abladung bis zu einem bestimmten Tage beendigt sein muß, so gilt die Sonderbestimmung des § 576, bei Lieferversäumnis eines Dritten die des § 577 HGB.

Für die Ladezeit hat der Befrachter keine besondere Vergütung zu zahlen. Dagegen ist für die Liegezeit das sog. *Liegegeld* zu entrichten (§ 567 Abs. 3 HGB). Vgl. über dessen Höhe § 572 HGB. Das Liegegeld ist keine Vertragsstrafe, sondern gesetzliche Vergütung für vertragsgemäße Inanspruchnahme verlängerter Leistung von Wartezeit. S. Wüstendörfer SHR 251; BGHZ 1, 47 = Hansa 51, 382. Siehe über Liegegeldanspruch für Wartezeit i. S. der Klausel 7 Abs. 2 der „Deutzolz neu“-Charter LG Aurich VersR 1969, 234.

Die gesetzlichen Bestimmungen über die Ladezeit werden von den Parteien vielfach durch vertragliche Klauseln ergänzt und geändert, so insbesondere durch die „Cancelling“-Klausel. Vgl. über diese RGZ 116, 156; Capelle Frachtcharter 190; Wüstendörfer SHR 248; Schlegelberger-Liesecke Anm. 3 zu § 567 HGB; Schaps-Abraham Anm. 19 zu § 557 HGB; Becker, Klauseln des Seefrachtgeschäfts, 1970 1 ff. Beim Unterschreiten der Ladezeit wird häufig ein vom Schiff zu zahlendes Eilgeld (despatch-money) vereinbart. Über Berechnung der Ladezeit und des Eilgelds bei Vereinbarung einer Ladungsmenge „per workable hatch“ s. Lebuhn Hansa 1954, 1755 ff. und 1955, 1678, Pflüger Hansa 1955, 1571. Über die Auslegung des Begriffs „weather working day“ vgl. Hansa 1955, 1520 und Trappe Hansa 1957, 2140, ferner Hamburger Schiedsspruch Hansa 1969, 10: „weather working day of 24 consecutive hours“.

Vgl. Queen's Bench Division Hansa 1955, 1707 darüber, daß kein Anspruch auf Liegegeld für einen Zeitverlust vor Beginn der Liegezeit trotz der Klausel „Time lost waiting for berth to count as loading time“ besteht (siehe über Abrechnung des Liegegeldes nach dieser Klausel auch Hamburger Schiedsspruch Hansa 1969, 786). Siehe Queen's Bench Division Hansa 1959, 1048 = LL v. 17. Nov. 1958 über die beschränkte Geltung einer Streikklausel bei mehreren wahlweise zugelassenen Ladehäfen und Ladungsarten, Hansa 1957, 1749 über Liegegeld bei „Liner-Terms“, Hansa 1957, 1817 wegen des Ersatzhafens der

Baltcon-Eisklausel und Liegegeldberechnung, Hansa 1957, 1818 wegen Liegegeld bei Streik in Rotterdam.

Hat der Befrachter bis zum *Ablauf der Wartezeit keine Ladung geliefert,* so ist der Verfrachter an den Frachtvertrag nicht länger gebunden. Er kann vielmehr gegen den Befrachter dieselben Ansprüche geltend machen, welche ihm nach den §§ 580, 583, 584 HGB zugestanden haben würden, wenn der Befrachter von dem Vertrage zurückgetreten sein würde. Vgl. darüber unten XI 3. Wird indessen durch eine positive Vertragsverletzung des Befrachters der Vertragszweck derart gefährdet, daß dem — an sich vorleistungspflichtigen — Verfrachter das Festhalten an dem Frachtvertrage nicht mehr zugemutet werden kann, so ist der Verfrachter auch vor Ablauf der sonst nach den §§ 570, 577 HGB einzuhaltenden Wartefristen berechtigt, vom Vertrage zurückzutreten oder Schadensersatz wegen Nichterfüllung zu verlangen. Vgl. BGH NJW 1954, 229 und dazu Lebuhn Hansa 1954, 462 f.

Stellt der Befrachter das Verlangen, die Reise auch *ohne die volle Ladung anzutreten,* so hat der Verfrachter dem nachzukommen. Er hat aber dann nicht nur die volle Fracht sowie etwaiges Liegegeld zu beanspruchen, sondern ist auch berechtigt, soweit ihm durch die Unvollständigkeit der Ladung die Sicherheit für die volle Fracht entgeht, die Bestellung einer anderweitigen Sicherheit zu fordern. Er hat ja alsdann nicht die volle Ladung als Sicherheit. Auch kann er Ersatz der Mehrkosten, die ihm infolge der Unvollständigkeit der Ladung etwa erwachsen, z. B. Ballastkosten, verlangen (§ 578 HGB). Siehe dazu Hansa 1953, 1292.

Schließlich kann der Verfrachter auch von sich heraus die Reise antreten und die in § 578 genannten Forderungen geltend machen, wenn der Befrachter bis zum Ablauf der Wartezeit die Ladung nur unvollständig geliefert hatte (§ 579 HGB). Siehe dazu auch OLG Schleswig VersR 1974, 55.

Einen *Erfüllungsanspruch* auf Lieferung der vollen vereinbarten Ladung oder Lieferung derselben überhaupt hat der Verfrachter regelmäßig nicht. Es handelt sich bei der Anlieferung der Ladung grundsätzlich um eine Gläubiger-, nicht um eine Schuldnerhandlung. Die Lieferung der Ladung ist also keine Hauptverpflichtung im Sinne des § 323 BGB (so die herrschende Ansicht, vgl. Schaps-Abraham Anm. 1 zu § 577 HGB, Schlegelberger-Liesecke Anm. 4 zu § 561 HGB, Prüssmann § 578 HGB, BGHZ 11, 80; anders RGZ 103, 257). Beim Dauerfrachtvertrag kann es anders liegen (vgl. HansOLG Hamburg HansRGZ 1938 B Nr. 75).

b) Beim *Stückgütervertrag* gibt es keine gesetzliche Wartefrist. Der Befrachter hat hier auf die Aufforderung des Kapitäns die Abladung ohne Verzug zu bewirken (§ 588 Abs. 1 HGB). Doch entspricht das nicht mehr den gegenwärtigen Verkehrssitten und Handelsbräuchen. Vielmehr werden die Güter oft schon vor Ladebereitschaft des Schiffes im Lagerraum der betr. Linie am Kai gegen Kaiempfangsschein übernommen, oder statt der gesetzlichen Sonderaufforderung an die einzelnen Befrachter ergeht nur eine öffentliche Gesamtaufforderung an alle Befrachter, in welcher Abfahrtzeit des Schiffes und Schluß der Güterannahme bekanntgemacht werden, oder der Fahrplan der Linienschiffe ist öffentlich bekanntgemacht worden und in den Verfrachtungsbedingungen ist enthalten, daß die Güterannahme eine bestimmte Zeit vor Abgang des Schiffes beendet ist (vgl. Wüstendörfer SHR 254). Ist der Stückgutbefrachter säumig, so ist der Verfrachter nicht verpflichtet, auf die Lieferung der Güter zu warten. Der Befrachter muß jedoch die volle Fracht für die Güter entrichten, abzüglich der Fracht für etwa angenommene Ersatzgüter (§ 588 Abs. 2 HGB). Vgl. für das Binnenschiffahrtsrecht § 39 BSchG.

IV. Sind, wie regelmäßig beim Raumfrachtvertrag, die vertragsmäßig vereinbarten Güter nur der Art und Gattung nach bestimmt, so ist der Befrachter berechtigt, auch *andere Güter* zur Verschiffung nach demselben Bestimmungshafen anzuliefern. Doch darf das die Lage des Verfrachters nicht erschweren, z. B. durch größere Gefährlichkeit der Ersatzladung oder ihre geringere Pfandsicherheit (§ 562 HGB).

V. Befrachter und Ablader trifft gegenüber dem Verfrachter eine *Gewährleistungshaftung für unrichtige Angaben über Maß, Zahl, Gewicht und Merkzeichen.* Eine Haftung, aber nur im Falle eines Verschuldens, besteht auch gegenüber den *übrigen Reisebeteiligten* im Sinne des § 512 Abs. 1 HGB (§ 563 HGB). Im Verschuldensfalle haften Befrachter und Ablader dem Verfrachter und den übrigen Reisebeteiligten auch für unrichtige Angaben über *Art und Beschaffenheit der Güter* (§ 564 Abs. 1 HGB). Gleiches gilt, wenn *Kriegskonterbande* oder *Güter* verladen werden, deren *Ausfuhr, Einfuhr* oder *Durchfuhr verboten* ist (vgl. dazu das Außenwirtschaftsgesetz v. 28. April 1960 — BGBl. I 481 — und das Gesetz über die Kontrolle von Kriegswaffen v. 20. April 1961 — BGBl. I 444), oder wenn bei der Abladung die gesetzlichen Vorschriften, insbesondere die *Polizei-*, *Steuer-* und *Zollgesetze* übertreten werden (§ 564 Abs. 2 HGB). Werden *gefährliche Güter* ohne Kenntnis des Kapitäns, des Verfrachters oder Schiffsagenten an Bord gebracht, so besteht eine Gefährdungshaftung des Befrachters und Abladers. Vgl. wegen der Einzelheiten §§ 564 b und 564 c HGB; s. VO über gefährliche Seefrachtgüter v. 4. Januar 1960 (BGBl. II 9) mit Änderungen; vgl. auch LG Bremen Hansa 1952, 1503.

VI. Die *Verladung der Güter hat regelmäßig im Schiffsinnern* zu erfolgen. Insbesondere dürfen ohne Zustimmung des Abladers dessen Güter nicht auf das *Deck* des Schiffes verladen werden (§ 566 HGB).

Die Zustimmung zur Decksladung bedarf keiner Form, gilt daher auch durch die widerspruchslose Entgegennahme der Konnossementsbedingungen, in denen die Decksverladung — etwa durch die Klausel „on deck at shippers risk" — vorgesehen ist, als stillschweigend erteilt. Werden Güter auf Grund der formularmäßig erteilten Zustimmung an Deck verladen, so kann darin allein ein kommerzielles Verschulden nicht erblickt werden. Doch entbindet die Zustimmung dann nicht von der Haftung für ein solches, wenn nach den Fallumständen, insbesondere der Beschaffenheit der Güter und der naheliegenden Gefahr von Seewassereinwirkung ihre Verladung auf Deck gegen die Sorgfaltspflicht eines ordentlichen Verfrachters verstößt. Eine Konnossementsbestimmung, die eine solche Haftung ausschließen würde, wäre im Rahmen der §§ 662 ff. HGB nichtig; vgl. BGHZ 6, 127 = Hansa 1952, 1045 = NJW 1952, 1134; HansOLG Hansa 1951, 1580. Vgl. auch BGHZ 6, 127 über die Klausel „with liberty to carry goods on deck", die auf die Freizeichnung des Verfrachters gegenüber den Interessenten der *sonstigen* Ladung abzielt, falls infolge der Übernahme von Decksladung am Schiff oder der Raumladung ein Schaden entsteht; s. Hasche Hansa 1951, 1184. Siehe weiter HansOLG Hamburg Deutsche Verkehrs-Zeitung 1957 Nr. 143. Aus der Rechtsprechung des US. Court of Appeals vgl. Hansa 1955, 1033. Schrifttum: Ohling, Konnossementsvermerk „Verladen an Deck" und Akkreditivbestellung, Außenwirtschaftsdienst des BB 1963, 142.

Siehe zur Decksladung von Containern unten § 22 V.

VII. Verfrachter und Kapitän haben die Reise auf dem **vereinbarten Reisewege,** anderenfalls auf dem *geeignetsten* auszuführen. Abweichungen hiervon sind nur gestattet, wenn die Fortsetzung der Reise in der ursprünglichen Richtung durch einen *Zufall* verhindert wird (§ 536 HGB), zum Zwecke der *Rettung von Leben oder Eigentum zur See* oder *sonst gerechtfertigterweise* (§ 636 a HGB).

Vgl. dazu Lebuhn Hansa 1951, 1743 und 1952, 1345: Schaps-Abraham, Schlegelberger-Liesecke und Prüssmann Anm. zu § 636 a HGB; Katsigeras, Le déroutement en Droit Maritime Comparé, 1970 (Collection de Droit Maritime et des Transports, Bd. XVI). Im Rahmen der zwingenden Haftung nach §§ 662 ff. HGB sind die Parteien nicht befugt, frei zu vereinbaren, was sie als „sonst gerechtfertigt" im Sinne des § 636 a HGB verstanden wissen wollen. Es muß dabei sowohl das Ladungsinteresse als auch das Reiseinteresse des Schiffes berücksichtigt werden. Im wesentlichen sind allerdings hierunter die Fälle der §§ 607 Abs. 2, 608 HGB zu rechnen, so Abweichen vom Reiseweg infolge nautischen Verschuldens ohne Eigenverschulden des Verfrachters. S. über das amerikanische Recht Hansa 1952, 172; über Haftung für Selbstentzündung der Ladung infolge Deviation Hansa 1953, 428 mit Anm. von Kuhl; s. auch Hansa 1953, 1300. Hat der Verfrachter wegen der Blockierung des Suez-Kanals die Route um das Kap der Guten Hoffnung gewählt, so kann er vom Ladungsempfänger keine Mehrfracht beanspruchen (LG Hamburg Hansa 1959, 680). Die nicht genehmigte Abweichung vom vereinbarten Reiseweg (betr. Löschen der Fracht in einem anderen Hafen) legt dem Verfrachter die Beweislast für die Notwendigkeit der vorgenommenen Umdisposition auf (Hamburger Schiedsspruch VersR 1972, 973).

Nach angloamerikanischem Recht liegt Deviation auch schon bei groben Verstößen des Verfrachters, die das bei Vertragsschluß in Aussicht genommene Risiko des Befrachters wesentlich erhöhen, vor, z. B. bei Verladung an Deck ohne Zustimmung des Befrachters; vgl. Hansa 1954, 999.

VIII. Dem Verfrachter fallen mangels entgegenstehender Abrede (z. B. im Falle der Lumpsum-Fracht) die *gewöhnlichen* und *ungewöhnlichen Kosten der Schiffahrt*, z. B. Lotsengelder, Hafengelder, Leuchtfeuergelder, Schlepplöhne, Quarantänegelder, Auseisungskosten und dergleichen, zur Last (§ 621 Abs. 2 HGB; sog. kleine Haverei). Solche Kosten sind schon im voraus bei der Berechnung des Frachtsatzes in Ansatz gebracht.

Nach § 637 HGB hat jede Partei Schäden, die durch zufällige Reiseverzögerungen entstehen, grundsätzlich selbst zu tragen, vorbehaltlich der Bestimmungen der §§ 626 bis 636 HGB. Vertragliche Abweichungen sind zulässig und finden sich insbesondere in Gestalt von Eisklauseln, die das Risiko, daß der Bestimmungshafen wegen Eises nicht erreicht werden kann, vom Verfrachter auf den Befrachter abwälzen (OLG Hamburg MDR 1972, 244 = VersR 1972, 295). Siehe auch Hamburger Schiedsspruch v. 19. 9. 1972 VersR 1973, 1020 über die Auslegung der New York Produce Time Charter.

Ist der Schiffahrtsweg offen, friert das Schiff aber im Zwischenhafen an der Pier ein, so daß es sich aus eigener Kraft nicht befreien kann und Schlepperhilfe anfordern muß, um sich in die offene Fahrrinne schleppen zu lassen, so fällt dieser Sachverhalt nicht unter die Eisklausel (OLG Hamburg a. a. O.).

IX. 1. Der **Bestimmungshafen** ist regelmäßig im Frachtvertrag fest vereinbart, beim Raumfrachtvertrag gelegentlich mit Wahlrecht des Befrachters. Ist das Schiff in ihm eingetroffen, so erfolgt regelmäßig die *Löschung der Ladung*, d. h. ihre Ausladung und Verbringung auf den Kai oder in einen Leichter zur Entgegennahme durch den Empfänger. Über Änderung des konnossementsmäßigen Bestimmungshafens siehe BGH Hansa 1957, 2477.

Es gelten *entsprechende Regeln wie für die Einladung* (vgl. oben III 1). Bei den *Raumfrachtverträgen* besteht eine *Wartefrist*, die sich aus *Löschzeit* und *Überliegezeit* zusammensetzt. Bei *Stückgütervertrag* ist eine *unverzügliche Abnahmepflicht* des Empfängers gegeben (§§ 592 bis 604 HGB; vgl. RGZ 115, 214, BGHZ 1, 47, AG Hamburg Hansa 1951, 539, Lindenmaier Hansa 1951, 382, Wüstendörfer SHR 260 ff.). Vgl. für das Binnenschiffahrtsrecht §§ 46 bis 56 BSchG.

Siehe über die Entlöschung in einem anderen als dem bestreikten Bestimmungshafen House of Lords Hansa 1957, 211 (Caspiana-Fall). Vgl. auch US. Court of Appeals, Second Circuit, Hansa 1957, 590. Über Entlöschung in mehreren Schichten und darüber, wer nach Hamburger Hafenbrauch die Mehrkosten trägt, vgl. Albrecht Hansa 1957, 498. Siehe LG Hamburg Hansa 1957, 1096 wegen Fortsetzung der Löscharbeiten mit Kohlengreifern trotz Sturmwarnung.

2. Nicht gleichbedeutend mit der Löschung ist die **Ablieferung** der Güter (auch als Auslieferung bezeichnet; vgl. §§ 611, 612 HGB und

dazu HansOLG Hansa 1965, 2 = MDR 1965, 20 = VersR 1965, 232 und 374, Hansa 1965, 1788; BGHZ 44, 303 = Hansa 1966, 184 = MDR 1966, 304 = NJW 1966, 593 = VersR 1966, 160; Wüstendörfer SHR 262; Prüssmann § 611 HGB B 5 a; Liesecke MDR 1966, 277; Schaps-Abraham II § 611 Anm. 5, wo die Gegenmeinungen verzeichnet sind; kritisch Reichert-Facilides VersR 1967, 317).

Ablieferung ist der zweiseitige Vorgang, durch den Verfrachter den zum Zweck der Beförderung erlangten Gewahrsam an den Frachtgütern nach Reisebeendigung mit Zustimmung des Empfängers wieder aufgibt und es diesem ermöglicht, durch Entgegennahme des Gutes dessen unmittelbaren Besitz entweder selbst oder durch einen Empfangsvertreter zu ergreifen.

Erfolgt die Ablieferung in diesem Sinne nicht an Bord vor der Löschung oder unmittelbar nach derselben, sondern wird das Gut einseitig vom Schiff auf dem Kai gelöscht, so ist die Kaiverwaltung Vertreter und Erfüllungsgehilfe des Verfrachters bezüglich der Ablieferung (ständige Rechtsprechung; vgl. Jaeschke, Die Rechtsstellung der Kaianstalten im Seeverkehr; Überseestudien Heft 12, 1931, 58 ff.; Wüstendörfer HansRGZ 1943 A 57 und SHR 263; HansOLG HansGZ 1924, 156, BGHZ 44, 303). Doch ist der zwischen dem Verfrachter und einer Hafen- und Lagerhausgesellschaft abgeschlossene Kaivertrag, auf Grund dessen die auf dem Seewege eingetroffenen Güter vom Schiff in den Kaischuppen umgeschlagen und dort eingelagert worden sind, kein Vertrag zugunsten des Empfängers. Dieser kann jedoch bei Lagerschäden auf Grund stillschweigender Ermächtigung des Verfrachters unmittelbaren Schadensersatz begehren (so für Nässeschäden an eingelagertem Rohkaffee OLG Hamburg VersR 1968, 179 = Hansa 1968, 982). — Siehe BGH VersR 1971, 618 = MDR 1971, 553 = Hansa 1971, 1564: Haftung der Hamburger Kaianstalten nach der Kaibetriebsordnung für Nässeschäden an Rohkaffee durch Verwendung von Paletten aus frischem Holz. Die vertraglichen Haftungsbeschränkungen einer Kaianstalt sind nicht auf Ansprüche aus unerlaubter Handlung anzuwenden.

3. a) Vor Ankunft des Gutes im Bestimmungshafen darf im Falle der *Ausstellung eines Orderkonnossements* der Kapitän den Anweisungen des Abladers wegen Rückgabe oder Auslieferung der Güter nur Folge leisten, wenn ihm die sämtlichen Ausfertigungen des Konnossements zurückgegeben werden. Dasselbe gilt, wenn in dieser Situation der Konnossementsinhaber die Auslieferung verlangt. Handelt der Kapitän diesen Vorschriften entgegen, so bleibt der Verfrachter dem rechtmäßigen Inhaber des Konnossements verhaftet. Bei einem nicht an Order ausgestellten Konnossement — ein in der Praxis seltener Fall — sind die Güter, auch wenn keine Ausfertigung des Konnossements beigebracht wird, zurückzugeben oder auszuliefern, wenn der Ablader und der im Konnossement bezeichnete Empfänger damit einverstanden sind. Doch hat der Verfrachter, wenn nicht sämtliche Ausfertigungen zurückgegeben werden, ein Recht auf Sicherheit wegen der zu befürchtenden Nachteile (§ 654 Abs. 1 bis 4 HGB).

Wurde kein Konnossement ausgestellt, so ist die Rechtslage des Empfängers vor Ankunft des Gutes mangels seerechtlicher Sonderbestimmungen recht unklar.

b) Einen *selbständigen Anspruch auf Auslieferung* des Gutes nach dessen Ankunft im Bestimmungshafen hat, wenn, wie meistens, ein Konnossement ausgestellt wurde, der durch dieses legitimierte Empfänger (§ 648 HGB). Das Konnossement ist also Empfangspapier.

Melden sich vor der Auslieferunn *mehrere* legitimierte Konnossementsinhaber, so muß der Kapitän alle zurückweisen und die Güter unter Benachrichtigung der Konnossementsinhaber hinterlegen (§ 649 HGB; vgl. die Besonderheit beim Rektakonnossement in § 654 Abs. 4 HGB). Siehe BGH Hansa 1957, 2250 wegen Aushändigung von Ladungsgut an einen Spediteur ohne Vorlage des Konnossements. Siehe Liesecke, Die Auslieferung der Güter ohne Konnossement in der neueren internationalen Rechtsprechung, Hansa 1964, 1988.

Wurde kein Konnossement ausgestellt, so kommen für den Empfänger nur bürgerlich-rechtliche Vorschriften zur Anwendung. Doch ist nach § 328 BGB auch hier insoweit ein Vertrag zugunsten des Empfängers anzunehmen, daß er ein eigenes Recht auf Ablieferung hat. Vgl. für den Landfrachtvertrag und das Binnenschiffahrtsrecht die §§ 433—436 HGB.

c) *Schuldner der Frachtforderung* bleibt zunächst der Befrachter. Aber der Verfrachter ist nur verpflichtet, die Güter gegen Zahlung der Fracht und Erfüllung der übrigen Verpflichtungen des Empfängers auszuliefern (§ 614 Abs. 2 HGB). Indessen besteht diese Verpflichtung nicht, bevor die auf den Gütern haftenden Beiträge zur großen Haverei sowie Bergungs- und Hilfskosten bezahlt oder sichergestellt sind (§ 615 HGB). Durch die *Annahme der Güter* wird der Empfänger alsdann *verpflichtet*, nach Maßgabe des Frachtvertrages oder des Konnossements die Fracht nebst allen Nebengebühren sowie das etwaige Liegegeld zu zahlen, die ausgelegten Zölle und übrigen Auslagen zu erstatten und die ihm sonst obliegenden Verpflichtungen zu erfüllen (§ 614 Abs. 1 HGB). Siehe auch BGHZ 25, 300 = NJW 1957, 1917 = VersR 1957, 746 = Hansa 1958, 860. Soweit es sich um Verpflichtungen handelt, die vorher dem Befrachter oblagen, tritt der Empfänger nicht neben diesen, sondern löst ihn ab. Siehe LG Hamburg MDR 1966, 57 über Barzahlungsklausel im Seefrachtvertrag als Aufrechnungsausschluß.

X. 1. Der Verfrachter hat, wie der Landfrachtführer, ein **gesetzliches Pfandrecht** am Gut gegenüber dem Empfänger wegen aller Forderungen nach Maßgabe des Konnossements. Seine Zeitdauer beträgt 30 Tage nach der Ablieferung (§ 623 HGB). Vgl. auch § 627 HGB.

Mangels besonderer Bestimmung über die Rangordnung des gesetzlichen Pfandrechts ist § 443 HGB entsprechend zur Anwendung zu bringen.

2. Im Falle des Streites über die Forderungen des Verfrachters ist dieser zur Auslieferung der Güter verpflichtet, sobald die streitige Summe öffentlich hin-

terlegt ist. Nach der Ablieferung der Güter ist der Verfrachter zur Erhebung der hinterlegten Summe gegen angemessene Sicherheitsleistung berechtigt (§ 624 Abs. 1 und 2 HGB). Ein Streit über die Forderungen des Verfrachters in diesem Sinne liegt auch dann vor, wenn der Ladungsbeteiligte das Erlöschen der Frachtforderung durch Aufrechnung mit Gegenforderungen geltend macht, der Verfrachter die Gegenforderung aber bestreitet (OLG Hamburg MDR 1972, 243 = VersR 1972, 784). Siehe auch OLG Hamburg VersR 1972, 1065: Für den Streit um die Freigabe des nach § 624 HGB im Inland hinterlegten Frachtbetrages müssen jedenfalls dann die inländischen Gerichte zuständig sein, wenn ein Urteil des im Konnossement vereinbarten ausländischen Gerichts mangels Verbürgung der Gegenseitigkeit nicht anerkannt worden ist.

XI. Vorzeitige Auflösung des Frachtvertrags

1. Gehen durch *Zufall* vor oder nach Antritt der Reise entweder das individuell bestimmte *Schiff* oder die im Frachtvertrag speziell, nicht bloß nach Art und Gattung bezeichneten oder die durch Abladung oder Übernahme individualisierten *Güter verloren*, so tritt der *Frachtvertrag* von *Gesetzes wegen außer Kraft* (§§ 628 Abs. 1, 630 Satz 1, 633 Satz 1, 641 Satz 1 HGB). Grundsätzlich ist in diesen Fällen kein Teil zur Entschädigung des anderen verpflichtet (§§ 628 Abs. 1, 633. Ausnahmen: schon vor der Beendigung des Vertrages zur Entstehung gelangte Ansprüche und § 630 HGB).

2. Jedem Teil steht ein *Rücktrittsrecht* zu, wenn vor oder nach Antritt der Reise die Schiffsreise oder die Güterversendung dauernd oder zeitweilig verhindert wird oder infolge von Kriegsausbruch Schiffe oder Güter nicht mehr als frei betrachtet werden können und der Gefahr der Aufbringung ausgesetzt würden (§§ 629 Abs. 1, 634 Abs. 1 HGB); vgl. dazu Hansa 1953, 2092 und Schiedsspruch BGH Hansa 1954, 510: kein Rücktritt gemäß § 629 HGB bei Ablehnung einer Devisengenehmigung.

Wird die Befugnis, vom Vertrage zurückzutreten, infolge vor Antritt der Reise eingetretener Hindernisse ausgeübt, so besteht keine Verpflichtung zur Entschädigung des anderen Vertragsteils. Handelt es sich um Hindernisse nach Antritt der Frachtreise, so ist der Befrachter zur Zahlung der sog. *Distanzfracht* verpflichtet, d. h. zur Zahlung von Fracht für den zurückgelegten Teil der Reise (§§ 629 Abs. 1, 634 Abs. 5 und 6 HGB). Alle anderen zufälligen Reiseverzögerungen als die in den §§ 629, 634 ff. HGB erwähnten haben regelmäßig keinen Einfluß auf die Rechte und Pflichten der Parteien, einerlei, ob sie vor oder nach Antritt der Reise bei Schiff oder Ladung auftreten. Siehe als Ausnahmen §§ 637 Abs. 1 S. 1 und 638 HGB. Verzögert der Verfrachter schuldhaft die Reise, so hat der Befrachter die Rechte aus § 326 BGB. — Siehe über die Ladungsfürsorge bei Auflösung des Vertrages § 632 HGB.

3. Auch *ohne gesetzlichen Grund* ist dem *Befrachter* ein *Kündigungsrecht* gegeben. Er kann beim Raumfrachtvertrag über ein ganzes Schiff vor und nach Reisebeginn den Frachtvertrag kündigen und Wiederausladung der Güter verlangen, außer wenn der Verfrachter dieserhalb die Reise ändern oder einen Hafen anlaufen müßte (§§ 580 Abs. 1, 581, 582 Abs. 1 und 3 HGB; vgl. RGZ 155, 183). Doch

hat der Befrachter die *Fautfracht* (Fehlfracht) zu zahlen, und zwar bei Kündigung vor Reiseantritt in Höhe der Hälfte der bedungenen Fracht (§ 580 Abs. 1), dazu gewisse Nebenkosten und möglicherweise auch Schadensersatz für Aufenthalt (§ 581 HGB), bei Kündigung nach Reiseantritt in Höhe der vollen Fracht, ferner alle Forderungen aus § 614 f. HGB (s. auch § 615 HGB), bestimmte Nebenkosten und Schadensersatz für Aufenthalt (§ 582 Abs. 1 und 2 HGB). Die Fautfracht ist weder Fracht noch Vertragsstrafe noch Schadensersatz, sondern als gesetzlich festgelegte Abfindungssumme ein Reugeld des Befrachters, weil er sich willkürlich vom Vertrag losgesagt hat. Vgl. Lebuhn, Hansa 1953, 931, BGH VersR 1961, 170 = Hansa 1961, 1135 = MDR 1961, 299. Ein Schadensersatzanspruch wird durch das Recht auf Fautfracht im allgemeinen ausgeschlossen. Vgl. auch Schiedsspruch Hansa 1954, 511. Siehe Bundesfinanzhof v. 21. 1. 1970 BB 1970, 1387 über Umsatzsteuer bei Zahlung von Fautfracht.

Bei der Teilcharter gilt gleiches, wenn sämtliche Teilcharterer kündigen (§ 587 Ziff. 2 Abs. 2 HGB). Erfolgt dagegen die Kündigung nur durch einen oder mehrere der Teilcharterer, so ist stets die volle Fracht als Fautfracht zu zahlen, bei Kündigung vor Reiseantritt jedoch abzüglich der Ersatzfracht (§ 587 Ziff. 1 HGB). Beim Stückgütervertrag verpflichtet willkürliche Lossagung vor Abladung zur Zahlung der vollen Fracht, doch abzüglich der Ersatzfracht, entsprechend § 587 Ziff. 1 in Verb. mit § 580 Abs. 1 HGB; eine ausdrückliche Bestimmung fehlt. Kündigung nach Abladung ist nur zulässig, wenn die Voraussetzungen der §§ 587 Ziff. 2 Abs. 1, 582 Abs. 3 und 589 HGB vorliegen, und nur gegen Zahlung der vollen Fracht.

Vgl. für das Binnenschiffahrtsrecht §§ 36, 37 BSchG. Hier muß der Befrachter als Fautfracht bei Gesamtverfrachtung ein Drittel der Fracht, bei Teilverfrachtung und Stückgutfracht die Hälfte der Fracht zahlen.

4. In Charterverträgen findet sich häufig die „Penalty"-Klausel, etwa „Im Falle der Nichterfüllung dieses Vertrages ist seitens des schuldigen Teiles dem vertragsgetreuen Teil der geschätzte Frachtbetrag zu vergüten", oder „Im Falle der Nichterfüllung dieses Frachtvertrages ist seitens des schuldigen Teiles dem vertragstreuen Teil der nachgewiesene Schaden zu ersetzen; die Vergütung darf jedoch nicht den geschätzten Frachtbetrag überschreiten". Vgl. Capelle, Frachtcharter 566. Der dem anglo-amerikanischen Seerecht entstammenden Klausel wird dort wegen der Unverbindlichkeit einer Vertragsstrafe als solcher die Wirksamkeit abgesprochen. Vgl. Schiedsspruch Hansa 1954, 511; Capelle a. a. O. 567 ff. Doch kann in ihr ein Anspruch auf Schadensersatz unter Entkleidung des Vertragsstrafencharakters gesehen werden; vgl. Capelle 567; Pflüger Hansa 1954, 888; anders, wenn die Klausel deutscher Rechtsauffassung unterstellt ist; s. Capelle a. a. O. 571 ff.; Pflüger a. a. O. Siehe wegen weiterer Einzelheiten Schaps-Abraham II Anm. 10 zu § 580 HGB.

XII. 1. a) *Internationalprivatrechtlich* gilt für den Inhalt des Seefrachtvertrages (aber auch den eines sonstigen Frachtvertrages) in erster Linie dasjenige Recht, dessen Geltung die Kontrahenten ausdrücklich oder stillschweigend *vereinbart* haben (RGZ 122, 316; BGHZ 9, 221; Admiralty Division Hansa 1953, 1826 und

Court of Appeal Hansa 1954, 238). Indessen genügen für die Annahme einer stillschweigenden Vereinbarung im Frachtvertrag allein weder der Gebrauch einer fremden Sprache noch die ausländische Staatsangehörigkeit der Vertragschließenden, noch der Vertragsabschluß im Ausland, noch die fremde Nationalität des Schiffes oder der Gebrauch typischer englischer oder amerikanischer Klauseln. Die Parteien können ihre Rechtsverhältnisse nur insoweit einer von ihnen gewählten Rechtsordnung unterstellen, als zwingendes Recht (insbesondere die Haager Regeln) der ohne eine Parteivereinbarung anwendbaren Rechtsordnung dem nicht entgegensteht (Riese Luftrecht 1949, 392). In Ermangelung einer ausdrücklichen oder stillschweigenden Parteivereinbarung neigen Rechtsprechung und Rechtslehre dazu, das Rechtsverhältnis derjenigen Rechtsordnung zu unterstellen, welche nach dem *hypothetischen Parteiwillen* in Betracht kommt (RGZ 122, 316; BGHZ 9, 221). Dieser bestimmt sich nach neuerer, auch vom Bundesgerichtshof ausgesprochener Rechtsauffassung nicht nach subjektiven, in der Regel kaum feststellbaren Vorstellungen der Parteien, sondern nach vernünftigen, die Einzelheiten des Falles und die Rechtssicherheit der Allgemeinheit berücksichtigenden Interessenabwägungen auf objektiver Grundlage im Wege ergänzender Rechtsfindung und Aufsuchen der Rechtsordnung, zu der hiernach der engste Anknüpfungspunkt besteht (BGHZ 7, 231; 9, 223 = Hansa 1953, 1647 = NJW 1953, 1140 = MDR 1953, 478; BGHZ 19, 221). Aus dem englischen Recht vgl. Admiralty Division und Court of Appeal Hansa 1954, 238. Hier wurde als hypothetischer Parteiwille das italienische Recht unterstellt, weil die Ladung auf einem italienischen Schiff nach Italien befördert wurde und dort die Fracht in inländischer Währung bezahlt werden sollte. Ehenso Court of Appeals Hansa 1955, 1042 = Int. Arch. f. Verkehrswesen 5/55.

b) Läßt sich auch ein solcher hypothetischer Parteiwille nicht ermitteln, so hat der Richter *nach dem für ihn maßgeblichen internationalen Privatrecht* das alsdann anzuwendende Recht zu bestimmen. Denkbar ist dann eine große Zahl von Lokalisierungsmöglichkeiten: das Recht des Ortes des Vertragsschlusses, das des Abgangsortes, das des Flaggenlandes des Schiffes (wozu die englische Rechtsprechung neigt), das des Erfüllungsortes, das Recht der Hauptniederlassung des Verfrachters (dafür Riese a. a. O. 397 für den Luftfrachtvertrag), schließlich das der lex fori. Dabei ist aber *nicht notwendig*, daß alle sich aus dem Frachtvertrage ergebenden Rechtsverhältnisse *demselben Recht unterstehen* (RGZ 126, 206). So ist das Recht des *Abladungshafens* für alle Rechtsverhältnisse anzuwenden, die mit der *Beladung* des Schiffes zusammenhängen. Das Recht des *Bestimmungsortes* ist maßgeblich für diejenigen Rechtsverhältnisse, die mit der *Erfüllung* des Frachtvertrages in Zusammenhang stehen (BGHZ 6, 127; 9, 223 = NJW 1953, 1140 = MDR 1953, 478 = Hansa 1953, 1646; BGHZ 25, 250; OLG Hamburg VersR 1967, 1173). Das gilt auch für das Binnenschiffahrtsrecht (BGH a. a. O.).

2. Das für den Frachtvertrag vereinbarte Recht kommt auf das *Konnossement* nur dann zur Anwendung, wenn auf die diesbezügliche Bestimmung des Frachtvertrages im Konnossement Bezug genommen ist. Nur auf diese Weise kann eine in dem Chartervertrag enthaltene Schiedsgerichtsklausel für das Rechtsverhältnis zwischen Verfrachter und konnossementsmäßigem Empfänger wirksam werden (BGHZ 29, 120; vgl. BGH VersR 1967, 156: Durch die Vereinbarung

eines Schiedsgerichts wird regelmäßig zugleich die Anwendung des Rechts seines Sitzes vereinbart. Dabei spielt es keine Rolle, wenn die Schiedsabrede mangels ausdrücklicher Aufnahme in das Konnossement nach englischem Recht nicht durchgreift. Die Konnossementsklausel „All the terms, conditions, clauses and exceptions in the Charterparty are herewith incorporated" bewirkt, daß die Rechtsbeziehungen des Verfrachters zum Empfänger entsprechend denen zwischen Verfrachter und Befrachter gestaltet werden). Läßt sich ein wirklicher oder hypothetischer Parteiwille nicht ermitteln, so ist für Ansprüche und Verpflichtungen aus dem Konnossement im allgemeinen nach ständiger deutscher Rechtsprechung das Recht des *Bestimmungsortes* als das des Erfüllungsortes maßgebend (RGZ 122, 319; BGH Hansa 1957, 1505 = VRS 11, 352 = VersR 1957, 705; BGHZ 6, 127; 9, 221; 25, 250; Wüstendörfer SHR 35).

Die Aufnahme der sog. „Paramount"-Klausel in das Konnossement besagt, daß die Haager Regeln oder eine bestimmte ihrer nationalen Fassungen als vereinbart gelten sollen und auch dann auf die Rechte und Pflichten aus dem Konnossement anzuwenden sind, wenn sonst ein anderes nationales Recht für diese maßgebend sein soll. Sie sichert also den Vorrang der Haager Regeln oder einer ihrer nationalen Fassungen. Vgl. HansOLG Bremen Hansa 1957, 1656, BGH NJW 1971, 325. Über die Verwendung der Paramount-Klausel in Charteparties siehe Necker, Hansa 1959, 1810. Siehe LG Bremen Hansa 1959, 1963 über die Paramount- und Jurisdiction-Klausel. Vgl. ferner Hansa 1958, 624. Enthält das Konnossement lediglich die Klausel, daß es „shall be construed and governed by English Law", so bedeutet dies nur, daß der Rechtsstreit nach dem Common Law zu entscheiden ist, wenn der Streitfall nicht einen von einem Hafen Großbritanniens oder Nordirlands ausgehenden Transport betrifft (OLG Hamburg VersR 1972, 763). Der Paramount-Klausel gebührt der Vorrang, wenn das Konnossement eine solche enthält und es außerdem für Rechtsstreitigkeiten die Parteien an die Gerichte eines Landes verweist, welche die Haager Regeln nicht berücksichtigen würden (OLG Hamburg VersR 1973, 1023).

3. Durch die Unterwerfung der Parteien des Frachtvertrages unter ein fremdes Recht werden Rechte nicht berührt, die ein *Dritter* nach dem gesetzlich anzuwendenden Recht gegen das Schiff erwirbt.

4. In Frachtverträgen und Konnossementen werden vielfach Bestimmungen über die *gerichtliche Zuständigkeit* für die Entscheidung von Ladungsstreitigkeiten aufgenommen. Danach sollen z. B. die Gerichte eines bestimmten Landes zuständig sein, insbesondere diejenigen des Heimat- oder Löschhafens. Häufig wird auch dem Verfrachter die Befugnis eingeräumt, zwischen bestimmten Gerichten zu wählen. Die Haager Regeln beschränken, anders als Art. 28 WA, solche Vereinbarungen nicht. Beschränkungen finden sich aber z. B. im Australian Sea Carriage of Goods Act, 1924; s. Hansa 1955, 1087. Auch für Streitigkeiten aus Seefrachtverträgen, insbesondere aus Konnossementen, die eine Beförderung nach einem deutschen Bestimmungshafen betreffen, können die Parteien mit Wirkung gegen den deutschen Empfänger die ausschließliche Zuständigkeit eines ausländischen Gerichts selbst dann vereinbaren, wenn dessen Urteil mangels Verbürgung der Gegenseitigkeit in Deutschland nicht anerkannt wird, BGH NJW 1971, 325 = Hansa 1971, 389 = MDR 1971, 281 = VersR 1971,

336 u. 400; siehe auch BGHZ 49, 124: Eine Konnossementsklausel, die die ausschließliche Zuständigkeit eines ausländischen Gerichts enthält, ist auch dann anzuerkennen, wenn der Beklagte am Sitz des zuständigen Gerichts vermögenslos ist, dagegen im Inland Vermögen besitzt, OLG Hamburg VersR 1970, 767 = Hansa 1971, 1563. Siehe zu dieser Frage auch Wriede, Ausgewählte Probleme aus der Rechtsprechung des Hanseatischen Oberlandesgerichts zum Seehandelsrecht, 1972 (Reihe A Heft 13 der Schriften des Deutschen Vereins für Internationales Seerecht, 3—7. Durch eine Schiedsgerichtsvereinbarung wird gleichzeitig die Geltung des Rechts am Sitz des Schiedsgerichts festgelegt. Dies gilt im Falle der Verweisung auf den Frachtvertrag auch für das Konnossementsverhältnis (BGH Hansa 1967, 796). Nach englischer Rechtsauffassung kann der Kläger nach dem Ablauf der im Konnossement (Arbitation Clause) festgelegten Klagfrist von drei Monaten den Beklagten nicht mehr vor dem vereinbarten Schiedsgericht in Anspruch nehmen. Mit Rücksicht auf die zwingende Regel des Art. VII § 6 Abs. 3 COGSA kann er aber noch innerhalb der Jahresfrist nach Ablieferung der Güter vor dem ordentlichen Gericht klagen (OLG Hamburg Hamburg VersR 1972, 854). Bei Vereinbarung einer Arbitrage in London wählen die Frachtvertragsparteien zugleich englisches Recht (OLG Hamburg VersR 1972, 782). Siehe dort auch zu der Frage, ob bei bloßer Bezugnahme auf die Frachtvertragsbestimmungen im Konnossement die Schiedsabrede nach englischem Recht auch für Streitigkeiten aus dem Konnossement Gültigkeit hat. Die Vereinbarung eines ausschließlichen ausländischen Gerichtsstandes im Konnossement ist — mit Wirkung auch gegen den Empfänger der Güter — nach deutschem Recht auch dann möglich, wenn ein Urteil des ausländischen Gerichts mangels Verbürgung der Gegenseitigkeit im Inland nicht vollstreckt werden kann (OLG Hamburg VersR 1972, 1115).

5. *Schrifttum:* Necker, Zum Problem der Statutenkollision im Seefrachtrecht, in Recht der Schiffahrt Bd. I Heft 9/10; Dabelstein, ebendort; Stödter, Zum Problem der Statutenkollision im Seefrachtrecht, in Liber Amicorum für Bagge, 1955, 244; Schlegelberger-Liesecke, Vorbemerkung Ziff. 5 ff. zum Vierten Abschnitt des Vierten Buches des HGB; Schaps-Abraham II Vorb. vor § 556 HGB Anm. 28—45; Prüssmann vor § 556 HGB VI; Hoffmeyer, Die Gerichtswahlklausel im Konnossement, 1962.

§ 21. Das Konnossement

Deloukas, Die Haftung des Verfrachters aus schuldhafter Unrichtigkeit des Konnossements, Überseestudien Heft 16, 1940; H. Ehlers HansRGZ 1938 A 249 ff.; J. v. Gierke 608 ff. und Recht der Wertpapiere, 1954, 112 ff.; Katzenstein Hansa 1951, 1514; Möller HansRGZ 1937 A 410 ff.; Stödter, Geschichte der Konnossementsklauseln, Überseestudien Heft 21, 2. Aufl. 1954; Wüstendörfer SHR 294 ff.; ders. Studien 217 ff.; ders. HB 607 ff.; ders. Veröffentlichungen der Handelsrechtslehrer, Heft 1, 1928, 32 ff.; Lebuhn, Das Linienkonnossement

(Schriftenreihe Recht der Internationalen Wirtschaft, Heft 3, 1958); ders., Neuzeitliche Konnossementsfragen, 1950; Haage, Das Abladegeschäft, 4. Aufl. 1958; Liesecke, Die Auslieferung der Güter ohne Konnossement in der neueren internationalen Rechtsprechung, Hansa 1964, 1988; ders., Neuere Entwicklungen im Konnossementsrecht, Hansa 1967, 1496; Necker, Spediteurdokumente im Seefrachtverkehr, Hansa 1957, 270; Schmidt-Lossberg, Die Übergabe von Bordkonnossementen, Deutsche Verkehrs-Zeitung 1958, Nr. 10; Denninger, Die Traditionsfunktion des Seekonnossements im internationalen Privatrecht, Arbeiten zur Rechtsvergleichung, Heft 6, 1959; Trappe, Reisecharter und Konnossement, Hansa 1969, 1538 ff.; ders., Zur Frage der Zeichnung des Konnossements unter einer Zeitcharter. VersR 1972, 519; Dumke, Das Konnossement als Wertpapier, Diss. Hamburg 1970; K. H. Pflüger, Nochmals Reisecharter und Konnossement, Hansa 1969, 2059 (mit Bemerkung von Trappe); Wetter, Vem kan Utfärda Konnossement? Schriftenreihe der Handelshochschule Göteborg, 1968, 2; Kühlberg, Der Verkehrsschutz bei den Traditionspapieren, Diss. Hamburg 1970.

I. *1. Das Konnossement ist eine einseitig vom Verfrachter dem Ablader auf dessen Verlangen ausgestellte Urkunde, in welcher der Verfrachter dem aus ihr Legitimierten wertpapiermäßig einen selbständigen schuldrechtlichen Anspruch auf Auslieferung des Gutes regelmäßig im Bestimmungshafen gewährt* (§§ 642 ff. HGB). Außerdem enthält das Konnossement ein *Empfangsbekenntnis* des Verfrachters über die zu verschiffenden Güter, zwar grundsätzlich nicht mehr in Gestalt einer Skripturhaftung (die allerdings durch die die Haager Regeln neufassenden „Visby Rules" von 1968 zugunsten eines gutgläubigen Konnossementserwerbers wieder eingeführt werden soll), aber doch in Gestalt einer Vermutung, daß die Güter so übernommen wurden, wie sie im Konnossement beschrieben sind (§ 656 Abs. 2 HGB).

Das Konnossement ist, abgesehen von der Chartepartie (vgl. über diese oben § 19 I 2), *die* Urkunde des Seefrachtvertrages. Der Frachtbrief ist dem Seeverkehr unbekannt.

2. Auch ohne besondere Ermächtigung des Verfrachters sind der Kapitän und jeder andere dazu ermächtigte Vertreter des Reeders befugt, Konnossemente für den Verfrachter auszustellen, § 642 Abs. 4 HGB. Doch erfolgt die Ausstellung immer nur *auf Verlangen* des Abladers (nicht etwa des mit ihm nicht identischen Befrachters). Es besteht also kein Zwang in dem Sinne, daß jeder Frachtvertrag von einer Konnossementsausstellung begleitet sein müsse. Doch ist jedenfalls beim Stückgutvertrag die Konnossementsausstellung die Regel. Siehe Trappe VersR 1972, 519 zur Frage der Zeichnung der Konnossemente unter einer Zeitcharter. Vgl. OLG Hamburg VersR 1972, 857: Zeichnet der Zeitcharterer oder dessen Agent ein Konnossement, ohne den Kapitän zu erwähnen oder ohne durch den Kapitän hierzu bevollmächtigt worden zu sein, so haftet nach US-amerikanischem Recht aus dem Konnossement der Charterer als Verfrachter

und ist für Ansprüche gegen den Empfänger aktiv legitimiert. Siehe OLG Hamburg Hansa 1973, 1014 = VersR 1973, 561 zu der Frage, ob der Anspruch des Befrachters/Abladers auf Erteilung vertragsgemäßer Konnossemente durch eine einstweilige Verfügung oder einen Arrest gesichert werden kann. Er rechtfertigt, wenn der Kapitän eines unter fremder Flagge fahrenden Schiffes eines ausländischen Reeders die Ausstellung richtiger Konnossemente verweigert, den Erlaß eines dinglichen Arrestes und zu seiner Vollziehung die Beschlagnahme des Schiffes. Unzulässig ist es dagegen, im Wege der einstweiligen Verfügung dem Kapitän bzw. Reeder zu gebieten, Konnossemente bestimmten Inhalts auszustellen oder zu verbieten, bis zur Ausstellung und Begebung solcher Konnossemente den Hafen zu verlassen.

II. Das Konnossement kann in *zwei* Formen vorkommen, je nachdem, auf Grund welcher Tatsachen das Empfangsbekenntnis erteilt ist.

1. Das **Bordkonnossement.** In ihm wird die *Übernahme der Güter an Bord* bescheinigt (§ 642 Abs. 1 HGB).

Es wird erst nach der *Abladung an Bord* ausgestellt, und zwar gegen Rückgabe des etwa bei der Annahme der Güter vorher erteilten vorläufigen Empfangsscheins oder Übernahmekonnossements. Seine Ausstellung hat in so vielen Exemplaren zu erfolgen, wie der Ablader es verlangt (§ 642 Abs. 1 HGB). Sie müssen alle gleichlautend sein und angeben, wie viele Ausfertigungen ausgestellt sind (§ 642 Abs. 2 HGB). Der Verfrachter hat vom Ablader auf Verlangen eine von diesem unterschriebene Abschrift des Konnossements zu fordern (§ 642 Abs. 3 HGB). Eine solche „Kapitänskopie" wird an Bord mitgeführt und dient neben dem Ladungsmanifest zum Nachweis der an Bord befindlichen Ladung.

In der Regel wird vom Ablader ein Bordkonnossement verlangt.

2. Das **Übernahmekonnossement.** In ihm wird nur bescheinigt, daß die Güter *zur Beförderung* übernommen, aber nicht, daß sie an Bord genommen sind (§ 642 Abs. 5 HGB). Ein solches Übernahmekonnossement steht dem Bordkonnossement gleich, wenn später in ihm vermerkt wird, wann und in welchem Schiff die Güter an Bord genommen sind (§ 642 Abs. 5 S. 2 HGB).

Das Übernahmekonnossement wurde im Seefrachtverkehr eingeführt, weil im Linienverkehr die Güter häufig nicht sofort an Bord genommen, sondern nur vom Verfrachter oder dessen Agenten angenommen und vorläufig in einem Kaischuppen eingelagert werden. Die Ausstellung der Übernahmekonnossemente kann nur „mit Zustimmung" des Abladers erfolgen. Sie ist zulässig, sobald der Verfrachter den mittelbaren oder unmittelbaren Besitz an den Gütern erlangt hat. So auch Wüstendörfer SHR 297. Anders J. v. Gierke, 601, der unmittelbaren Besitz des Verfrachters fordert. Ein solches Verlangen würde aber das Übernahmekonnossement in vielen Fällen gegenstandslos machen, weil der Verfrachter bei Übernahme durch eine Kaianstalt regelmäßig nur mittelbaren Besitz erhalten wird; anders für gewöhnlich nur, wenn es sich um einen eigenen Kaischuppen des Verfrachters handelt. Vgl. darüber, ob ein Übernahmekonnossement stets ein andienbares Dokument im Falle des überseeischen Verkaufs der Güter „auf Abladung“ ist, RGZ 107, 230 und Wüstendörfer SHR 297.

3. In der Rechtswirklichkeit erhält der Ablader nach der Übergabe des Gutes vom Schiff das Mate's Receipt oder von der Kaianstalt den Kaiempfangsschein, während die vorbereiteten Konnossemente vom Ablader dem Makler übergeben werden. Dieser prüft sie an Hand des vorgelegten Mate's Receipt oder des Empfangsscheins und händigt dem Ablader in der Regel drei gezeichnete Konnossemente aus. Wegen Nichtübertragung von Bemerkungen aus dem Mate's Receipt in das Konnossement vgl. Hansa 1952, 1721.

a) Unter *Mate's Receipt* ist eine Empfangsbescheinigung des Ladungsoffiziers über die geladenen Güter zu verstehen. Der Ladungsoffizier darf nur das bescheinigen, was er tatsächlich erhalten hat. Aus dem Inhalt soll sich ergeben, daß mit dieser oder jener Beanstandung im Konnossement zu rechnen sei. Im Mate's Receipt enthaltene Vorbehalte sind in das Konnossement aufzunehmen. Vgl. Lebuhn, Internationale Transport-Zeitschrift 1959, 2940.

b) *Kaiempfangsschein* ist eine Bescheinigung der Kaianstalt an den Ablader über den Empfang der Güter am Schuppen.

III. Über den **Inhalt** des Konnossements finden sich in § 643 nähere Bestimmungen. Es hat danach — ohne das dies zwingende Natur ist, sofern die Urkunde nur ihrem Gesamtgehalt nach als Konnossement erscheint — zu enthalten:

a) den *Namen des Verfrachters;* vgl. auch § 644 HGB und BGHZ 25, 300, HansOLG Hamburg MDR 1967, 496; siehe auch OLG Hamburg VersR 1967, 1173: Die Unterzeichnung eines Konnossements durch den Verfrachter mit dem Vermerk „for the Captain“ vermag eine Haftung des Reeders auch nach niederländischem Recht nur zu begründen, wenn dieser zu einer derartigen Unterzeichnung zumindest stillschweigend Vollmacht erteilt hatte. — Siehe über die „Identity of Carrier Clause“ oben § 19 IV;

b) den *Namen des Kapitäns* (von Bedeutung im Hinblick auf die §§ 511, 761 Abs. 2 HGB);

c) den *Namen und die Nationalität des Schiffes* (beim Linienverkehr in der Praxis hier häufig die Substitutionsklausel);

d) den *Namen des Abladers;* nicht etwa den des Befrachters;

e) den *Namen des Empfängers;*

f) den *Abladungshafen;*

g) den *Löschungshafen* oder den Ort, an dem die Weisung über ihn einzuholen ist (Orderhafen); vgl. dazu BGHZ 25, 250;

h) die *Art* der an Bord genommenen oder zur Beförderung übernommenen *Güter*, deren *Maß*, *Zahl* oder *Gewicht*, ihre *Merkzeichen* und ihre *äußerlich erkennbare Verfassung* und *Beschaffenheit.*

Diese sind auf Verlangen des Abladers so anzugeben, wie sie der Ablader vor dem Beginn des Einladens schriftlich mitgeteilt hat (§ 645 Abs. 1 HGB; vgl. auch über die Ausnahmen hiervon in § 645 Abs. 2 HGB; s. auch § 646 HGB);

i) die Bestimmung über die *Fracht*, d. h. über die für die Beförderung zu zahlende Vergütung;

k) den *Ort* und den *Tag* der *Ausstellung* des Konnossements.

Das ist wesentlich für einen Konnossementserwerber, der „auf Abladung" kaufte und nur verpflichtet ist, fristmäßig abgeladene Ware abzunehmen. Aus dem Konnossementsdatum erfährt er, wann das Gut abgeladen oder übernommen wurde; vgl. Wüstendörfer SHR 301;

l) Die Zahl der ausgestellten *Ausfertigungen.*

Siehe über verschiedene Indossatare mehrerer Konnossementsausfertigungen und die Traditionswirkung Steffen, Die Verdopplung von Rechtsscheinträgern, Diss. Tübingen 1967.

2. In den in der Praxis zur Verwendung gelangenden, vorgedruckten Konnossementsformularen sind vielfach Klauseln vorhanden, die längst nicht immer den Haager Regeln entsprechen. Das deutsche Einheitskonnossement 1940, das sich, wenn auch nicht immer mit Erfolg, bemüht, den HR gerecht zu werden, hat sich verhältnismäßig wenig durchgesetzt. Auch ist aus den vorgedruckten Formularen oft zweifelhaft, ob aus ihm der Reeder oder der vielleicht mit ihm nicht identische Verfrachter haftbar ist. Auch zulässige Freizeichnung in den Konnossementen sind gegen denjenigen auszulegen, der sie ausbedungen hat. Siehe über das die Visby-Rules berücksichtigende, von der BIMCO erarbeitete VISCOBIL Hansa 1973, 1542.

Eine in einem Chartervertrag enthaltene Schiedsgerichtsklausel kann durch Bezugnahme des Konnossements auf die Bestimmungen des Chartervertrages für das Rechtsverhältnis zwischen Verfrachter und konnossementsmäßigem Empfänger wirksam werden. Vgl. BGH Hansa 1959, 927. — Siehe zur Frage der Auslegung und Wirksamkeit einer ausländischen Gerichtswahlklausel im Konnossement BGH VersR 1968, 448.

3. Das Konnossement ist eine Urkunde und unterliegt als solches der gesetzlichen Schriftform nach § 126 Abs. 1 BGB. Es ist daher grundsätzlich eigenhändige Unterschrift des Ausstellers bzw. seines Vertreters erforderlich. Ein Faksimile genügt also nicht (bestr., vgl. wegen der Einzelheiten Schaps-Abraham II Anm. 11 zu § 642 HGB, Prüssmann § 642 E).

IV. Anders als die Chartepartie ist das *Konnossement Wertpapier.* Mangels gegenteiliger Vereinbarung ist es auf Verlangen des Abladers *an Order* zu stellen. Lautet es lediglich an Order, so ist damit dessen Order gemeint (§ 647 HGB). In der Rechtswirklichkeit ist das Konnossement fast immer Orderpapier. Doch ist es auch als Rekta- und Inhaberpapier zulässig.

1. Erforderlich für das Orderkonnossement ist die *positive Orderklausel.* Das Konnossement ist also nur „gekorenes", nicht „geborenes" Orderpapier. Auf ein Orderkonnossement kommt eine Reihe wechselrechtlicher Bestimmungen zur Anwendung (§§ 364 ff. HGB). Insbesondere erfolgt seine Übertragung regelmäßig durch *Indossament.*

a) Dem Indossament kommt *Transportwirkung* zu: Die Übertragung des in dem Konnossement verbrieften Auslieferungsversprechens erfolgt unter Abschneidung persönlicher Einreden und Einwendungen gemäß § 364 Abs. 1 und 2 HGB. Der Verfrachter kann sich also dem Konnossementsinhaber (der nicht mit dem Befrachter oder Ablader identisch und auch nicht deren Treuhänder ist) auf die Bedingungen des Frachtvertrages nur insoweit berufen, wie im Konnossement auf sie Bezug genommen ist. Andere Bedingungen sind nur persönliche Einwendungen im Verhältnis des Verfrachters zum Befrachter. Auch sonstige Einwendungen aus der Person des Befrachters oder Abladers kann der Verfrachter dem Konnossementsinhaber nicht entgegenhalten, wenn nicht die erwähnte Personenverbindung besteht. Zulässig sind positiv vielmehr nur solche Einwendungen, die die *formelle oder materielle Gültigkeit der Erklärung in der Urkunde betreffen oder sich aus dem Inhalt der Urkunde ergeben* (§ 364 Abs. 2 HGB). Zu den letzteren gehören auch die Einwendungen aus dem gesetzlichen Seefrachtrecht, z. B., daß der Ladungsschaden vom Verfrachter nicht verschuldet sei (§ 606 HGB), denn durch die Bezeichnung der Urkunde als Konnossement sind sie deren inhaltlicher Bestandteil geworden.

Durch die Indossierung eines Konnossements als solches geht ein dem Indossanten zustehender, auf der Beschädigung oder dem Verlust des Gutes beruhender Schadensersatzanspruch aus § 606 HGB auf den Indossatar über (BGHZ 25, 250; anders HansOLG Hamburg Hansa 1956, 2336; RGZ 74, 49; 89, 41; 90, 211). Einer besonderen Abtretung bedarf es nur bei außervertraglichen Ansprüchen.

b) Dem Indossament kommt ferner *Legitimationswirkung* zu, und zwar zugunsten des Papierinhabers (§ 365 Abs. 1 HGB, Art. 16 Abs. 1 WG), zugunsten des Schuldners (§ 365 Abs. 1 HGB, Art. 40 Abs. 3 WG, § 615 HGB), und schließlich zugunsten des gutgläubigen Dritterwerbers des Papiers (§ 365 Abs. 1 HGB, Art. 16 Abs. 2 WG).

c) Dagegen *fehlt* dem Indossament des Orderkonnossements die beim Wechsel und Scheck vorhandene *Garantiewirkung.*

2. Ist das Konnossement *Rektapapier,* so ist der in ihm namentlich Genannte aus ihm berechtigt oder derjenige, dem das Recht aus dem Papier durch Forderungsabtretung (§ 398 ff. BGB) übertragen worden ist. Nach umstrittener, aber richtiger Ansicht muß zu der Zession trotz § 952 BGB noch die Übergabe der Urkunde hinzukommen.

3. Das sehr seltene *Inhaberkonnossement* wird durch Einigung über den Eigentumsübergang der Urkunde und deren Übergabe oder Übergabesurrogat

(§§ 929 ff. BGB) übertragen. Das Recht aus der Urkunde folgt dann dem Recht an der Urkunde.

V. Das Konnossement ist für das *Rechtsverhältnis zwischen dem Verfrachter und dem Empfänger der Güter maßgebend* (§ 656 Abs. 1 HGB), während für dasjenige zwischen dem Verfrachter und dem Befrachter die Bestimmungen des Frachtvertrages maßgebend bleiben.

Doch entspricht § 656 Abs. 3 HGB insbesondere beim Stückgütervertrag regelmäßig nicht der Rechtswirklichkeit, indem bei ihm der Konnossementsinhalt auch für den Inhalt des Frachtvertrages von Bedeutung ist. Vgl. § 20 I 1.

1. Die Rechte und Pflichten des aus dem Konnossement berechtigten Empfängers sind also von dem der Ausstellung der Urkunde zugrunde liegenden Frachtvertrag unabhängig (vgl. dazu auch BGHZ 25, 300). Vgl. wegen der Rechte des Empfängers in Verbindung mit dem Konnossement auch § 20 IX 3. Doch bleibt die Verpflichtung aus dem Konnossement immer eine frachtrechtliche Verpflichtung und das Konnossement damit ein sog. halbkausales Wertpapier. Vgl. auch oben IV 1 a.

Vgl. wegen des Schadensersatzanspruchs des Konnossementsberechtigten wegen Auslieferung der Ladung an einen Nichtberechtigten gegen Revers und nachfolgende Beschlagnahme wegen Verstoßes gegen devisenrechtliche Bestimmungen BGH VersR 1959, 331 = Hansa 1959, 1412. Siehe auch Necker, Deutsche Verkehrs-Zeitung 1959 Nr. 104.

2. Das zeigt sich verstärkt darin, daß der Inhalt des Konnossements sogar im Verhältnis zwischen seinem Inhaber und dem Verfrachter nicht immer allein maßgebend ist, sondern hinsichtlich der *Abladungstatsachen* nur eine *Vermutung für deren Richtigkeit* besteht (§ 656 Abs. 2 HGB; siehe aber oben I 1 wegen der de-lege-ferenda-Regelung der „Visby-Rules" von 1968).

Hier begründet das Konnossement nur die *Vermutung*, daß der Verfrachter die *Güter so übernommen* hat, wie sie nach §§ 643 Nr. 8, 660 HGB im Konnossement beschrieben sind. Doch greift nicht einmal diese Vermutung Platz, wenn das Konnossement einen Zusatz nach §§ 646, 645 Abs. 2 HGB enthält — es handelt sich um Zusätze des Verfrachters zu Angaben des Abladers, weil der Verfrachter diese nicht voll anerkennt; vgl. dazu v. Laun Hansa 1952, 1078 — oder bezüglich des Inhalts solcher Güter, die nach dem Konnossement dem Kapitän in Verpackung oder in geschlossenen Gefäßen übergeben worden sind, wenn das Konnossement mit dem Zusatz „Inhalt unbekannt" oder einem gleichlautenden Zusatz versehen ist; vgl. dazu Röhreke Hansa 1951, 146 ff., Lebuhn, Internationale Transport-Zeitschrift 1957, 173 und 1958, 1829; BGHZ 25, 250; BGH Hansa 1957, 2477; HansOLG Hamburg Hansa 1956, 2336 und 1957, 1519 = MDR 1957, 486; LG Hamburg Hansa 1952, 739; über die französische Rechtsprechung s. Hansa 1952, 395 und 614; 1954, 1030 f.; 1954, 1753 f. —

Auch wenn § 662 HGB nicht gilt, kann sich der Verfrachter gegenüber dem Konnossementsinhaber auf die Freizeichnung von der Haftung für eine schuldhaft unrichtige Gewichtsangabe im Konnossement nicht berufen, wenn er gleichzeitig dem Ablader ein Gewichtszertifikat ausgestellt hat, das ein bestimmtes Gewicht der Güter bescheinigt (BGHZ 34, 216).

Soweit hiernach die Vermutung besteht, kann sie vom Verfrachter und vom Empfänger zu ihren Gunsten widerlegt werden. *Zugunsten des Empfängers* als Konnossementsinhaber ist die Vermutung *im Rahmen der §§ 662 ff. HGB zwingendes Recht.* Konnossementsklauseln, die sie ihm abschneiden würden, wären nichtig, so etwa die Bestimmung, daß der Empfänger nur Anspruch auf die Auslieferung des Konnossementsquantums habe und überschüssige Ware dem Verfrachter gehöre; vgl. Wüstendörfer SHR 310; unzutreffend Hansa 1943, 172. Zuungunsten des Verfrachters dagegen kann vereinbart werden, daß er von der Widerlegbarkeit der Vermutung keinen Gebrauch machen werde. Vgl. auch LG Bremen Hansa 1955, 604 und 612.

Das Konnossement ist also hinsichtlich der Abladetatsachen seit dem SeeFrG 1937 kein skripturrechtliches Wertpapier mehr. Anders noch der Ladeschein (§§ 73 bis 76 BSchG) und der Orderlagerschein (§§ 40 f. VO über Orderlagerscheine v. 1931).

3. Über die Haftung des Verfrachters aus schuldhaft unrichtiger Konnossementsausstellung vgl. § 22 VII. Über Verfälschung des Konnossements s. Hansa 1954, 437.

VI. Das Konnossement ist auch von Bedeutung für die *Pflichten des Empfängers.* Vgl. dazu § 20 IX 3 c.

VII. Was das Verhältnis der Ansprüche des Befrachters aus dem Frachtvertrage zu denjenigen des Konnossementsinhabers anlangt, so wird von ihnen nur der Anspruch auf Auslieferung des zum Transport übergebenen Gutes im Bestimmungshafen und der auf Ersatz wegen Verlustes oder Beschädigung desselben betroffen, indem sie nunmehr dem aus der Urkunde Berechtigten zustehen (so auch BGHZ 25, 250 = Hansa 1957, 2477).

Andere Ansprüche, z. B. Schadensersatzansprüche wegen Nichterfüllung oder nicht gehöriger Erfüllung, bleiben dem Befrachter, soweit sie vom Konnossementsanspruch verschieden sind.

VIII. Das Konnossement ist **Traditionspapier.** Seine *Übergabe hat, sobald die Güter vom Kapitän oder einem anderen Vertreter des Verfrachters zur Beförderung übernommen sind,* für den *Erwerb von Rechten an dem Gut* die gleiche Wirkung *wie die Übergabe der Güter selbst* (§ 650 HGB).

Diese Traditionswirkung des Konnossements soll dem Konnossementsinhaber die Möglichkeit geben, die Güter, die sich in den Händen des Verfrachters oder seiner Erfüllungsgehilfen befinden, während dieser Zeit zu *übereignen*, zu *verpfänden* oder auch mit einem *Nießbrauch* zu belasten.

Die Meinungen, wie die Traditionswirkung zu erklären sei, gehen auseinander. Vgl. dazu auch Abraham, Der Lagerschein, 1933, 99 ff. sowie ZHR 116, 1; J. v. Gierke 606 ff.; Heymann, Die dingliche Wirkung der Traditionspapiere, 1905. S. im einzelnen unten Ziff. 2.

Die Traditionswirkung besteht, ebenso wie beim Ladeschein (Binnenkonnossement, vgl. § 450 HGB) ohne Rücksicht darauf, ob das Konnossement Rekta-, Order- oder Inhaberpapier ist. Das ist für die beiden Urkunden ein wesentlicher Unterschied zum Lagerschein, bei dem nur der Orderlagerschein einer zur Ausgabe solcher Urkunden ermächtigten Lagerhausanstalt Traditionswirkung hat. Vgl. § 424 HGB.

1. Die Traditionswirkung hat mit dem Erwerb des unmittelbaren Besitzes an der verschifften Ware unmittelbar nichts zu tun. Der mittelbare Besitz liegt vielmehr deswegen beim Konnossementsinhaber, weil der Verfrachter sich zur Herausgabe der Güter *nur an diesen* gegen Rückgabe des Konnossements verpflichtet hat. Die Übertragung des mittelbaren Besitzes erfolgt gemäß § 870 BGB durch bloße Abtretung des Herausgabeanspruchs. Nach Ausstellung eines Konnossements liegt in dessen Übertragung auch diejenige des mittelbaren Besitzes. Durch die Verpflichtung zur Auslieferung des beförderten Gutes an den *jeweils berechtigten* Inhaber des Konnossements erkennt der Verfrachter die Sachherrschaft desselben an. Vgl. Abraham, Der Lagerschein 100 f.; ders. ZHR 116, 5 ff.; Senckpiehl ZHR 96, 493; Münch, Die Verkehrsformen des deutschen Lagerscheins, 1928, 55; Siebert ZHR 93, 1 ff., insb. 30. Für den Erwerb von Rechten am Gut durch das Traditionspapier kommen also nur echte dingliche Rechte in Betracht.

2. Nach dem Vorbilde Heymanns, a. a. O., ist es üblich geworden, die Meinungen über die Traditionswirkung zu drei großen Gruppen zusammenzufassen, die als *absolute, streng-relative* und *relative oder Repräsentationstheorie* bezeichnet werden.

a) In der *absoluten Theorie* wird die Ansicht vertreten, die §§ 424, 450 und 650 HGB stellten eine besondere, von den sonstigen verschiedene Form des Sachenrechtserwerbs dar. Diese trete gleichwertig neben die der §§ 929 ff. BGB. Während diese Einigung und Sachübergabe oder ein Übergabesurrogat verlangten, sei bei den Traditionspapieren Einigung und Papierübergabe erforderlich. Dabei sei es unerheblich, ob der Rechtserwerber auch mittelbaren Besitz am beförderten Gut erlange. Die Rechtserwerbsfrage sei von der Besitzfrage völlig losgelöst. Gefordert wird nur, daß der aus dem Papier Verpflichtete die Sache *übernommen hat.* Einerlei ist, ob er sie noch im Besitz hat, wenn der aus dem Papier Berechtigte dieses an einen anderen überträgt. Eine Ausnahme wird für den Fall gemacht, daß ein Dritter durch Einigung und Übergabe *des Gutes selbst* nach §§ 932 BGB, 366 HGB gutgläubig Eigentum an demselben erworben hat. In diesem Falle kann auch nach der absoluten Theorie durch das Papier eine Traditionswirkung nicht mehr hervorgebracht werden. Diese Sachlage kann eintreten, wenn der Verfrachter das Gut unterschlagen hat und nun jemand es gutgläubig von ihm erwirbt, weiter dann, wenn der Verfrachter das Gut an den Befrachter herausgegeben hat, ohne sich das Konnossement aushändigen zu lassen, und nun der Befrachter oder auch der Ablader das Gut einem Gutgläubigen durch reale Übergabe veräußert. Auch kann ein Dritter gutgläubig Eigentum von demjenigen erwerben, dem der Verfrachter das Gut versehentlich herausgegeben hat.

Die absolute Theorie, die ihre Durchbildung durch Heymann, a. a. O., erfahren hat (ein neuerer Anhänger ist Kühlberg, Der Verkehrsschutz bei den Traditionspapieren, Diss. Hamburg 1970), führt zu einfachen, leichtverständlichen Ergebnissen, die sich auch von dem rechtsunkundigen Kaufmann übersehen lassen. Doch entspricht sie kaum dem Sinn des Gesetzes, weil nach ihr dingliche Rechte am Gut auch dann noch übertragen werden können, wenn der Herausgabeberechtigte nicht mehr mittelbarer Besitzer ist. § 650 HGB verlangt für den Eintritt der Traditionswirkung die Übernahme des Gutes durch den Verfrachter. Daraus läßt sich als Grund für die Ausnahmestellung der Traditionspapiere schließen, daß ihre besondere Wirkung nur so lange bestehen soll, wie der Verfrachter als der aus dem Konnossement Verpflichtete das Gut in seinem Besitz hat und dieses auch wirklich herausgeben kann. Es wäre schwer verständlich, erst die Übergabe des Gutes zu fordern, dem späteren Besitzverlust des Verfrachters dagegen kein Gewicht beizulegen.

b) Die *streng-relative Theorie* sieht in der Traditionswirkung keine neben die sachenrechtlichen Erwerbsarten des BGB tretende Erwerbsform, sondern ordnet sie diesen unter und läßt dingliche Rechte an der Ware nur insoweit übergehen, wie der für den sachenrechtlichen Erwerb vom BGB aufgestellte allgemeine Tatbestand erfüllt ist. Vgl. Hellwig, Verträge auf Leistung an Dritte, 1899, 345; Makower, HGB mit Kommentar, 13. Aufl. 1907, zu § 424. Nach ihr kann die Wirkung der Papierübertragung nur den auf der Übertragung des mittelbaren Besitzes beruhenden Erwerbsarten gleichgestellt werden, da sie deren Tatbestand am besten erfüllt.

Diese Theorie hat kaum Anhänger gefunden, denn die durch sie erzielten Ergebnisse sind unbefriedigend. Sie sagt nur aus, was sich auch ohne sie aus § 931 BGB ergeben würde. Es ist aber unwahrscheinlich, daß der Gesetzgeber zweimal das gleiche ausgedrückt hat, zumal das HGB der Terminologie des BGB angepaßt worden ist. Mit großer Wahrscheinlichkeit ist anzunehmen, daß die §§ 424, 450 und 650 HGB mehr besagen wollen als § 931 BGB, woraus dann folgt, daß die streng-relative Theorie mit den zuerst genannten Bestimmungen nicht vereinbar ist. Allerdings wirft sich die Frage auf, ob es dieser Bestimmungen angesichts des § 931 BGB überhaupt noch bedurft hätte. Sicher ist, daß auch nach Ausstellung eines Konnossements die Eigentumsübertragung noch nach § 931 BGB — statt auf Grund der Traditionswirkung — erfolgen kann. Doch muß dann zu der Einigung und der Abtretung des Herausgabeanspruchs noch die Übergabe des Konnossements hinzukommen (vgl. Schaps-Abraham II Anm. 18 zu § 650 HGB; BGB VersR 1968, 164).

c) Die *relative oder Repräsentationstheorie* ordnet den Rechtserwerb durch Traditionspapiere, ebenso wie die streng-relative Theorie, den allgemeinen Grundsätzen des BGB unter. Der Erwerber eines Traditionspapiers erwirbt nach ihr durch die Übergabe desselben tatsächlich nur den mittelbaren Besitz am Gut. Solange aber der legitimierte Inhaber der Urkunde mittelbarer Besitzer des Gutes ist, vertritt das Konnossement dieses, indem dessen unmittelbarer Besitz fingiert wird, soweit seine Übergabe für die Verschaffung eines dinglichen Rechts an ihm erforderlich ist. Insoweit wird das Gut durch die als Sache gedachte Urkunde repräsentiert. Daher kommt für den Eigentumserwerb nach dieser Theorie, im Gegensatz zur streng-relativen Theorie, auch nicht § 931 BGB, sondern § 929 BGB zur Anwendung, wobei eben die reale Übergabe des Gutes gemäß § 650 HGB durch die Übergabe des Konnossements ersetzt wird. Das Konnossement repräsentiert die Ware aber nur so lange, wie der Verfrachter dieselbe für den aus dem Papier Berechtigten besitzt. Das Eigentum kann daher nicht mehr übergehen, wenn der Verfrachter den Besitz verloren oder seinen Fremdbesitz in Eigenbesitz verwandelt hat (a. A. Martin Wolff ZHR 58, 622; gegen ihn v. Arnswald, Der handelbare Orderlagerschein unter besonderer Berücksichtigung des ausländischen Lagerschein- und Lagerhausrechts, Diss. Heidelberg, 1930, 31 ff.).

Die Repräsentationstheorie, zu der sich fast alle neueren Schriftsteller und das Reichsgericht (RGZ 98, 41; 104, 411; 119, 220) bekennen, hat den Nachteil, daß nach ihr die Traditionswirkung nur so lange möglich ist, wie der aus der Urkunde Berechtigte mittelbarer Besitzer des Gutes ist. Dafür verbürgt sie aber, solange sie ein dingliches Recht überträgt oder verschafft, dem Erwerber eine unbedingte Sicherheit dafür, daß er sein Eigentum später vom Verfrachter heraushält. Sie entspricht dem Sinn des Gesetzes auch am besten, weil dieses eben durch das Erfordernis der Übergabe des Gutes an den Verfrachter zum Ausdruck bringen will, daß dieser Besitzer für den Urkundeninhaber sein muß, um eine Traditionswirkung des Konnossements zu ermöglichen.

3. Aus der Anerkennung der Repräsentationstheorie ergibt sich:

a) Voraussetzungen für die Traditionswirkung, einerlei, ob es sich um ein Rekta-, Order- oder Inhaberkonnossement handelt, sind:

aa) Die Güter müssen von dem Kapitän oder einem anderen Vertreter des Verfrachters oder, wie sich von selbst versteht, von letzterem selbst *zur Beförderung übernommen* sein. Abladung ist nicht erforderlich. Es genügt ein nur mittelbarer Besitzerwerb des Verfrachters (§ 870 BGB), sofern sein Vertreter, insbesondere die Kaianstalt, unmittelbaren Besitz erwarb. Aus Konnossementen über Güter, die nicht zur Beförderung übernommen sind, können zwar obligatorische Rechte gegen Verfrachter oder Kapitän, insbesondere ein Anspruch auf Schadensersatz wegen schuldhaft unrichtiger Konnossementserklärung, aber keine dinglichen Rechte an den Gütern entstehen.

bb) Die Güter müssen sich je nach Sachlage noch im *unmittelbaren Fremdbesitz* des Kapitäns, der Kaianstalt, des Lagerhalters befinden (RGZ 98, 41; 98, 336). Wußten die Parteien nicht von dem Besitzverlust dieser Personen und wollten sie einen Eigentumserwerb mittels der Traditionswirkung des Papiers erzielen, so ist durch Konversion ein Eigentumsübergang nach § 931 BGB anzunehmen.

cc) *Übergabe* des Konnossements an denjenigen, der dadurch zur Empfangnahme der Güter legitimiert wird.

aaa) Nicht erforderlich ist die Übergabe des vollen Satzes der Konnossemente (anders Martin Wolff über die Verpfändung in ZHR 58, 623; wie hier die h. M.; vgl. dazu wie überhaupt über die mehrfachen Ausfertigungen des Konnossements Steffen, Die Verdoppelung von Rechtsscheinträgern, Diss. Tübingen 1967). Doch ist es für den Überseekäufer zweckmäßig, sich vertraglich wegen des § 651 HGB die Übergabe des vollen Satzes auszubedingen (zweifelhaft, ob eine solche Verpflichtung bereits nach Handelsbrauch besteht; bejahend für den Fall des Verkaufs mit der Klausel „Kasse gegen Dokumente" RGZ 98, 166). Da das Konnossement Präsentationspapier ist, können die Übergabesurrogate der §§ 930, 931 BGB der Übergabe nicht gleichgestellt werden (bestr.).

bbb) Zu der Übergabe muß die *Legitimation* des Konnossementsnehmers zur Empfangnahme hinzutreten. Vgl. § 648 HGB. Regelmäßig geschieht das nach wertpapierrechtlichen Grundsätzen. Indessen kann die Legitimation auch durch außerhalb der Urkunde liegenden Nachweise geführt oder vervollständigt werden, insbesondere durch den der Abtretung oder Gesamtnachfolge.

4. Die *Wirkung der Übergabe des Papiers* ist beim Vorliegen der unter 3 genannten Voraussetzungen, daß der Konnossementsnehmer an den Gütern dieselben Rechte erwirbt, die er durch die Übergabe der Güter selbst erworben hätte. Die Traditionswirkung kommt außer für das Eigentum vornehmlich in Betracht für ein vertragliches Pfandrecht (§ 1204 BGB). Auch gesetzliche Pfandrechte (§§ 397, 410, 421 HGB) und das kaufmännische Zurückbehaltungsrecht des § 369 HGB gehören zu den „Rechten an den Gütern" im Sinne des § 650, nicht dagegen das Zurückbehaltungsrecht nach bürgerlichem Recht (Pappenheim ZHR 46, 270). Zur Anwendung kommen auch für die Übertragung oder Begründung dinglicher Rechte die zum Schutze des gutgläubigen Erwerbers bestehenden Vorschriften der §§ 932, 935, 1207 BGB, 366 HGB, auch 936 Abs. 1 S. 1 und Abs. 2 BGB. Doch erlöschen die seerechtlichen Ladungspfandrechte der §§ 623, 696, 725, 751 HGB nicht, weil sie sich gerade gegen den Empfänger richten (bestr.; wie hier Wüstendörfer SHR 323).

Das Recht, welches der Konnossementsnehmer durch die Übergabe der Urkunde an den Gütern erwirbt, braucht mit dem an der Konnossementsurkunde erworbenen nicht identisch zu sein. Der Schutz des gutgläubigen Konnossementserwerbs nach Wertpapierrecht erstreckt sich weiter als der Schutz des gutgläubigen Erwerbs der Güter nach Fahrnisrecht. Auch abhanden gekommene, insbesondere gestohlene Urkunden können gutgläubig erworben werden, § 365 Abs. 1 HGB i. Verb. mit Art. 16 Abs. 2 WG, § 935 Abs. 2 BGB. Dagegen ist ein gutgläubiger Erwerb abhanden gekommenen Gutes wegen § 935 Abs. 1 BGB nicht möglich. Das ist heute unbedingt herrschende Ansicht (vgl. z. B. Wüstendörfer SHR 325; Pappenheim III, 358 f.; Münch, Die Verkehrsformen des deutschen Lagerscheins, 1928, 70; BGH MDR 1958, 662).

5. *Ausländisches Recht.* Sehr häufig findet man die Ansicht vertreten, der Gedanke der Ausgestaltung des Konnossements als Traditionspapier habe sich zu einem internationalen Gewohnheitsrecht verfestigt (vgl. Wüstendörfer SHR 322). Daran ist sicherlich zutreffend, daß sich der Begriff des Traditions- oder Repräsentationspapiers gerade im Zusammenhang mit dem Konnossement auch in ausländischen Rechtsordnungen findet. Doch ist seine inhaltliche und funktionelle Bedeutung in den einzelnen Rechtsordnungen sehr unterschiedlich, namentlich weil der anglo-amerikanische und der romanische Rechtskreis die deutsche Trennung zwischen kausalem Verpflichtungs- und abstraktem Erfüllungsgeschäft grundsätzlich nicht kennen und deshalb das Eigentum in den meisten Fällen bereits mit Abschluß des Kaufvertrages auf den Käufer übergeht. Vgl. für das französische Recht Abraham ZHR 116, 1 ff.; für das griechische Deloukas ZHR 114, 205 f.; für das englische Schwesinger, Eigentumsverschaffung und Pfandbestellung durch Traditionspapiere im englischen Recht, Diss. Hamburg 1951.

Über die Traditionsfunktion des Konnossements im *internationalen Privatrecht* siehe Denninger a. a. O.

IX. Konnossementsteilscheine

Vgl. Wüstendörfer SHR 337 f.; Behlert, Der Konnossementsteilschein, Hamburger Rechtsstudien, Heft 5, 1930; Schaps-Abraham II Anm. 9 zu § 648 HGB.

Muß eine Warenpartie geteilt werden, weil der Konnossementsinhaber sie an mehrere Abnehmer verkauft hat, so entsteht für jeden Abnehmer das Bedürfnis nach einer eigenen Empfangslegitimation.

Diesem Bedürfnis dienen die *Konnossementsteilscheine* (Lieferscheine, delivery orders). Es sind Urkunden, in denen die Ansprüche aus *einem* Konnossement irgendwie aufgeteilt sind, um über die Teilmengen gesondert verfügen zu können. Eine gesetzliche Regelung fehlt. Sie werden entweder vom Vertreter des Schiffes gegen Rücklieferung des Konnossements ausgestellt. Dann handelt es sich regelmäßig um Auslieferungsanweisungen über Teilmengen, die an das Schiff bzw. an die Kaianstalt gerichtet sind. Ober die Teilscheine werden vom Inhaber des Originalkonnossements ausgestellt und nach dessen Rückgabe vom Vertreter des Schiffes mit einer Einverständniserklärung versehen. Schließlich kommt auch die Ausstellung durch den Inhaber des Originalkonnossements ohne dessen Rückgabe und ohne Einverständniserklärung des Schiffes vor. Vgl. wegen der weiteren Einzelheiten, insbesondere auch wegen der rechtlichen Bedeutung, das obige Schrifttum.

X. Datafreight-Receipt-System

Mit dem Ziel, Verzögerungen bei der Auslieferung der Güter weitgehend zu vermeiden, hat sich die Container-Linienfahrt in einigen Fällen von dem konventionellen System der Ladungsdokumentation gelöst und das Konnossement durch eine nicht übertragbare Empfangsbestätigung, die beim Ablader bleibt, ersetzt. Die benötigten Daten werden mittels Computer verarbeitet und über das eigene Kommunikationsnetz an die Computer-Zentren in den Anlaufhäfen weitergegeben, so daß dort für den Empfänger eine Frachtrechnung und Ankunftsnotiz ausgestellt werden kann, die Instruktionen über die Abnahme der Ladung enthält und zum Ausdruck bringt, daß kein Konnossement ausgestellt worden ist. Die Ladung wird von der Containerlinie bei Vorlage der Ankunftsnotiz oder anderer Identitätsunterlagen freigegeben. Der Verfrachter übernimmt auch bei diesem System die volle Haftung gemäß Konnossementsbedingungen. Der Ablader, der ein Konnossement vorzieht, kann ein solches erhalten.

XI. Siehe über Durchkonnossemente und die mit dem Container- und LASH-Verkehr zusammenhängenden Fragen unten § 23.

XII. Urkunden bei Beförderung mit sonstigen Verkehrsmitteln

1. a) Beim *gewöhnlichen Landfrachtgeschäft* der §§ 425 ff. HGB kann der Frachtführer vom Absender die Ausstellung eines *Frachtbriefes* verlangen (§ 426 Abs. 1 HGB; über den Inhalt s. § 426 Abs. 2 HGB). Er ist nur Beweisurkunde und dient vornehmlich der Unterrichtung des Frachtführers über das Gut und den Empfänger. Er begleitet die Ware und soll mit dieser dem Empfänger übergeben werden. Über die Bedeutung der Übergabe für die Weisungsbefugnis vgl. § 433 Abs. 2 HGB; s. ferner § 436 HGB. Über den Frachtbrief beim Güterfernverkehr mit Kraftfahrzeugen vgl. noch §§ 10, 11 KVO.

b) Der in § 444 HGB erwähnte *Ladeschein* hat beim gewöhnlichen Landfrachtgeschäft keine praktische Bedeutung. S. über ihn in der Binnenschiffahrt unten Ziff. 3.

2. Beim *Eisenbahnfrachtvertrag* muß der *Frachtbrief* ausgestellt werden (§ 55 EVO). Neben ihm findet sich das *Frachtbriefdoppel* (im internationalen Verkehr als Frachtbriefduplikat bezeichnet), eine von der Bahn ausgestellte Abschrift des Frachtbriefes, die dem Absender übergeben wird. Das Frachtbriefdoppel wird im internationalen Verkehr ohne weiteres, im inneren nur auf Verlangen erteilt, vgl. § 61 Abs. 4 EVO, Art. 8 IÜG. Es enthält die Bescheinigung der Annahme des Gutes, beweist den Abschluß des Frachtvertrages und hat Wirkungen besonderer Art: Der Absender kann, solange sein Verfügungsrecht besteht (§ 433 HGB), es nur ausüben, wenn er das Doppel vorlegt. Das Frachtbriefdoppel ist kein Traditionspapier (RGZ 102, 96). Doch kann in seiner Übergabe eine Abtretung des Herausgabeanspruchs nach § 931 BGB liegen.

3. a) In der *Binnenschiffahrt* kann an sich der Frachtführer die Ausstellung eines *Frachtbriefes* fordern (§§ 26 BSchG, 426 HGB). Doch spielt der Frachtbrief in der Praxis der Binnenschiffahrt keine Rolle.

b) Anders liegt es mit dem *Ladeschein* (§ 72 BSchG), auch als Binnen- oder Flußkonnossement bezeichnet; s. RGZ 106, 377. Seine Ausstellung kann vom Absender verlangt werden und wird regelmäßig verlangt. Die Rechtsnormen finden sich in den §§ 444 ff. HGB und 72 ff. BSchG. Seine Bedeutung ist im wesentlichen die gleiche wie die des Konnossements. Doch ist er anders als dieses noch skripturrechtliches Wertpapier. Freizeichnungen sind bei ihm im zulässigen Rahmen des bürgerlichen Rechts gestattet und weitgehend üblich (vgl. RGZ

125, 422). Die Grundsätze der Haager Regeln gelten nach deutschem Recht nicht (anders in der Schweiz).

4. Für den *Luftfrachtvertrag* kennt das LuftVG keine besonderen Bestimmungen über Luftbeförderungsdokumente. Indessen ist wohl die entsprechende Anwendbarkeit der §§ 426 ff. HGB zu bejahen. Von besonderer praktischer Bedeutung ist diese zweifelhafte Frage nicht, weil sich Sonderbestimmungen über Luftbeförderungsdokumente im WA finden, die im WA 1955 (Haager Protokoll) vereinfacht und ergänzt sind (vgl. wegen Einzelheiten Schleicher-Reymann-Abraham, Recht der Luftfahrt, Bd. I). Kommen diese nicht zur Anwendung, so sehen die Bedingungen der Luftfahrtunternehmen meistens die Ausstellung von Beförderungsdokumenten vor (so insbesondere die IATA-Bedingungen).

Im WA ist der *Luftfrachtbrief* in den Art. 6 ff. geregelt. Er ist vom Absender auszustellen, und zwar in drei Exemplaren. Von diesen wird das eine vom Aussteller unterschrieben und verbleibt beim Luftfrachtführer. Das zweite ist vom Aussteller und vom Luftfrachtführer zu unterzeichnen und begleitet das Gut. Das dritte Stück unterschreibt der Luftfrachtführer und händigt es nach der Annahme des Gutes dem Absender aus.

Der Luftfrachtbrief ist keine konstitutive Urkunde in dem Sinne, daß ohne ihn der Luftfrachtvertrag nicht zustande käme. Das Fehlen des Luftfrachtbriefes oder seine Unvollständigkeit bezüglich einzelner bestimmter Angaben — vgl. im einzelnen Art. 9 WA — hat aber die Folge, daß der Luftfrachtführer sich nicht auf die Bestimmungen des WA berufen kann, die seine Haftung ausschließen oder einschränken.

Auch der Luftfrachtbrief ist lediglich Beweisdokument. Die Bedeutung des Frachtbriefdritts entspricht im allgemeinen der des eisenbahnrechtlichen Frachtbriefdoppels. Es ist, ebenso wie dieses, kein Traditionspapier.

§ 22. Die Haftung des Verfrachters

Schaps-Abraham II, Prüssmann, Schlegelberger-Liesecke zu §§ 559, 606—608, 662 ff. HGB; Capelle, Zur Revision der Haager Regeln, Festschrift für Möller, 1972, 155 ff.; Dymling, Haagreglerna och kyltransporter, Schriften der Handelshochschule Göteborg, 1969, 4; Gehlsen, Rückwirkung der Verfrachterhaftung bei Regelung eines Charterkonnossements, VersR 1958, 663 und 1959, 5; Gramm, Das neue deutsche Seefrachtrecht nach den Haager Regeln, 1938; Fietze, Regreßrechte des Ladungsbeteiligten gegen den Seeverfrachter nach deutsche Recht unter Berücksichtigung neuerer Rechtsprechung, VersR 1966, 1109—1112; Helm, Haftung für Schäden an Frachtgütern, 1966; Herber, Zur Neuregelung der Haftung im internationalen Seefrachtrecht, Hansa 1968, 620; Götz, Der zwingende Geltungsbereich der Haager Regeln nach anglo-amerikanischem Recht, ZHR 121, 47; ders., Das Seefrachtrecht der Haager Regeln nach anglo-amerikanischem Recht, Schriften zum deutschen und europäischen Zivil-, Handels- und Prozeßrecht, Bd. 7, 1960; Kröger, Haftungsprobleme im Übersee-Container-Verkehr, 1967 (Heft 11 der Schriften des

Deutschen Vereins für Internationales Seerecht, Reihe A); Liesecke, Die Haager Regeln, Probleme ihrer Anwendung und Reform, Hansa 1965, 1136—1138, 1254—1256; ders., die Ladungsschäden in der neueren internationalen Rechtsprechung, Hansa 1965, 1898; Markianos, Die Übernahme der Haager Regeln in die nationalen Gesetze über die Verfrachterhaftung, Überseestudien Heft 26, 1960; Müller, Seetüchtigkeit und Management of the Ship, Diss. Hamburg 1937; Walter Müller, Vers un nouveau „Harter Act", DMF 1972, 323 ff.; Necker, Der räumliche Geltungsbereich der Haager Regeln, Überseestudien Heft 31, 1962; Röhreke, Die Haftung des Reeders und Verfrachters für schuldhafte Handlungen, insbesondere Ladungsdiebstähle von Schauerleuten, Hansa 1952, 223 ff., 251 ff.; Willner, Die mutmaßliche Nichthaftung des Verfrachters bei Ladungsschäden, Hansa 1952, 1670 ff.; Wollny, Freizeichnung des Verfrachters von seiner Haftung für Gehilfenverschulden, Hansa 1965, 1588; ders., Die Verantwortlichkeit des Verfrachters aus dem Seefrachtvertrage für das Verschulden seiner Helfer mit einem Überblick über die Lösungen im anglo-amerikanischen Recht, Überseestudien Heft 34, 1965; Wüstendörfer SHR 266 ff.; v. Wurmb, Die Haftung des Verfrachters für das Verschulden selbständiger Hilfspersonen, Diss. Hamburg 1966; Zeller, Die Umgehung der Haager Regeln durch die Ladungsbeteiligten und die Himalaya-Klausel im Seefrachtverkehr, Diss. Hamburg 1966; Lotter, Beweislast im Seefrachtgeschäft, 1969 (Überseestudien Heft 36); Pourcelet, Le transport maritime sous connaissement, Droit canadien, américain et anglais, Montreal 1972; Shih, The Hague Rules: The Liability of Carriers as viewed from the Anglo-American Practice, Chengchi Law Review, Bd. 7, Dezember 1972 (Chinesisch). Siehe auch das Schrifttumsverzeichnis zu §§ 20 und 21.

I. Überblick über die Haftungsgründe. In Betracht kommen insbesondere Haftung für *anfängliche See- und Ladungstüchtigkeit* (§ 559 HGB; s. unter II), Haftung für *fehlerhafte Fürsorge für das Frachtgut* (§§ 606 ff. HGB; s. unter III), Haftung für *Verspätungsschaden* (s. unter IV) und Haftung für unrichtige Konnossementsausstellung (s. unter V).

Soweit sich nicht aus den nachstehenden Ausführungen Sonderbestimmungen ergeben, verbleibt es bei den §§ 320 ff. BGB, so namentlich auch für den Fall, daß der Verfrachter das Schiff überhaupt nicht stellt.

II. Die Haftung für anfängliche See- und Ladungstüchtigkeit

Wriede, Ausgewählte Probleme aus der Rechtsprechung des Hanseatischen Oberlandesgerichts, 1972, 7—9 (Schriften des Deutschen Vereins für Internationales Seerecht Reihe A 15); Rodière, Le bon état de navigabilité du navire affrété, DMF 1965, 387—399; Göger, Haftung des Verfrachters für Seetüchtigkeit des Schiffes in rechtsvergleichender Darstellung, Diss. Hamburg 1957; Ballin, Die Verantwortlichkeit des Verfrachters für Seetüchtigkeit unter Einbeziehung der anglo-amerikanischen Rechtsprechung, Diss. Hamburg 1965.

1. Der Verfrachter haftet dem Ladungsbeteiligten (Befrachter, Ablader, Konnossementsinhaber) für den Schaden, der auf einem Mangel

der *anfänglichen See- oder Ladungstüchtigkeit* des Schiffes beruht, es sei denn, der Mangel war bei Anwendung der Sorgfalt eines ordentlichen Verfrachters bis zum Antritt der Reise nicht zu entdecken (§ 559 HGB). Siehe dazu vornehmlich auch § 20 II.

Vgl. als Beispiele aus der amerikanischen Rechtsprechung Hansa 1952, 671; 1963, 2342; 1964, 233 und 1768, aus der schwedischen Hansa 1952, 882, aus der norwegischen Hansa 1953, 738. Siehe BGH Hansa 1969, 1773: Ladungsuntüchtigkeit wegen schadhafter Lukenpersennige; BGHZ 56, 300 = VersR 1971, 833 = MDR 1971, 828 = NJW 1971, 224: Kentern des Schiffes kurz nach dem Auslaufen infolge unsachgemäßer Beladung mit Deckslast (Fall „Neuwied"). Bei der Feststellung der Stabilität vor Reiseantritt geht es um eine höchst verantwortliche Prüfung. Nicht eine rasche Orientierung auf Grund von Stabilitätsblättern steht in Frage, sondern die sorgfältige Anwendung aller Hilfsmittel und Anstellung der von der seemännischen Praxis geforderten Berechnungen; OLG Hamburg MDR 1971, 1004: Die Haftung des Verfrachters wegen mangelnder Ladungstüchtigkeit (undichte Ladeluken) setzt voraus, daß der Mangel durch eine Prüfung hätte ermittelt werden können und daß eine solche Prüfung notwendig erschien. Die Notwendigkeit einer Prüfung ist zu verneinen, wenn das Schiff frisch klassifiziert worden war und die Klassifikationsgesellschaft die Dichtigkeit der Luken bescheinigt hatte. Dem Schiff fehlt die Reisetüchtigkeit, wenn Güter unter Verstoß gegen die Verladungsvorschriften der VO über gefährliche Seefrachtgüter gestaut werden, so daß die Schiffssicherheit gefährdet ist (BGHZ 60, 39 = VersR 1973, 221 = NJW 1973, 329). Siehe zur Frage der Haftung für einen verborgenen Mangel der Ladungstüchtigkeit (Undichtigkeit am Mannlochdeckel des Öltanks) BGH VersR 1972, 294 = Hansa 1972, 1474. Ein Laderaum ohne Bilgen, aber mit Abflußbrunnen und einer auf Querlatten verlegten Bodenwegerung ist nicht generell ungeeignet für den Transport von Rohkaffee (OLG Hamburg VersR 1972, 347). Die anfängliche Seeuntüchtigkeit eines Schiffes kann auch auf Mängeln beruhen, die dem Schiff erst durch unrichtige Bedienung zugefügt worden sind (OLG Hamburg MDR 1972, 425 = VersR 1972, 425: Es ist schuldhaft, bei hergestellter Verbindung zwischen Lenzleitung und geöffnetem Seeventil die Sicherheit des Schiffes allein einem automatisch arbeitenden Rückschlagsventil in der Lenzleitung anzuvertrauen). Siehe OLG Hamburg VersR 1972, 762: Kentert das Schiff während des Beladens am Kai entweder infolge fehlerhafter Stauung (Verlust der Stabilität) oder infolge Aufsetzens auf Grund wegen extrem niedrigen Wasserstandes, dann wird für einen Ladungsschaden nach § 559 HGB (anfängliche Seeuntüchtigkeit) gehaftet. Siehe ferner OLG Hamburg VersR 1972, 1064: Anfängliche Seeuntüchtigkeit liegt vor, wenn das Schiff bei Beginn der Reise zwar nicht leckt, aber im Schiffsboden eine Korrosionsstelle vorhanden ist, die auf der Reise — z. B. durch dagegen polterndes Eis — aufgestoßen werden kann. Siehe auch oben § 20 II.

2. Wird das Schiff nach Antritt der Reise seeuntüchtig, so ist eine Haftung aus § 559 nicht gegeben, es müßte denn sein, daß der die See- oder Ladungsuntüchtigkeit verursachende Mangel bereits beim Reiseantritt vorhanden gewesen ist, wenn auch nur in geringem Grade. Unter „Antritt der Reise" ist *Antritt der*

Frachtreise der einzelnen Ladung zu verstehen, nicht Antritt der Schiffsreise (BGHZ 60, 39 = NJW 1973, 329 = VersR 1973, 221; Ballin a. a. O. 126; Wüstendörfer SHR 240; Gramm a. a. O. Anm. I 2 a zu § 559). In jedem angelaufenen Ladehafen wird also die Haftung für anfängliche Schiffsuntüchtigkeit bezüglich der dort geladenen Partien praktisch.

Für Seeuntüchtigkeit nach Antritt der Frachtreise haftet der Verfrachter nur nach Maßgabe der §§ 606 ff. HGB. Die Erhaltung der Seetüchtigkeit während der Reise ist also nur ein Sonderfall der allgemeinen Pflicht des Verfrachters zu andauernder Ladungsfürsorge. Diese Haftung aus §§ 606 ff. HGB deckt sich in ihren Voraussetzungen und Folgen nicht durchweg mit derjenigen aus § 559 HGB. Siehe auch BGHZ 56, 300 = MDR 1971, 828; BGH 60, 39: Der Verfrachter kann sich gegenüber seiner Haftung für anfängliche Seeuntüchtigkeit nicht darauf berufen, der Schaden sei durch Feuer entstanden.

Es würde aber eine Überspannung des Rechtsgedankens des § 559 HGB bedeuten, wollte man den Verfrachter für jeden bei Beginn der Reise vorhandenen Mangel der See- oder Ladungstüchtigkeit haften lassen. Vielmehr ist zu prüfen, ob dieser Mangel bei verständiger Würdigung der Verhältnisse das Schiff auch tatsächlich see- oder ladungsuntüchtig macht. So bedeuten solche Schäden, die bei Beginn der Reise vorhanden waren, mit deren alsbaldiger Entdeckung im normalen Bordbetrieb aber zu rechnen ist und die dann auch mit Bordmitteln leicht zu beheben sind, keine anfängliche Seeuntüchtigkeit. Werden sie dann im Laufe der Reise vor Eintritt einer Gefahr nicht entdeckt, so liegt darin ein mismanagement of the ship im Sinne des § 607 Abs. 2 HGB. S. auch Hansa 1952, 1485 und 1504; BGHZ 60, 39 = NJW 1973, 329 = VersR 1973, 221.

3. Die Haftung aus § 559 Abs. 2 HGB trifft den *Verfrachter* als Vertragspartei, und zwar haftet er mit seinem ganzen Vermögen, aber mit der Möglichkeit der Haftungsbeschränkung nach § 486 Abs. 1 HGB, gleichgültig, ob er Reeder oder Charterer ist (§ 487 Abs. 1 HGB).

Die Haftung des Reeders oder Ausrüsters, der nicht zugleich Verfrachter ist, kann sich für anfängliche See- und Ladungstüchtigkeit nur ergeben aus § 485 HGB, z. B. bei schuldhaftem Verhalten des Kapitäns (§ 513 HGB), oder aus den bürgerlich-rechtlichen Vorschriften über die unerlaubten Handlungen. Zu beachten ist § 485 S. 2 HGB, wonach der Reeder den Ladungsbeteiligten nur soweit haftet, wie der Verfrachter ein Verschulden der Schiffsbesatzung zu vertreten hat.

4. Die *Grundlage der Haftung aus* § 559 HGB ist *nicht*, wie gelegentlich angenommen wird (so Gramm, Seefrachtrecht Anm. II b zu § 559; RGZ 120, 45), *frachtrechtliche Gewährleistung*. Vielmehr hat der Verfrachter nur *Sorgfaltshaftung mit Entlastungspflicht* (so zutreffend Wüstendörfer SHR 239; Lebuhn, Neuzeitliche Konnossementsfragen, 16 f.; Capelle, Frachtcharter 134; Schlegelberger-Liesecke Anm. 8 zu § 559; Prüssmann § 559 A I 2).

Von einer Erfolgshaftung kann nur insofern gesprochen werden, als die Seeuntüchtigkeit im Sinne des § 559 HGB auch ein Zufallsergebnis sein kann, weil das Verschulden des Verfrachters sich nicht auf die Herbeiführung der Seeuntüchtigkeit zu beziehen braucht und auch nicht auf die Handlungen zu deren Beseitigung. *Es genügt vielmehr schuldhaftes Nichtentdecken oder Nichterkennen der Seeuntüchtigkeit* (vgl. Wüstendörfer SHR 239 f.).

Siehe OLG Hamburg VersR 1972, 1064: Die Sorgfalt eines ordentlichen Verfrachters erfordert es nicht, ohne besonderen Anlaß den Schiffsboden zusätzlich zu den zur Erneuerung des Fahrterlaubnisscheins notwendigen Untersuchungen gründlichst von innen und von außen auf das Vorhandensein von Schäden und Korrosionsstellen nachsehen zu lassen.

5. Der Verfrachter hat für das Verschulden seiner *Erfüllungsgehilfen* im Rahmen der Verpflichtung aus § 559 HGB einzustehen wie für sein eigenes Verschulden (§ 278 BGB); ist er Reeder oder Ausrüster, so auch nach § 485 HGB für Verschulden der Schiffsbesatzung.

Gramm Seefrachtrecht, Anm. II b zu § 559, will die Haftung auf § 607 Abs. 1 HGB stützen. Doch bezieht sich diese Bestimmung nur auf §§ 606 ff.

Bedient sich der Verfrachter bei der Prüfung der Seetüchtigkeit der Sachverständigen einer *Klassifikationsgesellschaft* (vgl. über diese oben § 11 I b), so ist zweifelhaft, ob er dann nur für deren sorgfältige Auswahl (culpa in eligendo) oder auch für deren fachmännisches Verschulden bei der Beaufsichtigung des Schiffes aufzukommen hat (für die Beschränkung auf das erste Capelle Frachtcharter 135; Gramm Seefrachtrecht a. a. O.; Wüstendörfer SHR 240; Schaps-Abraham II Anm. 8 zu § 559 HGB; Schlegelberger-Liesecke Anm. 10 zu § 559 HGB; Prüssmann § 559 D 4 c; HansOLG HansGZ 1935, 300; OLG Hamburg VersR 1972, 662; a. A. Wüstendörfer Studien 179 ff.; Pappenheim III 142). Zuzustimmen ist der Beschränkung auf die Haftung für culpa in eligendo: Zwar kann der Erfüllungsgehilfe auch selbständiger Unternehmer sein. Doch handelt es sich bei der Klassifikationsgesellschaft um ein selbständiges Unternehmen besonderer Art. Die mehr oder weniger monopolartige Stellung der Klassifikationsgesellschaften führt dazu, daß der Reeder (Verfrachter) sich ihrer bedienen muß, ohne die Möglichkeit der Einwirkung auf diese Gehilfen zu haben. Hier versagt also der Einwirkungsgedanke, auf welchem § 278 BGB beruht. Vgl. insbesondere Brodmann Jherings Jahrb. 58, 224 ff. Für Versehen der Aufsichtsbeamten der See-Berufsgenossenschaft entfällt jegliche Haftung, da sie obrigkeitliche Befugnisse ausüben und weder Erfüllungs- noch Verrichtungsgehilfen des Verfrachters sind (OLG Hamburg VersR 1972, 662). Dasselbe gilt für die Behörden des Auswanderungswesens (§ 30 VO über die Einrichtung von Auswandererschiffen v. 21. Dez. 1956, BGBl. II S. 2145); vgl. Sturm HansRGZ 1931 A 393; Wüstendörfer SHR 240.

Eine Werft ist nicht Erfüllungsgehilfin des Verfrachters (BGH VersR 1957, 596 = Hansa 1957, 2135; OLG Hamburg VersR 1972, 662; Schaps-Abraham, Bd. 2, Anm. 9 zu § 559; Prüssmann, § 559 Anm. D 4 b; Wollny, Die Verantwortlichkeit des Verfrachters aus dem Seefrachtvertrag für das Verschulden seiner Helfer, 1965, 123 ff.). Auch für die Durchführung von Werftarbeiten wird nur für culpa in eligendo gehaftet.

Das Vorhandensein eines Klassifikationsattestes einer Klassifikationsgesellschaft und des Fahrterlaubnisscheins der See-Berufsgenossenschaft sind ein gewisses Indiz für das Vorhandensein der Seetüchtigkeit, aber nicht mehr. Es kommt auch hier auf die Umstände des konkreten Falles an.

Über Bedeutung der Klausel „loss or damage arising from ... any latent defect in the machinery or hull ... are always excepted" vgl. LG Bremen Hansa 1955, 1001.

6. Um die Haftung aus § 559 HGB zu beseitigen, ist ein Entlastungsbeweis erforderlich, vermittels dessen der Verfrachter zunächst die *Ursache der Nichtentdeckung des Mangels aufzuklären und sodann hinsichtlich des sich hieraus ergebenden Tatbestandes darzutun hat, daß ihm und den Personen, für die er verantwortlich ist, bei Zugrundelegung der Sorgfalt eines ordentlichen Verfrachters ein Verschulden nicht zur Last fällt.* Der Entlastungsbeweis darf nicht um deswillen für ungenügend erachtet werden, weil bei der Nichtentdeckung besondere Zufälligkeiten mitgespielt haben oder die Entdeckung bei außergewöhnlicher, nicht allgemein vorauszusetzender Sachkunde oder bei Kenntnis besonderer Umstände gelungen wäre (RGZ 67, 403). Aus der französischen Rechtsprechung vgl. Hansa 1954, 2178.

7. Die Zulässigkeit des Entlastungsbeweises entfällt, wenn der Verfrachter das Vorhandensein der Seetüchtigkeit ohne Einschränkung garantiert hat. Doch kommt eine solche Gewährleistung in der Praxis selten vor. Vgl. Capelle Frachtcharter 140; Wüstendörfer HB 350; HansOLG HansGZ 1913, 159.

8. **Umfangsmäßig** haftet der Verfrachter im Rahmen des § 559 HGB für jeden Schaden, nicht nur mit Beschränkung auf den gemeinen Handelswert wie in den §§ 658, 659 HGB.

Doch gilt auch im Falle des § 559 HGB die *summenmäßig* beschränkte Haftung aus § 660 HGB.

9. Die Haftung aus § 559 HGB ist im Rahmen der §§ 662 ff. HGB eine zwingende (§ 662 Abs. 1 HGB). Sind deren Voraussetzungen nicht gegeben, (wie insbesondere in der Binnenschiffahrt), wäre also Freizeichnung möglich, so hat dennoch die Rechtsprechung diese eingeschränkt, insbesondere im Rahmen Allgemeiner Geschäftsbedingungen, weil es sich bei der Stellung eines seetüchtigen Schiffes um eine Kardinalpflicht des Verfrachters handle (Wriede a. a. O.; BGH VersR 1966, 871; 1973, 1060 = Hansa 1973, 2120; OLG Hamburg VersR 1972, 365 = MDR 1971, 763). Das gilt jedenfalls, wenn See- oder Ladungsuntüchtigkeit eine Folge seiner Konstruktion sind. Zweifelhaft ist es, ob es auch dann gilt, wenn das Schiff nicht sachgemäß gewartet oder die Ladungsgüter nicht ordnungsgemäß gestaut waren. Siehe dazu Wriede a. a. O. 7 ff.

III. Die Haftung wegen fehlerhafter Fürsorge für das Frachtgut

1. **Überblick.** Der Verfrachter haftet für den Schaden, der infolge mangelnder Fürsorge (abgesehen von der in § 559 HGB besonders ge-

regelten anfänglichen See- oder Ladungsuntüchtigkeit) durch *Verlust* oder *Beschädigung* der *Güter* in der Zeit von der *Annahme* bis zur *Ablieferung* entsteht, es sei denn, daß Verlust oder Beschädigung auf Umständen beruhen, die durch die *Sorgfalt eines ordentlichen Verfrachters* nicht abgewendet werden konnten. Insbesondere hat der Verfrachter eine solche beim *Einladen, Stauen, Befördern, Behandeln* und *Ausladen* der Güter zu beachten.

Vgl. dazu OLG Hamburg Hansa 1958, 1282 = VersR 1957, 651: ordnungswidriges Stauen von chinesischem Trockenei; OLG Bremen VersR 1970, 829: Bei modernen Schiffen, die ohne Bedenken auch bei Orkan und schwerer See eingesetzt werden können, ist die Stauung den besonderen Belastungen, denen diese Schiffe in schwerem Wetter ausgesetzt sind, anzupassen. Es genügt nicht, daß die Stauung, wenn und soweit mit solchen Wetterlagen zu rechnen ist, den herkömmlichen Anforderungen entspricht. Siehe auch BGHZ 6, 127: Beförderung an Deck verlangt besonders sorgfältige Befestigung. Die Zustimmung zur Decksverladung entbindet nicht von kommerziellem Verschulden beim Befördern, Behandeln und Ausladen. Vgl. OLG Bremen Hansa 1966, 1774 = VersR 1967, 5: Ladungsbeschädigung durch eingedrungenes Seewasser, Verpflichtung zur Überprüfung der Persenninge, keine Ursächlichkeit der Gefahren der See. Doch kommen Ansprüche von Ladungsbeteiligten wegen Einladeschäden nur in Betracht, wenn der Verfrachter das Einladen vertraglich übernommen hat (OLG Hamburg VersR 1973, 1138).

Der Verfrachter hat ein *Verschulden seiner Leute* und der *Schiffsbesatzung* in gleichem Umfange zu vertreten, wie eigenes Verschulden. *Nur für eigenes Verschulden* hat er einzustehen, wenn der Schaden durch ein Verhalten bei der *Führung* oder der *sonstigen Bedienung des Schiffes* oder durch *Feuer* entstanden ist. Maßnahmen, die *überwiegend im Interesse der Ladung* getroffen werden, gehören nicht zur Bedienung des Schiffes (§§ 606, 607 HGB). In gewissen Ausnahmefällen (vgl. § 608 HGB), die einige *typische Zufallsschäden* der Seefahrt betreffen, haftet der Verfrachter nur, wenn *ihm in Umkehrung der Beweislast ein Verschulden nachgewiesen wird.*

2. Im einzelnen:

a) Für den Frachtvertrag ist begrifflich erforderlich, daß der Beförderungsunternehmer das Gut während der Beförderung in seine Obhut nimmt. Daraus folgt, daß er den Ladungsbeteiligten den Schaden zu ersetzen hat, der sich aus der Verletzung dieser Obhutspflicht ergibt, vornehmlich Ladungsverlust und Ladungsbeschädigung.

b) Der Verfrachter haftet zunächst seinem Gegenkontrahenten, dem *Befrachter,* und, sofern er zu ihm in direkte Vertragsbeziehungen getreten ist, dem *Ablader,* ferner auch dem *legitimierten Empfänger* (Siehe auch BGHZ 25, 250). Vgl. darüber, womit der Verfrachter haftet, II 2.

c) *Wofür und wie lange haftet der Verfrachter?* Für den Schaden, der durch *Verlust* oder *Beschädigung* der Güter in der Zeit von der *Annahme* der Güter bis zur *Ablieferung* entsteht.

aa) **Verlust** liegt vor, wenn und soweit der Verfrachter nicht in der Lage ist, das von ihm übernommene Gut dem Empfangsberechtigten auszuhändigen, sei es, daß es zugrunde gegangen, gänzlich entwertet ist oder durch physische Veränderung seine ursprüngliche Beschaffenheit eingebüßt hat (RGZ 13, 125) — so durch Zufall, Delikt, Seewurf —, oder daß es auf immer oder nicht absehbare Zeit seiner Verfügung entzogen ist — so durch Diebstahl, Veruntreuung, Konfiskation, Versinken, versehentliche Ausladung im Zwischenhafen, Dereliktion, unerklärliches Verschwinden. Es ist also für den Begriff des Verlustes unerheblich, ob der Verfrachter in die Lage, das Gut nicht ausliefern zu können, freiwillig oder unfreiwillig gekommen ist, im ersten Falle auch, ob er sich berechtigter- oder unberechtigterweise in diese Lage versetzt hat. Verlust ist deshalb auch die Aushändigung im Bestimmungshafen an einen unberechtigten Dritten (OLG Hamburg VersR 1964, 401 = Hansa 1964, 934; LG Hamburg MDR 1966, 243; BGH MDR 1970, 571: Auslieferung an den im Orderkonnossement bezeichneten Empfänger, der nicht zur Empfangnahme berechtigt war, weil er nicht legitimierter Inhaber wenigstens einer Ausfertigung des Orderkonnossements war; OLG Düsseldorf VersR 1972, 50: Bei Ausstellung eines Orderkonnossements verletzt der Kapitän des Verfrachters seine Obhuts- und Sorgfaltspflicht, wenn er die Ware ohne Konnossementsrückgabe an den Löschagenten zur Weiterleitung an den Empfänger aushändigt; dazu kritisch Trappe VersR 1973, 52).

bb) **Beschädigung** ist jede qualitative Wertminderung, jede äußere oder innere Verschlechterung des Gutes, gleichviel aus welcher Ursache, auch eine solche, die nur zu einer vorübergehenden Unbrauchbarkeit führt (vgl. z. B. RGZ 60, 45). Siehe über Geruchsbeschädigung einer Ladung Weintrauben HansOLG Hamburg Hansa 1965, 1788.

Keine Beschädigung liegt vor, wenn das Gut mit Ladungspfandrechten (Haverei-, Bergungs- oder Hilfsleistungspfandrecht) belastet wird. Doch ist dieser Sachverhalt der Beschädigung entsprechend zu behandeln, weil auch er für den Empfänger sachlich die Verletzung der körperlichen Integrität des Gutes bedeutet. So auch Wüstendörfer SHR 269; Schlegelberger-Liesecke Anm. 12 zu § 606.

cc) **Annahme** ist die Entgegennahme der Ladung durch den Verfrachter zwecks Beförderung. Dieser Moment braucht sich nicht mit demjenigen der Einladung der vom Ablader an das Schiff gelieferten Ladung zu decken: auch wenn der Verfrachter, sei es auf Grund des Vertrages, sei es freiwillig, früher tätig geworden ist, etwa die Ladung am Lande durch die Reedereiagentur oder die Kaianstalt entgegengenommen hat (Wüstendörfer ZHR 71, 33), liegt Annahme vor (RGZ 20, 65). Man bezeichnet die Kaianstalt in einem solchen Falle als „Allonge des Schiffes". Entgegen der früher herrschenden Ansicht ist aber die Kaianstalt im *ausgehenden Verkehr* regelmäßig nicht eine solche Allonge des Schiffes (so zutreffend Jaeschke, Die Rechtsstellung der Kaianstalten im Seefrachtverkehr unter besonderer Berücksichtigung des Kaiumschlags in Hamburg und Bremen, Heft 12 der Überseestudien, 1931, S. 72 ff.; Wüstendörfer SHR

268). Vielmehr kommt es auf die Kaiordnungen und sonstigen Fallumstände an. Danach ist die Kaianstalt oft Beauftragter des Abladers (Jaeschke, a. a. O., 84 ff.), nicht Empfangsvertreter des Verfrachters (siehe dazu für die Hamburger Hafen- und Lagerhaus AG OLG Hamburg VersR 1973, 1138 mit Anm. von Trappe), umgekehrt der eigene oder gemietete, rechtlich nicht verselbständigte Privatkai der Reederei, der mit seinen Lagerschuppen nur ihr zur Verfügung steht, meist Empfangsvertreter der Reederei (Jaeschke, a. a. O., 82 ff.; Wüstendörfer SHR 268). Soweit hiernach die Kaianstalt Allonge des Schiffes ist, ist es für den Begriff der Annahme nicht einmal erforderlich, daß bereits ein Frachtvertrag über die Ladung abgeschlossen ist (vgl. Prot. 3906); es genügt, daß der Verfrachter oder sein Vertreter sie vorläufig ohne einen solchen zur Beförderung übernommen hat. Kommt in diesem Falle der Frachtvertrag zustande, so werden seine Wirkungen zurückbezogen und die Entgegennahme des Gutes wird ex post zur „Annahme"; andernfalls ist eine solche nicht vorhanden, und es wird nur aus Verwahrung gehaftet. Gleichgültig für den Begriff der Annahme ist es auch, ob ein vorläufiger Empfangsschein schiffsseitig gegeben oder ob das Konnossement schon ausgestellt ist. Das Verschieben des auf dem Kai abgestellten Waggons durch einen Trecker im Zuge der Verladung in ein Schiff fällt nicht in den Bereich des Eisenbahnbetriebs, sondern in denjenigen des Verladegeschäfts; BGH Hansa 1957, 428 = VersR 1957, 112 = Recht der Schiffahrt 1957 Heft 7/8. — Vor der Annahme kann eine Haftung des Reeders aus § 485 Satz 1 HGB in Betracht kommen, z. B. bei Beschädigung einer Leichterladung, die längsseits liegt, bei Übernahme von Frischwasser. § 485 Satz 2 HGB gilt erst von der Annahme ab (vgl. OLG Hamburg Hansa 1960, 1641 = VersR 1960, 606).

dd) **Ablieferung** ist derjenige Akt, durch welchen der Verfrachter nach beendigtem Transport den Besitz des Guts mit Zustimmung des Empfangsberechtigten wieder aufgibt, ein Akt, der also ein Zusammenwirken mit letzterem bedingt. Es ist derselbe tatsächliche Vorgang, der im Frachtrecht vom Standpunkt des Verfrachters als Ablieferung oder Auslieferung (§§ 611, 612 HGB; bestr.; wie hier Wüstendörfer SHR 291 und HansOLG Hamburg Hansa 1965, 2, BGHZ 44, 303; siehe auch die Angaben oben § 20 IX 2 und unten III 4 b), von dem des Empfängers als Abnahme (§§ 594 Abs. 4, 601 Abs. 1, 604 Abs. 1, 627 HGB) oder Übernahme (§ 610 HGB) bezeichnet wird. In der einseitigen Besitzaufgabe seitens des Verfrachters nach bloßer dahingehender Erklärung an den Empfangsberechtigten liegt also keine Ablieferung und erst recht nicht in der Benachrichtigung des Empfängers von der Ankunft der Ware. Nicht erforderlich ist die Entgegennahme der Ladung durch den Empfänger; so kann sie etwa auf Grund eines Verwahrungsvertrages noch im Besitz des Verfrachters bleiben. Die Ablieferung kann unter Umständen sogar erfolgen, während sich die Ladung noch auf dem Schiffe, ja sogar im Schiffsraum befindet. Doch kommt die Ablieferung an Bord vor der Löschung nur gelegentlich im Falle des Raumfrachtvertrages vor, wenn laut Vertrag der Empfänger selber durch seinen Stauer die Ganzladung zu löschen hat (Wüstendörfer SHR 262). Regelmäßig aber wird die Ablieferung als letzter Teilakt eines einheitlichen Gesamtvorgangs unmittelbar nach der Löschung vorgenommen. Doch kann sie auch später als die Löschung erfolgen, wenn nämlich die Warenpartie zunächst einseitig auf Grund der Konnossementsbedingungen auf den Kai gelöscht wird, wie es im heutigen Betrieb der Linienschiffahrt häufig vorkommt. Dann ist die Kaiverwaltung regelmäßig beauftragter Vertreter und Erfüllungsgehilfe des Verfrachters hinsichtlich der Ablieferung. Diese erfolgt erst nach Auslieferung der Güter durch die Kaiverwaltung an den Empfänger. Hier ist dann also, anders als im ausgehenden Verkehr, der Kai regelmäßig die Allonge des Schiffes (Jaeschke, Die Rechtstellung der Kaianstalten im Seefrachtverkehr, Heft 12 der Überseestudien, 1931, 58 ff.; Wüstendörfer SHR 263 und 268 sowie in HansRGZ 1943 A Sp. 57). Auch ist der zwischen einer Hafen- und Lagerhausgesellschaft und dem Verfrachter abgeschlossene Kaivertrag, auf Grund dessen die auf dem Seewege eingetroffenen Güter vom Schiff in Kaischuppen umgeschlagen und gelagert werden, kein Vertrag zugunsten des Empfängers, was jedoch nicht ausschließt, daß dieser bei Lagerungsschäden auf Grund stillschweigender Ermächtigung des Verfrachters unmittelbar Schadensersatz begehren kann, so etwa für Nässeschaden von eingelagertem Rohkaffee (OLG Hamburg VersR 1968, 179). Im Auslandsrecht ist die Lage unterschiedlich. Vgl. Kuhl, Die Ladungsgesellschaften im Spiegel der Rechtsprechung, Hansa 1952, 1676. Siehe über die französische Rechtsprechung Hansa 1951, 1580, über die amerikanische Hansa 1952, 1373, über die englische Hansa 1952, 1084. — Mit der Umladung einer Teilpartie vom Seeschiff in das vom Empfänger bereitgestellte Binnenschiff ist die Ablieferung insoweit mit der Wirkung erfolgt, daß Beschädigungen der gelöschten Teilpartie durch schuldhaftes Verhalten von Leuten des Reeders nicht mehr unter die Verfrachterhaftung fallen (OLG Hamburg VersR 1966, 1153, Schaps-Abraham Anm. 19, 20 zu § 606 HGB). Eine Haftung des Reeders kommt dann nur noch aus § 485 Satz 1 HGB in Betracht. § 485 Satz 2 scheidet aus, weil eine Haftung auf frachtvertraglicher Grundlage überhaupt nicht mehr in Rede steht. — Siehe über Wärmeschäden an einer Partie Kühlgüter nach Absetzen auf den Kai, Verantwortlichkeit und zulässige Freizeichnung des Verfrachters HansOLG Hamburg Hansa 1966, 911.

ee) Aus Vorstehendem ergibt sich, daß in die Haftungszeit auch fallen der Zeitraum zwischen Annahme der Ladung und Ausreise, Unterbrechungen der Reise, die Zeit, in der die Ladung nach beendetem Transport vor Ablieferung im Gewahrsam der Zollbehörde ist, ferner der Akt der Annahme und Ablieferung selbst, sofern nicht Konnossementsklauseln hinsichtlich der Zeit vor Einladung und derjenigen nach Ausladung eine andere Rechtslage schaffen (vgl. § 663 Ziff. 2 HGB).

d) **Die Beweislast des Ersatzverlangenden.** Wer Ansprüche aus § 606 HGB geltend macht, hat zu beweisen:

aa) daß er *aktiv legitimiert* ist (vgl. oben unter b);

bb) daß die *Annahme der Güter* durch den Verfrachter erfolgt ist, und zwar, soweit dies streitig ist, mit der behaupteten Individualität, in der behaupteten Menge und mit den behaupteten Merkzeichen. Als Beweis genügt regelmäßig, insbesondere für den Empfänger, das Konnossement (§§ 656, 643 Nr. 8 HGB). Gegenbeweis des Verfrachters gegen den Inhalt des Konnossements ist zulässig (§ 656 Abs. 2 HGB);

cc) daß die *Güter zur Zeit der Annahme unversehrt* waren bzw. die jetzt vorhandenen Schäden nicht hatten. Auch diesen Nachweis kann der Empfänger der Güter durch das Konnossement führen (§ 656 HGB; siehe dazu OLG Hamburg MDR 1971, 668: Der Empfänger einer Partie Rohkaffee, an der beim Löschen Fremdgerüche festgestellt worden sind, muß für einen Ersatzanspruch gegen den Verfrachter auch bei rein gezeichnetem Konnossement den Beweis dafür erbringen, daß der Kaffee die Fremdgerüche beim Einladen noch nicht aufgewiesen hat; siehe auch OLG Hamburg VersR 1972, 349). Auch der Stückgutbefrachter kann sich auf dessen Beweisvermutung berufen, weil beim Stückgutfrachtvertrag das Konnossement auch Beweisurkunde für den Frachtvertrag ist. Beim Raumfrachtvertrag bleiben dagegen für das Rechtsverhältnis zwischen Verfrachter und Befrachter die Bestimmungen des Frachtvertrages maßgebend (§ 656 Abs. 3 HGB). Siehe über Beweislast und Beweisführung des Empfängers bei „verdeckter" Geruchsbeschädigung von Kaffee und reinem Konnossement HansOLG Bremen Hansa 1962, 1486.

dd) *im Falle der Beschädigung*, daß das Gut beschädigt abgeliefert worden ist (vgl. darüber §§ 610 bis 613 HGB). Handelt es sich um *Verlust*, so ist dessen Behauptung nur dann von dem Ersatzberechtigten zu beweisen, wenn dieser Schadensersatz verlangt, weil sie hier klagbegründend ist (Wüstendörfer Studien 1, 439; Pappenheim 3, 448). Wird dagegen Erfüllung beansprucht oder, wenn der Verfrachter die Fracht einklagt, die Tatsache der Erfüllung bestritten, ist der Nachweis des Verlustes Bestandteil des dem Verfrachter obliegenden Beweises (Pappenheim a. a. O. Anm. 2);

ee) daß und welcher *Schaden* entstanden ist. Dieser braucht nicht den ihn geltend machenden Ladungsbeteiligten selbst betroffen zu haben. Er kann vielmehr auch in der Person eines Dritten entstanden sein, insbesondere in der Person des Auftraggebers oder Käufers des Ladungsbeteiligten (Liquidation des Drittinteresses; vgl. RGZ 62, 335 und 92, 246; Wüstendörfer SHR 270).

e) Die grundsätzliche Entlastungspflicht des Verfrachters

aa) Der Ersatzanspruch fällt weg, wenn der Verfrachter beweist, daß Verlust oder Beschädigung auf Umständen beruhen, die durch die Sorgfalt eines ordentlichen Verfrachters nicht abgewendet werden konnten (§ 606 Satz 2 HGB). Der Verfrachter hat auch nachzuweisen, daß der Schaden nicht auf einem Verschulden der Personen beruht, für die er nach § 607 Abs. 1 HGB einzustehen hat.

aaa) *Sorgfalt eines ordentlichen Verfrachters* ist dasjenige Maß von Sorgfalt, welches der Verfrachter nach den Regeln des Verkehrs aufzuwenden hat. Der Begriff der „im Verkehr erforderlichen Sorgfalt" (§ 276 BGB) ist auf den Wirkungskreis des Verfrachters übertragen. Welche Verpflichtungen der Verfrachter hinsichtlich der Ladung zu erfüllen hat, entscheidet sich nach den tatsächlichen Verhältnissen des Einzelfalles, z. B. nach der Art der Ladung, des Schiffes, der Reise, den Witterungsverhältnissen, und läßt sich nicht erschöpfend aufzählen. In jedem Falle müssen mit Rücksicht auf die vom Verfrachter übernommene Obhut hohe Anforderungen an seine Sorgfalt gestellt werden. Vgl. auch

HansOLG Hansa 1958, 1282 = VersR 1957, 651, HansOLG Bremen Hansa 1966, 1774: Ladungsbeschädigung durch eingedrungenes Seewasser, Verpflichtung zur Überprüfung der Persenninge; HansOLG Hamburg Hansa 1968, 471: Verpflichtung des Verfrachters zum Abdecken der Ladung zum Schutz gegen Kondenswasser. Die Verstauung eines Gutes im Verschlußraum reicht allein nicht aus, um darzutun, daß der Verlust auf Umständen beruht, die bei Beachtung der Sorgfalt eines ordentlichen Verfrachters nicht hätten abgewendet werden können (OLG Bremen VersR 1972, 248).

bbb) Der Verfrachter hat auch dafür einzustehen, daß auch seine *Leute und die Schiffsbesatzung* mit der Sorgfalt eines ordentlichen Verfrachters handeln.

Von der Haftung für die „Leute" ist auch in § 431 HGB hinsichtlich des Landfrachtführers die Rede. Der Begriff der Leute in § 431 HGB überschneidet sich mit dem des Erfüllungsgehilfen in § 278 BGB: er geht teilweise über ihn hinaus, teils bleibt er hinter ihm zurück. Leute des Frachtführers und des Verfrachters im Sinne des § 607 Abs. 1 HGB sind alle Personen, die in seinem Gewerbebetrieb zur Vornahme gewisser Arbeiten angestellt sind (so RGZ 7, 126). Unerheblich ist, ob diese Personen zur Beförderung selbst verwendet werden. Es genügt eine allgemeine Beziehung zum Beförderungsgewerbe des Frachtführers oder Verfrachters, ohne besondere auf den einzelnen Frachtvertrag. Für ein Verschulden dieser Leute haftet der Verfrachter auch dann, wenn sie nur bei Gelegenheit ihrer Dienstverrichtungen, in wenigstens mittelbarer Beziehung zu ihnen, nicht in deren Ausführung — worauf es bei dem Erfüllungsgehilfen ankommt — Schaden stiften. Zu den Leuten des Verfrachters, nicht zu seinen Erfüllungsgehilfen gehören deshalb unter Umständen sein Kontorbote, der Wachkapitän im Hafen (Wüstendörfer SHR 269). Vgl. zum Leutebegriff insbesondere auch Helm, Haftung für Schäden an Frachtgütern 112. — Ein anderer Leutebegriff ist der der Art. 20, 25 WA und der §§ 44 ff. LuftVG: hier sind darunter alle Personen zu verstehen, deren sich der Luftfrachtführer bei der Ausführung des Luftbeförderungsvertrages bedient, einerlei ob sie in seinen Diensten stehen oder nicht, sofern sie nur in einer ihnen vom Luftfrachtführer übertragenen Funktion tätig werden, die sich auf das Frachtgut auswirkt (Riese, Luftrecht 1949, 454; Abraham, Luftbeförderungsvertrag, 1955, 49 f. und in Schleicher-Reymann-Abraham I Anm. 6 f. zu Art. 20 WA; anders Helm a. a. O.: bei der luftrechtlichen Gehilfenhaftung brauchten auch die nicht Bediensteten nur in Ausführung der Verrichtungen, nicht dagegen in Erfüllung der speziellen Frachtführerpflichten gehandelt zu haben). Der luftbeförderungsrechtliche Leutebegriff ist also grundsätzlich gleich dem des Erfüllungsgehilfen in Sinne des § 278 BGB.

Die ausdrückliche Erwähnung der Schiffsbesatzung (vgl. über diese § 14 III 1) war außer den Leuten in § 607 Abs. 1 HGB erforderlich, weil im Falle eines Unterfrachtvertrages die Schiffsbesatzung nicht zu den „Leuten" des Verfrachters gehört und es bei einer Mietcharter zweifelhaft sein kann, ob sie zu diesen zu rechnen ist (Amtl. Begr. SFG zu §§ 606 bis 609 HGB; Gramm, Seefrachtrecht Anm. A II zu § 607; Wüstendörfer SHR 269). Die Formulierung des § 607 Abs. 1 HGB stellt also klar, daß der Verfrachter in jedem Falle für ein Verschulden der Schiffsbesatzung aufzukommen hat, einerlei, ob dieses in Ausführung oder nur bei Gelegenheit der Ausführung der Beförderung erfolgt, einerlei auch, ob, wie auch bei der Haftung für die Leute, das schuldige Besatzungsmitglied selbst ersatzpflichtig ist. Der Schiffsbesatzung gleichzustellen sind die ihr gewohnheitsrechtlich oder analog gleich zu behandelnden Personen (vgl. oben § 14 III 1), insbesondere selbständige Stauer (OLG Hamburg Hansa 1967, 517). Anders anscheinend für die Schauerleute Röhreke Hansa 1952, 251, der diese auch dann zu den Leuten des Verfrachters rechnet, wenn es sich um selbständige Stauereiunternehmer handelt. Doch fallen die Schauerleute immer nur dann unter § 607 Abs. 1 HGB, wenn der Verfrachter nach dem Frachtvertrag die Ladungsarbeiten auszuführen hat. Es widerspricht nicht § 606 HGB, daß diese von den Ladungsbeteiligten vorzunehmen sind. Ist das der Fall, so hat mithin der Verfrachter auch ein Verschulden der von den Ladungsbeteiligten angenommenen Schauerleute nicht zu vertreten (Röhreke Hansa 1952, 252).

Für die Anwendung des § 278 BGB bleibt in vereinzelten Fällen auch neben § 607 Abs. 1 HGB Raum, denn weder Leute noch Schiffsbesatzung sind z. B. der Hauptverfrachter bei der Erfüllung des Unterfrachtvertrages, die Besatzung des selbständigen Schleppers, bei dem die nautische Führung des Schleppzuges liegt (so anscheinend auch Wüstendörfer SHR 269). Gramm Seefrachtrecht Anm. zu § 607 nimmt dagegen unzutreffend an, daß § 278 BGB für den Seefrachtvertrag gänzlich durch § 607 HGB ersetzt werde; ebenso Röhreke Hansa 1952, 251. Vgl. zu der Frage eingehend Wollny, Die Verantwortlichkeit des Verfrachters aus dem Seefrachtvertrage für das Verschulden seiner Helfer mit einem Überblick über die Lösungen im anglo-amerikanischen Recht, 1965 (Heft 34 der Überseestudien), und in Hansa 1965, 1588; v. Wurmb, Die Haftung des Verfrachters für das Verschulden selbständiger Helfer, Diss. Hamburg 1966. — Die außervertraglichen Ansprüche gegen den Verfrachter aus § 831 BGB bestehen neben den vertraglichen aus §§ 606 f. HGB, und zwar ohne die gegenstandsmäßige aus § 486 HGB, regelmäßig, aber im Rahmen der summenmäßigen Beschränkung des § 660 HGB.

ccc) Aus der Fassung der §§ 606, 607 Abs. 1 HGB ergibt sich, daß der Verfrachter nicht nur *im allgemeinen* nachzuweisen hat, daß er und die in § 607 Abs. 1 HGB genannten Personen die nötige Sorgfalt walten ließen. Vielmehr hat er konkret die Umstände zu beweisen, auf denen Verlust oder Beschädigung beruhen, sofern dies nicht unstreitig ist. Es genügt hierfür aber dasjenige Maß an Wahrscheinlichkeit, das im gewöhnlichen Leben als Gewißheit hingenommen wird. Ist jene Wahrscheinlichkeit bewiesen, so ist es Sache des Gegners, nachzuweisen, daß ein anderer Grund für die Entstehung des Schadens vorgelegen habe.

Ist die Schadensursache nicht zu ermitteln, so geht ein solches „non liquet", grundsätzlich zu Lasten des entlastungspflichtigen Verfrachters (RGZ 141, 318; für die USA Hansa 1954, 237 u. 1193). Doch kann für seine Entlastung auch in diesem Falle nicht verlangt werden, daß er unter allen Umständen hinsichtlich jeder nur denkbaren Schadensursache den Beweis zu führen hätte. Er genügt seiner Entlastungspflicht, wenn er mehrere bestimmte Schadensursachen als möglicherweise in Betracht kommend nachweist und sich zugleich hinsichtlich aller entlastet (HansOLG HansRGZ 1931 Nr. 2244), aber auch, indem er sowohl für die Schadensursachen wie für die Schuldentlastung ein ausreichendes Maß von Wahrscheinlichkeitmomenten beibringt, das einen unverschuldeten Gesamthergang wahrscheinlich macht (RG HansRGZ 1931 B Nr. 159; Wüstendörfer SHR 270; anders RGZ 66, 42; 72, 105).

Bezüglich der unstreitigen oder von ihm aufgeklärten Schadensursache — oder bei mehreren möglichen Schadensursachen auch aller — hat der Verfrachter zu beweisen, daß dieselben durch die Sorgfalt eines ordentlichen Verfrachters nicht abgewendet werden konnten.

Auch hier genügt im allgemeinen der Nachweis desjenigen Maßes von Wahrscheinlichkeit, das im allgemeinen als Gewißheit genommen wird.

Die Ansprüche an die Entlastung des Verfrachters dürfen also nicht überspannt werden. Der Entlastungsbeweis ist vielmehr schon dann geführt, wenn der Verfrachter nachgewiesen hat, daß er, seine Leute und die Schiffsbesatzung alle vernünftigerweise von einem sorgfältigen Verfrachter zu veranlassenden Maßnahmen (bei aufgeklärter Schadensursache) getroffen haben (so für das Luftrecht Riese, Luftrecht, 1949, 455 ff.; Schleicher-Reymann-Abraham, Recht der Luftfahrt I Anm. 3, 4 zu Art. 20 WA mit weiteren Nachweisen). Die Entlastungsmöglichkeit würde für den Verfrachter mehr als erschwert werden, würde man von ihm den Nachweis der Sorgfalt verlangen, deren Notwendigkeit zur Verhütung des Schadens bei rückblickender objektiver Betrachtung erforderlich gewesen wäre. Dann hätte nämlich der Verfrachter nicht nur seine Schuldlosigkeit zu beweisen, sondern auch, daß der Schaden durch Zufall oder höhere Gewalt verursacht worden ist.

bb) *Nur für sein eigenes Verschulden* hat der Verfrachter einzustehen, wenn der Schaden durch ein *Verhalten bei der Führung oder sonstigen Bedienung des Schiffes oder durch Feuer* entstanden ist.

Auch hier ist es Sache des Verfrachters, nachzuweisen, daß der Ladungsschaden durch eine dieser Ursachen entstanden ist. Er hat weiter zu beweisen, daß ihn an der Entstehung des Schadens auch kein persönliches Verschulden trifft. Doch erfährt diese Verteilung der Beweislast Änderungen durch die Sonderbestimmungen des § 608 HGB. Vgl. unter cc.

aaa) **Insbesondere die Führung und Bedienung des Schiffes**

Die Nichthaftung des Verfrachters für das sog. „nautische" Verschulden seiner Leute und für ihre technischen Versehen im Schiffahrtsbetrieb geht ursprünglich auf den nordamerikanischen Harter Act von 1893 zurück. Dafür legte ihm dieses Gesetz zwingend die Haftung für die sorgsame Behandlung der Schiffsgüter (sog. „kommerzielles" Verschulden) auf. Diese Regelung hat über den neuseeländischen Shipping and Seamen Act von 1903 und den kanadischen Water Carriage of Goods Act von 1910 Eingang in die Haager Regeln (Brüsseler Übereinkommen von 1924 zur einheitlichen Feststellung von Regeln über Konnossemente; s. § 2 III 2 b) gefunden; vgl. Art. IV 2 a HR. Nach den HR wird der Verfrachter von der Haftung für Nachlässigkeit der Schiffsbesatzung und seiner Leute „in the navigation or in the management of the ship" befreit.

Doch enthalten die HR keine nähere Umschreibung dieser Begriffe. In § 607 Abs. 2 S. 1 HGB ist die Rede vom „Verhalten bei der Führung oder der sonstigen Bedienung des Schiffes". § 607 Abs. 2 Satz 2 HGB fügt erläuternd hinzu: „Zur Bedienung des Schiffes gehören nicht solche Maßnahmen, die überwiegend im Interesse der Ladung getroffen werden."

aaaa) Unter *Führung des Schiffes* ist allein das navigatorische Verhalten hinsichtlich der Fortbewegung des Schiffes zu verstehen (nautisches Verschulden im engeren Sinne).

Z. B. Steuern eines unrichtigen Kurses infolge fahrlässiger Verwechslung zweier Leuchtfeuer und eine dadurch verursachte Strandung; fahrlässige Nichthinzuziehung eines Lotsen durch den Kapitän; Verstöße gegen das Seestraßenrecht überhaupt; fehlerhafte Navigation oder andere Maßnahmen, die ausschließlich im Interesse der Schiffsführung getroffen wurden. Vgl. aus der französischen Rechtsprechung Tribunal de Commerce Marseille Hansa 1952, 1504.

Die Haftungsbefreiung besteht auch bei vorsätzlichem Verhalten der Schiffsbesatzung. Nur dann ist sie nicht gegeben, wenn den Verfrachter selbst ein Verschulden trifft.

Z. B. der Unfall beruht auf einer fahrlässig vom Verfrachter falsch angegebenen Reiseroute.

Fast alle Schiffszusammenstöße und Strandungen sind auf mangelhaftes Verhalten bei der Führung des Schiffes zurückzuführen. Ihr gegenüber spielt in diesen Fällen anfängliche Seeuntüchtigkeit eine geringe Rolle. Doch beruht auf einer solchen die Strandung z. B. dann, wenn der Ruderapparat bei Beginn der Reise nicht in Ordnung und dies die Ursache war, daß das Schiff in eine falsche Richtung fuhr. War bei einem Schiffszusammenstoß ein Verschulden beider Schiffe ursächlich, so entfällt wegen § 607 Abs. 2 S. 1 HGB der Ersatzanspruch gegen den eigenen Verfrachter. Gegen den Reeder des anderen Schiffes kann er nur nach Maßgabe des § 736 Abs. 1 S. 1 HGB, Art. 4 Abs. 1 und 2 IÜZ geltend gemacht werden. Weitere Beispiele für fehlerhafte Führung des Schiffes, die haftfrei lassen: Durch Gefahren der See ist dem Schiff ein Leck geschlagen, welches schuldhaft nicht rechtzeitig abgedichtet wird, so daß eindringendes Wasser die Ladung beschädigt; Nichtanlaufen eines Nothafens, um einen während der Reise entstandenen Schaden zu beseitigen; Verlassen des Schiffes auf See durch die Besatzung ohne zwingenden Grund; Geschwindigkeitsbegrenzung wegen der Wetterlage; Gebot äußerster Vorsicht bei Ungewißheit über den eigenen Standort (Bundesoberseeamt Hansa 1956, 489). *Nicht aber:* bloße Laxheit hinsichtlich der raschen Fortsetzung der Reise.

bbbb) Die Abgrenzung des recht unklaren Begriffes der *sonstigen Bedienung* des Schiffes ist einerseits schwierig gegenüber der verschuldeten anfänglichen Seeuntüchtigkeit (§ 559 HGB; vgl. oben unter II), andererseits gegenüber dem kommerziellen Verschulden der Leute. Im Zweifel ist der Begriff der sonstigen Bedienung des Schiffes eng gegen den Verfrachter auszulegen (Kuhl HansRGZ 1926, 573 ff.; Wüstendörfer SHR 272).

Die erwähnte Abgrenzung ist von Bedeutung, weil bei anfänglicher Seeuntüchtigkeit und kommerziellem Verschulden der Verfrachter auch für Verschulden seiner Leute einzustehen hat. Dagegen ist eine Abgrenzung zwischen den Begriffen des Verhaltens bei der Führung des Schiffes und dessen sonstiger Bedienung ohne sachlichen Belang, denn hier haftet der Verfrachter übereinstimmend nur für eigenes Verschulden.

Zur Bedienung des Schiffes gehören nicht solche Maßnahmen, die überwiegend im Interesse der Ladung getroffen sind. Aus der Formulierung des Gesetzes „getroffen werden" ist zu entnehmen, daß es darauf ankommt, zu welchem Zweck die Maßnahme eingeleitet wurde (vgl. Wüstendörfer SHR 272). Es ist also im Einzelfall die überwiegende Zweckbestimmung für das Schiff festzustellen.

Die in § 606 HGB genannten, auf die Ladung bezüglichen Vorbereitungs- und Durchführungshandlungen des Ein- und Ausladens, der Stauung und Behandlung während der Reise sind in aller Regel Maßnahmen im überwiegenden Interesse der Ladung (Gramm, Seefrachtrecht, Anm. B I 2 a 1 zu § 607, Wüstendörfer SHR 272, Schaps-Abraham II Anm. 15 zu § 607 HGB), und zwar auch dann, wenn die Maßnahme im Erfolge auch daneben den Schiffsinteressen dient. Zum kommerziellen Verschulden gehören also z. B.: Haftung für schuldhaft schadhaftes Ladegeschirr, für schuldhaftes Versagen der Kühlmaschine, für falsches, unzureichendes oder grundlos unterlassenes Lüften der Ladung, Öffnen der Luken und dadurch verursachten Wasserschaden, schlechtes Stauen, mangelhafte Bewachung.

Dagegen sind Maßnahmen im ausschließlichen Interesse des Schiffes: schuldhaft fehlerhafte Bedienung der Hähne und Ventilklappen im Maschinenraum, des Rudergeschirrs, schlechte Bedienung der Kessel, fahrlässiges Fluten und Lenzen des Ballasttanks, Nichtschließen der Ventilatoren des Maschinenraums auf See bei stürmischem Wetter (anders bei den Ventilatoren des Laderaumes: hier ist kommerzielles Verschulden gegeben).

Bei Maßnahmen, die im Interesse des Schiffes *und* der Ladung liegen, kommt es darauf an, ob das Interesse des Schiffes mindestens gleich groß ist. Alsdann gehören sie zur Bedienung des Schiffes, z. B.: offene Luken bei schlechtem Wetter auf See, die Gefahr für Schiff und Ladung herbeirufen (vgl. Müller, Seeuntüchtigkeit und Management of the ship, 1937, S. 26; Gramm, Seefrachtrecht Anm. I 2 c zu § 607; a. M. Wüstendörfer SHR 273); ordnungsgemäß verstaute Güter werden im Zwischenhafen einer Umstauung unterzogen, weil dort durch Teillöschung die Stabilität des Schiffes verloren ging, so daß sie wiederhergestellt werden muß.

bbb) **Die Haftung für Feuerschaden.** Ein solcher kann seine Ursache in nautisch-technischem oder in kommerziellem Verschulden haben. Für das erstere hätte es seiner besonderen Erwähnung in § 607 Abs. 2

HGB gar nicht bedurft, weil nach dieser Bestimmung ohnehin Haftungsfreiheit gegeben war. Es kommt jeder Feuerschaden in Betracht von der Annahme bis zur Ablieferung, also insoweit auch ein Feuerschaden an Land.

Wüstendörfer SHR 274 und MDR 1949, 450 ff., 515 f. meint, die gesetzliche Haftentlassung des Verfrachters aus dem kommerziellen Verschulden bei Feuerschaden bedürfe einer engen Auslegung, da ihr entstehungsgeschichtlich eine „exception clause" zugrunde liege. Die ausdrückliche Erwähnung von Feuer als Schadensursache in § 607 HGB sei nur bedeutungsvoll für die Beweislastfrage, nicht als meteriellrechtliche Haftungsfrage. Sie nähere sich in ihrer Bedeutung den Bestimmungen des § 608 HGB. Wüstendörfer zieht also die Folgerung, Feuer infolge *nachlässiger Ladungsbehandlung durch die Besatzung* mache als kommerzielles Verschulden im Sinne des § 606 Satz 1 HGB trotz der allgemeinen Ausdrucksweise des § 607 Abs. 2 HGB haftbar, z. B. bei Verstauung in zu großer Nähe des Kesselraums oder bei Betreten der Laderäume mit offenem Licht (so auch Kuhl HansRZ 1926, 574; Art. 422 Abs. 2 Cnav.). Doch treffe hier ausnahmsweise im Hinblick auf § 607 Abs. 2 HGB den Ladungsbeteiligten die Beweislast für Verschulden der Leute als Feuerursache, während hinsichtlich eigenen Verschuldens der Verfrachter sich zu entlasten habe. Indessen findet die Ansicht Wüstendörfers im Gesetz keine Stütze (so zutreffend vornehmlich Lebuhn, Neuzeitliche Konnossementsfragen 32 f.; s. auch Gramm, Seefrachtrecht Anm. B II 1 zu § 607; Schaps-Abraham II Anm. 24 zu § 607 HGB). Würde der Gesetzgeber eine Umkehr der Beweislast bei Feuerschaden gewollt haben, so hätte die Feuerklausel nicht in § 607 Abs. 2 HGB gehört, sondern in § 608 HGB. Vielmehr hat das Gesetz in Übereinstimmung mit Art. IV § 2 b HR den Verfrachter schlechthin von der Haftung für Feuer befreit, sofern er es nicht selbst schuldhaft verursacht hat. Über die Feuerklausel in Regel III Abs. 4 DEK 1940 vgl. Lebuhn a. a. O. Die Befreiungsvorschriften für die Haftung für Feuer deckt den gesamten Zeitraum von der Annahme bis zur Ablieferung, auch soweit die Güter sich an Land befinden (anders s. 502 Merch ShA, 1894). Auch von der Haftung für nur mittelbare Feuerschäden ist der Verfrachter befreit; doch muß immer ein Brand entstanden gewesen sein. War die Schadensursache nur ausstrahlende Hitze, aber keine offene Glut oder Flamme, so liegt kein Feuerschaden im Sinne des Gesetzes vor. S. über Klage des Ladungsversicherers gegen die Reederei, um sie für Feuerschaden wegen fehlerhafter Schiffseinrichtungen haftbar zu machen, Hansa 1952, 1173.

ccc) **Das Verhältnis des § 607 Abs. 2 HGB zur Haftung wegen anfänglicher See- und Ladungsuntüchtigkeit.** Die Bestimmungen des § 559 HGB sind leges speciales gegenüber § 607 Abs. 2 HGB.

War also das Schiff bei *Beginn der Frachtreise* see- oder ladungsuntüchtig, so kann der Verfrachter sich auf Haftungsfreiheit für nautisches oder technisches Verschulden seiner Leute oder für Feuerschaden nicht berufen. Doch ist immer zu prüfen, ob der Mangel des Schiffes auch tatsächlich die anfängliche See- oder Ladungsuntüchtigkeit begründet (s. oben II 1).

Entsteht dagegen die See- oder Ladungsuntüchtigkeit erst *während der* Reise, so kann die Haftung des Verfrachters nicht auf § 559 HGB, sondern nur auf §§ 606 ff. HGB gestützt werden.

ddd) Trifft den Verfrachter bezüglich der Führung oder der sonstigen Bedienung oder des Feuers ein *eigenes Verschulden,* so hat er für den Ladungsschaden zu haften, § 607 Abs. 2 S. 1.

Erst recht gilt das für eigenes Verschulden bei kommerziellen Maßnahmen. Ein eigenes Verschulden ist immer dann gegeben, wenn der Verfrachter die Handlung selbst anordnet und dabei schuldhaft handelt (Mitanordnung genügt). Ist der Verfrachter Eigenschiffer, so hat er bei eigenem Verschulden auch für nautisches Verhalten und Feuerschaden einzustehen.

Eine Haftung des Verfrachters aus §§ 823 ff. BGB, insbesondere aus § 831 BGB, wird durch § 607 Abs. 2 HGB nicht ausgeschlossen. Vgl. aber unten 3 d.

Die Nichthaftung für Feuerschaden oder für nautisches Verschulden der Leute entfällt auch, wenn eine unerlaubte Deviation für den Schaden mitursächlich ist.

cc) Abweichend von der allgemeinen Beweislastverteilung des § 606 HGB geht das Gesetz in § 608 HGB von der mutmaßlichen Nichthaftung des Verfrachters für gewisse typische Zufallschäden der Seefahrt aus, und zwar unter Umkehrung der Beweislast in der Verschuldensfrage, ähnlich der eisenbahnrechtlichen Regelung in § 83 EVO und der binnenschiffahrtsrechtlichen in § 59 BSchG.

Schrifttum: Willner Hansa 1952, 1670 ff.; Trappe VersR 1968, 100 ff.; Wriede, Ausgewählte Probleme aus der Rechtsprechung des Hanseatischen Oberlandesgerichts (Schriften des Deutschen Vereins für Internationales Seerecht A 13) 1972, 9 ff.; Blomeyer, Die Haftung des Seeverfrachters nach § 608 Abs. 1 Ziff. 7 HGB, Hansa 1957, 1810.

Es handelt sich um Schäden, die entstehen aus Gefahren oder Unfällen der See oder anderer schiffbarer Gewässer, aus kriegerischen Ereignissen, Unruhen, Handlungen öffentlicher Feinde oder Verfügingen von hoher Hand sowie aus Quarantänebeschränkungen, aus gerichtlicher Beschlagnahme, aus Streik (vgl. dazu District Court, Southern District of New York, Hansa 1955, 400; Queen's Bench Division Hansa 1956, 2338), Aussperrung oder sonstiger Arbeitsbehinderung, aus Handlungen oder Unterlassungen des Abladers oder Eigentümers des Gutes, seiner Agenten oder Vertreter, aus der Rettung oder dem Versuch der Rettung von Leben oder Eigentum zur See, aus Schwund an Raumgehalt oder Gewicht oder aus verborgenen Mängeln oder der eigentümlichen natürlichen Art oder Beschaffenheit des Gutes. Siehe BGH VersR 1973, 80 zur Frage der Haftung des Verfrachters für Nässeschäden bei einer Partie Rohkaffee.

Nach jetzt wohl herrschender Meinung muß die Seegefahr unvorhersehbar gewesen sein (Wriede a. a. O. 10; Prüssmann § 608 B 1 a; anders noch BGHZ 6, 127: weder außergewöhnlich noch unvorhersehbar). Aus der Rechtsprechung: OLG Bremen Hansa 1957, 1656: Beschädigung von unter Deck verladenen

Kraftwagen durch Losreißen bei schlechtem Wetter; OLG Bremen Hansa 1966, 1744 = VersR 1967, 576: Keine Ursächlichkeit der „Gefahren der See" bei Ladungsbeschädigung durch eingedrungenes Seewasser, Verpflichtung zur Überprüfung der Persenninge — siehe dazu auch Kreutziger, Kommandobrücke 1967, 8 —; OLG Hamburg Hansa 1969, 200: Keine Seegefahr bei zeitweisem Krängen bis 25 Grad nach beiden Seiten, was bei einer Reise über den Nordatlantik im Spätherbst weder unvorhersehbar noch ungewöhnlich ist, was aber nach § 608 Abs. 1 Nr. 1 HGB erforderlich ist; OLG Bremen VersR 1970, 829: Soweit durch Nichtbeachtung besonderer Anforderungen an die Stauung Schäden entstehen, tritt keine Haftungsbefreiung nach § 608 Abs. 1 ein; die Haftungsbefreiung greift zudem nur dann ein, wenn es sich um eine unvorhersehbare Seegefahr handelt. Siehe auch OLG Hamburg MDR 1972, 956.

Kann der Verfrachter darlegen, daß der Schaden aus einem oder mehreren dieser Umstände entstehen konnte, so wird zu seinen Gunsten vermutet, daß er so entstanden ist (§ 608 Abs. 2 HGB). Er bleibt dann haftfrei, wenn nicht durch den Ladungsbeteiligten nachgewiesen wird, daß der Eintritt der Gefahr auf einem Umstand beruht, den der Verfrachter zu vertreten hat (§ 608 Abs. 3 mit Abs. 1 HGB).

dd) Von jeder Haftung ist der Verfrachter frei, wenn der Befrachter oder der Ablader wissentlich bewirkt haben, daß die Art oder der Wert des Gutes im Konnossement falsch angegeben sind.

3. **In welchem Umfang haftet der Verfrachter bei Verlust oder Beschädigung wegen schuldhaft mangelhafter Ladungsfürsorge nach §§ 606 ff.?**

a) Es ist nicht, wie bei der Haftung aus § 559 HGB (vgl. II 7), der volle Schaden zu ersetzen, sondern lediglich

aa) bei **gänzlichem** oder **teilweisem Verlust** der **gemeine Handelswert**

oder der gemeine Wert, den Güter derselben Art und Beschaffenheit am Bestimmungsort der Güter bei Beginn der Löschung des Schiffes oder, wenn das Schiff an diesem Ort nicht gelöscht wird, bei seiner Ankunft daselbst haben, abzüglich der Ersparung an Zöllen und sonstigen Kosten, § 658 Abs. 1 HGB. Vgl. auch § 658 Abs. 2 HGB für den Fall, daß das Schiff den Bestimmungsort der Güter nicht erreicht. Die durch die Seereise des Gutes erzielte Werterhöhung wird also ersetzt, vorbehaltlich § 658 Abs. 1 am Ende.

bb) bei **Beschädigung** der **Unterschied zwischen dem Verkaufswert der Güter im beschädigten Zustand und dem gemeinen Handelswert**

oder dem gemeinen Wert, den die Güter ohne die Beschädigung am Bestimmungsort zur Zeit der Löschung gehabt haben würden, wiederum abzüglich der Ersparung an Zöllen und sonstigen Kosten, § 659 HGB. — Über Berechnung von Ladungsschäden in der französischen Rechtsprechung s. Hansa 1952, 614.

b) Ist dem Ladungsbeteiligten *überhaupt ein Schaden* entstanden, so kann ohne Rücksicht darauf, ob sein tatsächlicher Schaden kleiner ist als der gemeine

Handelswert, dieser stets gefordert werden. Der Geschädigte braucht also seine Schadenshöhe nicht darzutun. Es handelt sich um ein gesetzliches Schadensfixum. Regelmäßig gilt das auch, wenn kein Schaden entstanden ist. Kann der Verfrachter dies jedoch nachweisen, so wäre die Geltendmachung des gemeinen Handelswerts unzulässige Rechtsausübung (so Pappenheim HB 3, 459 Anm. 2; Wüstendörfer SHR 285; OLG Hamburg MDR 1964, 851 = Hansa 1964, 934; Prüssmann § 658 C 6; a. A. HansRGZ 1935, 367).

c) In jedem Falle ist indessen die Haftung des Verfrachters für jede Packung oder Einheit auf einen **Höchstbetrag von 1250 DM** beschränkt, § 660 HGB (HR £ 100).

Packung ist regelmäßig eine insgesamt und vollständig verpackte Ladeeinheit, z. B eine Kiste (Helm, Haftung für Schäden an Frachtgütern, 64; siehe wegen Einzelheiten Schaps-Abraham Anm. 5 zu § 660 HGB). Einheit ist die üblicherweise der Frachtberechnung zugrunde liegende Einheit, so insbesondere eine Gewichtstonne oder ein Kubikmeter (Schaps-Abraham Anm. 6 zu § 660 HGB). Siehe zu den besonderen Problemen des Container-Verkehrs unten § 23 V. Vgl. OLG Bremen VersR 1970, 851: Bei Verlust oder Beschädigung einzelner Packungen oder Einheiten einer Gesamtladung wird für jede einzelne verlorengegangene oder beschädigte Packung oder Einheit nur bis zu dem in § 660 HGB festgelegten Höchstbetrag gehaftet. Eine Erhöhung dieses Betrages im Rahmen des sich aus der Gesamtzahl ergebenden Haftungshöchstbetrages für die gesamte Ladung findet mangels dahingehender besonderer Vereinbarungen nicht statt. Siehe BGH VersR 1973, 1038 über „Paletten" und „Ständern" als Packung bei Weißblechverschiffung.

Eine Erhöhung des in § 660 genannten Betrages kann nur erfolgen, indem der Ablader Art und Wert des Gutes vor Beginn der Einladung angibt und diese Angabe in das Konnossement aufgenommen wird. Richtiger Ansicht nach ist der Verfrachter verpflichtet, eine solche Angabe in das Konnossement aufzunehmen (Schaps-Abraham § 660 HGB Anm. 10, Ruhwedel, Erhöhung der Haftung durch Wertangabe im Konnossement, VersR 1965, 231; a. A. Gramm, Seefrachtrecht, Schlegelberger-Liesecke § 660 Anm. 8: nur bei Beförderung von Kostbarkeiten, Kunstgegenständen, Geld und Wertpapieren, Liesecke, Wertdeklaration im Konnossement ohne Zustimmung des Verfrachters?, VersR 1965, 406 f., Prüssmann § 660 E 2: abgesehen von besonders kostbaren Gütern nur bei entsprechender Vereinbarung bei Abschluß des Frachtvertrages).

Der Höchsthaftungsbetrag gilt auch für den unter I erörterten Fall der Haftung aus § 559 HGB und den unter IV zu behandelnden des Verspätungsschadens. Packung oder Einheit ist die konnossementsmäßige oder, beim Fehlen einer solchen, übliche Mengenbezeichnung. Doch kann die Bezeichnung „Einheit" bei Schüttladungen oder auch sonst zu Unklarheiten führen.

Die 1968 von der Diplomatischen Seerechtskonferenz beschlossene Abänderung der Haager Regeln durch die sog. „Visby-Rules" sieht eine Neuregelung der Haftungshöchstsumme auf der Basis des sog. Poincaré-Frankens vor.

d) Sofern der Tatbestand einer unerlaubten Handlung (§§ 823 ff. BGB) in der

Person des Verfrachters vorliegt, kann neben dem Anspruch aus § 606 ff. HGB auch der deliktische Anspruch geltend gemacht werden. Durch die Befriedigung des einen wird indessen auch der andere, weil und soweit er auf dasselbe Interesse gerichtet ist, aufgehoben. Ferner kann der Deliktsanspruch auch durch das Vertragsverhältnis nach mehrfacher Richtung beeinflußt werden: Wer ihn geltend macht, ist an Haftungseinschränkungen, die auf den gesetzlichen Bestimmungen über die Vertragshaftung beruhen, gebunden, denn andernfalls würde eine derartige Einschränkung praktisch ziemlich bedeutungslos werden; er muß sich ferner auch gewisse auf dem Vertragsverhältnis beruhende Einreden gefallen lassen, so regelmäßig die der mit dem Gegner vereinbarten Haftungsminderung oder Haftungsausschließung, soweit diese gesetzlich zulässig ist (§ 662 HGB). Siehe weitere zahlreiche Nachweise für die hier vertretene Ansicht bei Helm, Haftung für Schäden an Frachtgütern, 286 Anm. 366 und 288 Anm. 380. Abgesehen vielleicht vom Vorsatz des Verfrachters, der praktisch keine Rolle spielt, bleibt es deshalb auch bei Deliktshaftung regelmäßig bei der Haftungsgrenze des § 660 HGB (anders Wüstendörfer SHR 286, Gramm Seefrachtrecht 88, 177, Schlegelberger-Liesecke Anm. 3 zu § 658 HGB, Prüßmann § 606 HGB F 2). Für das Seefrachtrecht liegt eine Entscheidung des Bundesgerichtshofs nicht vor. Doch hat dieser für den Eisenbahnfrachtvertrag (BGHZ 17, 214; 24, 188), für den Frachtvertrag nach der Kraftverkehrsordnung (BGHZ 32, 194 und 297) sowie für das gewöhnliche Landfrachtgeschäft (BGHZ 46, 140) gesetzliche Beschränkungen des Umfangs der Vertragshaftung auf deliktische Parallelansprüche abgelehnt. Das gesamte Problem ist sehr ausführlich bei Helm a. a. O. S. 228 ff. erörtert worden. Sollten die Visby-Rules in Kraft treten, so wird es sehr einfach dadurch gelöst, daß die dortigen Haftungsbeschränkungen gelten, gleichgültig, auf welchen Rechtsgrund die Klage gestützt ist (Art. 4 h Haager Regeln i. d. F. des Art. 2 Visby-Rules).

Hinzuweisen ist auch auf die feststehende Ansicht, daß der Unternehmer, der gewerblich den Transport oder die Aufbewahrung fremder Sachen betreibt, aus der Übernahme der Sache in seine Obhut dem Eigentümer gegenüber außervertraglich verpflichtet sei, sie vor Schaden zu schützen (vgl. RGZ 77, 317; 102, 38 und weitere; BGHZ 9, 301; BGH VersR 1962, 37). Siehe dazu kritisch Helm a. a. O. 246 f.

e) Vgl. darüber, womit der Verfrachter haftet, II 2 b und III 2 b.

4. Besichtigung, Ausschlußfrist, Anzeige

a) Es ist für den Ladungsempfänger, der gegen den Verfrachter wegen Verlust oder Beschädigung des Gutes vorgehen will, wichtig, sich rechtzeitig Beweismöglichkeiten zu sichern. Dem dient § 610 HGB: Vor der Übernahme der Güter können Empfänger und Kapitän sie durch die zuständige Behörde oder durch die hierzu amtlich bestellten Sachverständigen besichtigen lassen, um ihren Zustand, Maß, Zahl oder Gewicht feststellen zu lassen.

Dabei ist die Gegenpartei zuzuziehen, soweit dies tunlich ist.

b) Die *Ansprüche* wegen *Beschädigung* oder *Verlust* des Gutes *erlöschen*, wenn sie nicht *innerhalb eines Jahres* seit der Auslieferung desselben oder seit dem Zeitpunkt, zu dem diese hätte erfolgen müssen, *gerichtlich* geltend gemacht werden (§ 612 HGB). § 612 HGB ist eine Ausschlußfrist (vgl. Wüstendörfer SHR § 22 VIII; Capelle Frachtcharter 364; Schlegelberger-Liesecke Anm. 3 zu § 612; OLG Düsseldorf MDR 1956, 173; anders OLG Bremen Hansa 1957, 2139), aber eine solche, für deren Verkürzung zwar durch die §§ 662 ff. HGB eine Schranke gesetzt ist (vgl. BGHZ 29, 120 = VersR 1959, 262), die aber vor ihrem Ablauf durch Parteivereinbarung verlängert werden kann. Das ist heute wohl einhellige Meinung.

Vgl. OLG Hamburg MDR 1972, 956: In der Führung von Vergleichsverhandlungen ist eine stillschweigende Verlängerung der Ausschlußfrist für die Dauer der Vergleichsverhandlungen zu sehen. Nach einem Abbruch der Vergleichsverhandlungen muß der Empfänger binnen kurzer Frist Klage erheben. — Siehe zu § 612 auch BGHZ 25, 250 = Hansa 1957, 2477 und VersR 1973, 1038; OLG Hamburg Hansa 1967, 577; 1958, 2029 = MDR 1958, 923 = VersR 1958, 844; OLG Bremen Hansa 1957, 2139. Siehe über Versäumnis der einjährigen Ausschlußfrist des § 612 wegen verspäteter Einzahlung des Gerichtskostenvorschusses BGH Hansa 1970, 1791 und OLG Bremen Hansa 1969, 567. Die Ausschlußfrist des § 612 wird mit der Vereinbarung eines Schiedsgerichts nicht abbedungen (Hamburger Schiedsspruch VersR 1970, 320). Nach deutschem Recht ist zur Wahrung der Ausschlußfrist des § 612 die Zustellung der Klage erforderlich (BGH VersR 1970, 763). — Die in der Centrecon-Arbitration-Clause enthaltene Dreimonatsfrist für die Anrufung des Schiedsgerichts verstößt gegen Titel I sec. 3 (6) Cogsa und ist daher nach sec. 3 (8) nichtig. Doch bleibt die Schiedsgerichtsklausel mit der zwingend vorgeschriebenen Einjahresfrist gültig (OLG Bremen VersR 1973, 149).

c) Verlust oder Beschädigung der Güter sind dem Verfrachter oder seinem Vertreter im Löschungshafen spätestens bei der Auslieferung der Güter an den *schriftlich* anzuzeigen, der nach dem Frachtvertrag zum Empfang der Güter berechtigt ist. Die Anzeigepflicht wird erfüllt, wenn die Anzeige wenigstens noch im Zusammenhang mit der Auslieferung der Güter erstattet wird (OLG Hamburg VersR 1973, 344). Waren Verlust oder Beschädigung äußerlich nicht erkennbar, so genügt es, wenn die Anzeige innerhalb von drei Tagen nach diesem Zeitpunkt abgesandt wird. In der Anzeige sind Verlust und Beschädigung allgemein zu kennzeichnen, d. h. zu beschreiben, vgl. OLG Hamburg Hansa 1965, 1786.

„Äußerlich erkennbar" im Sinne dieser Vorschrift ist eine Beschädigung nur dann, wenn sie auch durch eine ohne besonderen Sachverstand oder ohne besondere Fähigkeiten ausgezeichnete Person sinnlich wahrnehmbar ist (OLG Hamburg Hansa 1965, 1788, auch OLG Hamburg MDR 1971, 668). Der Schaden ist auch dann äußerlich erkennbar, wenn sein Umfang größer war, als zunächst angenommen.

Der Begriff der Auslieferung im Sinne der §§ 611, 612 HGB ist umstritten. Eine verbreitete Ansicht (Amtl. Begr. zu §§ 610—613; Gramm, Seefrachtrecht 137; Stödter Hansa 1943, 447; Schlegelberger-Liesecke Anm. 3 zu § 611; Lebuhn, Linienkonnossement 37 ff. und Hansa 1953, 159; Willner, Zeitcharter S. 51 Anm. 44) will für ihn den einseitigen Akt der Besitzaufgabe durch den Verfrachter genügen lassen. Anders Wüstendörfer SHR 291 und HansRGZ 1943 A 59, Schaps-Abraham Anm. 5 zu § 611, Prüssmann § 611 B 5 a, wonach die Auslieferung der Ablieferung gleichzusetzen ist, also Besitzaufgabe mit Zustimmung des Empfangsberechtigten erfordert (so jetzt auch OLG Hamburg Hansa 1965, 2 und 1788, BGHZ 44, 303 = MDR 1966, 304 = NJW 1966, 593 = Hansa 1966, 184 = VersR 1966, 160; OLG Bremen VersR 1972, 248 (allgemein und insbesondere auch für die Hafenanlagen in Valparaiso/Chile). Siehe dazu auch Liesecke MDR 1966, 277 ff.; kritisch Reichert-Facilides VersR 1967, 317). Nur so ist der Empfänger in der Lage, die Güter zu untersuchen.

Die Kaianstalt ist bei der Löschung der Ladung Allonge des Schiffes. Es genügt also, wenn der Empfänger Verlust oder Beschädigung geltend macht, wenn er die Ladung von der Kaianstalt ausgeliefert erhält.

Einer Schadensanzeige bedarf es nicht, wenn unter Zuziehung beider Parteien ein amtlich bestellter Sachverständiger den Schaden festgestellt hat (§ 611 Abs. 2 HGB), nach OLG Hamburg Hansa 1957, 883 auch dann nicht, wenn Empfänger und Verfrachter einen Schaden übereinstimmend anerkennen, oder wenn es gegen Treu und Glauben verstoßen würde, wenn sich der Verfrachter auf die Verspätung der Anzeige berufen würde (OLG Bremen Hansa 1966, 1774, OLG Hamburg MDR 1969, 765 = VersR 1970, 80 = Hansa 1969, 1866, auch LG Kiel VersR 1968, 469). Die bloße Kenntnis des Verfrachters vom Schadenseintritt macht die Anzeige nicht entbehrlich. Vgl. zu dem Fragenkomplex Wriede, Ausgewählte Probleme aus der Rechtsprechung des Hanseatischen Oberlandesgerichts zum Seehandelsrecht, Schriften des Deutschen Vereins für Internationales Seerecht, Reihe A 13, 1972 11 ff.

Ist Verlust oder Beschädigung der Güter weder angezeigt noch festgestellt worden, so wird vermutet, daß der Verfrachter die Güter so abgeliefert hat, wie sie im Konnossement beschrieben sind, und daß, falls ein Verlust oder eine Beschädigung der Güter nachgewiesen ist, dieser Schaden auf einem Umstand beruht, den der Verfrachter nicht zu vertreten hat (§ 611 Abs. 3 HGB). Der Empfänger muß also beweisen, daß ihm die Güter beschädigt oder unvollständig ausgeliefert worden sind, und außerdem, daß der Verfrachter den Schaden verschuldet hat. Siehe dazu OLG Hamburg MDR 1971, 306 = VersR 1972, 683. Ist streitig, ob bei der Auslieferung der Ladung festgestellte Schäden bereits an Bord oder erst im Schuppen nach der Löschung entstanden sind, so ist der Empfänger beweispflichtig, wenn der Verfrachter seine Haftung für Landschäden ausgeschlossen und der Empfänger den Schaden nicht gleich bei Auslieferung schriftlich angezeigt hat. (OLG Hamburg VersR 1973, 344).

Siehe OLG Hamburg Hansa 1969, 200 über einen gelungenen Fall der Widerlegung der Vermutung nach § 611 Abs. 3 HGB. Auf Totalverlust ist § 611 HGB grundsätzlich nicht anwendbar (Gramm 136, Schaps-Abraham II Anm. 1 zu § 611 HGB, OLG Bremen Hansa 1961, 551). Siehe über mögliche Ausnahmefälle OLG Bremen Hansa 1961, 531.

IV. Verspätungshaftung. Seerechtliche Sonderbestimmungen über sie sind nicht vorhanden. Der Verfrachter hat deshalb für Verspätungsschaden nach den allgemeinen Vorschriften des bürgerlichen Rechts einzustehen, namentlich aus Verzug (§ 286 BGB) oder aus positiver Forderungsverletzung. Die Haftung wegen Verspätung kann insbesondere ihren Grund haben in zu später Stellung des Schiffes, in zu spätem Reisebeginn oder in unerlaubter Deviation (siehe über Deviation ausführlich Helm a. a. O. 72 ff.). Beruht die Verspätung auf einem nautischen Verschulden der Leute des Verfrachters, so bleibt sie haftfrei.

Im Linienverkehr ist laut Konnossementsbedingungen meistens die Verladung mit einem „nachfolgenden Schiff" zulässig.

Auch für Verspätungsschaden gilt die summenmäßige Begrenzung der Haftung aus § 660 HGB. Vgl. auch unten VI 4 wegen der Frage, ob die Haftung für Verspätungsschaden zwingendes Recht ist.

Siehe über die Haftung des Verfrachters für entgangenen Gewinn als Verspätungsschaden nach englischem Recht House of Lords v. 17. Oktober 1967 Hansa 1968, 458.

V. Haftung für schuldhaft unrichtige Konnossementsausstellung. Sind im Konnossement durch Verschulden des Verfrachters Fehlangaben enthalten, z. B. hinsichtlich des Empfangsbekenntnisses (§ 643 Ziff. 8 HGB; vgl. Hansa 1954, 239 u. 436; siehe dazu auch Internationale Transport-Zeitschrift 1959, 1533) oder des Ausstellungsdatums (von Bedeutung für das Abladegeschäft; vgl. Leo HansRZ 1927, 241 ff.) oder bezüglich des Schiffes, so haftet hierfür der Verfrachter dem Befrachter nach den allgemeinen Regeln des Schuldrechts (positive Vertragsverletzung), dem Konnossementsinhaber aus culpa in contrahendo bei der Eingehung des Konnossementsvertrages (Deloukas, Die Haftung des Verfrachters aus schuldhafter Unrichtigkeit des Konnossements, Überseestudien Heft 16, 1940, S. 9 ff.; Wüstendörfer SHR 319 ff.; HansOLG Hamburg Hansa 1959, 1708).

Im Grundsätzlichen besteht darüber jetzt Einigkeit (s. aber Gramm, Seefrachtrecht 172). In Einzelheiten ist manches zweifelhaft. Richtiger Ansicht nach hat der Verfrachter sich zu entlasten, allerdings nicht wegen § 606 HGB, sondern nach der allgemeinen Vorschrift des § 282 BGB (vgl. auch LG Bremen Hansa 1955, 604 und 612, Hans OLG Hamburg VersR 1964, 400 = Hansa 1964, 934).

Für Dritte ist nach § 278 BGB, nicht nach § 607 HGB, einzustehen (so auch Deloukas a. a. O. 22; a. A. J. v. Gierke a. a. O.). Anwendbar ist m. E. die Höchstbetragshaftungsgrenze des § 660 HGB (anders Wüstendörfer SHR 326; Schlegelberger-Liesecke Anm. 14 zu § 656; wie hier Gramm, Seefrachtrecht 172). Innerhalb ihres Betrages ist dem Konnossementsinhaber das Vertrauensinteresse zu ersetzen.

S. auch unter VI 5 darüber, ob die hier erwähnte Haftung zwingendes Recht ist.

Nach den „Einheitlichen Richtlinien und Gebräuchen für Dokumentenakkreditive", die durch internationale Vereinbarung der Banken aufgestellt und von der Internationalen Handelskammer gebilligt sind, können Versanddokumente, die Mängelvermerke tragen, zurückgewiesen werden (Art. 18). Es ist deshalb verständlich, daß die Ablader versuchen, vom Verfrachter trotz erkennbarer Mängel der Ware ein reines Konnossement zu erhalten. Kommt der Verfrachter einem solchen Verlangen nach, so geschieht es regelmäßig nur gegen Zeichnung eines Reverses seitens des Abladers, in dem die Verpflichtung enthalten ist, den Verfrachter für etwaige Schäden, die aus der Ausgabe des reinen Konnossements entstehen könnten, freizustellen (Garantievertrag). Vgl. dazu Albrecht Hansa 1951, 1347; Dabelstein, Recht der Schiffahrt, Bd. I Heft 9/10 und Hansa 1970, 1455; Lion, Reine Konnossemente gegen Revers, Hamburger Rechtsstudien, Heft 7, 1930; Schlegelberger-Liesecke Anm. 19 ff zu § 656; aus der Rechtsprechung des Auslands s. Hansa 1955, 2152; 1957, 644, Schiedsspruch des Internationalen Schiedsgerichts für die See- und Binnenschiffahrt Gdydina VersR 1964, 400 = Hansa 1964, 934; Pape, Reine Konnossementen gegen Revers, Seeverkehr 1968, 530.

Hat der Verfrachter in Kenntnis der Schadhaftigkeit der übernommenen Güter ein reines Konnossement gegen Revers ausgestellt, so ist der Reversvertrag wegen Sittenverstoßes schon dann nichtig, wenn beide Parteien wußten, daß das Konnossement geeignet ist, einen späteren Konnossementsinhaber über den Zustand der Güter zu täuschen. (OLG Hamburg MDR 1970, 146, Schaps-Abraham Anh. II Anm. 1 zu § 656 Anm. F 3 b). Demgegenüber meint OLG Hamburg MDR 1971, 846, daraus, daß der Reversvertrag gegen die guten Sitten verstoße, folge noch nicht ohne weiteres, daß er nichtig sei (so im Ergebnis auch LG Hamburg HansRGZ 1928 B Sp. 147, Michler HansRGZ 1933 A Sp. 495). Es sei für das deutsche Recht anerkannt, daß eine Nichtigkeit gemäß § 138 Abs. 1 BGB nicht eintrete, wenn dem Gesetz selbst etwas anderes zu entnehmen sei. Mit dem Reversvertrag stand für die Parteien die Absicht im Vordergrund, in ihrem Verhältnis zueinander die sich aus der Aushändigung des unrichtigen Konnossements möglicherweise ergebenden Folgen zu regeln und klarzustellen, wer von ihnen für einen etwaigen Schaden aufzukommen habe. Das allein reiche nicht aus, den Hauptzweck des Reversvertrages gerade in der Schädigung eines anderen zu sehen. Ein teilweiser Ausgleichsanspruch des Verfrachters gegen den Ablader ist jedoch auch von OLG Hamburg MDR 1970, 146 auf dem Wege gewährt worden, daß Verfrachter und Ablader als Mittäter einer gegenüber dem Empfänger begangenen unerlaubten Handlung gemäß § 826 BGB, dem sie als Gesamtschuldner hafteten, intern nach dem Grade ihrer Mitwirkung ausgleichspflichtig seien. Siehe dazu auch Wriede, Ausgewählte Probleme aus der Rechtsprechung des Hanseatischen Oberlandesgerichts zum Seehandelsrecht (Schriften des Deutschen Vereins für Internationales Seerecht A 13), 1972, 13 f. Gegen OLG Hamburg MDR 1971, 846 und für Nichtigkeit des Geschäfts als unausweichliche Folge der Sittenwidrigkeit BGHZ 60, 102 = NJW 1973, 466 = Hansa 1973, 1645.

VI. Der zwingende Umfang der seefrachtvertraglichen Haftungsregelung

Schrifttum: Schwarz, Die zwingende Verfrachterhaftung für die beim Einladen, Stauen oder Ausladen verschuldeten Schäden an Ladungsgütern, Diss. Hamburg 1966.

1. Fast zur Regel gewordene übermäßige Freizeichnungsklauseln in Konnossementen waren die Ursache, die zu dem Brüsseler Übereinkommen von 1924 zur einheitlichen Feststellung von Regeln über Konnossemente (Haager Regeln) und die in ihm verwirklichten Gedanken einer **zwingenden Mindesthaftung des Verfrachters** geführt haben. Vgl. die Übersicht über die gegenwärtigen Mitgliedsstaaten bei Schaps-Abraham II 677.

Die HR wollen in erster Linie den Konnossementsverkehr schützen. Die zwingende Mindesthaftung kommt deshalb nur dann zur Anwendung, wenn ein Konnossement ausgestellt wurde. Ist das der Fall, so können die Verpflichtungen des Verfrachters aus *anfänglicher See- und Ladungsuntüchtigkeit* (§ 559 HGB; § 19 II, § 21 II), aus § 563 Abs. 2 und §§ 606 bis 608 HGB (Schadensersatzpflicht; vgl. § 19 V und § 21 III), aus § 656 HGB (Beweisvermutung des Konnossements; s. § 20 V) und aus § 660 HGB (Haftungssumme; s. § 21 III 3 c) durch Rechtsgeschäft im voraus nicht ausgeschlossen werden (§ 662 Abs. 1 HGB).

Dasselbe gilt für die sich aus diesen Verpflichtungen ergebenden Schiffsgläubigerrechte. Dem Ausschluß der Haftung steht eine Vereinbarung gleich, durch die dem Verfrachter der Anspruch aus der Versicherung abgetreten wird, sowie jede ähnliche Vereinbarung (§ 662 Abs. 1 S. 2 und Abs. 2 HGB).

Vereinbarungen über eine Erweiterung der Haftung des Verfrachters sind zulässig, bedürfen aber einer Aufnahme in das Konnossement (§ 662 Abs. 3 HGB).

2. Indessen genügt die Tatsache der Konnossementsausstellung *allein* nur beim Stückgütervertrag, um den unter 1 erwähnten Haftungsausschluß unzulässig zu machen. Beim *Raumfrachtvertrag* muß noch etwas anderes hinzukommen: *Das Konnossement muß an einen Dritten (Indossatar, Empfänger) begeben sein* (§ 663 a HGB). Ist das der Fall, so ist es unerheblich, ob der Haftungsfall bereits vor diesem Zeitpunkt

eingetreten ist. Die Begebung hat also rückwirkende Kraft (BGH VersR 1956, 380; Gehlsen VersR 1958, 663 u. 1959, 5; Gramm, Seefrachtrecht 186; Lebuhn Hansa 1956, 1828; Schlegelberger-Liesecke Anm. 3 zu § 663 a HGB; Prüssmann § 663 a HGB C 2; vgl. auch Götz ZHR 121, 51; a. A. OLG Hamburg VersR 1957, 650 = MDR 1957, 744 = Hansa 1958, 87).

Dem entspricht es, daß die zwingende Mindesthaftung beim Raumfrachtvertrag auf Chartepartien keine Anwendung findet (§ 663 Abs. 2 Ziff. 4 HGB). Man glaubte bei der Abfassung der HR, daß der Raumbefrachter eines besonderen Schutzes nicht bedürftig sei. Vgl. dazu auch Wüstendörfer SHR 278 f. Die zwingende Mindesthaftung kommt also insbesondere auch dann nicht zur Anwendung, wenn der Charterer als Importeur zugleich der Empfänger ist. Doch ist für die Rechtswirklichkeit zu beachten, daß Ladungsschäden bei Raumfrachtverträgen seltener sind als bei Stückgütern, weil es sich meistens um weniger empfindliche Massengüter handelt. Führt die Begebung des Konnossements an einen Dritten zu einer strengeren Haftung des Verfrachters diesem gegenüber als gegenüber dem Charterer, so hat der Verfrachter dem Charterer gegenüber einen Ausgleichsanspruch; vgl. BGH Hansa 1956, 1499 = BB 1956, 545.

Beim *Stückgutvertrag* dagegen besteht die zwingende Mindesthaftung, wenn nur überhaupt ein Konnossement ausgestellt wurde, auch im Verhältnis des Verfrachters zum Befrachter, Ablader und dem mit ihnen identischen Empfänger. Das ist jedenfalls zutreffend, solange das Konnossement noch in ihren legitimierten Händen ist, muß aber auch gelten, wenn das Konnossement von vornherein auf den Namen eines Dritten ausgestellt wurde, auf einen solchen indossiert wurde oder der Empfänger eine vom Befrachter oder Ablader verschiedene Person ist. Vgl. im einzelnen § 20 I 1.

3. Auch bei Vorliegen der Voraussetzungen zu 1 und 2 hat der Gesetzgeber in einigen Fällen von der zwingenden Mindesthaftung abgesehen (vgl. § 663 HGB):

a) gegenüber Vereinbarungen im Falle der *großen Haverei* (vgl. vornehmlich § 702 Abs. 2 und 3 HGB; anders nach dem Recht der USA, s. Kuhl Hansa 1953, 229);

b) wenn sich der Vertrag auf *lebende Tiere* oder eine Ladung bezieht, die im Konnossement als *Decksladung* bezeichnet und tatsächlich so befördert wird. Vgl. über Decksladung oben § 19 VI; Hasche Hansa 1951, 1184.

c) *für Verpflichtungen, die dem Verfrachter hinsichtlich der Güter in der Zeit vor ihrer Einladung und nach ihrer Ausladung obliegen.*

Vgl. auch Queen's Bench Division Hansa 1955, 1043, wann die Verantwortlichkeit des Verfrachters nach den HR zwingend beginnt.

aa) *Einladung* ist die Beförderung der Ladung von der Schiffsseite her bis in den Schiffsraum hinein. Die Haftung des Verfrachters ist eine zwingende von dem *Beginn* der Einladung ab. Es fällt deshalb bereits in den zwingenden Haftungszeitraum, wenn die Güter beim Einladen aus der Hieve schießen oder sonst Schaden nehmen.

bb) *Ausladung* ist die Beförderung der Ladung aus dem Schiffsraum bis über die Reeling hinaus (HansOLG HansGZ 1913, 136 = SeuffA 68, 287); unzutreffend Gramm, Seefrachtrecht Anm. IV 2 zu § 606, der darüber hinaus verlangt, daß die Güter an den Platz gebracht werden, wo sie nach dem Konnossement niederzulegen sind (vgl. auch LG Hamburg Hansa 1956, 2437). Das aber ist die Begriffsbestimmung für die von der Ausladung zu unterscheidende Löschung. Ausladung in diesem Sinne kann auch nur im Bestimmungshafen erfolgen: vorübergehende Leichterungen während der Reise lassen deshalb die zwingende Haftung des Verfrachters bestehen. Vgl. zum Ausschluß der Haftung bei Kühlgütern nach dem Absetzen auf den Kai OLG Hamburg Hansa 1966, 911.

cc) Wird von der hiernach zulässigen Freizeichnung für die Zeit vor Beginn der Einladung bis nach Beendigung der Ausladung Gebrauch gemacht und ist strittig, ob der Schaden innerhalb des zwingenden Haftungszeitraums entstanden ist oder nicht, so hat zwar der Ladungsbeteiligte auch in diesem Falle zunächst nachzuweisen, daß die Güter unbeschädigt waren, als sie übernommen wurden (vgl. oben III 1 d cc). Ist aber dieser Nachweis erbracht, so hat der Verfrachter darzulegen, daß der Schaden in der Zeit von der Übernahme bis zur Anbordnahme eingetreten ist, oder aber, daß die Güter nach Beendigung ihrer Ausladung noch vollständig und unbeschädigt waren. Das folgt aus seiner Entlastungspflicht. Die in § 663 Abs. 2 Ziff. 2 HGB vorgesehene Ausnahme bezieht sich nur auf die materiellrechtliche Haftungsfrage. Den Ladungsbeteiligten ist eine Haftung des Verfrachters nahezu wertlos, wenn sie für solche Tatsachen den Beweis erbringen sollen, die sich ohne ihre Kontrolle oder auch nur Kontrollmöglichkeit abgespielt haben (vgl. OLG Hamburg MDR 1967, 406, OLG Bremen VersR 1972, 248 für die „tackle-to-tackle" Klausel, BGH VersR 1972, 295; siehe zu der andersartigen Regelung im englischen Recht OLG Hamburg VersR 1972, 282). Deshalb ist die Regel II 2 DEK 1940 mit § 663 Abs. 2 Ziff. 2 HGB nicht vereinbar; a. A. Röhreke 1952, 253. S. als Beispiel für eine Freizeichnungsklausel für die behandelte Zeit Supreme Court of New South Wales Hansa 1952, 196. Dort wird angenommen, daß der Schutz der Konnossementsklausel auch der Stauerfirma gegenüber den Ladungsbeteiligten zugute komme und auch ihre deliktische Haftung ausschließe. Dem ist für das deutsche Recht nicht zu folgen.

d) für solche Vereinbarungen, die über eine nicht handelsübliche im regelmäßigen Handelsverkehr zu bewirkende Verschiffung getroffen werden und durch die Eigenart oder Beschaffenheit der Güter oder durch die besonderen Umstände der Verschiffung gerechtfertigt sind, wenn das Konnossement diese Vereinbarungen enthält und mit dem Vermerk „nicht an Order" versehen ist.

Die praktische Bedeutung dieses in seiner Abgrenzung etwas flüssigen Falles ist gering. Vgl. auch Wüstendörfer SHR 279. Es kann hierunter z. B. Schwergut fallen.

e) Für Verschiffungen auf *deutschem* Schiff zwischen *deutschen Häfen* (vgl. dazu AG u. LG Hamburg Hansa 1951, 410 und 1580 wegen Unbekannt-Klausel) ferner, wenn das Konnossement in *keinem Vertragsstaat der HR* ausgestellt wurde und der *Bestimmungshafen außerhalb Deutschlands* liegt (Art. 2 Ziff. 1 und 2 DVO v. 5. Dez. 1939 zum SeeFrG 1937).

Daraus folgt positiv, daß zwingende Mindesthaftung auch gilt für Verladungen von einem Nichtvertragsstaat der HR nach Deutschland.

4. Zweifelhaft ist, ob die Haftung für *Verspätungsschaden* (vgl. oben IV) nach § 662 HGB zwingendes Recht ist.

Bejahend Wüstendörfer SHR 294 im Hinblick auf den allgemeinen Schutzzweck der HR gegenüber kommerziellem Verschulden wie auch angesichts der weiten Wortfassung des Art. 8 III 8 HR („or in connection with goods"); ebenso Schlegelberger-Liesecke § 606 Anm. 20, Prüssmann § 606 E 3. Zweifelnd Gramm, Seefrachtrecht Anm. I 3 zu § 606, aber doch wohl mehr bejahend. Die Frage ist indessen angesichts des klaren Wortlauts des § 606 für den reinen Verspätungsschaden zu verneinen (z. B. die Warenpreise sind in der Verspätungszeit gefallen). Siehe auch Deutsche Verkehrs-Zeitung 1956, Nr. 145. Ist aber Freizeichnung nicht erfolgt, so ist es regelmäßig Sache des Verfrachters, sich zu entlasten. Wohl aber fällt der materielle Ladungsschaden in Gestalt des Verlustes oder Beschädigung des Gutes, der in der Verzögerungszeit entstanden ist, im Rahmen der §§ 606 ff. HGB unter die zwingende Haftung.

5. Auch die ebenso zweifelhafte Frage, ob die Haftung für *schuldhaft unrichtige Konnossementsausstellung* (vgl. oben V) unter die zwingende Haftungsregelung der §§ 662 ff. HGB fällt, ist wohl im Hinblick auf die Fassung der §§ 606 f. HGB zu verneinen (so auch Deloukas a. a. O. 21; Gramm, Seefrachtrecht 172; Capelle HansRGZ 1943 A 38 f.; Schlegelberger-Liesecke § 656 Anm. 18; BGH VersR 1961, 22; a. A. Wüstendörfer SHR 321; Kühl HansRZ 1926 Sp. 571).

VII. Freizeichnungen. Vgl. Albrecht, Hansa 1950 Heft 50/51. Außerhalb der Grenzen der zwingenden Mindesthaftung, wie sie unter VI aufgezeigt wurden, ist für Freizeichnungsklauseln in dem nach dem allgemeinen Recht zulässigen Umfange nach wie vor Raum.

Dieser Raum ist nicht gering, da er die Chartepartie (§ 663 Abs. 2 Ziff. 4 HGB — dazu BGH VRS 11, 352; vgl. aber § 663 a HGB), die sonstigen Ausnahmefälle des § 663 HGB, die deutsche Küstenfahrt mit deutschen Schiffen (Art. 2 Ziff. 2 DVO v. 5. Dez. 1939 zum SeeFrG 1937; s. dazu AG Hamburg Hansa 1951, 410; LG Hamburg Hansa 1951, 1580) und den Fall umfaßt, daß das Konnossement in keinem Vertragsstaat der HR ausgestellt wurde und der Bestimmungshafen im Ausland liegt (Art. 2 Ziff. 1 DVO v. 5. Dez. 1939 zum SeeFrG 1937).

Aus allgemeinen Grundsätzen folgt, daß das Vorliegen eines von der Freizeichnung getroffenen Falles von demjenigen zu beweisen ist, der sich auf sie beruft, daß Freizeichnungen eher einschränkend als ausdehnend auszulegen sind, und zwar im Zweifel gegen den Verfrachter, von dem sie herrühren und zu dessen Gunsten sie vereinbart sind (vgl. auch BGH BB 1956, 545). Nach Treu und Glauben ist es nicht zulässig, außergewöhnliche Klauseln, ohne auf sie hinzuweisen, an unauffälligen Stellen des Konnossements aufzunehmen. Vgl. auch HansOLG Hansa 1955, 1501: Bedeutung der fio-Klausel für die Haftung des Verfrachters bei einem Raumfrachtvertrag. Nichtig ist die formularmäßige Freizeichnung von eigener grober Fahrlässigkeit des Verfrachters oder grobem Verschulden seiner leitenden Angestellten. Vgl. etwa OLG Hamburg VersR 1968, 552 und die weiteren Angaben aus der Rechtsprechung bei Prüssmann vor § 556 HGB V C 3. Der Kapitän ist regelmäßig kein leitender Angestellter in diesem Sinne. Nach Prüssmann § 663 C 2 d aa ist jedoch auch eine formularmäßige Freizeichnung für Vorsatz oder grobe Fahrlässigkeit des Kapitäns als unzulässig zu erachten, soweit es sich um die Verletzung der Obhutspflicht hinsichtlich der ihm anvertrauten Sachen handelt und kein Fall des § 607 Abs. 2 HGB vorliegt.

Freizeichnungen zugunsten der Schiffsbesatzung und der eigenen Leute des Verfrachters (auch als Himalaya-Klausel bezeichnet) finden sich häufig und sind zulässig. De lege ferenda ist in den sog. Visby-Rules (Abänderung der Haager Regeln) eine Erstreckung der Haftungsbeschränkung des Abkommens auf die Leute des Verfrachters vorgesehen.

Siehe wegen der Möglichkeit der Freizeichnung wegen anfänglicher See- und Ladungsuntüchtigkeit (§ 559 HGB) außerhalb der §§ 662 ff. HGB oben § 22 II 6.

VIII. Seetransport nuklearer Substanzen

Schrifttum: von Welck, Die Haftung für nukleare Schäden beim Seetransport von Kernmaterial nach der Londoner Konvention v. 17. Dezember 1971, VersR 1972, 303; Ganter, Seetransport von Kernmaterial, Das Brüsseler Haftungsübereinkommen, Hansa 1972, 440; Sicaudy, La responsabilité civile en matière de transport de substance nucléaire par mer, DMF 1969, 579 ff.; Legendre, Les navires à réacteurs nucléaires et le droit maritime, DMF 1971, 643.

1. Bei dem Transport nuklearer Stoffe haben sich Probleme aus der sich überschneidenden Haftung des Inhabers einer Kernenergieanlage und der des Verfrachters bei Schadensereignissen während des Seetransports ergeben. Sowohl die Wiener (Art. II Abs. 5) als auch die Pariser atomrechtliche Konvention (Art. 6 b) sehen im Falle eines durch Kernmaterialien verursachten Drittschadens eine ausschließliche Haftung des Anlageninhabers vor. Doch sollen andere internationale Übereinkommen auf dem Gebiet der Beförderung unberührt bleiben, somit auch die Verantwortlichkeit des Verfrachters nach Maßgabe der Haager Regeln. Dem will die 1971 in Brüssel vom 29. November bis 11. Dezember stattgefundene Diplomatische Staatenkonferenz durch die Zeichnung des Übereinkommens über die Haftung beim Seetransport nuklearer Substanzen steuern. In ihm ist ein Ausschluß der nach einem seerechtlichen Übereinkommen

oder seerechtlicher nationaler Gesetze bestehenden Haftung des Verfrachters vorgesehen, wenn der Anlageninhaber aufgrund einer der beiden atomrechtlichen Konventionen oder nach nationalen atomrechtlichen Gesetzen verantwortlich ist. Doch besteht die Einschränkung, daß ein Haftungsausschluß des Verfrachters nur dann gegeben ist, wenn eine auf nationalem Atomrecht beruhende Verantwortlichkeit des Anlageninhabers den Geschädigten in gleichem Umfange begünstigt wie bei einer Haftung des Anlageninhabers nach den beiden atomrechtlichen Konventionen.

2. Das Übereinkommen von 1971, das bisher noch nicht in Kraft getreten ist, beruht also, wie Wiener und Pariser Konvention, auf dem Prinzip der rechtlichen Kanalisierung der Haftung des Anlageninhabers, während in der Bundesrepublik Deutschland noch das Prinzip der sog. „wirtschaftlichen Kanalisierung“ gilt, nach welchem den Anlageninhaber keine ausschließliche Haftung trifft, er aber für eine wirtschaftliche Schadensfreistellung des Beförderers Sorge zu tragen hat. Deshalb ist auch in dem Übereinkommen eine Vorbehaltsklausel vorgesehen (Art. 10), daß die Haftung eines anderen als des Inhabers einer Kernanlage bestehen bleiben soll, wenn jener andere hinsichtlich seiner Haftung einschließlich der Verteidigung gegen unbegründete Ansprüche durch eine vom Inhaber beschaffte Versicherung oder sonstige finanzielle Sicherheit voll gedeckt ist (einen gleichen Vorbehalt hat die Bundesregierung bei der Unterzeichnung des Pariser Abkommens erklärt).

IX. Haftung für Postbeförderung auf Seeschiffen

Vgl. Schaps-Abraham zu § 663 HGB, Lebuhn Hansa 1951, 1018, Koch, Deutsche Schiffs- und Seeposten, Archiv für deutsche Postgeschichte 1964, 1 ff.

1. *Die Post als Verfrachter.* Nach § 663 b HGB sollen die Bestimmungen des HGB über das Seefrachtgeschäft nicht gelten für die Post als Verfrachter (entsprechend § 451 S. 1 HGB für das Landfrachtgeschäft; vgl. auch Art. 2 Abs. 2 WA). Der Postverwaltung fehlt die Kaufmannseigenschaft. Befördert die Deutsche Bundespost Postsendungen zur See, so gilt für ihr Vertragsverhältnis zu dem Absender (Befrachter) in erster Linie ihr Sonderrecht.

2. *Die Post als Befrachter.* Für Verträge der Post mit einem Verfrachter gelten die Vorschriften über das Frachtgeschäft.

X. Die frachtrechtliche Haftungsregelung bei anderen Verkehrsmitteln

Sie ist im Vergleich mit der seerechtlichen Regelung im wesentlichen nur dort von Interesse, wo eine *gewisse zwingende Mindesthaftung* besteht.

1. Das ist *nicht* der Fall:

a) in der *Binnenschiffahrt.* Das in den §§ 26—76 BSchG geregelte Flußfrachtgeschäft ist auch in seinen haftungsrechtlichen Bestimmungen (vornehmlich

§§ 58, 59 BSchG) nachgiebiges Recht. Der Frachtführer haftet danach für Beschädigung und Verlust des Gutes zwischen der Empfangnahme und der Ablieferung sowie für Verspätung bei der Ablieferung (§§ 26, 42, 58, 62 BSchG, 430, 439 HGB), wenn er nicht beweist, daß der Schaden auch mit Sorgfalt eines ordentlichen Frachtführers nicht abgewendet werden konnte (§§ 58, 62 BSchG). Gemäß §§ 26 BSchG, 431 HGB hat er ein Verschulden seiner Leute und eines etwaigen Unterfrachtführers im gleichen Umfange zu vertreten wie eigenes Verschulden. Vgl. § 59 BSchG wegen des Ausschlusses bestimmter Transportgefahren. Von den Freizeichnungsmöglichkeiten wird weitgehender Gebrauch gemacht. Anders als nach dem deutschen BSchG ist in der Schweiz die Haftung des Frachtführers in der Binnenschiffahrt den seerechtlichen Haager Regeln angepaßt (vgl. Art. 125 Seeschiffahrtsgesetz v. 23. Sept. 1953). Ein die internationale Rechtsvereinheitlichung bezweckendes Übereinkommen ist geschlossen.

b) beim *gewöhnlichen Landfrachtgeschäft* der §§ 425 ff. HGB.

2. *Zweifelhaft* war die Rechtslage beim *Güterfernverkehr* mit Lastkraftwagen. Die rechtliche Natur der KVO war umstritten. Nach BGHZ 1, 85 und 6, 146 sollte sie keine gesetzliche Vorschrift wie die EVO, sondern nur eine normative Vertragsordnung sein, der sich die Parteien durch schlüssiges Verhalten unterwarfen. Durch die Neufassung des § 106 Abs. 2 GüKG im Jahre 1957 ist sie jedoch eine allgemein verbindliche Rechtsverordnung geworden (BGH VRS 17, 115 = VersR 1959, 502 = NJW 1959, 1368 = MDR 1959, 731). In § 26 GüKG ist bestimmt, daß der Unternehmer die ihm nach den gesetzlichen Vorschriften — gemeint sind die werkvertraglichen Bestimmungen der §§ 631 ff. BGB und die §§ 425 ff. HGB — oder nach den Beförderungsbedingungen obliegende Haftung weder ausschließen noch beschränken kann. Die Beförderungsbedingungen aber sind nach §§ 20, 106 Abs. 2 GüKG in der KVO enthalten. Nach § 22 Abs. 2 und 3 GüKG kann die Haftung auch nicht erweitert werden (BGH a. a. O.). Vgl. über die in ihren Einzelheiten recht komplizierte Haftungsregelung der KVO deren §§ 29 ff.

3. *Zwingend* ist die Haftungsregelung

a) für die *Eisenbahn* dergestalt, daß die Vorschriften des Siebenten Abschnitts des Dritten Buches des HGB „Beförderung von Gütern und Personen auf der Eisenbahn" zwingend sind und infolge Fortfalls des früheren § 458 Abs. 2 HGB auch durch die EVO nicht mehr geändert werden können (Schlegelberger-Geßler, HGB, 4. Aufl., 4. Bd. 1966, Anm. 3 zu § 458 HGB).

b) für den *Luftfrachtvertrag*

aa) Im Anwendungsbereich des WA hat nach dessen Art. 18 der Luftfrachtführer den Schaden zu ersetzen, der durch Zerstörung, Verlust oder Beschädigung von Gütern entsteht. Nach Art. 19 WA ist auch der Verspätungsschaden zu vergüten. Der für Art. 18 WA maßgebliche Haftungszeitraum umfaßt auch die Zeitspanne, in der sich die Güter außerhalb der eigentlichen Luftbeförderung auf einem Flughafen oder bei Landung außerhalb eines solchen an einem beliebigen Ort unter der Obhut des Luftfrachtführers befinden. Die zwingende Haftung ist insofern gegenüber § 663 Ziff. 2 HGB erweitert.

Der Luftfrachtführer kann sich von obiger Haftung ganz befreien, wenn er beweist, daß er und seine Leute alle erforderlichen Maßnahmen zur Verhütung des Schadens getroffen haben oder daß sie sie nicht treffen konnten oder (im Geltungsbereich des WA 1929, nicht mehr in dem des Haager Protokolls 1955) daß der Schaden durch fehlerhafte Lenkung, Führung oder Navigation (nautisches Verschulden) des Luftfahrzeugs entstanden ist und er und seine Leute sonst alle erforderlichen Maßnahmen zur Verhütung des Schadens getroffen haben. Kann der Luftfrachtführer diesen Entlastungsbeweis nicht führen, so haftet er summenmäßig beschränkt im Rahmen des Art. 22 WA bis zu einem Betrage von 250 Poincaré-Franken für das Kilogramm. Eine Erhöhung dieser Summe kann nur erreicht werden, indem der Absender sein erhöhtes Interesse an der Lieferung im Luftfrachtbrief besonders deklariert und den etwa vereinbarten Zuschlag entrichtet (Art. 22 Abs. 2 S. 2 und 3 WA in Verb. mit Art. 8 m WA). Vgl. wegen der Umrechnung in deutsche Währung § 2 Gesetz zur Durchführung des Ersten Abkommens zur Vereinheitlichung des Luftprivatrechts v. 15. Dez. 1933 (RGBl. I S. 1079) mit Änd. v. 16. Juli 1957 (BGBl. I 710).

Eine unbeschränkte Haftung des Luftfrachtführers tritt ein, wenn kein Luftfrachtbrief ausgestellt wurde oder bestimmte Angaben in ihm nicht enthalten sind (Art. 9 WA), ferner, wenn (im Geltungsbereich des WA 1929) der Geschädigte nachweisen kann, daß der Luftfrachtführer oder einer seiner Leute vorsätzlich oder durch eine Fahrlässigkeit, die nach dem Recht des angerufenen Gerichts dem Vorsatz gleichsteht, den Schaden herbeigeführt hat (Art. 25 WA; im Geltungsbereich des Haager Protokolls, wenn nachgewiesen wird, daß der Schaden durch eine Handlung oder Unterlassung des Luftfrachtführers oder seiner Leute verursacht worden ist, die entweder in der Absicht, Schaden herbeizuführen, oder leichtfertig und in dem Bewußtsein begangen wurde, daß der Schaden mit Wahrscheinlichkeit entstehen werde).

Das auf der Konferenz in Guatemala 1971 beschlossene Änderungsprotokoll zum WA betrifft nur die Beförderung von Personen und Reisegepäck.

bb) Die Haftung nach den §§ 44 ff. LuftVG entspricht grundsätzlich der des WA. Sie kommt nur zum Zuge, wenn das WA nicht zur Anwendung kommt und sonst innerdeutsches Recht maßgebend wäre. Doch kennt das LuftVG keine zwingende Haftung für den Verspätungsschaden, auch keine Nichthaftung bei nautischem Verschulden. Über Beförderungsdokumente und die Haftung wegen ihrer Nichtausstellung oder fehlerhaften Ausstellung finden sich keine Vorschriften. Die unbeschränkte Haftung des Luftfrachtführers tritt bei Vorsatz oder grober Fahrlässigkeit ein. Er haftet überhaupt nicht, wenn er beweist, daß er und seine Leute alle erforderlichen Maßnahmen zur Verhütung des Schadens getroffen haben oder daß sie diese Maßnahmen nicht treffen konnten. Kann er diesen Entlastungsbeweis nicht führen, so haftet er bis zu einem Betrage von 67,50 DM für das Kilogramm, sofern nicht ein erhöhter Wert angegeben ist und vom Absender der vereinbarte Zuschlag entrichtet ist.

§ 23. Durchfrachtvertrag, Containerbeförderung, LASH-Verkehr

I. Unter einem Durchfrachtvertrag ist ein Frachtvertrag zu verstehen, bei dem als erstes Erfordernis vorliegen muß, daß das Gut hintereinander durch verschiedene, nicht notwendig ungleichartige Transportmittel befördert wird. Hier interessiert nur derjenige Durchfrachtvertrag, bei dem jedenfalls auch eine Teilstreckenbeförderung durch ein Seeschiff erfolgt. Auf den restlichen Strecken können andere Seeschiffe, aber auch Binnenschiffe, Luftfahrzeuge, Eisenbahnen oder Lastkraftwagen benutzt werden. Um von einem **einfachen Durchfrachtvertrag** zu sprechen, muß hinzukommen, daß der Erstbeförderer die Beförderungsverpflichtung für die Gesamtstrecke im eigenen Namen eingeht, er also die Auslieferungsverpflichtung am endgültigen Bestimmungsort übernimmt. Von ihm hinzugezogene Zweit- und Drittbeförderer sind seine Erfüllungsgehilfen, für die er nach § 278 BGB einzustehen hat.

Ein **unechter Durchfrachtvertrag** liegt vor, wenn der Erstbeförderer den Frachtvertrag nur für eine Teilstrecke abschließt und außerdem die Verpflichtung eingeht, für die Weiterbeförderung zum Bestimmungsort als Spediteur zu sorgen.

Schließlich kann ein **gemeinschaftlicher Durchfrachtvertrag** gegeben sein. Das ist der Fall, wenn mehrere Transportunternehmer sich gemeinschaftlich zur Durchführung eines Gesamttransports verpflichten, die Verpflichtung eines jeden sich aber nur auf seinen Teilabschnitt bezieht. Bei einem solchen Vertrag kann der Erstbeförderer oder auch ein nachfolgender Beförderer als Vertreter der übrigen auftreten, aber auch eine Vertretung aller durch einen Dritten ist möglich.

Solche Durchfrachtverträge ersparen es gegenüber dem sog. „gebrochenen Verkehr" dem Ablader, daß von ihm für sämtliche Teilstrecken Einzelfrachtverträge abgeschlossen werden müssen, was an auswärtigen Plätzen die Einschaltung von Zwischenspediteuren oder sonstiger Beauftragter erforderlich macht.

II. Da die Haftung aus Frachtverträgen bei den einzelnen Beförderungsmitteln unterschiedlich ist (vgl. § 22 VIII), entsteht bei einem Durchfrachtvertrag mit verschiedenartigen Transportmitteln die Frage, wie gehaftet werden soll. Weiter ergibt sich die Frage nach einem gemeinschaftlichen Beförderungsdokument.

Besondere Probleme werfen Container- und LASH-Verkehr auf. Siehe dazu unten V und VI.

III. Der Durchfrachtvertrag, bei dem an der Beförderung nur Seeschiffe hintereinander beteiligt sind

Wüstendörfer Studien 82 ff., 270; ders. SHR 331 ff.; K. v. Laun, Die Haftung für den fremden Transportabschnitt beim Durchkonnossement, ZHR 118, 1; Heini, Das Durchkonnossement, 1957; Robert-Tissot, Le Connaissement Direct, Paris 1957; Prodoromidès, Projets des Conventions internationales sur le Transport des marchandises en traffic international, in Liber amicorum für Bagge, 1955, 180; Dreyer, Die Haftung des Verfrachters aus dem Liniendurchkonnossement, Hansa 1957, 2482; Weibgen, Das Durchkonnossement und seine besonderen Klauseln (Abhandlungen der Rechts- und Staatswissenschaftlichen Fakultät Göttingen, Heft 11), 1930; Schaps-Abraham II Anh. 1 zu § 656 HGB; Prüssmann Anh. zu § 656 HGB; Trappe, Reisecharter und Konnossement, Hansa 1969, 1538; Rodière, Connaissement direct et transport maritime successifs, DMF 1969, 195 ff.; Grönfors, Successiva Transporter, Stockholm 1968. Siehe auch OLG Hamburg Hansa 1956, 399; MDR 1957, 487.

1. Liegt ein *einfacher Durchfrachtvertrag* vor (siehe dazu oben I), hat also der Erstverfrachter die Verpflichtung zur Auslieferung der Güter im endgültigen Bestimmungshafen übernommen, so stellt er ein *Durchkonnossement* aus.

Dabei werden meistens Linienkonnossemente benutzt, die in erster Linie für den durchgehenden Verkehr gedacht sind, jedoch nach dem Willen ihrer Verfasser auf Grund besonderer Klauseln auf ihrer Rückseite auch für Durchfrachtgeschäfte verwendet werden können. In den vorgedruckten Text auf der Vorderseite wird der endgültige Bestimmungshafen eingesetzt, mit dem Zusatz etwa „via (Umladehafen)" oder „transshipment at (Umladehafen) by (Name des Schiffes)", um deutlich zu machen, daß das Konnossement als Durchkonnossement benutzt wird. Siehe die Beispiele bei Heini 33. Es werden aber auch oft Formulare verwandt, die als Durchkonnossemente bezeichnet werden, also von vornherein auf den Durchfrachtverkehr zugeschnitten sind.

Es ist üblich, daß der Erstverfrachter vom Zweitverfrachter, mit dem er im eigenen Namen und für eigene Rechnung abgeschlossen hat und der sein Erfüllungsgehilfe ist, ein sog. *Anschluß-* oder *Lokalkonnossement* erhält. Aus diesem haftet der Zweitverfrachter dem Erstverfrachter für seine Teilstrecke. Es liegt dann im Interesse des Erstverfrachters, daß Durchkonnossement und Anschlußkonnossement möglichst die gleichen Bedingungen enthalten. Auch ist es zweckmäßig, durch eine sog. Bindungsklausel zu vereinbaren, daß der Anspruch aus dem Anschlußkonnossement nur gemeinsam mit dem aus dem Durchkonnossement geltend gemacht werden kann.

Der Aussteller des Durchkonnossements hat sich, wie ausgeführt, zur Ablieferung im Endhafen verpflichtet. Damit steht im Vordergrund dieser Art der Konnossementsverpflichtung die Ablieferung und nicht etwa der Transport. Regelmäßig ist es gleichgültig, durch wen dieser geschieht (vgl. auch v. Laun ZHR 118, 13). Deshalb bildet erst die Ausladung aus dem Seeschiff im Endhafen den Endpunkt der Zwangshaftung im Sinne der §§ 662, 663 Abs. 2 Ziff. 2 HGB. Freizeichnungsklauseln, die mit dieser Zwangshaftung nicht vereinbar sind, sind daher nichtig. Siehe RGZ 139, 283 über die Anwendung deutschen Rechts auf Ansprüche aus einem Durchkonnossement wegen Beschädigung im deutschen Umladehafen.

2. Beim *unechten Durchfrachtvertrag* kann der Erstverfrachter ein Konnossement nur für seine Teilstrecke ausstellen. Es enthält eine Klausel, die ihm Spediteurfunktion für den Weitertransport nach Beendigung seiner eigenen Transportstrecke zuweist, etwa „The carrier acts as forwarding agent only from the vessel's port of discharge. The responsibility of the carrier shall be limited to the transport performed by him" (Prüssmann Anh. zu § 656 HGB B 2 c). Der Auslieferungsverpflichtung aus seinem Konnossement kommt der Erstverfrachter durch Übergabe der Güter an den Zweitverfrachter nach. Das von diesem ausgestellte Konnossement hat er dem legitimierten Inhaber des ersten Konnossements gegen dessen Rückgabe zu übergeben. Dies Zweitkonnossement wird häufig auch als Anschlußkonnossement bezeichnet, wie auch das Erstkonnossement als Durchkonnossement. Anders als beim einfachen Durchfrachtvertrag haben aber beide Dokumente eine voneinander in jeder Weise selbständige Bedeutung.

Die Entscheidung darüber, ob ein einfacher oder ein unechter Durchfrachtvertrag vorliegt, kann gelegentlich schwierig sein. Es ist dann zu prüfen, ob wirklich die Verpflichtung zur Ablieferung im Endhafen eingegangen war oder ob der Erstverfrachter nur eine Beförderungsverpflichtung bis zum Umladehafen übernehmen und hinsichtlich der Weiterbeförderung nur als Spediteur tätig werden will. Sofern in diesem Sinne die Regel X Ziff. 4 DEK 1940 „Bei Gütern in Druchfracht von und/oder nach anderen Häfen oder Plätzen ist die Verantwortung des Verfrachters auf dessen eigene Beförderung beschränkt. Soweit der Verfrachter den Weiterbeförderer auswählt, haftet er für dessen sorgfältige Auswahl" zu verstehen ist, ist sie gültig, nicht aber, wenn in ihr eine eigene Beförderungspflicht des Erstverfrachters bis zum Endhafen enthalten wäre. Vgl. Wüstendörfer SHR 336, v. Laun a. a. O., Prüssmann a. a. O., Dreyer Hansa 1957, 2482, OLG Hamburg Hansa 1956, 399.

3. Beim *gemeinschaftlichen Durchfrachtvertrag* wird nur *ein* Konnossement (gemeinschaftliches Durchkonnossement) für die gesamte Transportstrecke ausgestellt. In ihm wird nur *eine* Übernahme durch den Erstverfrachter bescheinigt und nur *ein* Auslieferungsversprechen gegenüber dem Empfänger im Bestimmungshafen abgegeben. Es wird von beiden Verfrachtern (oder in deren Namen von einem Agenten) unterzeichnet. In ihm haben zwei Frachtverträge ihren Niederschlag gefunden (vgl. OLG Hamburg MDR 1957, 487). Beide Verfrachter treten in ihm gleichberechtigt dem Befrachter/Empfänger gegenüber und beide haben ihre Haftung auf den eigenen Transportabschnitt be-

grenzt. Den Erstverfrachter trifft im Umladehafen die Verpflichtung, die Güter an den Zweitverfrachter zu übergeben.

Nach h. M. tritt diese Haftungsbegrenzung auf den eigenen Transportabschnitt auch ein, wenn das Konnossement „severally but noch jointly" durch den Erstverfrachter oder einen Agenten gezeichnet ist. Die Beschreibung der Güter im Konnossement müssen beide Verfrachter gegen sich gelten lassen. Das gemeinschaftliche Konnossement kann aber nur dann einen Sinn haben, wenn es so verstanden wird, daß eine Freizeichnung für Landschäden gemäß § 663 Abs. 2 Nr. 3 HGB nur für die Zeit der Einladung durch den Erstverfrachter und nach der Ausladung durch den Letztverfrachter möglich ist. Es haftet also jeder Verfrachter zwingend bis zur Übergabe an den nächsten Verfrachter, und zwar auch dann, wenn im Umladehafen eine vorübergehende Einlagerung an Land oder eine Beförderung durch Leichter vorgenommen wird (heute h. M., vgl. Schaps-Abraham II Anh. I zu § 656 HGB Anm. 6, Schlegelberger-Liesecke Anm. 28 zu § 656 HGB, Prüssmann Anh. zu § 656 HGB B 3 a und b, Heini, Durchkonnossement 101, OLG Hamburg MDR 1957, 487; anders v. Laun ZHR 118, 28).

IV. Durchfrachtverträge bei verschiedenartigen Transportmitteln

1. Soweit es sich um die Beförderung mit *See- und Binnenschiffen* handelt, kann in der Bundesrepublik ein Durchfrachtkonnossement ausgestellt werden, auch wenn diese für die Binnenwasserstraße nur die Bedeutung eines Ladescheins hätte. Da auch dieser Traditionswirkung hat (§ 450 HGB), wäre diese für den Gesamttransport gegeben. Doch besteht die zwingende Haftung nur für die Seetransportstrecke. Für die Beförderung mit dem Binnenschiff ist nach deutschem Recht Freizeichnung möglich (vgl. Schaps-Abraham II Anh. zu § 656 Anm. 8, Schlegelberger-Liesecke 29, Prüssmann Anh. § 656 C 1, oben § 1 I 2 ee; anders Wüstendörfer 336).

2. Sind außer einem Seeschiff **Landtransportmittel** in einen Durchfrachtvertrag eingeschlossen, so kann ein Durchkonnossement nach deutschem Recht nicht ausgestellt werden. Die Eisenbahn, der Transport mit Lastkraftwagen und der Luftverkehr kennen nur den Frachtbrief. Zwar wäre für den Landverkehr, abgesehen von der Eisenbahn, nach § 444 ff. HGB die Ausstellung eines Ladescheins möglich. Doch ist dieser in der Bundesrepublik nur in der Binnenschiffahrt gebräuchlich. Die Haftung richtet sich auch bei einem derartigen Durchfrachtvertrag nach dem jeweiligen Transportmittel.

3. Gegenwärtig geht es vornehmlich um die *Haftung im internationalen kombinierten Güterverkehr.*

Schrifttum: Grönfors, Kombinierte Transporte und Haftungsgrundsätze, Täglicher Hafenbericht, Sonderausgabe 16. Juni 1971; Scheer, Die Haftung des

Verfrachters im gemischten Übersee-Verkehr, Studien zum Container- und Durchfrachtverkehr, 1969; Entwürfe eines Übereinkommens über den internationalen kombinierten Güterverkehr (Schriften des Deutschen Vereins für Internationales Seerecht, Reihe B: Dokumente und Materialien, Heft 9, 1971); Loewe, Der IMCO/ECE-Entwurf eines Übereinkommens über die gemischte Beförderung im internationalen Güterverkehr, Europäisches Transportrecht, 1972, 650 ff.; Herber, Auf dem Wege zu einem Übereinkommen über die Haftung beim kombinierten Verkehr? Hansa 1973, 7; Peyrefitte, Le régime juridique des Transports combinés de marchandises, DMF 1973, 643 ff. Siehe auch die Angaben oben unter III und unten unter V.

Haftungs- und dokumentenmäßig lebt gegenwärtig wohl in allen Ländern jedes Verkehrsmittel nach seinem eigenen Recht. Es sind deshalb Bestrebungen darauf gerichtet, eine einheitliche internationale Rechtsordnung für den Transport durch mehrere Verkehrsmittel hintereinander durch Abschluß einer entsprechenden Konvention zu schaffen. Einen Schritt auf dem Wege hierzu machte 1957 ein Beschluß des Instituts für die Vereinheitlichung des Privatrechts (UNIDROIT) in Rom, sich der Vereinheitlichung des Transportrechts anzunehmen. Das Ergebnis war ein Entwurf von 1965. Auch das CMI hatte sich der Frage angenommen und im Frühjahr 1969 auf der Konferenz in Tokio einen Konventionsentwurf für den kombinierten Transport verabschiedet (sog. Tokio-Regeln). Siehe dazu Legendre, Le Conférence de Tokyo du CMI, DMF 1969, 451 ff. und 516 ff.

Der Entwurf des UNIDROIT hatte sich zum Ziel gesetzt, vor allem die vertraglichen Beziehungen der Parteien des kombinierten Transportvertrages und insbesondere die Frage der Haftung zu regeln. Der Entwurf des CMI sah die Problematik im wesentlichen unter dem Blickpunkt, ein den gesamten kombinierten Transport umfassendes bankfähiges Papier schaffen zu wollen, wobei auch an der Frage der Haftung nicht vorbeigegangen werden konnte. Auch hatte sich der Entwurf des UNIDROIT vornehmlich an dem Übereinkommen über den Beförderungsvertrag im internationalen Straßengüterverkehr (CMR) ausgerichtet, während die Tokio-Regeln mehr von den Haager/Visby-Regeln ausgingen. Gemeinsam war beiden Entwürfen, daß sie sich nicht auf den Container-Verkehr beschränkten, sondern auch den herkömmlichen Transport umfaßten.

Auf zwei Konferenzen in Rom 1968 und 1970 wurde dann ein neuer gemeinsamer Übereinkommensentwurf für gemischte Beförderung erarbeitet, die „Convention sur le transport international combiné de marchandiese“ (TCM-Konvention), die indessen über das Stadium des Entwurfs noch nicht hinausgekommen ist, aber dennoch schon Einfluß auf die Praxis gewinnt.

Sie hat als neue Figur den sog. Combined Transport Operator (CTO) geschaffen. Das ist derjenige, der es übernimmt, einen internationalen kombinierten Transport auszuführen. Er haftet für die gesamte Strecke als Frachtführer, hat also als solcher für ein Verschulden der von ihm beauftragten Unterfrachtführer sowie für eigenes Verschulden einzustehen. Er braucht keinen Teil des Transports mit eigenen Transportmitteln durchzuführen. Er stellt ein sog. Combined

Transport Document aus, das, um als solches qualifiziert zu werden, nach Art. 3 des Entwurfs gewissen Mindestanforderungen entsprechen muß.

Bezüglich der Haftung soll das sog. Network-System zur Anwendung kommen. Das bedeutet bei *bekanntem* Schadensort die Anwendung der für das jeweilige Transportmittel geltenden unabdingbaren Bestimmungen internationaler Übereinkommen oder auch des nationalen Rechts, bei *unbekanntem* Schadensort dagegen die einer eigenständigen Haftungsregelung der Konvention, für die es allerdings noch an einer Einigung über die Höchsthaftungssummen fehlt.

Im November 1972 hat sodann in Genf die vom Wirtschafts- und Sozialrat der UN (ECOSOC) einberufene UN/IMCO-Knnferenz über den internationalen Container-Verkehr stattgefunden. Es konnten zwei Übereinkommen über Sicherheits- und Zollfragen im Container-Verkehr fertiggestellt werden. Siehe über das Übereinkommen über sichere Container (CSC) Franz und Hartwig Hansa 1973, 345. Bezüglich eines Übereinkommens über die Haftung beim kombinierten Verkehr konnten dagegen Fortschritte nicht erzielt werden. Es wurde eine Entschließung gefaßt, daß seitens der UNCTAD weitere wirtschaftliche Studien veranlaßt und erst dann eine abschließende Konferenz einberufen werden sollte. Vgl. wegen Einzelheiten Herber Hansa 1973, 7 ff.

V. Haftungsprobleme im Container-Seeverkehr

Grönfors, Successiva Transporter, Stockholm 1968; Kirsten, Haftungsprobleme der Haager Regeln im Container-Seeverkehr, 1970; *Kröger,* Haftungsprobleme im Übersee-Container-Verkehr, 1967 (Heft 11 der Schriften des Deutschen Vereins für Internationales Seerecht, Reihe A); ders., Haftungsprobleme im Übersee-Container-Verkehr, Hansa 1967, 509; ders., Rechtsentwicklung im Bereich der Verfrachterhaftung beim Container-Überseeverkehr, Hansa 1968, 1598; Lebuhn, Some Container Problems under German Law, Tijdschrift voor Verwoerswetenschap 1966, 236 ff.; Liesecke, Verfrachterhaftung beim Behälter (Container)-Verkehr, BB 1965, 1435; Pineus, Les containers et les transports combinés, DMF 1967, 395; Prüssmann, § 660 HGB C 2 b; Ramberg, The Combined Transport Operator, The Journal of Business-Law, April 1968, 132 ff.; Richter, Rechtliche Aspekte der Container-Organisation im kombinierten Land- und Seetransport, DDR-Verkehr 1968, 367; Richter-Hannes und Richter, Vorschlag und Betrachtung einiger Lösungsmöglichkeiten für die Haftung der Container-Beförderung im Überseeverkehr, Seeverkehr 1968, 343; Richter-Hannes, Bemerkungen zum Container-Konnossement der Atlantik-Container-Line, Seeverkehr 1968, 428; dies., Die Entwürfe internationaler Konventionen über den kombinierten Transport und den kombinierten Container-Überseeverkehr, DDR-Verkehr 1968, 212; Rodière, Un faux problème: celui des „containers", DMF 1968, 707; Schadee, Le contenu juridique du container, DMF 1967, 202; Schriftenreihe des Wissenschaftlichen Beirats beim Bundesverkehrsministerium Heft 13, 1968: Interkontinentaler Containerverkehr — Der kombinierte und Groß-Containerverkehr; Sisula, Containerklausulen i Haag-Visby-reglerna, Schriftenreihe der Handelshochschule Göteborg, 1970, 1; Steenken, Der Container-Verkehr aus der Sicht des deutschen Seerechts,

Diss. München 1972; van Dicken, Versicherung im kombinierten Verkehr, Hansa 1973, 1620.

1. Eine wichtige Frage bei der Seebeförderung von Containern ist, ob der Container selbst oder die in ihm gestauten Güter als Packung oder Einheit im Sinne des § 660 HGB anzusehen sind. Für die rechtliche Beurteilung dieser Frage hat sich etwa folgendes Bild ergeben: Erfolgt die Verpackung in den Container durch den Verfrachter, so kommt es für § 660 HGB darauf an, ob und inwieweit die einzelnen Güter Packungen oder Einheiten in seinem Sinne sind. Wird der Container dem Verfrachter im Container-Terminal vom Ablader verpackt und geschlossen übergeben, so gilt gleiches, wenn die Zahl der Packungen oder Einheiten im Konnossement angegeben ist und an Hand dieser Angaben die Frachtberechnung erfolgt. Wird jedoch bei dieser Art der Übergabe im Konnossement nur die Art der Güter und deren Gewicht angegeben und erfolgt die Frachtberechnung nur einheitlich nach diesen Angaben, dann ist der Container haftungsrechtlich als solcher die Einheit im Sinne des § 660 HGB. So auch, allerdings ohne Rücksicht auf die Art der Frachtberechnung, de lege ferenda Art. 2 c der sog. Visby-Rules (auf der Diplomatischen Seerechtskonferenz 1968 beschlossene Abänderung der Haager Regeln).

2. a) Wird der Container vom Verfrachter gestellt, so erhebt sich die Frage, ob sich die Haftung des Verfrachters für die anfängliche Ladungstüchtigkeit nach § 559 HGB auch auf den Container selbst bezieht oder nur darauf, daß das Schiff für eine ordnungsgemäße Stauung der Container eingerichtet ist. Wenn auch speziell eingerichtete Container (etwa solche mit Kühlvorrichtungen) an die Stelle speziell eingerichteter Laderäume treten, so wird wohl nach dem Wortlaut des § 559 nur auf die Ladungstüchtigkeit des Schiffes selbst abzustellen sein. Doch bleibt die Frage zweifelhaft.

b) Wie steht es mit der Sorgfaltspflicht des Verfrachters bei Container-Abladung (§§ 606 ff., 662, 663 HGB)? Bei vom Verfrachter selbst eingesetzten und gepackten Containern obliegt ihm die ordnungsgemäße Stauung der Güter im Container und die des Containers im Schiff. Doch ist es zweifelhaft, ob dann die zwingende Haftung des Verfrachters schon mit der Stauung beginnt oder, wie nach dem Wortlaut des Gesetzes anzunehmen ist, erst mit der Einladung des Containers in das Schiff.

Wird der Container dem Verfrachter vom Ablader gepackt übergeben, so trifft den Verfrachter keine Verantwortung für die Stauung im Container, denn diese gehört zur „Verpackung" der Güter. Die vom

Verfrachter vorzunehmende Stauung bezieht sich dann nur auf den vom Absender gepackten Container als solchen. Werden deshalb die Güter im Container nicht genügend befestigt, so daß sie etwa gegen die Wände des Containers oder gegeneinander stoßen, so liegt eine mangelhafte Verpackung der Güter vor (BGH NJW 1971, 1363). Siehe auch State of Louisiana Court of Appeals, Fourth Circuit v. 7. Juli 1969, AMC 1969, 2449.

3. a) Die Container-Beförderung ist Stückgutbeförderung (so auch LG Hamburg MDR 1971, 494), jedenfalls in der Linienfahrt. Unter den Rechtsbegriff „Güter" im Sinne des § 566 HGB fallen nicht nur die im Container gestauten Güter, sondern auch die Container selbst (LG Hamburg a. a. O.). Staut der Verfrachter den gepackten Container im Laderaum des Schiffes, so liegt Raumverladung vor. Die Haftung nach den Haager Regeln kommt zur Anwendung.

b) Ist der Container an Deck gestaut, so ist zunächst die Frage aufzuwerfen, ob der Containerdeckstransport der — herkömmlichen — Raumverladung gleichzusetzen ist, insbesondere bei einem besonders als Container-Schiff gebauten Schiff. Doch ist die Frage zu verneinen, weil der an Deck verladene Container auf Grund seiner Bauweise und der Art seiner Verbindung mit dem Schiffskörper nicht den gleichen Schutz gegen Seegefahren bietet, wie es im normalen Laderaum der Fall ist (s Kirsten a. a. O. 19).

Der an Deck verladene Container unterliegt deshalb den Haager Regeln, wenn nicht die Voraussetzungen der §§ 663 Abs. 2 Ziff. 1, 566 HGB gegeben sind. Dafür bedarf es im Konnossement eines ausdrücklichen Vermerks über die —vereinbarte — Beförderung an Deck (Kirsten a. a. O., US Court of Appeals AMC 1969, 1744).

In der widerspruchslosen Entgegennahme eines Konnossements, das eine Klausel mit der Berechtigung zur Decksverladung enthält, liegt regelmäßig die erforderliche Zustimmung des Abladers (BGHZ 6, 127; LG Hamburg MDR 1971, 494; Prüssmann § 566 Anm. 2 C). Doch hat diese Zustimmungsklausel nur die Bedeutung, das grundsätzliche Verbot der Decksverladung außer Kraft zu setzen (Schaps-Abraham § 566 Anm. 2 C, Kirsten S. 20 f.). Eine Haftung des Verfrachters aus kommerziellem Verschulden kommt nach wie vor in Betracht (BGHZ a. a. O., Schaps-Abraham § 566 Anm. 3). Er hat, insbesondere soweit ihm der Inhalt der Container bekannt ist, zu prüfen, ob dieser der Beförderung an Deck entgegensteht, wie etwa bei temperaturempfindlichen Gütern (Kirsten a. a. O. 21). Dabei kann er allerdings davon ausgehen, daß der

Behälter seinen Inhalt bei Decksverladung in vielen Fällen mehr schützen wird als bei herkömmlicher Verpackung (Kirsten a. a. O.).

Der Klausel, die die Decksverladung des Containers gestattet, kann eine solche hinzugefügt sein, daß in Containern beförderte Güter als unter Deck verladen angesehen werden sollen unabhängig davon, wo sie tatsächlich gestaut sind (Kirsten a. a. O. 21). Ist das der Fall, so ist damit die Geltung der Haager Regeln für den Decktransport von Containern vereinbart. Der Verfrachter haftet für die an Deck gestauten in gleicher Weise wie für die im Laderaum untergebrachten (Kirsten a. a. O., der mit Recht hervorhebt, eine solche Vereinbarung sei nach Art. III § 8 HR wirksam, da sie die gesetzliche Verantwortlichkeit des Verfrachters nicht einschränke, sondern erweitere; vgl. auch AMC 1958, 1550 und 1962, 1989).

V. Haftungsprobleme der LASH-Schiffe

Du Pontavice, Le droit et les navires ports-barges, DMF 1970, 707 ff.; Bericht des Instituts du Droit International des Transports, Rouen, 1970; Figert, Seefrachtrechtliche Fragen des LASH-Verkehrs, VersR 1972, 611 ff.; Lau, Zur rechtlichen Problematik des LASH-Verkehrs, Hansa 1972, 1731 und 1844; Winter, Der Barge-Carrier als Rechtsproblem des Seehandels, Diss. Kiel 1972; Hickey, Legal Problems to combined transport and barge carrying vessels, Admiralty Law Institute, Symposium on Carriage of goods by water, Tulano Law Review Bd. 45 Nr. 4.

1. Beim LASH (Lighter abord ship) — System werden die Güter in Leichter verladen, die in Schubverbänden auf den Binnenwasserstraßen zu den Seehäfen gebracht werden. Dort erfolgt in der Regel auf Reede ihre Anbordnahme mit Hilfe eines über die gesamte Schiffslänge fahrbaren Portalkrans, der sie über das Heck des LASH-Schiffes zu dessen Laderaum bringt. Im Bestimmungshafen werden die Leichter wieder zu Wasser gegeben und ebenfalls in Schubverbände oder auch einzeln zum Endbestimmungsort gebracht.

2. Haftungsmäßig ist zweifelhaft, ob die mit der Einladung verbundene zwingende Haftung erst mit dem Anbordnehmen des Leichters durch das LASH-Schiff beginnt oder bereits mit der Einladung der Güter in diesen. Gleiches gilt für die Ausladung. Letztere Ansicht wird von Richter-Hannes und Trotz (DDR-Verkehr 70, 468) vertreten. Der Leichter sei als ein nach außen verlagerter Teil des Schiffsladeraums anzusehen. Ebenso Figert VersR 1972, 612, Winter 56 ff.). Demgegenüber befürwortet Mercadal (Marine d'Au-jourd'hui 71, 47) unter Berufung auf Art. 1 e HR den Beginn der zwingenden Haftung mit der Anbordnahme der Leichter, was auch wohl zutreffender erscheint. Doch hat der Verfrachter für die Ladungstüchtigkeit der Leichter beim Beginn des Binnentransports einzustehen, allerdings nach Binnenschiffahrtsrecht, für das Trägerschiff nach § 559 HGB erst bei Übernahme der Leichter durch dieses (anders Winter 56, der § 559 HGB auch für den Binnentransport entsprechend anwenden will).

Sieht man den Leichter als Schiffsraum an, so ist es nur folgerichtig, wenn Figert a. a. O. meint, der Leichter könne ohne Zustimmung des Abladers an Deck gestaut werden (anders Richter-Hannes und Trotz a. a. O. 469). Ein Bordkonnossement könnte dann ausgestellt werden, wenn die Güter in den Leichter eingeladen worden sind (Figert a. a. O., Richter-Hannes und Trotz a. a. O. 468). Bei der Vereinbarung der FOB-Klausel hätte der Verkäufer die Kosten und die Gefahr bis zu dem Zeitpunkt zu tragen, in dem die Ladung die Reling des Leichters passiert (Figert a. a. O.).

In Konnossementsklauseln wird vorgesehen, daß die Haftungsregelung der Haager Regeln für den Gesamttransport gelten soll. Durch eine solche Vereinbarung werden die obigen Zweifelsfragen praktisch weitgehend ausgeräumt.

§ 24. Der Überfahrts- oder Passagiervertrag

Androulidakis-Dimitriadis, Der Passagiervertrag auf See, eine rechtsvergleichende Darstellung, 1967 (Heft 33 der Überseestudien); Bonassies, La responsabilité du transporteur maritime de passagers et le droit des Etats-Unis d'Amerique, DMF 1959, 195 ff. und 259 ff.; Clamer, Die Haftung des Reeders für Personenschäden an Bord, ungedr. Diss. Hamburg 1959; Ehlermann, Die Haftung des Seebeförderers aus Passagierunfällen an Bord nach deutschem und französischem Recht, Diss. Hamburg 1966; Prodorimidès, La responsabilité du transporteur dans le transport international des passagers et de leur bagages, DMF 1957, 195 und 259; Rosenau, Die Haftung des Beförderers für Personenschäden von Reisenden, Diss. Hamburg 1970; Szèkessy, Kritik des Passagiervertrages, Diss. Hamburg 1964; Schaps-Abraham II 811 ff.; Prüssmann 843 ff.; Wohlhaupter, Der Schiffsreisevertrag (Passagiervertrag) im deutschen und italienischen Recht, ZHR 112, 172 ff.; Wüstendörfer SHR 305 ff.; Wodrich, Haftpflicht und P&I.-Versicherung beim Passagevertrag, Hansa 1958, 633 und 654; ders., Der Schiffsreisevertrag im Seeverkehr, ungedr. Diss. Hamburg 1951.

I. Der *Überfahrtsvertrag* (so §§ 664, 668, 670 HGB; in der Überschrift zum Fünften Abschnitt des 4. Buches HGB als „Frachtgeschäft zur Beförderung von Reisenden" bezeichnet) oder *Passagiervertrag* ist ein Vertrag, in welchem sich der eine Teil, der Beförderungsunternehmer (im HGB Verfrachter genannt; vgl. §§ 669, 671, 674, 676 HGB), verpflichtet, eine andere Person, den Reisenden, mit Gepäck (Reisegut) zur See nach einem bestimmten Ort zu befördern. Dieser Ort kann, so insbesondere bei Kreuzfahrten, mit dem Abgangsort identisch sein.

1. Der Überfahrtsvertrag (er fehlt bei den sog. stowaways, d. h. blinden Passagieren; vgl. über diese das auf der Brüsseler Seerechtskonferenz 1957 geschlossene Internationale Übereinkommen und dazu Röhreke und Necker Hansa

1957, 2218) ist vom Gesetzgeber nur in wenigen Punkten geregelt worden. Diese sind nachgiebiges Recht. Eine zwingende Mindesthaftung, wie sie für den seerechtlichen Frachtvertrag durch die Haager Regeln (vgl. oben § 21 VI) und für den Luftpassagevertrag durch das Warschauer Abkommen geschaffen wurde (vgl. Art. 17 ff. WA; s. auch §§ 44 ff. LuftVG; nach § 50 LuftVG, nicht nach dem WA, sind Luftfahrtunternehmen verpflichtet, den Fluggast gegen Unfälle zu versichern) gibt es für den Seepassagevertrag nach deutschem Recht (anders in den USA, Italien, den Niederlanden, Frankreich und den skandinavischen Staaten; Spanien kennt eine obligatorische Passagierversicherung) noch nicht. Nur die Beförderung von Auswanderern unterliegt nach deutschem Recht einer zwingenden Sonderregelung (siehe auch unten II 3). Im Jahre 1961 ist ein internationales Übereinkommen geschlossen, die Convention Internationale pour l'unification de certaines règles en matière de transport de passagers par mer, das einzelne, allerdings besonders wichtige Fragen des Passagiertransports regelt, namentlich eine zwingende Haftung des Seebeförderers bei Verletzung oder Tötung von Passagieren und die Beschränkung dieser Verschuldenshaftung auf einen Höchstbetrag für jeden Passagier mit zwingender Wirkung dieser Mindesthaftung. Dabei hat das WA in der Fassung des Haager Protokolls als Vorbild gedient, allerdings ohne Einbeziehung der Verspätungshaftung. Die Haftung ist anders als nach den Haager Regeln bei kommerziellem und nautischem Verschulden gegeben. Eine unbeschränkte Haftung kommt in Betracht, wenn der Seebeförderer den Schaden durch eine eigene Handlung oder Unterlassung verursacht hat, die entweder in der Absicht, Schaden herbeizuführen oder leichtfertig und in dem Bewußtsein begangen wurde, daß ein Schaden wahrscheinlich sei. Das Übereinkommen wurde ursprünglich von 23 Staaten gezeichnet, darunter auch von der Bundesrepublik Deutschland, allerdings nur ad referendum. Das Übereinkommen ist noch nicht in Kraft getreten. Vgl. wegen weiterer Einzelheiten Androulidakis-Dimitriadis a. a. O. 220 ff., Prüßmann vor § 664 HGB B 1. Siehe auch oben § 2,2 f. wegen der auf der CMI-Konferenz in Tokio 1969 erfolgten Zusammenfassung des Übereinkommens mit dem über eine zwingende Haftung des Reeders für das Passagiergepäck.

In der Personenschiffahrt auf Binnengewässern ist die Freizeichnung in dem nach bürgerlichem Recht gestatteten Umfange zulässig. Das BSchG hat die Personenbeförderung nur in wenigen Punkten geregelt (vgl. z. B. §§ 7 Abs. 2, 8 Abs. 4, 45, 77 BSchG). Im übrigen gilt, abgesehen von den allgemeinen Vorschriften der §§ 1—25 BSchG, das Werkvertragrecht der §§ 631 ff. BGB.

2. Der Vertragsgegner des Beförderungsunternehmers wird regelmäßig mit dem Reisenden (Passagier) identisch sein, braucht es aber nicht; vornehmlich muß sich der Beförderungsunternehmer, wenn er einen auf den Inhaber ausgestellten Fahrschein ausgegeben hat, gefallen lassen, daß ein anderer als der Vertragsgegner das Recht auf die Überfahrt ausnutzt (§ 664 HGB). Doch ist eine solche Übertragung nur bis zum Reisebeginn zulässig.

3. Ein *Formzwang* besteht von Gesetzes wegen für den Überfahrtsvertrag regelmäßig nicht, wenn auch in der Praxis nach den Beförde-

rungsbedingungen vielfach die Ausstellung eines Fahrscheins verlangt wird. Nur für *Auswanderer* bedarf er nach § 22 Abs. 1 des Gesetzes über das Auswanderungswesen v. 9. Juni 1897 (RGBl. 463) und § 9 Bek. betr. Auswanderungsunternehmer und Agenten v. 14. März 1898 (RGBl. 39) zwingend der Schriftform in deutscher Sprache.

4. Ein Kontrahierungszwang findet sich im deutschen See- und Binnenschifffahrtsrecht nicht (doch ist § 138 BGB zu beachten). Anders für die Eisenbahn (§ 3 EVO), in der Luftfahrt (§ 21 Abs. 2 LuftVG) und nach dem Personenbeförderungsgesetz vom 21. März 1961 mit Änderungen.

5. Der Gewerbebetrieb, der die Übernahme der Beförderung von Reisenden zur See zum Gegenstand hat, gilt als Handelsgewerbe (§ 1 Abs. 2 Nr. 5 HGB); wer ihn betreibt, ist Kaufmann (§ 1 Abs. 1 HGB).

II. 1. Der Überfahrtsvertrag ist Werkvertrag. Doch weist er je nach den konkreten Verhältnissen mehr oder weniger stark auch Elemente eines gemischten Vertrages auf, vornehmlich mietvertragliche wegen einer Kabine, kaufrechtliche wegen der Verpflegung (Androulidakis-Dimitriadis 6: Transportvertrag, der sich in der Hauptsache aus Elementen des Werk-, Miet- und Kaufvertrages, wie sie von den Verkehrssitten entwickelt werden, zusammensetzt).

2. Der Beförderungsunternehmer braucht regelmäßig mit dem Eigentümer des Schiffs nicht identisch zu sein (vgl. aber § 5 AuswG). Man kann auch Verträge über den Transport von Reisenden mit fremden Schiffen schließen, insbesondere solche Schiffe chartern; vgl. dazu § 676 HGB. Meistens ist aber in der Rechtswirklichkeit die Identität von Beförderungsunternehmer und Schiffseigentümer gegeben. Für die Möglichkeit der Beschränkung der Reederhaftung nach § 486 HGB ist es gleichgültig, ob es sich bei dem Beförderungsunternehmer um einen Reeder oder Ausrüster oder um einen „Charterer" handelt (vgl. oben § 15 II 5).

3. Wichtige Ergänzungen zu den §§ 664 ff. HGB bilden das *Gesetz über das Auswanderungswesen* v. 9. Juni 1897 (RGBl. 463), die *VO über die Einrichtung von Auswandererschiffen* vom 21. Dezember 1956 (BGBl. II 2145) sowie die *Bek. betr. Auswanderungsunternehmer und Agenten* v. 14. März 1898 (RGBl. 39).

III. Der Reisende unterliegt an Bord der Befehlsgewalt des Kapitäns bezüglich aller „die Schiffsordnung betreffenden Anweisungen" (§ 665 HGB). Auch hat der Kapitän im allgemeinen dem Passagier gegenüber die Befugnisse, welche §§ 227, 229 BGB und §§ 53, 54 StGB für Notwehr und Nothilfe gewähren, wobei er aber nicht in allen Fällen warten muß, bis diese vorliegen (Androulidakis-Dimitriadis 19). Disziplinargewalt über den Passagier hat der Kapitän nicht (anders die 1. und 2. Auflage; wie hier Androulidakis-Dimitriadis 19, Schaps-Abraham II Anm. 1 zu § 665 HGB), auch keine Strafgewalt. Den Reisenden trifft richtiger Ansicht nach eine Hilfspflicht (Wüstendörfer SHR 365 und 184; Androulidakis-Dimitriadis 19).

IV. Die Überfahrtbedingungen bestimmen fast stets, daß das *Überfahrtsgeld* im voraus Zug um Zug gegen Aushändigung des Fahrscheins zu zahlen ist. § 22 Abs. 2 AuswG schreibt das zwingend vor.

Am Reisegut und an sonstigen an Bord gebrachten Sachen des Reisenden hat der Beförderungsunternehmer ein *Pfandrecht* wegen des Überfahrtgeldes (§ 674 HGB) und der Vergütung für Beförderung des Reisegutes, jedoch nur, solange die Sachen zurückbehalten oder hinterlegt, also dem Reisenden noch nicht ausgeliefert sind.

Der Reisende, der sich vor oder nach Antritt der Reise nicht rechtzeitig an Bord begibt, hat das volle Überfahrtsgeld zu zahlen, wenn der Kapitän die Reise antritt oder fortsetzt, ohne auf ihn zu warten (§ 666 HGB). Nur die Hälfte des Überfahrtsgeldes ist indessen dann zu zahlen, wenn der Reisende *vor Antritt der Reise* stirbt, durch Zufall (wie z. B. durch Krankheit) zurückbleiben muß oder seinen Rücktritt erklärt (§ 667 Abs. 1 und 2 HGB). Wegen der *Auswanderer* s. §§ 29, 31 AuswG.

Wesentlich für den Überfahrtsvertrag ist die *vereinbarte Abfahrtszeit*, auch wenn dies im Gesetz nicht besonders hervorgehoben ist. Der Beförderungsunternehmer ist verpflichtet, die Reise nicht eher als festgesetzt oder üblich und nicht später als vereinbart anzutreten oder fortzusetzen. Werden diese Zeiten nicht innegehalten, so hat der Reisende die Rechte aus §§ 320 ff. BGB. *Verlust des Schiffes* vor oder nach Antritt der Reise hat Außerkraftsetzen des Vertrages zur Folge (§ 688 HGB). Ein *Rücktrittsrecht* wird dem *Reisenden* gewährt im Falle des Kriegsausbruchs oder der Verfügung von hoher Hand (§ 669 HGB), einerlei, ob dies vor oder nach Antritt der Reise eintritt. Auch der Beförderungsunternehmer kann zurücktreten, wenn er wegen solcher Ereignisse die Reise aufgibt oder auch, wenn das Schiff hauptsächlich zur Beförderung von Gütern bestimmt ist und die Unternehmung unterbleiben muß, weil die Güter ohne Verschulden des Verfrachters nicht befördert werden können, z. B. wegen eines die Ladung betreffenden Zufalls oder wegen Rücktritts des Befrachters (§ 669 Abs. 2 HGB). Treten Schiffsuntergang, Kriegsausbruch oder die Verfügung von hoher Hand vor Antritt der Reise ein, so ist kein Teil zur Entschädigung des anderen verpflichtet (§ 670 Abs. 1 HGB); ereignen sie sich später, so hat der Reisende einen nach Analogie der Distanzfracht (§§ 630, 631 HGB) zu berechnenden Teil des Überfahrtsgeldes (Distanzüberfahrtsgeld) zu zahlen, und zwar abweichend von § 617 HGB auch dann, wenn er mit dem Schiff untergeht. Verzögert sich die Durchführung der Reise nach ihrem Antritt infolge notwendig werdender Reparatur des Schiffes, so hat der Reisende, der nicht warten will, das volle Überfahrtsgeld zu entrichten. Wartet er die Ausbesserung ab, so hat ihm der Beförderungsunternehmer bis zum Wiederantritt der Reise ohne besondere

Vergütung Wohnung und Beköstigung zu gewähren, es sei denn, daß er ihm zur Weiterreise eine gleichwertige Schiffspassagegelegenheit anbieten sollte (§ 671 HGB).

V. Es besteht eine *Obhutspflicht* (Androulidakis-Dimitriadis 31 ff.: Fürsorgepflicht) des Beförderungsunternehmers auch gegenüber dem Reisenden, wenn sie auch nicht so umfangreich ist wie beim Frachtgut, weil es sich um einen sich frei bewegenden Menschen handelt. Der Unternehmer ist nicht nur verpflichtet, den Reisenden überhaupt zu befördern, sondern ihn auch wohlbehalten zu befördern und dabei auch die öffentlich-rechtlichen Bestimmungen über die Schiffssicherheit zu beachten. Er haftet aus dem Beförderungsvertrag dafür, daß alle zur sicheren Beförderung des Fahrgastes gebotenen Einrichtungen und Maßnahmen getroffen sind und sachgemäßer Aufsicht und Überprüfung unterliegen (RGZ 116, 214; 124, 50; 126, 330; BGH ZfBsch 1959, 334 = Hansa 1959, 1504; BGH Hansa 1955, 1886). Dies ist vertragliche Hauptleistungspflicht, nicht nur nebenherlaufende bloße Schutzpflicht (Wüstendörfer SHR 367; Androulidakis-Dimitriadis 32, BGH ZfBSch 1959, 34 = Hansa 1959, 1504; abw. Lindenmaier in Festschrift für Raape 1948, 349 ff., bes. 357 f.; auch Hansa 1951, 513 f.). Sie endet erst, wenn die Fahrgäste an Land kommen (BGH ZfBSch 1959, 334 = Hansa 1959, 1504). Der Beförderungsunternehmer hat ein Verschulden seiner Erfüllungsgehilfen in dieser Beziehung ebenso zu vertreten wie eigenes (§ 278 BGB, auch § 485 HGB, wenn dessen Voraussetzungen gegeben sind). Außervertraglich haftet er zudem nach §§ 823, 831 BGB (dabei Schmerzensgeldanspruch nach § 847 BGB), aus denen die allgemeine Rechtspflicht folgt, für die Sicherheit des von ihm auf dem Schiff eröffneten Verkehrs zu sorgen (RGZ 124, 50; 126, 330; 160, 156). Mit Recht hat BGH Hansa 1955, 1886 indessen eine Verpflichtung, die Passagiere noch besonders zur Vorsicht zu ermahnen, verneint.

Das Reichsgericht hatte ursprünglich in ständiger Rechtsprechung die Ansicht vertreten, dem Beförderungsunternehmer obliege die Entlastungspflicht aus § 282 BGB, wenn der Reisende körperlich zu Schaden käme (RG HansGZ 1903 Nr. 36 = SeuffA 58 Nr. 84 für den Fall der Ausbootung; RGZ 55, 335; 62, 120; 66, 15; 86, 322; RG Hansa 1918, 128). In späteren Entscheidungen (RGZ 124, 51 f.; 126, 331) legte das Gericht dem Reisenden den Beweis dafür auf, daß ein ursächliches Verschulden vorliege. In der neueren Rechtsprechung hat das Reichsgericht sich wieder der früheren Auffassung angenähert: Wenn im Falle eines Beförderungsvertrages die Sachlage nach der Lebenserfahrung zunächst auf eine Verletzung der vertraglichen Sorgfaltspflicht schließen lasse, dann müsse der Unternehmer sich entlasten (RGZ 160, 155; 169, 97). Der Bundesgerichtshof hat sich dem angeschlossen (BGH ZfBsch 1959, 334 = Hansa 1959, 1500; ebenso das Schrifttum, vgl. Wüstendörfer SHR 367 ff.; Androulidakis-Dimitriadis 41; Prüssmann vor § 664 HGB E 4). Doch finden sich in den Beförderungsbedingungen häufig Klauseln, die dem Passagier die Beweislast ganz oder jedenfalls bezüglich bestimmter Schadensursachen auferlegen.

Bei einer durch ihn oder seine Erfüllungsgehilfen verschuldeten Kollision haftet der Beförderungsunternehmer den Passagieren seines Schiffes aus positiver Vertragsverletzung, ist er Reeder, auch nach §§ 735, 736 und 737 HGB.

Unter den Voraussetzungen der §§ 486 bis 486 d HGB hat der Unternehmer die Möglichkeit der Haftungsbeschränkung durch Errichtung eines Haftungsfonds. Bei Personenschäden hat der Reisende ein Schiffsgläubigerrecht nach Maßgabe des § 754 Abs. 1 Satz 3 HGB.

VI. Über das **Reisegut** (Reisegepäck) sind in den §§ 672 bis 675 HGB Bestimmungen mit zahlreichen Verweisungen auf das Seefrachtrecht enthalten.

1. *Reisegut* sind diejenigen Sachen, die der Reisende als persönliche Habe mit sich nimmt, im Gegensatz zu solchen, die üblicherweise als Frachtgut verladen werden. Einerlei ist, ob der Reisende die Sachen unterwegs benötigt, einerlei auch, in wessen Eigentum sie stehen. *Handgepäck* ist derjenige Teil des Reiseguts, welchen der Reisende für den täglichen Gebrauch in seiner Obhut behält. Ob und wieviel Reisegut der Reisende an Bord zu bringen befugt ist, bestimmt sich nach dem Überfahrtsvertrag.

In § 672 HGB wird vermutet, daß der Reisende für Reisegut, welches er befugterweise an Bord bringt, *keine besondere Vergütung* zu zahlen habe. Nach den Beförderungsbedingungen ist sog. Freigepäck nur bis zu einer oberen Maß- und Gewichtsgrenze zulässig.

2. Die **Haftung** des Beförderungsunternehmers für das Reisegut ist unterschiedlich, je nachdem dasselbe vom Kapitän oder einem dazu bestellten Dritten übernommen ist oder nicht. Für die vom Kapitän „übernommenen" Reisegüter („Übernahme" ist gleich Annahme; vgl. dazu § 22 III 2 c cc; s. auch HansOLG HansGZ 1918 Nr. 17 und Wüstendörfer JW 1918, 380) gelten bei Verlust oder Beschädigung die frachtrechtlichen §§ 606 bis 608, 610 bis 613 HGB (§ 673 Abs. 2 Satz 1 HGB). Siehe zu diesen § 22 III. Für Kostbarkeiten, Kunstgegenstände, Geld und Wertpapiere vgl. § 673 Abs. 2 Satz 2 HGB. Hinsichtlich der Ersatzforderungen für übernommenes Reisegepäck hat der Reisende ein Schiffsgläubigerrecht seit dem SRÄG nicht mehr.

Für Reisegut, das der Reisende in seiner Obhut behält (Handgepäck), haftet der Beförderungsunternehmer nach bürgerlichem Recht und nach Maßgabe des § 485 HGB. Die Beweislast für einen Verlust oder eine Beschädigung trifft hier den Reisenden, weil er die Obhut über das Handgepäck hat.

Die gegenwärtigen Vorschriften des deutschen Rechts für Gepäckbeförderung zur See sind dispositives Recht und werden in der Praxis wegbedungen, soweit das möglich ist. Auf der Diplomatischen Seerechtskonferenz Brüssel 1967 wurde zwar ein Übereinkommen über die Einführung einer einheitlichen und zwingenden Haftung des Reeders für Passagiergepäck geschlossen. Doch ist dieses bisher nicht in Kraft getreten. Es ist auf der CMI-Konferenz in Tokio 1969 mit dem Übereinkommen über die zwingende Passagierhaftung von 1961 zu einem Übereinkommen zusammengefaßt worden.

3. Für die *luftrechtliche* Haftung für *aufgegebenes Reisegepäck* im Rahmen des WA gilt die gleiche Regelung wie für Güter. Vgl. oben § 22 X 3 b aa und Art. 18 ff. WA. Für Handgepäck enthält das WA dem Grunde nach keine Haftungsbestimmung. S. aber Art. 22 Abs. 3 WA mit seiner Höchsthaftungssumme, falls das maßgebliche Landesrecht dem Grunde nach eine Haftung kennt. Für den Geltungsbereich s. des LuftVG dessen §§ 44 ff.

Die 1971 auf der Konferenz in Guatemala beschlossene Änderung des WA wird für die Haftung bei Gepäck ganz erhebliche Änderungen bringen, ist aber noch nicht in Kraft getreten.

§ 25. Der Schiffsmakler

Kleemann, Der Schiffsmakler im Seeverkehr, Diss. Hamburg 1934; Zander, Die rechtliche Stellung des Schiffsmaklers, 1932; Albrecht, Schiffsgläubigerrechte des Schiffsmaklers, Hansa 1953, 1261 ff. und 1290 ff.; Willner, Möglichkeiten des Erwerbs von Schiffsgläubigerrechten durch Schiffsmakler, Hansa 1954, 1612 ff.; Lebuhn, Die Haftung des Schiffsmaklers als Handelsmakler, Hansa 1955, 811; Schaps-Abraham II 759 ff.; Prüssmann 321 (alle genannte Literatur stammt aus der Zeit vor dem SRÄG, was für Schiffsgläubigerrechte des Schiffsmaklers von Bedeutung ist. Seit dem SRÄG kann er solche grundsätzlich nicht mehr erwerben).

I. *Schiffsmakler* im ursprünglichen Sinne ist derjenige, der gewerbsmäßig für andere Personen, ohne von ihnen auf Grund eines Vertragsverhältnisses *ständig* damit betraut zu sein, die Vermittlung von Verträgen über Gegenstände des Seeverkehrs, insbesondere über Frachtverträge in der Trampschiffahrt, Schiffsmiete, Verkäufe von Schiffen und Schiffsparten, Bergungen und Hilfsleistungen, übernimmt.

Für eine solche vermittelnde Tätigkeit des Schiffsmaklers gelten die §§ 93 ff. HGB, ergänzend die §§ 652 ff. BGB (siehe auch HansOLG Hamburg Hansa 1963, 1665). Der Schiffsmakler kann als Handelsmakler Maklerlohn nur für die *Vermittlung* eines Vertrages fordern. Der Nachweis der Gelegenheit zum Abschluß eines Vertrages genügt anders als bei einem Zivilmakler nicht. Vgl. über die Rechte des Schiffsmaklers bei der Klausel „Commission is due on shipment of cargo“ HansOLG Hansa 1954, 1972. Über Berechnung der Maklerprovision nach Ziff. 22 Coal Charter-Party (Welsh-Form) s. BGH und HansOLG Hamburg Hansa 1955, 347; 1956, 1711. Über den Einfluß der Annullierung des Frachtvertrages auf den Provisionsanspruch des Schiffsmaklers siehe Hamburger Schiedsspruch v. 23. Dez. 1958 Hansa 1959, 1713, über die Provisionsforderung des Schiffsmaklers bei einer Optionsabrede in der Zeitcharter Hansa 1957, 1818. Vgl. Queen's Bench Division Hansa 1958, 463 über den Anspruch des Schiffsmaklers auf Provision für den Verkauf eines Schiffes trotz unmittelbaren Abschlusses zwischen den Parteien. Wird, weil der Vertrag nicht ausgeführt wurde, Fautfracht geschuldet, so kann ein entsprechender Maklerlohn geschuldet sein (BGH NJW 1956, 1198). Siehe BGH Hansa 1965, 2061 über Maklerprovision für die Vermittlung eines Schiffskaufs und Schadensersatzpflicht des Käufers wegen Umgehung des Maklers, OLG Hamburg VersR 1970, 517 zur Frage des Bestehens von Schadensersatzansprüchen des Reeders gegen den Makler, den der Befrachter mit dem Abschluß eines Raumfrachtvertrages beauftragt hatte (Pyrit statt Pyritkonzentrat).

Siehe über Geschäftsbedingungen für Schiffsmakler, die vom Zentralverband Deutscher Schiffsmakler empfohlen sind, Hansa 1971, 1473.

II. 1. In der Wirklichkeit ist der Aufgabenkreis desjenigen, der sich „Schiffsmakler“ nennt, regelmäßig viel umfassender. Über die eigentlichen Maklerdienste hinaus kann er auch Hilfsperson oder rechtsgeschäftlicher Vertreter des Reeders oder Kapitäns sein, sei es, daß er ständig als Handelsvertreter (vgl. §§ 84 ff. HGB) vom Reeder selbst oder für einzelne Fälle vom Kapitän beauftragt ist.

Das gilt insbesondere für denjenigen „Schiffsmakler“, der im regelmäßigen Linienverkehr ständig damit betraut ist, Frachtverträge, insbesondere über Stückgüter, abzuschließen oder zu vermitteln.

Kapitän und Reeder brauchen zudem in fremden Häfen eine Vertrauensperson für eine Reihe von Geschäften, insbesondere für die sog. Klarierungsgeschäfte.

In diesen Hinsichten haben die Befugnisse des Schiffsmaklers als rechtsgeschäftlichem Vertreter des Reeders oder Kapitäns vielfach einen durch langjährige Übung bestimmten Umfang erhalten, der präsumtiv maßgebend ist. Im Innenverhältnis handelt es sich bei den hier in Frage stehenden Tätigkeiten des Schiffsmaklers, soweit nicht ein Handelsvertreterverhältnis vorliegt, regelmäßig um einen Dienst- oder Werkvertrag, der eine Geschäftsbesorgung zum Gegenstand hat (§ 675 BGB).

Siehe OLG Hamburg Hansa 1967, 1630: Eine Reedereiagentur ist nicht Schuldnerin der nach dem Hamburger Kaitarif zu zahlenden Gebühren. Vgl. über die Klageberechtigung des ständigen Hamburger Schiffsmaklers einer ausländischen Reederei LG Hamburg Hansa 1956, 2337. Siehe OLG Hamburg VersR 1973, 164: Ein Reeder verstößt gegen Treu und Glauben, wenn er erst mehrere Jahre nach Übersendung einer mit Belegen versehenen Abrechnung des Schiffsagenten beanstandet hat, bestimmte Anschaffungen an Betriebsstoffen und Ausrüstungsgegenständen seien nicht erforderlich gewesen und trotz einer Empfangsquittung eines Schiffsingenieurs nicht auf das Schiff gelangt. Vgl.

BGH VersR 1972, 366 = MDR 1972, 305 = VerkBl. 1972, 222: Hat ein Schiffsmakler für eine Reederei die Abfertigung der Schiffe übernommen, so trifft ihn auf Grund seiner gewerblichen Tätigkeit eine allgemeine Rechtspflicht, bei der Genehmigung zur Verladung von Gütern in das Schiff so zu verfahren, daß keine vermeidbaren Gefahrenquellen für das Eigentum Dritter, insbesondere anderer Ladungsbeteiligter, geschaffen werden. Sind die Vorschriften der VO über gefährliche Seefrachtgüter beachtet worden, so besteht keine Rechtspflicht des Schiffsmaklers, die Schiffsleitung besonders auf erkennbare Beschädigungen von Versandstücken hinzuweisen, die zur sicheren Beförderung eine besonders sorgfältige Behandlung erfordern und gegebenenfalls von der Mitnahme auszuschließen sind (so: bei Feuchtigkeit von Jutesäcken mit Kalisalpeter, die Nässeflecken zeigen).

2. Das *Ges. zur Änderung des HGB (Recht der Handelsvertreter)* vom 6. Aug. 1953 (BGBl. I 771) hat statt der bis zu seinem Inkrafttreten für den damaligen Handlungsagenten geltenden Vertragsfreiheit für den nunmehrigen Handelsvertreter eine Reihe zwingender Vorschriften aufgestellt. Nach § 92 c Abs. 2 HGB entfällt jedoch dieser zwingende Charakter, wenn der Handelsvertreter mit der Vermittlung oder dem Abschluß von Geschäften betraut wird, die die Befrachtung, Abfertigung oder Ausrüstung von Schiffen oder die Buchung von Passagen auf Schiffen zum Gegenstand haben. Das gilt für die See- und Binnenschiffahrt.

Ist im Agenturvertrag des inländischen Reedereiagenten mit der ausländischen reederei keine Rechtswahlvereinbarung getroffen, so ist deutsches Recht anwendbar. Der Agentur steht dann bei Kündigung der Reederei mangels entgegenstehender Vereinbarung ein Ausgleichsanspruch nach § 89 b HGB zu (OLG Hamburg MDR 1973, 140).

III. Die Entwicklung des *Luftfahrtmaklers* zeigt ebenfalls die beiden Erscheinungsformen des Schiffsmaklers als Handelsmakler einerseits und sodann die einer Hilfsperson oder eines rechtsgeschäftlichen Vertreters des Luftfahrtunternehmers andererseits (IATA-Agent). Eine dem § 92 c Abs. 2 HGB entsprechende Bestimmung (vgl. oben II 2) findet sich für den Luftfahrtmakler nicht.

VI. Abschnitt

Reisenotlagen

§ 26. Große Haverei

Heck, Das Recht der großen Haverei, 1889; Ulrich-Brüders-Hochgräber, Große Haverei, 3. Aufl. Kommentar, Bd. I 1927, Bd. II 1930; Wüstendörfer SHR 375 und in Festschrift für Haff 1950, 380 ff. (Feuerschäden an Bord von Handelsschiffen als große Haverei); Lowndes-Rudolf, The Law of General Average, 9. Aufl. 1964; Graf, Vereinheitlichung des Rechts der großen Haverei auf dem Rhein, Strom und See 1956, 338; Schaps-Abraham II 888 ff.; Selmer, The Survival of General Average, Oslo 1958; Kreutziger, Short ob Bunkers, VersR 1963, 397; Schadee, Un problème de législation maritime: les avaries communes, DMF 1964, 451; Pinneus, L'avarie commune, DMF 1965, 14; ders., On „Emma", En orientierung om gemensamt haverie, Schriftenreihe der Handelshochschule Göteborg 1968, 1; Remé, Abschaffung oder Vereinfachung der Großen Haverei?, 1970, Schriften des Deutschen Vereins für Internationales Seerecht, Heft 13; Parenthou, L'avarie commune et les „containers", DMF 1970, 451 ff.; ders., Les comptes joints d'avarie commune, DMF 1973, 515 ff.; Rey, La regle „D" d'York et d'Anvers et l'innavigabilté du navire, DMF 1971, 387—390; Prause, Große Haverei und Dispache nach sowjetischem Recht, Hansa 1965, 484; Plön-Kreutziger, Das Recht der großen Haverei, Bd. I 1965, Bd. II 1968; Liesecke, Opfer des Schiffes in großer Haverei, VersR 1965, 1017; Helmers, Haverei in der Praxis, Hansa 1967, 707 ff; Pierron, Avarie commune vers une reforme des règles d'York et d'Avers 1950, DMF 1971, 452.

I. Es ist ein aus dem griechisch-römischen Recht (lex Rhodia de jactu; Dig. XIV, 2) überkommener Grundsatz des Seerechts, daß Schäden, die dem Schiff oder der Ladung oder beiden vorsätzlich auf Anordnung des Kapitäns zugefügt werden, um Schiff und Ladung aus einer gemeinsamen Gefahr zu retten, nicht nur von dem zufällig Betroffenen getragen, sondern im Interesse aller gebrachten Opfer auf alle geretteten Werte verteilt werden sollen. Das aus diesem Grundsatz entstandene Rechtsinstitut bezeichnet man als große Haverei.

Große Haverei (avarie grosse, avarie commune, general average) sind also alle vorsätzlich auf Geheiß des Kapitäns zwecks Rettung von Schiff und Ladung dem Schiff und (oder) der Ladung zugefügten Schäden, zu deren Ersatz alle geretteten Werte beizutragen haben (§ 700 HGB). Diesen Schäden stehen gleich die durch solche Maßregeln ferner verursachten Schäden und die Kosten, die zu demselben Zwecke aufgewendet werden.

Das Rechtsinstitut der großen Haverei regelt im Wege der außervertraglichen Haftung die Verteilung solcher Schäden auf alle Beteiligten.

II. Durch diese vorsätzliche Schadenszufügung und die Verteilung des Schadens unterscheidet sich die große Haverei von der **kleinen Haverei** und der **besonderen Haverei.**

1. *Kleine Haverei* sind alle Aufwendungen, die als Unkosten der Schiffahrt angesehen werden. Unter sie fällt insbesondere der Katalog des § 621 Abs. 2 HGB: Lotsengelder, Hafengelder, Leuchtfeuergelder, Schlepplöhne, Quarantänegelder, Auseisungskosten und dergleichen. Sie sind, wenn nicht vertraglich etwas anderes vereinbart ist, vom Verfrachter allein zu tragen, weil davon auszugehen ist, daß sie normalerweise bereits in der Fracht mitberechnet sind (§ 621 Abs. 2 HGB).

2. Die *besondere Haverei* umfaßt alle Schäden und Kosten,die weder zur kleinen noch zur großen Haverei zu rechnen sind (§ 701 Abs. 1 HGB). Insbesondere gehört hierher auch der durch Schiffszusammenstoß entstandene Schaden. Der unter die besondere Haverei fallende Schaden wird nicht verteilt, sondern von dem Eigentümer des Schiffes oder der Ladung, je nachdem, wen er unmittelbar betroffen hat, für sich allein getragen (§ 701 Abs. 2 HGB). Doch schließt das nicht aus, daß der Geschädigte nach bürgerlichem Recht oder seerechtlichen Haftungsnormen einen Ersatzanspruch haben kann.

III. Der Begriff der **großen Haverei** erfordert im einzelnen:

1. Eine *gegenwärtige,* also unmittelbar drohende *Gefahr,* deren *Erheblichkeit* verständigerweise vom Kapitän angenommen werden durfte (ROHG 23, 345; RGZ 165, 171; Groninger Hansa 1954 1881).

Der Kapitän muß überzeugt sein, daß ein Opfer notwendig ist, um Schiff und Ladung ganz oder teilweise zu retten. Dabei darf es sich nicht um rein vorbeugende Maßregeln handeln, die einer erst in Zukunft drohenden Gefahr, die erst von einem künftigen, noch ungewissen Ereignis abhängig ist, begegnen wollen (RGZ 165, 171; vgl. aber als eine Ausnahme hiervon § 706 Abs. 1 Ziff. 4 HGB). Auf die Ursache der Gefahr kommt es nicht an; sie kann also von einem Beteiligten oder Dritten verschuldet sein, z. B. durch Navigationsfehler, Seeuntüchtigkeit des Schiffes, gefährliche Ladung (§ 702 HGB, OLG Hamburg Hansa 1966, 732). Unerheblich ist es, ob die vom Kapitän angenommene Gefahr wirklich bestand, sofern er nur nach verständigem Ermessen ihr Bestehen annehmen durfte. Lagen vernünftige Gründe für die Annahme der Gefahr vor, so sind also die ihrer Abwendung gebrachten Opfer auch dann in großer Haverei zu vergüten, wenn die Annahme sich später als irrtümlich erwies (so auch nach dem Recht der USA; anders das englische Recht). Um eine Seegefahr braucht es sich nicht zu handeln. Es genügt auch jede andere Gefahr während der Fahrt oder im Hafen.

Während aber z. B. eine Strandung auf See oder in Flußmündungen regelmäßig eine gegenwärtige Gefahr bedeutet, ist das auf Flüssen, Kanälen oder in Hafengebieten nur dann der Fall, wenn besondere gefährdende Umstände hinzutreten, z. B. starke Strömung, die das Schiff höher auf das Land hinaufzudrücken droht, oder fallendes Wasser, das die Gefahr eines Durchbrechens des Schiffes mit sich bringt.

Anders als das HGB verlangt Regel A YAR (vgl. unten IV) nur das *Bewahren* vor Gefahr. Diese braucht also noch nicht eingetreten oder gegenwärtig zu sein; es genügt vielmehr die Wahrscheinlichkeit eines erheblichen Unfalls. Bei vernünftiger Beurteilung der Lage muß der Eintritt einer ernsthaften Gefährdung von Schiff und Ladung zu befürchten sein (vgl. dazu Groninger Hansa 1954, 1881).

2. Es muß sich um eine für *Schiff und Ladung gemeinsame Gefahr* handeln. Sie müssen sich also in einer Gefahrengemeinschaft befinden.

Eine Schadensverteilung in großer Haverei kommt deshalb nicht in Betracht bei einer Ballastreise (HansGZ 1923 Nr. 72; RGZ 143, 387) oder wenn nur dem Schiff eine Beschädigung droht, die den Weitertransport der Ladung nicht hindern würde, oder wenn nur der Ladung eine Gefahr droht, die die Weiterreise des Schiffes nicht beeinträchtigen würde. Die Gemeinsamkeit der Gefahr muß auch für die ganze Ladung bestehen, nicht nur für einen Teil derselben (RGZ 165, 171). Ein Opfer, das zur Rettung einer Person gebracht wird, ist nicht in großer Haverei zu vergüten. In denjenigen Fällen, in denen große Haverei nicht vorliegt, kann aber auch aus anderen Gründen eine Ersatzforderung gegeben sein, insbesondere nach den bürgerlich-rechtlichen Bestimmungen. Siehe OLG Hamburg Hansa 1970, 715 über Brand an Bord eines Schiffes als erhebliche gemeinsame Gefahr für Schiff und Ladung.

Die Gefahr muß für Schiff und Ladung auf *derselben Ursache* beruhen. Ihre Wirkung kann jedoch für Schiff und Ladung verschiedenartig sein (RGZ 165, 178; nicht unbestr.).

Die Gefahrengemeinschaft beginnt mit der Beladung und endet grundsätzlich mit der Entlöschung. Doch nimmt immer nur der schon oder noch an Bord befindliche Teil der Ladung an der Verteilung in großer Haverei teil. Auch bei vorübergehender Trennung von Schiff und Ladung vor Reisebeendigung kann große Haverei vorkommen (s. auch § 706 Nr. 2 HGB).

In den YAR ist die Grundregel A hinsichtlich der gemeinsamen Gefahr für bestimmte Sonderfälle durch einzelne Zifferregeln abgewandelt. Dann haben nach der Präambel der YAR die Spezialbestimmungen der Zifferregeln den Vorrang. Vgl. z. B. die Regel VII (Maschinenschäden beim Abbringen) und Regel IX (Verfeuern von Schiffsmaterial), wo für beide Regeln eine gegenwärtige Gefahr gefordert wird, und die Regeln X und XI (Nothafen), wo sich eine Milderung der Ansprüche an die gemeinsame Gefahr gegenüber der Grundregel A findet.

3. Vom Kapitän oder seinem Vertreter selbst oder auf „dessen Geheiß" muß das Opfer gebracht werden, und zwar *vorsätzlich,* also in dem Bewußtsein, wahrscheinlich ein Opfer zu bringen.

Erforderlich ist das Opfer als *einheitliches Rettungswerk* für Schiff und Ladung aus gemeinsamer Not (RGZ 165, 166; BGHZ 6, 324 = Hansa 52, 1311 = NJW 52, 1136). Das entscheidende Merkmal zur Abgrenzung des einheitlichen Rettungswerkes von Sondermaßnahmen, die nicht zur großen Haverei gehören, ist in der Willensrichtung des Kapitäns oder der mit seinem Einverständnis handelnden Personen zu erblicken.

Ordnen Unbefugte (Schiffsmannschaft, Ladungsbeteiligte oder Versicherer) eigenmächtig Rettungshandlungen an, so erfolgt keine Verteilung in großer Haverei. Vgl. aber RGZ 98, 171 und 165, 170.

4. Ein *Opfer* muß erbracht sein, also eine außerordentliche Maßregel bezüglich der Handlung als solcher oder doch jedenfalls hinsichtlich der Wirkung einer an sich gewöhnlichen Handlung durch besondere Umstände.

Es darf sich also nicht um gewöhnliche Maßregeln der Reiseausführung handeln. Auch Schäden, die ohne die Handlung des Kapitäns eingetreten wären, fallen nicht unter die große Haverei. Siehe dazu auch die das Binnenschiffahrtsrecht betreffende Entscheidung BGH MDR 1965, 830 = Hansa 1965, 1984: normale Löhne der Besatzung gehören auch dann nicht zur Havereigrosse, wenn sie von den Besatzungsmitgliedern zur Rettung aus gemeinsamer Gefahr ausgeführt werden — siehe indessen für das Seerecht auch § 706 Ziff. 4 HGB —; BGH Hansa 1965, 1984: Der Verlust des Ankers bei bestimmungsgemäßem Gebrauch fällt nicht in die Havereigrosse.

5. Das Opfer kann darin bestehen, daß dem Schiff oder der Ladung oder auch beiden ein *Schaden* zugefügt wird.

Das Opfer kann aber auch in der Aufwendung von **Kosten** liegen, z. B. Hilfs- und Bergelohn, Extraschlepplohn.

Doch scheiden solche Kosten aus, die der Verfrachter als regelmäßige Kosten der Seefahrt zu tragen hat. Es muß sich also um Kosten für außerordentliche Maßregeln handeln. Vgl. oben unter 4.

Vergütungsberechtigt sind auch die sog. *Havereigrossefolgen*, d. h. die durch vorsätzlich zugefügte Schäden und aufgewendete Kosten ferner verursachten Schäden (§ 700 Abs. 1 HGB).

Z. B.: Ladung wird als Maßnahme der großen Haverei an Deck gebracht und später über Bord gespült.

Doch sind Havereigrossefolgen nur diejenigen Ereignisse, die als Folgen im gewöhnlichen Lauf der Dinge anzusehen sind. Niemals hierher gehören Schäden, die aus einer Gefahr, der man durch die Opfermaßregel entgehen will, entstanden sind.

6. Schließlich ist erforderlich, daß Schiff und Ladung ganz oder teilweise aus der Gefahr *gerettet* werden (§ 703 HGB). Doch braucht dieser Erfolg nicht die Folge des dargebrachten Opfers zu sein; es wird nur die Rettung *nach* dem, *nicht durch* das Opfer gefordert.

IV. Das Recht der großen Haverei ist zwar in seinen Grundprinzipien in allen Seerechten mehr oder weniger übereinstimmend. In den Einzelheiten jedoch zeigen sich erhebliche Abweichungen. Um diesen Zufälligkeiten zu entgehen (das Verfahren der Regulierung und die Frage, welche Schäden zur Verteilung gelangen, richtet sich nach dem Recht des Ortes der amtlichen Schadensaufmachung, der meistens der Bestimmungshafen ist; vgl. RGZ 147, 61), lag eine internationale Vereinheitlichung des Rechts der großen Haverei nahe. Diese ist in Gestalt der sog. **York-Antwerp-Rules,** jetzt in der Fassung von 1950, erfolgt (zuerst 1864 in York, 1877 in Antwerpen, in Liverpool die YAR 1890, in Stockholm die YAR 1924). Es handelt sich bei ihnen um private Regeln, die auf die Initiative der International Law Association zurückgehen und sich als vereinbartes Recht in sehr vielen Konnossementen und Charterverträgen finden. Vornehmlich hat in ihnen englisches Recht seinen Niederschlag gefunden.

Die YAR schließen das sonst anwendbare nationale Recht nicht vollständig aus, sondern nach der vorangestellten Rule of Interpretation nur insoweit, als es mit ihnen „inconsistent" ist. Die Regeln gliedern sich in sieben grundlegende Regeln (A—G) und 22 Einzelbestimmungen (I—XXII).

In der Rheinschiffahrt finden sich als vereinbartes Recht die „Regeln der Internationalen Vereinigung des Rheinschiffsregisters für die große Haverei" (Rhein-Regeln Antwerpen-Rotterdam 1956).

V. Nach § 702 Abs. 1 HGB wird die Anwendung der Vorschriften über die große Haverei nicht deshalb ausgeschlossen, weil die Gefahr durch einen an der Gefahrengemeinschaft Beteiligten oder einen unbeteiligten Dritten herbeigeführt ist (ähnlich auch Regel D YAR).

Ist ein *Dritter* schuldig, so beeinflußt das die Haveriegrosseverteilung überhaupt nicht. Fällt einem *Beteiligten* — Beteiligte in diesem Sinne sind der Reeder, Verfrachter, Ladungsbeteiligte und im Rahmen des § 723 Abs. 2 und 3 HGB auch Reisende und Schiffsbesatzung — Verschulden zur Last, so kann er für den ihm entstandenen Schaden nichts vergütet verlangen und ist den Beitragsgeschädigten für den durch die Verteilung des Schadens als große Haverei für sie entstehenden Verlust verantwortlich (§ 702 Abs. 2 HGB). Entstehen also nur dem Schuldigen Schäden, so kann er keine Verteilung in großer Haverei fordern. Es bedarf dann keiner Aufmachung eines Schadensverteilungsplans. Sind die Schäden anderen entstanden, so erfolgt die Schadensverteilung, aber die so Benachteiligten haben einen Ersatzanspruch an den Schuldigen. Sind Schäden für den Schuldigen und andere eingetreten, so kombinieren sich diese Rechtswirkungen.

Für den Reeder kommt aber nicht nur sein eigenes Verschulden in Betracht. Er trägt auch die Folgen eines Verschuldens einer Person der Schiffsbesatzung nach Maßgabe des § 485 HGB (§ 702 Abs. 3 HGB). Auch in diesem Fall entfällt also sein Vergütungsanspruch und entsteht für ihn eine Schadensersatzpflicht gegegenüber den übrigen Beitragspflichtigen. Dabei ist zu beachten, daß nach § 607 Abs. 2 HGB i. Verb. mit § 485 S. 2 HGB der Reeder den Ladungsbeteiligten für nautisches Verschulden der Schiffsbesatzung nicht einzustehen hat. Das gleiche gilt für nautisches Verschulden des Seelotsen, der deshalb in § 702 Abs. 3 HGB keiner besonderen Erwähnung bedurfte, weil es sich bei einem Verschulden seinerseits regelmäßig um ein nautisches Verschulden handelt. Es erfolgt dann also eine Schadensverteilung, wie wenn kein Verschulden vorliegt, ohne Ersatzverpflichtung des Reeders und mit einem Vergütungsanspruch seinerseits (Wüstendörfer SHR 381). Nach der gesetzlichen Regelung ist dagegen kommerzielles Verschulden der Schiffsbesatzung gegenüber den Ladungsbeteiligten zu vertreten. Doch ist dies anders als bei der Haftung aus dem Frachtvertrag hier nur nachgiebiges Recht. Denn nach § 663 Abs. 1 HGB steht § 662 HGB einer für den Fall der großen Haverei getroffenen Vereinbarung nicht entgegen. Doch ist die Wirkung einer solchen Freizeichnung sehr umstritten. Nach h. A. hat sie jedenfalls Befreiung des Reeders von seiner Schadenshaftung gegenüber den anderen Beteiligten zur Folge und gewährt ihm auch den gesetzlich nicht gegebenen Vergütungsanspruch für seinen eigenen Schaden. Zweifelhaft ist namentlich, ob sie den Reeder auch von der gewöhnlichen anteilsweisen Umlage der Ladungsopfer auf das Schiff befreit. Vgl. im einzelnen Wüstendörfer Studien 487 ff. und SHR 381 f.; Boockholtz, Seefrachtvertrag und Konnossement in ihrem Einfluß auf die große Haverei, Diss. Hamburg 1934, S. 30 ff.

VI. Zum Ersatz des gegen die Gefahr gebrachten Opfers sind auch die nur teilweise geretteten Gegenstände beitragspflichtig. Wird ein aus *jener Gefahr geretteter Gegenstand* später auf der Reise von einer besonderen Haverei betroffen und geht er dabei vor dem Beginn der Löschung am Ende der Reise ganz verloren, so wird die Verpflichtung zur Beitragsleistung vollständig aufgehoben (§ 704 Abs. 1 HGB). Die Verpflichtung bleibt auch in diesem Fall bestehen, wenn ein Dritter, der den Verlust durch eine rechtswidrige Handlung verursacht hat, hierfür eine Entschädigung zu zahlen hat (§ 704 Abs. 2 HGB). Wird er bei der besonderen Haverei nur beschädigt und sein Wert verringert, so ist ein entsprechend verringerter Havereibeitrag zu zahlen.

Wird ein durch das *Opfer beschädigter Gegenstand* nachher von einer besonderen Haverei betroffen, die ihn weiter beschädigt oder ganz verlorengehen läßt, so bleibt grundsätzlich der Anspruch auf Vergütung in der ursprünglichen Höhe von Bestand. Er entfällt nur, wenn der spätere Unfall mit dem früheren in keinem Zusammenhang steht, und auch dann nur insoweit, als der spätere Unfall auch den früheren Schaden nach sich gezogen haben würde, wenn dieser nicht bereits entstanden gewesen wäre (§ 705 Abs. 1 HGB). Für die zur Wiederherstellung des beschädigten Gegenstands bereits gemachten *Aufwendungen* bleibt indessen der Vergütungsanspruch auch dann bestehen, wenn später der Gegenstand neu beschädigt wird oder verlorengeht (§ 705 Abs. 2 HGB).

Entfällt eine Beitragspflicht, so erhöhen sich die übrigen Beiträge entsprechend. Das gilt nur dann nicht, wenn erst nach *Beginn der Löschung* ein beitragspflichtiger Gegenstand verlorengeht oder im Wert vermindert wird, weil alsdann keine Gefahrengemeinschaft mehr vorhanden ist (§ 724 HGB).

VII. Der allgemeine Begriff der großen Haverei in § 700 HGB findet seine Ergänzung und Einengung in dem umfangreichen kasuistischen Katalog des § 706 HGB, Fälle, in denen große Haverei vorliegen soll, ohne daß aber die Aufzählung eine erschöpfende ist, wie sich aus den einleitenden Worten des § 706 ergibt „Große Haverei liegt namentlich in den nachstehenden Fällen vor". Die Bedeutung der Einzelaufzählung liegt darin, daß in den genannten Fällen die vergütungsberechtigten Havereiopfer im Interesse der Rechtssicherheit und der allgemeinen Verständlichkeit erschöpfend aufgezählt werden (anders Heck, Das Recht der großen Haverei, 1889, 203 f.). Soweit sich nicht aus den Einzelbestimmungen des § 706 HGB etwas anderes ergibt, müssen aber auch in den Fällen dieser Vorschrift die allgemeinen Voraussetzungen der großen Haverei und adäquater Kausalzusammenhang vorliegen.

Die Einzelfälle des § 706 HGB betreffen hauptsächlich: a) *Seewurf* (siehe dazu auch BGH Hansa 1965, 1984: Der Verlust des Ankers bei bestimmungsgemäßem Gebrauch fällt nicht unter die Havariegrosse), b) *Leichterung*, aber nur, sofern sie nicht im regelmäßigen Verlauf der Reise erfolgt, c) *absichtliche* Strandung, wenn sie erfolgt zum Zwecke der Abwendung der Nehmung oder des Untergangs und das Schiff im letzteren Falle nach der Abbringung reparaturfähig bleibt; eine nicht gewollte, zufällige Strandung fällt an sich nicht unter den Begriff der großen Haverei; es sollen aber nach der positiven Bestimmung des § 706 Nr. 3 Abs. 4 HGB die Abbringungskosten sowie die bei der Abbringung dem Schiff oder der Ladung absichtlich zugefügten Schäden in großer Haverei verteilungsberechtigt sein. Vgl. dazu Hansa 1954, 556. d) *Anlaufen eines Nothafens* zur Vermeidung drohender Gefahr, und zwar sind in großer Haverei zu verteilen die eigentlichen Kosten des Ein- und Auslaufens, die Aufenthaltskosten im Nothafen für Schiff, Besatzung und Ladung, ferner die Ausbesserungskosten des Schiffes, sofern der auszubessernde Schaden selbst große Haverei ist. Zu diesen wichtigeren Fällen kommen die weniger bedeutsamen des § 706 Ziff. 5—7 HGB hinzu. In § 707 HGB sind ausdrücklich einige Fälle angeführt, die nicht als große, sondern als besondere Haverei angesehen werden.

VIII. Auf Grund der besonderen Bestimmung des § 708 HGB sollen bei der großen Haverei außer Ansatz bleiben die Schäden von auf Deck verladenen Gütern, an Gütern, über die kein Konnossement ausgestellt ist und über die auch das Manifest oder Ladebuch keine Auskunft gibt, ferner an Kostbarkeiten, Kunstgegenständen, Geld und Wertpapieren, die dem Kapitän nicht gehörig bezeichnet worden sind. Vgl. im übrigen für die Ermittlung der Schäden am Schiff §§ 709, 710 HGB, für diejenigen an der Ladung §§ 711 bis 714 HGB, für diejenigen an der Fracht § 715 HGB.

Der hiernach ermittelte Schaden einschließlich der Ermittlungskosten wird über das Schiff, die Fracht (vgl. dazu v. Rosenberg, Mit welcher Fracht haftet der Reeder? VersR 1963, 1008) *und die Ladung nach Verhältnis ihres Wertes verteilt* (§ 716 HGB). Siehe über den Beitrag des

Schiffes § 717 HGB, über den der Ladung § 718 HGB, über die Bewertung der Güter § 719 HGB, über den Beitrag geworfener und wiedergeborgener Güter § 720 HGB, über den Beitrag der Fracht und von Überfahrtsgeldern § 721 HGB, über die Beitragspflicht der wegen gänzlichen oder teilweisen Verlustes gegen einen Dritten bestehenden Ersatzansprüche § 721 a HGB, über den Abzug der Forderung aus späterem Notfall § 722 HGB. Auch der für gemachte Opfer Vergütungsberechtigte ist insoweit beitragspflichtig, um auf diese Weise seinen Anteil zu tragen. Der Anspruch des Vergütungsberechtigten richtet sich unmittelbar gegen die Vergütungspflichtigen. Doch ist es die Aufgabe des Kapitäns, die Aufmachung einer **Dispache** zu veranlassen, deren Zweck eine gerechte Verteilung der Schäden ist.

Von dem Grundsatz der gleichmäßigen Verteilung des Schadens auf die beitragspflichtigen Werte bestehen einige Ausnahmen: vgl. § 723 Abs. 3 HGB, wonach die nicht vergütungsberechtigte Decksladung, nicht ordentlich deklarierte Güter oder Kostbarkeiten beitragspflichtig sind, falls sie gerettet werden; nach § 723 Abs. 1 HGB sollen der Kriegs- und Mundvorrat des Schiffes, weiter die Habe der Besatzung und das Passagiergut regelmäßig nicht beitragen (anders, wenn für die Sachen Vergütung gewährt wird); nach § 721 Abs. 1 HGB soll die Fracht nur mit zwei Dritteilen der tatsächlich verdienten Bruttofracht und der in großer Haverei zu vergütenden entgangenen Fracht beitragen (Überfahrtsgelder dagegen mit dem Betrage, welcher im Falle des Verlustes des Schiffes eingebüßt wäre [§ 670 HGB], nach Abzug der Kosten, die alsdann erspart sein würden, § 721 Abs. 2 HGB).

IX. Der Summe der zur Haverei beitragenden Werte steht diejenige der für Schäden zu leistenden Vergütungen gegenüber. Aus dem Verhältnis beider errechnet sich der Prozentsatz der Havereibeiträge. Die als *Dispache* bezeichnete Berechnung erfolgt im *Bestimmungshafen,* sonst in dem, wo die Reise endet (§ 727 HGB), und zwar durch besonders ernannte „Dispacheure“, für deren Tätigkeit die §§ 145 bis 158 FGG gelten. Der Kapitän hat die Dispache zu beantragen, wenn er sich den Beteiligten nicht verantwortlich machen will. Diese können den Antrag aber auch selbst stellen (§ 728 HGB; siehe dazu OLG Hamburg Hansa 1970, 715).

Die Dispache ist regelmäßig nur ein gutachtenartiger Vorschlag (RGZ 147, 60). Jeder Beteiligte kann eine Verhandlung über sie vor dem Amtsgericht des Verteilungsortes beantragen (§§ 153, 149 FGG). Entweder schon vorher oder in dieser ist Widerspruch gegen sie zulässig (§ 155 FGG). Dieser kann, wenn er sich nicht durch Einigung erledigt, für begründet anerkannt oder unter Fristsetzung auf den Klageweg verwiesen werden (§ 155 f. FGG). Das Gericht hat die Dispache zu bestätigen, wenn kein Widerspruch erhoben wurde oder ein erhobener erledigt ist (§§ 155 Abs. 2, 156 Abs. 1 und 2 FGG). Vgl. über die sofortige Beschwerde als Rechtsmittel gegen die Bestätigung § 157 Abs. 1 und 2 FGG. Die rechtskräftig bestätigte Dispache ist ein vollstreckbarer Titel (§ 158 FGG). Ein Beschluß, in dem das Amtsgericht im Dispacheverfahren einen Beteiligten zur Zahlung des Bergelohns an den Berger verurteilt, ist nichtig; die Nichtigkeit kann im Wege der Feststellungsklage nach § 256 ZPO geltend gemacht werden (BGHZ 29, 223 = Hansa 1959, 1256 = VersR 1959, 228).

X. Zur Zahlung des von dem Schiff zu entrichtenden Beitrags ist der Schiffseigentümer, zur Zahlung des von der Ladung zu entrichtenden deren Eigentümer verpflichtet, und zwar kommt es auf das Eigentum im Zeitpunkt des Beginns der Löschung am Ende der Reise an (§ 725 Abs. 1 HGB). Zur Zahlung des von der Fracht oder den Überfahrtsgeldern zu entrichtenden Beitrags ist der Verfrachter verpflichtet (§ 725 Abs. 2 Satz 1); anders, wenn die Fracht auch im Falle des Verlustes der Güter zu zahlen ist: dann trifft die Verpflichtung zur Zahlung des auf die Fracht für die geretteten Güter entfallenden Beitrages den Eigentümer der Güter (§ 725 Abs. 2 Satz 2 HGB). Der Verpflichtete haftet nur bis zur Höhe des Wertes der geretteten Gegenstände, mit denen er beitragspflichtig ist, und zwar kommt es auf den Wert bei Beginn der Löschung am Ende der Reise an (§ 725 Abs. 3 HGB).

Wegen der von dem Schiff und von der Fracht zu entrichtenden Beträge haben die Vergütungsberechtigten an dem Schiff die Rechte von Schiffsgläubigern (§ 726 Abs. 1 HGB). An den beitragspflichtigen Gütern steht ihnen wegen des von diesen zu entrichtenden Beitrags ein Pfandrecht zu (§ 726 Abs. 2 HGB). Letzteres hat den Vorrang vor allen anderen an den Gütern bestehenden Pfandrechten, auch wenn diese früher entstanden sind, abgesehen jedoch von Pfandrechten nach § 25 StrandO (§ 726 a HGB). Von mehreren Pfandrechten nach § 726 Abs. 2 HGB geht das wegen der später entstandenen Forderung dem wegen der früher entstandenen Forderung vor (§ 726 a Abs. 2 HGB). Pfandrechte an den beitragspflichtigen Gütern nach § 726 Abs. 2 HGB erlöschen nach einem Jahr nach der Entstehung des Anspruchs (§ 727 a Abs. 3 HGB).

XI. Das Schiff darf den Hafen, in welchem nach § 727 HGB Feststellung und Verteilung der Schäden zu erfolgen hat (Dispachehafen) nur verlassen, wenn für die vom Schiffe zu leistenden Beiträge den Ladungsbeteiligten Sicherheit geleistet ist (§ 730 HGB). Der Kapitän darf Güter, auf denen Havereibeiträge lasten, vor der Berichtigung oder Sicherstellung der letzteren (§ 615 HGB) nicht ausliefern (§ 731 Abs. 1 HGB und dazu OLG Hamburg Hansa 1970, 715).

XII. In analoger Anwendung der für unerlaubte Handlungen geltenden internationalprivatrechtlichen Bestimmungen gilt das Recht des Tatorts für die Verpflichtungen des Kapitäns aus großer Haverei (OLG Hamburg Hansa 1970, 715: Brand auf einem Schiff in einem deutschen Hafen).

XIII. Eine *uneigentliche große Haverei* kennt das Gesetz in den Fällen der §§ 635, 732, 733 HGB.

XIV. Das Institut der großen Haverei findet sich auch im Binnenschiffahrtsrecht, allerdings mit Abweichungen im einzelnen gegenüber dem Seerecht (vgl. §§ 78 ff. BSchG; siehe dazu auch OLG Köln Hansa 1964, 799). Siehe zu §§ 78, 82 Ziff. 5 BSchG BGH NJW 1959, 149 = Hansa 1959, 251 = MDR 1959, 104 u. 186 (Anm. von Sieg): Wird ein Schiff wegen Eintritts des Winterfrostes gezwungen, einen Zwischenhafen aufzusuchen, so können die durch Eisgang auf der Fahrt zum Zwischenhafen entstandenen Schäden nicht als große Haverei-Schäden verteilt werden. Dies gilt auch dann, wenn das noch nicht entladene Schiff von der Löschstelle aus den Zwischenhafen aufsucht. Läßt der Schiffer sein im Zwischenhafen liegendes Schiff bei fallendem Wasser auf Grund aufsetzen, statt zu leichtern, um die die zu erwartenden Bodenschäden voraussichtlich übersteigenden Leichterkosten zu vermeiden, so sind die Bodenschäden bis zur Höhe der ersparten vergütungsberechtigten Leichterkosten zu vergüten (sog. stellvertretende Kosten). Über die Zweckmäßigkeit der Einführung der großen Haverei im Luftrecht vgl. de Rode-Verschoor ZHR 118, 131 ff.

§ 27. Schiffszusammenstoß, Untersuchung von Seeunfällen, Verkehrssicherungspflicht auf Wasserstraßen

Schaps-Abraham II 1009 ff.; Prüssmann 1001 ff.; Wüstendörfer SHR 400 ff.; Wassermeyer, Der Kollisionsprozeß in der Binnenschiffahrt, 4. Aufl. 1971; Marsden, Collisions at Sea, 11. Aufl. 1961 mit Nachtrag 1973; Sundström, Foreign Ships an Foreign Waters, British, American, German and Skandinavian Court Practice in collision case, Stockholm, Upsala 1971; Roelofsen, Ermittlungen von Polizei und Staatsanwaltschaft bei Seeunfällen, Hansa 1956, 1037; Argyriadis, Zur Deckung von Haftpflichtschäden aus Schiffszusammenstoß, VersR 1963, 605; Schulz, Das maßgebliche Statut der Schiffszusammenstöße nach deutschem internationalem Privatrecht, Diss. Frankfurt/M. 1965; Seibert, Der Untergang der Andrea Doria (Schiffskollision-Schadensproblem), MDR 1968, 396 f.; Hauer, Gerichtsbarkeit und Rechtsanwendung bei Schiffskollisionen, Seeverkehr 1968, 478; Graf und Steinicke, Sorgfaltspflicht und Seemannsbrauch, Die Kommandobrücke 1971, 202, 1972, 21, 46, 56 und 80. Siehe über das Schrifttum zur Seestraßenordnung und zur Seeschiffahrtsstraßen-Ordnung § 3 Ziff. 6.

I. Die Zahl der Schiffszusammenstöße ist gegenüber der Segelschiffszeit erheblich vergrößert. Der Schiffsverkehr hat sich seit damals stark vermehrt. Er ist, vornehmlich in den Küstengewässern oder engen Meeresteilen, auf bestimmte Fahrwege zusammengedrängt. Auch die erhöhte Geschwindigkeit ist eine der Ursachen für die zahlreichen Zusammenstöße. Vergrößert hat sich aber auch deren relative Schwere infolge der gewachsenen Schiffsgrößen, der größeren

Kapitalwerte von Schiff und Ladung, auch der andersartigen Bauweise gegenüber der Segelschiffszeit.

II. Diesen erhöhten Gefahren sucht die Rechtsordnung nach Möglichkeit durch eine eingehende Regelung des Wegerechts, des Ausweichens, der Lichterführung der Schiffe usw. zu begegnen. Diese Regeln beruhen weitgehend auf internationaler Vereinheitlichung. Vgl. die in Betracht kommenden Bestimmungen in § 2 I 2. Über Vorgeschichte und Entstehung der Seestraßenordnung s. Busch Hansa 1953, 1056 ff. und 1747 ff. Siehe insbesondere auch die im Anhang zur SeestrO 1960 enthaltenen Empfehlungen für den Radargebrauch zum Kollisionsschutz. Danach muß auch ein Radar-Fahrzeug bei schlechter Sicht entsprechend Art. 16 (a) SeestrO mit mäßiger Geschwindigkeit fahren (so auch die feststehende Rechtsprechung der Seeämter nicht nur in der Bundesrepublik Deutschland). Vgl. RGZ 171, 304 zur Tragweite der Rechtsfahrregel auf Seewasserstraßen, ferner auch über die Anforderungen an die Sorgfaltspflicht des Schlepperbesitzers in einem durch Krängungen unübersichtlichen und durch Sandbänke für die Schiffahrt gefährlichen Teil einer Seewasserstraße. Über die Grenzen der Ausweichpflicht gegenüber Seglern vgl. BGH Hansa 1954, 1029. Eine neue SeestrO wurde im Oktober 1972 in London beschlossen, die aus dem Schiffssicherheitsvertrag herausgelöst wurde, aber noch nicht in Kraft getreten ist. Siehe dazu Sohnke und Hübschmann Hansa 1973, 539 ff. und Schiffahrtinternational (Seekiste) 1973, 255 ff., Helmers, Eine neue Seestraßenordnung in internationaler Beratung, Zur Reform des Schiffssicherheitsvertrages, Hansa 1971, 375 f. *Die VO über das Verhalten von Fahrzeugen im Bereich von Verkehrstrennungsgebieten auf der Hohen See* vom 17. Juli 1973 (BGBl. I 973) regelt ein dringendes Problem vorweg (siehe dazu Lampe, Fahrregeln für Verkehrstrennungsgebiete jetzt zwingend, Hansa 1973, 1592).

Die verkehrsregelnden Bestimmungen sind Schutzgesetze im Sinne des § 823 Abs. 2 BGB.

III. Haftung aus Schiffszusammenstoß

1. Sonderbestimmungen finden sich in den §§ 734 ff. HGB, die dem Brüsseler „Übereinkommen zur einheitlichen Feststellung von Regeln über den Zusammenstoß von Schiffen" (IÜZ) vom 23. September 1910 (RGBl. 1913, 49) durch Gesetz vom 7. Januar 1913 angepaßt sind. Vgl. dazu auch BGH NJW 1959, 769.

Siehe das Übereinkommen zur Vereinheitlichung einzelner Regeln über den Zusammenstoß von Binnenschiffen v. 15. März 1960 (BGBl. 1972 II 1006).

§§ 734 ff. HGB und IÜZ betreffen nur den Zusammenstoß von Schiffen, die voneinander unabhängig sind, d. h. unter sich nicht in einer Schleppverbindung stehen. Erforderlich ist für den Zusammenstoß ein unmittelbares körperliches Aneinandergeraten der Schiffe (siehe dazu auch OLG Hamburg VersR 1973, 1115). Schleppzüge bilden dritten Schiffen gegenüber keine selbständige Haftungseinheit. Der Schaden und die Verantwortlichkeit eines jeden Schiffes des

Schleppzuges ist für sich zu betrachten (OLG Hamburg MDR 1966, 930). Für die im Schleppzug vereinigten Schiffe gilt Schleppvertragsrecht. Über Schubverbände siehe Wassermeyer, Kollisionsprozeß 36 ff., VersR 1964, 452; ETR 1972, 1 und ZfBSch 1973, 480 (Sammlung der Rechtsprechung zum Binnenschiffahrtsrecht), Pabst, Rechtsfragen der Schubschiffahrt, ZfBsch 1971, 22 und 1973, 483 (Sammlung der Rechtsfragen zum Binnenschiffahrtsrecht), auch ZfBsch 1963, 380. Wird ein drittes Fahrzeug von einem Schubverband angefahren und trifft dessen Besatzung die Schuld an dem Zusammenstoß, so haften für den Schaden der Eigner des Schubschiffes und der Schubleichter gesamtschuldnerisch. Intern ist der Schubverband ein Schiff (so Wassermeyer, Kollisionsprozeß a. a. O.). Nach Pabst haftet der Schubleichtereigentümer nur, wenn ihn ein Verschulden trifft, und das könnte nur vorliegen, wenn der Schubleichter nicht fahrtüchtig oder mangelhaft ausgerüstet ist. Siehe über Schubverbände insbesondere auch Institut du Droit International des Transports, Rouen, Les Problèmes juridiques posés par le poussage fluvial, 1971.

Außer dem Zusammenstoß von Schiffen wird durch § 738 c HGB und Art. 13 IÜZ im Rahmen der §§ 734 ff HGB auch die sog. Fernschädigung von Schiffen ohne Zusammenstoß erfaßt.

IÜZ und §§ 734 ff. HGB gelten auch bei Zusammenstößen von einem Seeschiff mit einem Binnenschiff (§ 739 HGB). Dagegen kommen für Zusammenstöße von Binnenschiffen untereinander, für die früher im BSchG auf die seerechtlichen Bestimmungen verwiesen war, seit der Änderung des BSchG durch das Gesetz zu dem Übereinkommen vom 15. März 1960 zur Vereinheitlichung einzelner Regeln über den Zusammenstoß von Binnenschiffen sowie zur Änderung des BSchG vom 30. August 1972 (BGBl. II 1005) nach dessen jetzigem § 92 Abs. 1 die §§ 92 a bis 92 f BSchG zur Anwendung, die indessen grundsätzlich mit den seerechtlichen Regeln übereinstimmen. Das IÜZ kommt zur Anwendung, wenn sämtliche beteiligten Schiffe Vertragstaaten angehören. Siehe BGH VersR 1973, 514 über den Zusammenstoß eines norwegischen Küstenmotorschiffs mit einem deutschen Binnenschiff auf dem Rhein. Das IÜZ gilt nicht für Kriegsschiffe und Staatsschiffe, die ausschließlich im öffentlichen Dienst stehen (anders §§ 734 ff. HGB gemäß Art. 7 Abs. 1 EGHGB), ferner nicht, wenn alle Beteiligten Deutsche sind. Bei einer Kollision in deutschen Gewässern zwischen einem deutschen und einem ausländischen Schiff kommen, wenn nicht das IÜZ gilt, die §§ 734 ff. HGB zur Anwendung (BGHZ 3, 321; OGHBrZ 4, 194 = NJW 1951, 299; BGH Hansa 1957, 1867; OLG Hamburg Hansa 1963, 453; OLG Bremen VersR 1973, 150). Auch ein Schiffszusammenstoß, an dem nur ausländische Schiffe beteiligt sind, ist, wenn er sich innerhalb des deutschen Hoheitsgebiets ereignet hat, nach deutschem Recht zu beurteilen, soweit nicht das IÜZ eingreift. Insbesondere kann sich der ersatzpflichtige Schädiger in solchen Fällen nicht auf Haftungsbeschränkungen seines Flaggenrechts berufen (OGHBrZ a. a. O.; BGHZ 29, 237; Wassermeyer, Kollisionsprozeß 27). Ansprüche auf Ersatz von Schäden, die aus dem Zusammenstoß eines deutschen Schiffes mit einem ausländischen Schiff in einem ausländischen Hoheitsgewässer entstehen, sind vorbehaltlich der sich aus Art. 12 EGBGB für das deutsche

Schiff ergebenden Einschränkungen nach dem Recht des Ortes zu beurteilen, an dem sich der Zusammenstoß ereignet hat. Auch für die Beschränkungen der Haftung der beteiligten Reeder gilt das Recht dieses Ortes. Weitergehende Ansprüche nach dem Recht der Flagge können gegen den Reeder des schuldigen Schiffes nicht erhoben werden; vgl. BGHZ 29, 237 = MDR 1959, 371 u. 552 (Anm. von *Sieg*) = Hansa 1959, 930 = NJW 1959, 769 (bestr.). Auf einen Zusammenstoß von zwei deutschen Schiffen in ausländischen Gewässern hat der Bundesgerichtshof auf Grund der noch für gültig erklärten VO über die Rechtsanwendung bei Schädigung deutscher Staatsangehöriger außerhalb des Reichsgebiets v. 7. 12. 1942 deutsches Recht zur Anwendung gebracht (BGHZ 34, 222), ebenso für die im ausländischen Eigentum stehende Ladung an Bord dieser Schiffe (BGHZ 34, 227). Über Kollision auf einem Zwangsweg siehe BGH Hansa 1958, 982 = MDR 1958, 489. Das nautische Verhalten ist nach den am Ort der Kollision geltenden Verkehrsregeln zu beurteilen (BGHZ 34, 226). Auch die Nebenfragen entscheiden sich nach dem Recht des Tatorts (OLG Hamburg Hansa 1970, 715). — Die §§ 734 ff. kommen nicht zur Anwendung bei einem Zusammenstoß eines Schiffes mit Uferbauten oder mit einem Gegenstand, der kein Schiff im Rechtssinne ist (RGZ 86, 430). Höchstens ist analoge Anwendung einzelner Bestimmungen der §§ 734 ff. HGB oder des IÜZ zu erwägen. Eine Hubinsel, die in Fahrt mit einem Schiff kollidiert, ist aber einem Schiff analog zu behandeln, LG Kiel VersR 1969, 236. — Bei einem Zusammenstoß mit einem Nichtschiff kommen das allgemeine Deliktsrecht und auf Seiten des Schiffes § 485 HGB zur Anwendung. Siehe über Beschädigung einer Verladebrücke durch ein Seeschiff, das sich bei stürmischem Wetter infolge unzureichender Vertäuung von seinem Anlegeplatz im Hafen losgerissen hat und ins Treiben gekommen ist OLG Hamburg Hansa 1965, 1504, BGH VersR 1967, 599 = Hansa 1967, 1627; vgl. auch BGHZ 22, 197 = VersR 1957, 38: Beschädigung einer Pfahlgruppe. Über Beschädigung eines Unterwasserkabels durch ein Versorgungsschiff siehe OLG Bremen Hansa 1969, 785, über Schaden an einem Dalben und mitwirkendes Verschulden eines anderen Schiffes OLG Hamburg VersR 1973, 912.

2. §§ 734 ff. HGB und IÜZ betreffen grundsätzlich allen unmittelbaren oder mittelbaren Vermögensschaden jeder Art durch *Schiffszusammenstoß* (einschließlich Fernschädigung; vgl. dazu RGZ 171, 47; 171, 242; Hansa 1951, 1493), der Schiffen, den an Bord befindlichen Personen und Sachen zugefügt ist.

Über die Notwendigkeit der Adäquanz s. BGHZ 2, 138; 3, 261 = NJW 1951, 711. Siehe BGH Hansa 1965, 1325 über Anforderungen an den Nachweis der Ursächlichkeit für einen erst nachträglich festgestellten Unterwasserschaden. Vgl. über den Ersatz der Bewachungskosten während der Reparaturzeit HansOLG Hansa 1951, 410; über Abzug neu für alt HansOLG Hansa 1952, 738; 1954, 548; 1955, 239; Heynen Hansa 1953, 230. Über die Erstattungsfähigkeit der Kosten von Privatgutachten s. Heynen Hansa 1953, 895. Zum ersatzpflichtigen Schaden können insbesondere gehören Beschädigung des Schiffes und seiner Ladung, Rettungskosten nach dem Zusammenstoß, Verbringen des

Schiffes zur Reparaturwerft, Umstauungs- oder Löschkosten der Ladung wegen der Reparatur, weiterer Verderb der Ladung, entgangene Schiffsnutzung. Die Nutzungsentschädigung kann schon auf Grund der kontradiktorischen Schadenstaxe und nicht erst nach Durchführung der Instandsetzungsarbeiten verlangt werden (OLG Karlsruhe Hansa 1955, 601). Vgl. auch BGH Hansa 1965, 1502 wegen der Verbindlichkeit der kontradiktorischenSchadenstaxe für den Sach- und Nutzungsschaden. Wegen Erstattung der Kosten eines Vorprozesses im Kollisionsrecht s. HansOLG MDR 1954, 834, über Schadensberechnung bei der Beseitigung eines Kollisionsschadens im Ausland Hansa 1959, 1416 (holländische Entscheidung), über Kollision eines Fahrgastschiffes mit einer Baggerschute und den Anspruch auf Ersatz anteiliger Kosten für das Bereithalten eines Reserve-Schiffes OLG Hamburg Hansa 1965, 581.

Die §§ 734 ff. HGB und das IÜZ regeln nur die *außervertragliche Haftung des Reeders aus unerlaubter Handlung,* und zwar nicht nur *gegenüber dem anderen Schiff und dessen Reise- und Ladungsbeteiligten.* Es bleibt also die vertragliche Haftung gegenüber den eigenen Reise- und Ladungsbeteiligten sowie Besatzungsangehörigen unberührt (§ 737 Abs. 1 HGB).

Soweit nach §§ 734 ff. HGB Schadensersatz zu leisten ist, ist der volle Schaden zu ersetzen. Die §§ 249 ff. BGB und, bei Personenschaden, die §§ 842 ff. BGB, kommen zur Anwendung.

Mangels anderweitiger Vereinbarungen kann ein Nutzungsverlust, der durch Stilliegen eines beschädigten Schiffes auf der Reparaturwerft entstanden ist, nicht als Unfallschaden geltend gemacht werden, wenn die durch den Unfall bedingten Wiederherstellungsarbeiten nur bei Gelegenheit einer anderen Reparatur, die mit dem Unfall nichts zu tun hatte, vorgenommen sind (AG-RSchG-Duisburg-Ruhrort VersR 1966, 951).

3. Im Grundsatz entsprechen die Haftungsvoraussetzungen den bürgerlich-rechtlichen Bestimmungen und § 485 HGB.

a) Ist derZusammenstoß durch *Zufall* oder *höhere Gewalt* (dieser Begriff ist hier nur ein Unterfall des Zufalls) herbeigeführt worden oder besteht *Ungewißheit* über seine Ursachen, so besteht *kein Anspruch auf Schadensersatz* (§ 734 HGB).

b) Beruht der Zusammenstoß auf dem Verschulden der Besatzung eines der Schiffe (der an Bord tätige Seelotse steht dieser gleich, § 737 Abs. 2 HGB, und zwar auch dann, wenn es ausnahmsweise Führungszwangslotse sein sollte,denn § 737 HGB a. F. ist durch das SRÄG aufgehoben worden), so ist der Reeder dieses Schiffes zum Ersatz des Schadens verpflichtet (§ 735 HGB).

Der Schiffsbesatzung stehen solche Personen gleich, die zwar nicht ständig in die Schiffsorganisation eingefügt sind, aber doch Dienste verrichten, die üblicherweise durch eine Person der Schiffsbesatzung wahrgenommen werden (s. oben § 14 III 1 a dd). Auch der Hafenlotse ist entsprechend zu behandeln.

c) War schließlich die Ursache des Zusammenstoßes ein *gemeinsames Ver-*

schulden (nicht nur Verursachung; RGZ 172, 92) ***der Besatzungen der beteiligten Schiffe***, so haften für **Personenschäden** die Reeder der schuldigen Schiffe dem Verletzten als *Gesamtschuldner* (§ 736 Abs. 2 S. 1 HGB, Art. 4 Abs. 3 IÜZ). Abweichend von § 426 BGB richtet sich die Ausgleichspflicht untereinander nach der Schwere des auf jeder Seite vorhandenen Verschuldens (§ 736 Abs. 2 i. Verb. mit Abs. 1 HGB).

Anders ist die Regelung für **Schiffsschäden** und Schäden der an Bord befindlichen **Sachen.** In diesen Fällen haften die Reeder der schuldigen Schiffe nur nach *Verhältnis der Schwere des auf jeder Seite obwaltenden Verschuldens,* also nicht gesamtschuldnerisch, sondern nur mit bruchteilsmäßiger Verteilung auf die schuldigen Schiffe. Vgl. dazu auch BGH VersR 1959, 608. Kann nach den Umständen ein Verhältnis der Schwere des Verschuldens nicht festgesetzt werden oder liegt auf jeder Seite ein schweres Verschulden vor, so sind die beiden Reeder zu gleichen Teilen ersatzpflichtig (§ 736 Abs. 1 HGB, Art. 4 Abs. 1 IÜZ). Diese Regelung ist für den Ladungsbeteiligten recht ungünstig, weil im Hinblick auf § 607 Abs. 2 HGB sein Ersatzanspruch aus beiderseits nautisch verschuldetem Schiffszusammenstoß gegenüber dem eigenen Reeder entfällt. § 736 Abs. 1 HGB stellt eine erschöpfende Sonderregel dar. Die Grundsätze des § 254 BGB sind daher nicht anzuwenden (BGH VersR 1959, 504 = Hansa 1956, 1756, Hans OLG Hamburg Hansa 1956, 1756 und 1966, 1258). Auch ist es nicht zulässig, dem ganz überwiegend schuldigen Schiff den Gesamtschaden aufzuerlegen (Schaps-Abraham II Anm. 6 zu § 736 HGB; anders Sieg MDR 1959, 731, 915).

Anders das Recht der USA: Dort hat die Ladung bei Verschulden beider Kollisionspartner volle Ersatzansprüche gegen beide als Gesamtschuldner, wobei das zahlende Schiff zu 50 % (ohne Abstufung nach dem Grade des Verschuldens) Regreß gegen das mitschuldige Schiff hat. Gegen diesen Regreß sichert sich der Verfrachter üblicherweise durch die „both to blame collision clause" mit dem Ergebnis, daß die Ladung nur 50 % des Schadens ersetzt erhält, nämlich 100 % vom Kollisionsgegner minus 50 %, für die der Kollisionsgegner sich beim Verfrachter erholt und die dieser auf die Ladung überwälzt. Vgl. Katzenstein Hansa 1951, 1515; Wüstendörfer SHR 405 f. Die Klausel ist durch US. Supreme Court für unwirksam erklärt worden. Vgl. Hansa 1952, 744 und US Court of Appeals Second Circuit i. Sa. Encyclopedia Britannica v. Hong Kong Producer v. 30. 10. 1969, AMC 1969, 1741.

Vgl. über die Rechtsprechung zur Radarbenutzung die Angaben bei Schaps-Abraham III Anm. 10 ff. zu Art. 16 SeestrO und unten Ziff. 5.

4. Derjenige, der Ersatz begehrt, hat grundsätzlich zu beweisen, daß sein Schaden durch Zusammenstoß mit dem Schiff des haftbar gemachten Reeders entstanden ist, und zwar infolge Verschuldens eines Besatzungsmitgliedes desselben in Ausführung seiner Dienstverrichtungen. Es genügt indessen der Nachweis, daß irgendwelche Besatzungsmitglieder des anderen Schiffes schuldhaft gehandelt haben. Regelmäßig genügt es für den Kläger, wenn er den Beweis des ersten Anscheins erbringt. Es ist dann Sache des Gegners, diesen zu entkräften, wozu wiederum ein Gegenbeweis des ersten Anscheins genügt. Vgl. dazu OGHBrZ 4, 194 = NJW 1951, 299; SchiffObG Hamm Hansa 1951, 299; BGH

Hansa 1952, 275; 1953, 370; 1957, 356 = VersR 1957, 143; HansOLG Hansa 1953, 1095 und 1954, 547, 2176; Wassermeyer Kollisionsprozeß 97 ff.; Schaps-Abraham II Anm. 94 ff. zu § 735 HGB mit weiteren Angaben. Ein Verschulden aus einem Beweis des ersten Anscheins kann nicht aus der Tatsache hergeleitet werden, daß ein fahrendes Schiff ein stilliegendes Fahrzeug rammt, das unter Verletzung von Verkehrsvorschriften an einem nicht erlaubten und ungeeigneten Ort gelegen hat (HansOLG Hamburg Hansa 1966, 1253, Schaps-Abraham II Anm. 85 zu § 735 HGB) oder mangelhaft beleuchtet ist (BGH VersR 1966, 466 und 484). Sonst wird bei einem Zusammenstoß zwischen einem fahrenden und einem stilliegenden Schiff vermutet, daß das erstere schuldhaft gehandelt hat und daß sein Verschulden für die Kollision kausal gewesen ist (Schaps-Abraham II Anm. 83 zu § 735 HGB mit weiteren Nachweisen). Die Tatsache, daß ein Schiff beim Befahren einer Seeschiffahrtsstraße zeitweise dem Ruder nicht gehorcht und infolgedessen einen beabsichtigten Kurs nicht einhält, läßt im Falle einer Begegnungskollision nicht ohne weiteres auf ein Verschulden seiner Führung schließen, solange nicht feststeht, daß das Schiff seine Fahrwasserseite verlassen hat und in das Fahrwasser des Gegenkommers geraten ist (BGH VersR 1966, 951 = Hansa 1967, 97; siehe auch BGH VersR 1961, 317). Über prima-facie-Beweis und Sorgfaltsverpflichtung bei einer im Eis langsam treibenden Schute s. HansOLG Hansa 1955, 1732. Aus der allgemeinen Sorgfaltspflicht des Kapitäns folgt die Verpflichtung, ein über den Schiffskörper hinausragendes Ruder nach dem Festmachen des Schiffes so zu legen, daß infolge der Enge des Fahrwassers in nahem Abstande passierende Schiffe tunlichst nicht gefährdet werden. Doch darf sich ein Schiff auch dem Heck eines anderen selbst bei engem Raum zum Manövrieren nicht so weit nähern, daß es in den Drehkreis der über den Schiffskörper hinausragenden Ruderblätter des anderen Schiffes gerät (BGH ZfBsch 1959, 337 = MDR 1959, 551 und 731 [Anm. von Sieg] = Hansa 1959, 1706; siehe dazu auch HansOLG Bremen Hansa 1958, 2100). Vgl. HansOLG Bremen Hansa 1958, 986 über Voraussetzungen des prima-facie-Beweises wegen Ankerns an verbotener Stelle bei Beschädigung eines dort liegenden Kabels. Siehe HansOLG Hamburg Hansa 1957, 2136 und 1958, 921 über den Anscheinsbeweis gegen das überholende Schiff. Vgl. dazu auch BGH Hansa 1957, 879. Ein Kapitän, der seiner Aufklärungspflicht über nautische Manöver infolge mangelhafter Eintragung in die Schiffs- und Maschinentagebücher nicht genügen kann, muß ungünstige Schlüsse, die hieraus auf den Ablauf einer Kollision gezogen werden können, gegen sich gelten lassen (BGH VersR 1966, 951).

5. Aus der neueren Rechtsprechung: Auch wenn im Fahrwasser sonst das Ankern verboten ist, darf und muß ein Schiff nach gefestigter Rechtsprechung vor Anker gehen, wenn es in Nebel gerät und keine Möglichkeit der Kontrolle seiner Fahrt mehr besitzt, auch andere Schiffe nicht orten kann (OLG Hamburg Hansa 1968, 705; BGH VersR 1955, 614 = Hansa 1956, 321; BOSA 7, 456 = Hansa 1961, 115; BOSA Hansa 1965, 1005). Auch wenn eine Kollisionsgefahr allein vom Gegner geschaffen wurde, kann sich die Verpflichtung zum Ankerwerfen aus der allgemeinen Rechtspflicht ergeben, alle nach Lage der Sache und nach der Verkehrsanschauung zumutbaren Gegenmaßnahmen zu treffen (BGH

VersR 1966, 951). Siehe OLG Hamburg VersR 1970, 419 und die Revisionsentscheidung BGH VersR 1972, 170 zur Frage des ursächlichen Zusammenhangs zwischen dem Fehlen des Ausgucks auf der Back eines durchgehenden Küstenmotorschiffes und der Kollision dieses Schiffes mit einer querenden Barkasse im Bereich des Hamburger Hafens.

Bei Nebel und dickem Wetter muß die Fahrt rechtzeitig zumindest so weit herabgesetzt werden, daß bei plötzlichem Sichten eines anderen Schiffes, das ebenfalls mit mäßiger Geschwindigkeit fährt, genügend Zeit und Raum verbleibt, ihm gegebenenfalls durch Ruder- oder Maschinenmanöver auszuweichen (Art. 16 a SSO; OLG Bremen VersR 1973, 226). Von der Einhaltung dieser Verpflichtung befreit auch nicht das Vorhandensein und die Benutzung von Radar, das nur ein navigatorisches Hilfsmittel ist (OLG Bremen a. a. O.). Die seemännische Praxis erfordert, Ausweichmanöver grundsätzlich nicht vorzunehmen, ehe der im Nahbereich geortete Gegner optisch in Sicht gekommen ist. Bei Nebelfahrten darf der Wachhabende nicht das Radargerät bedienen. Es muß vielmehr ein zusätzlich auf die Brücke beorderter radarerfahrener Nautiker mit der ständigen Bedienung des Gerätes beauftragt werden (OLG Bremen a. a. O.). Eine feststehende seemännische Praxis fordert, bei Nebel und unsichtigem Wetter, insbesondere auf stark befahrenen Gewässern, einen Ausguck auf die Back zu stellen, sofern es das Wetter erlaubt (Art. 29 SSO; OLG Bremen a. a. O.).

Ergibt die Radarbeobachtung, daß mit einer Annäherung mehrerer Schiffe im Nebel zu rechnen ist, so muß in Rechnung gestellt werden, daß eines der Schiffe anders reagiert als erwartet. Die Geschwindigkeit ist herabzusetzen, um notfalls rechtzeitig aufstoppen zu können. Ist das Schiff in einem Gebiet, in dem nach Richtfeuerlinien gefahren wird, bei Nebel durch ein zulässiges Rückwärtsmanöver in eine Schräglage geraten, so muß es schnellmöglichst wieder kursgerecht gelegt werden (OLG Hamburg MDR 1972, 426 = VersR 1972, 855).

Es stellt ein grobes Verschulden bei der Nebelfahrt dar, ohne zwingenden Grund ohne genaue Ortung und Beobachtung des Kollisionsgegners auf dem Radarschirm mit voller Fahrt die Kanalreede von Brunsbüttel zu durchfahren (OLG Hamburg VersR 1972, 685).

Siehe BGH VersR 1972, 360 zur Frage der Haftung für eine Kollision zwischen einem niederländischen Binnenmotorschiff und einem Dienstfahrzeug einer deutschen Wasser- und Schiffahrtsdirektion im Bereich der Seewasserstraße Ems. Für Schiffe, die sich — auf eigenes Risiko — außerhalb des Fahrwassers bewegen, gelten die Ausweichregeln der Seestraßenordnung. Ein Schiff, das sich in der Nähe des Fahrwassers bewegt, hat sich so zu verhalten, daß es für andere Fahrzeuge keinem Zweifel unterliegen kann, ob es dem Fahrwasser folgt oder nicht. Siehe BGH VersR 1972, 1064 zur Haftungsabwägung bei einer durch Verletzung des Rechtsfahrgebots verursachten Begegnungskollision auf der Unterelbe.

Die Fahrt durch den Nord-Ostsee-Kanal muß auch bei einem Nebel, der nicht besonders dicht ist, dann eingestellt werden, wenn das Schiff nicht mit Radar ausgerüstet ist, der Kompaß ungenau anzeigt und ein in der Kanalfahrt erfahrener Rudergänger nicht an Bord ist. Der verantwortliche Schiffsführer oder sein Vertreter darf sich auch nicht einmal für nur 10 Sekunden von der Brücke entfernen, wenn wegen der schlechten Sichtverhältnisse und wegen Gegenverkehrs auf dem Kanal mit einer plötzlich eintretenden Gefahrenlage gerechnet werden muß (OLG Hamburg MDR 1973, 55 = VersR 1973, 542).

Siehe über die Haftungsfragen bei Auflaufen auf ein Wrack unter besonderer Berücksichtigung der erforderlichen und zumutbaren Vorkehrungen zur Wrackbeseitigung nach der Kollision OLG Hamburg VersR 1972, 188. Das Verschulden, das bei dem Erstunfall zum Sinken eines Schiffes führt, kann auch ursächlich sein für den Schaden, der einem dritten Schiff durch späteres Auflaufen auf das Wrack entsteht.

6. Die kollisionsrechtlichen Bestimmungen gelten auch, wenn mehr als zwei Schiffe zusammenstoßen oder sich fernschädigen. Sind dann von z. B. drei Schiffen nur zwei schuldig, so kommt nach h. A. für die beiden schuldigen Schiffe nicht die Quotenverpflichtung des § 736 Abs. 1 HGB zur Anwendung, weil der Zusammenstoß nicht durch gemeinsames Verschulden der beteiligten (d. h. aller beteiligten) Schiffe herbeigeführt ist. Deshalb kann der Reeder des nicht schuldigen Schiffes jeden Reeder der beiden schuldigen Schiffe als Gesamtschuldner auf Ersatz des ganzen Schadens in Anspruch nehmen. Der interne Ausgleich zwischen den Reedereien der schuldigen Schiffe richtet sich dann nach § 736 Abs. 1 HGB (vgl. z. B. Schaps-Abraham II Anm. 41 zu § 736 HGB, Wüstendörfer SHR 408, RGZ 96, 164). Siehe für den Fall, daß alle beteiligten Schiffe schuldig sind, BGH VersR 1959, 608, auch BGH MDR 1968, 388 Schaps-Abraham II Anm. 40 zu § 736 HGB. Ist ein Schiffszusammenstoß durch gemeinsames Verschulden der Besatzungen zweier Schiffe herbeigeführt worden, so ist das Verschulden eines dritten Schiffes, das an der Kollision nicht beteiligt war, zwischen den beiden ersten Schiffen für die Bemessung ihrer Mitverantwortlichkeit bei der Schadensquote zu berücksichtigen (BGH MDR 1968, 388 = Hansa 1968, 1428 und 2062). Der Eigentümer des bei einem Schiffszusammenstoß beschädigten schuldlosen Schiffes muß sich auf seinen gegen den Eigner des an dem Unfall schuldigen Schiffes gerichteten Schadensersatzanspruch das unfallursächliche Mitverschulden der Besatzung eines anderen Schiffes, das dem Eigentümer des schuldlosen Schiffes gehört, anrechnen lassen (BGHZ 52, 166 = Hansa 1970, 204 für das Binnenschiffahrtsrecht).

IV. 1. Durch das Seerechtsänderungsgesetz ist in das innerdeutsche Recht eingearbeitet und damit über den Geltungsbereich der völkerrechtlichen Verpflichtung ganz allgemein deutsches Recht geworden das **Übereinkommen zur Vereinheitlichung von Regeln über die zivilgerichtliche Zuständigkeit bei Schiffszusammenstößen** von 1952. Es stellt die prozessuale Ergänzung zu dem Brüsseler Übereinkommen vom 23. September 1910 zur einheitlichen Feststellung von Regeln über den Zusammenstoß von Schiffen dar. Es will eine Vereinheitlichung und Beschränkung der für Klagen aus Schiffszusammenstößen zur Verfügung stehenden Gerichtsstände herbeiführen. Dem Kläger sollen wegen Ansprüchen aus Zusammenstößen — außer dem Gerichtsstand des Zusammenhangs mit anderen Klagen aus demselben Schiffszusammenstoß (siehe § 738 Abs. 1 Ziff. 4 HGB) — nur drei Gerichtsstände nach seiner Wahl zur Verfügung stehen: der Gerichtsstand des gewöhnlichen Aufenthalts des Beklagten oder seiner gewerblichen Niederlassung (siehe § 738 Abs. 1 Ziff. 1 HGB), der Gerichtsstand des Arrestes in ein Schiff des Beklagten (siehe § 738 Abs. 1 Ziff. 3 HGB und — bei Zusammenstößen in Häfen oder Binnengewässern — der Gerichtsstand des Ortes des Zusammenstoßes (siehe § 738 Abs. 1 Ziff. 2 HGB). Vgl. wegen weiterer Einzelheiten §§ 738 Abs. 2 und 3, 738 a, 738 b HGB. Andere Gerichtsstände sollen nur bei entsprechender Parteivereinbarung gegeben sein. Vgl. auch § 2 III 2 a.

Das Übereinkommen gilt, wie das Übereinkommen von 1910, für Zusammenstöße von Seeschiffen sowie von Seeschiffen mit Binnenschiffen, gleichgültig, ob sie sich auf See oder auf Binnengewässern ereignen. Es betrifft nur Klagen wegen außervertraglicher Ansprüche, auf deren Regelung sich auch das Übereinkommen von 1910 beschränkt.

2. Ferner ist das **Übereinkommen zur Vereinheitlichung von Regeln über die strafgerichtliche Zuständigkeit bei Schiffszusammenstößen** von 1952 von der Bundesrepublik Deutschland ratifiziert worden. Sein Zweck ist zunächst, die Schiffe und ihre Besatzungen bei bestimmten mit der Führung des Schiffes zusammenhängenden Delikten gegen die Gefahren wiederholter strafrechtlicher Verfolgung vor fremden Gerichten sowie gegen Zwangsmaßnahmen, insbesondere die Beschlagnahme des Schiffes, im Zusammenhang mit solchen Ereignissen zu schützen. Vgl. auch § 2 III 2 a.

Sodann will es zweifelhafte Fragen des internationalen Strafrechts hinsichtlich der Verfolgung von Straftaten, die auf Schiffen auf hoher See begangen worden sind, in dem Sinne klären, daß dem Flaggenstaat das Recht der strafgerichtlichen und disziplinarischen Verfolgung der auf seinen Schiffen begangenen Straftaten vorbehalten wird; jedem Staat verbleibt jedoch das Recht, seine eigenen Staatsangehörigen wegen Straftaten an Bord eines fremden Schiffes zur Rechenschaft zu ziehen sowie von ihm ausgestellte Befähigungszeugnisse zu widerrufen. Die Beschränkungen des Übereinkommens gelten nicht für die Verfolgung von Straftaten in Häfen, Reeden und inneren Gewässern. Auch wird jedem Staat das Recht gewährt, seinen eigenen Strafverfolgungsbehörden weiterhin die Verfolgung aller Delikte zu gestatten, die im gesamten Bereich seiner Hoheitsgewässer begangen worden sind.

Das Übereinkommen ist in das innerdeutsche Recht nicht eingarbeitet worden. Es gilt nur unter den Vertragsstaaten.

V. Der **Untersuchung** von **Seeunfällen,** an denen ein öffentliches Interesse vorliegt, dienen die **Seeämter** (§ 1 SeeUG).

Vgl. wegen der Einzelfälle, in denen eine Untersuchung eingeleitet werden muß, kann oder darf §§ 2—4 SeeUG. Die Untersuchung soll die Ursachen und Umstände des Seeunfalls ermitteln (§ 5 SeeUG). Die erstinstanzlichen Seeämter sind Landesbehörden, das Bundesoberseeamt als Berufungsinstanz ist Bundesbehörde. Es ist im Geltungsbereich des GG an die Stelle des früheren Reichsoberseeamts getreten (vgl. §§ 6 ff. SeeUG) und hat seinen Sitz in Hamburg. Vgl. auch Hansa 1951, 198. Über die Beteiligten s. § 12 SeeUG. Vgl. auch Beschluß

BOSA Hansa 1953, 222: Reeder und Werft gehören auch dann nicht zu den Beteiligten, wenn im Seeamtspruch belehrende und kritische Ausführungen i. S. des § 25 (4) SeeUG gegen sie gerichtet sind; s. dazu Anm. von Krüger. S. über Vorbereitung der Untersuchung § 13 ff. SeeUG, über Hauptverhandlung und Spruch §§ 18 ff. SeeUG. Im Spruch kann dem Inhaber einer deutschen Gewerbebefugnis als Kapitän, Seeschiffer, Seesteuermann, See- oder Kleinmaschinist oder Seemotorführer die Gewerbebefugnis entzogen werden. S. wegen der Einzelheiten § 26 SeeUG.

Nach BVerwG NJW 1969, 1980 ist das Bundesoberseeamt kein Gericht. Sprüche des Bundesoberseeamts, die lediglich ein schuldhaftes Verhalten eines Beteiligten feststellen, sind keine Verwaltungsakte und können vor den Verwaltungsgerichten nicht angefochten werden.

Siehe zu der Frage, ob Unfälle von Segel- und Motoryachten seeamtlich zu untersuchen sind, Hansa 1971, 579. Vgl. BOSA Hansa 1968, 707 (Fall Regina Maris): Eine Untersuchung mit dem etwaigen Ergebnis einer Schuldfeststellung gegen einen Lotsen mit norwegischer Staatsangehörigkeit wegen eines Unfalls in norwegischen Gewässern kommt grundsätzlich nicht in Betracht. Der Zweck des SUG ist die Sicherung der deutschen Seeschiffahrt.

Eine Reform des SeeUG wird erwogen. Siehe dazu Lau Hansa 1973, 2163 und 1974, 22.

VI. Rechtsnatur und Rechtsgrundlage der Verkehrssicherungspflicht öffentlich-rechtlicher Körperschaften

Für die Benutzer öffentlicher Wege und Wasserstraßen ist es von wesentlicher Bedeutung, ob die Unterhaltungs- und Verkehrssicherungspflicht des Staates privat- oder öffentlichrechtlichen Charakters ist und im Falle ihrer Vernachlässigung die §§ 823, 30, 31, 89 BGB oder die Grundsätze der beamtenrechtlichen Haftung nach § 839 BGB, Art. 34 GG in Betracht kommen. Die herrschende Lehre und Rechtsprechung, insbesondere auch die des Reichsgerichts, hat seit jeher die §§ 823, 30, 31, 89 BGB zur Anwendung gebracht. (anders Forsthoff DVBl. 1952, 162). Der Bundesgerichtshof hat in BGHZ 9, 373 = NJW 53, 1297 = Hansa 53, 1647 (vgl. auch Hansa 55, 1000; 1956, 2302; ZfBsch. 1959, 132) an der herrschenden Lehre festgehalten. Die Verkehrssicherungspflicht des Staates oder der öffentlichrechtlichen Körperschaft ergebe sich weder aus dem Privateigentum am Wegekörper noch aus dem öffentlichrechtlichen Nutzungsverhältnis an diesem, sondern aus der objektiven Gefahrenlage, die mit der Benutzung des öffentlichen Weges oder der Wasserstraße entstehe. Wolle der Staat oder die öffentlichrechtliche Körperschaft, der die Verkehrssicherungspflicht obliege, ihr im Rahmen des öffentlichen Rechts hoheitlich genügen, so bedürfe es dazu eines ausdrücklichen, der Allgemeinheit kundzumachenden Organisationsaktes. Über das Ausmaß der Pflichten, die die Organe und verfassungsmäßig berufenen Vertreter des Staates zur Erfüllung der ihnen obliegenden Verkehrssicherungspflicht zu beachten haben und welche Anforderungen an den Nachweis einer genügenden Aufsichtsführung gestellt werden, vgl.

Rheinschiffahrtsobergericht Köln ZfBsch 1952, 309, Schiffahrtsobergericht Hamm ZfBsch 1952, 310.

Vgl. über Beschädigung eines Schiffes durch Berührung mit dem Leitwerk beim Einlaufen in eine Schleuse HansOLG Hamburg Hansa 1954, 431 und VkBl. 1956, 703 = ZfBsch 1956, 433. Siehe SchleswHolstOLG Hansa 1954, 835 wegen verkehrsgefährlicher Beschaffenheit des Hafengrundes in einem Tiedehafen, OLG Hamburg MDR 1972, 327 = VersR 1972, 582 wegen des Ebenhaltens der Sohle eines Hafenbeckens, in dem Binnenschiffe bei Normalniedrigwasser nicht trockenzufallen pflegen. Vgl. OLG Stuttgart (Karlsruhe) Hansa 1954, 1029 wonach neben der privatrechtlichen Verkehrssicherungspflicht der Wasserstraßenverwaltung eine öffentlichrechtliche Haftung für Verschulden der Wasserpolizeibehörde nicht ausgeschlossen ist. Bei kanalisierten Wasserläufen beschränkt sich die Verkehrssicherungspflicht grundsätzlich auf das eigentliche Fahrwasser, Rheinschiffahrtsobergericht Frankfurt/M. Hansa 1955, 1511 = VkBl. 55, 223. S. auch BGH Hansa 1955, 1888. Über die richtige Durchführung und Überwachung des Betriebes an einer Schleuse, die auch einen Teil der Verkehrssicherungspflicht bildet, vgl. BGH ZfBsch 1959, 132. Siehe Lindner, Verkehrssicherungspflicht in öffentlichen Kanälen unter besonderer Berücksichtigung des KW-Kanals, Hansa 1959, 1051. Vgl. HansOLG Hamburg Hansa 1957, 1094: Hamburger Hafenbrauch über das Festmachen an fremden Kaianlagen. Siehe weiter BGH ZfBsch 1957, 267; HansOLG Hamburg Hansa 1957, 889 = MDR 1957, 423; BGH Hansa 1957, 240 = VRS 1957, 7. Siehe über die Rechtswirksamkeit des Ausschlusses jeder Haftung für Beschädigung von Schiffen und Gütern im Hafenbezirk in einer auf Grund oldenburgischen Landesrechts erlassenen Hafenordnung BGH VersR 1964, 424. Aus der Pflicht, die Schiffbarkeit eines Gewässers zu unterhalten, kann sich auch die Verpflichtung ergeben, durch geeignete Sicherungsmaßnahmen den drohenden Einsturz einer erkennbar baufälligen Ufermauer, auf die die Außenwand eines Hauses errichtet ist, zu verhindern (BGH MDR 1971, 647).

VII. *Haftung für Schäden durch Umschlagsanlagen*

Ein Unternehmen, das Verlade- oder Umschlagsanlagen betreibt, haftet — unbeschadet einer etwaigen vertraglichen Haftung — wegen unerlaubter Handlung im Sinne des § 823 Abs. 1 BGB für Schäden, die bei Verwendung moderner maschineller Umschlagseinrichtungen, wie z. B. einer Waggon-Kipperbrücke, durch Herabstürzen großer und schwerer Ladestücke an den vorgelegten Schiffen entstehen, wenn das Unternehmen diese Möglichkeit der Beschädigung gekannt oder mit ihr hat rechnen müssen und keine geeigneten Gegenmaßnahmen getroffen hat. Das schädigende Verhalten läßt sich nicht mit einem Hinweis auf den technischen Fortschritt und die Notwendigkeit der Verwendung moderner Umschlagseinrichtungen rechtfertigen. Ohne entsprechende Vereinbarungen mit dem Eigentümer des Schiffes kann dessen Einverständnis mit der Beschädigung seines Eigentumes oder mit der Übernahme eines derartigen Risikos nicht unterstellt werden (BGH ZfBsch 1959 S. 336).

VIII. *Ölverschmutzung der See und Wasserstraßen*

1. Am 12. Mai 1954 wurde in London das *Internationale Übereinkommen zur Verhütung der Verschmutzung der See durch Öl* gezeichnet, das am 26. Juli 1958 in Kraft trat (vgl. BGBl. 1956 II 379). Im Jahre 1962 erfolgten Änderungen des Übereinkommens in Gestalt einer Schlußakte (vgl. BGBl. 1964 II 751), die im wesentlichen in Verschärfungen bestanden. Bei diesem Übereinkommen geht es um die Gefahr der Ölverschmutzung durch Ablassen von Öl und Tankreinigung. Siehe auch die VO über die Form und Führung der Öltagebücher vom 1. April 1968.

2. Am 29. Nov. 1969 wurden in Brüssel zwei Abkommen gezeichnet, die sich mit der Ölverschmutzung der See durch **Tankerunfälle** befassen, einmal das öffentlich-rechtliche *Übereinkommen über Maßnahmen auf hoher See nach Tankerunfällen* (siehe dazu § 4 II 4) und sodann das privatrechtliche *Übereinkommen über die Haftung für Schäden durch Ölverschmutzung auf See.* Siehe dazu Nützel, Haftungsrechtliche Fragen bei Unfällen von Tankschiffen auf hoher See, Diss. Münster 1969; Herber Hansa 1970, 337 ff. und RabelsZ 1970, 223 ff., auch in „Internationales Übereinkommen über die Haftung für Schäden durch Ölverschmutzung auf See", Schriften des Deutschen Vereins für Internationales Seerecht, Reihe B, Dokumente und Materialien, Heft 10, 1972. Der Text des Übereinkommens findet sich hier und in RabelsZ 1970, 338. Nach dem zivilrechtlichen Übereinkommen soll der Tankreeder für Ölschäden haften ohne die Entlastungsmöglichkeit, ihn treffe kein Verschulden. Doch ist die Haftung ausgeschlossen, wenn der Unfall auf kriegerische Ereignisse, auf Vorsatz Dritter, auf ein Verschulden einer Behörde bei der Sicherung der Wasserwege oder auf ein außergewöhnliches, unabwendbares Naturereignis zurückzuführen ist. Die Haftung ist begrenzt auf 2.000 Poincaré-Franken (siehe über diesen oben § 15 II 6 b) pro BRT des Schiffes, insgesamt auf höchstens 210 Millionen Poincaré-Franken je Schiff und Unfall. Die Haftung des Tankerreeders muß durch eine Zwangshaftpflichtversicherung abgedeckt werden, oder auch durch eine gleichwertige finanzielle Garantie, und zwar für jedes Schiff, welches unter der Flagge eines Vertragsstaates fährt und mehr als 2000 to Öl als Ladung befördert. Selbstversicherung ist nur für Staatsschiffe zugelassen. Die Konferenz hat auf Verlangen der Staaten, die sonst der Gefährdungshaftung nicht zugestimmt hätten, eine Entschließung gefaßt, durch welche die IMCO ersucht wird, bis 1971 eine weitere Konferenz einzuberufen, auf der die Möglichkeit der Ergänzung der Regelung von 1969 durch einen internationalen Haftungsfonds erörtert werden sollte.

Dementsprechend hat vom 29. November 1971 bis 18. Dezember 1971 in Brüssel eine von der IMCO einberufene Diplomatische Seerechtskonferenz getagt (siehe dazu Ganten Hansa 1972, 372 f.). Ihr Ergebnis war das Internationale Übereinkommen über die Errichtung eines Internationalen Fonds zur Entschädigung für Ölverschmutzungsschäden, das eine Ergänzung des zivilrechtlichen Abkommens von 1969 darstellt (siehe den Text in Schriften des Deutschen Vereins für Internationales Seerecht Reihe B Heft 11 mit Einführung von Ganten). In dem Übereinkommen wurde ein System beschlossen, daß die Beitragsverpflichtungen für den Haftungsfonds vom einzelnen Öltransport löst und statt dessen die Ölwirtschaft generell mit den Abgaben belastet. Das Übereinkommen knüpft die Beitragsverpflichtungen an den Erhalt von Roh- und Heizöl an. Beitragspflichtig ist jede Person, die in einem Jahr mehr als 150.000 t Roh- oder Heizöl, das über See transportiert worden ist, erhalten hat. Wird das Öl in einem Nichtvertragsstaat angelandet und durch Pipelines oder auf andere Weise in einen Vertragsstaat befördert, so ist der Erstempfänger in dem Vertragsstaat beitragspflichtig. Der Letztempfänger wird vom Fonds nur dann zu Zahlungen herangezogen, wenn der Staat, in dem das Öl nach dem Seetransport angelandet ist, kein Vertragsstaat ist.

Als Gesamthöhe der aus dem Fonds für den einzelnen Unfall zu zahlender Beträge wurden 450 Millionen Poincaré-Franken (etwa 110 Millionen DM) festgelegt. Doch sieht das Übereinkommen vor, daß die Generalversammlung des Fonds den zunächst als Höchstgrenze festgesetzten Betrag mit drei Viertel Mehrheit um bis zu 100 % erhöhen kann, wenn die gesammelten Erfahrungen zeigen, daß die Summe von 450 Millionen Poincaré-Franken unzureichend ist.

Der Fonds übernimmt für den Reeder insoweit kostenlosen Versicherungs- oder Rückversicherungsschutz, als die Haftung des Reeders einen Betrag von 1500 Poincaré-Franken pro Tonne des Schiffes oder insgesamt 125 Millionen Poincaré-Franken übersteigt, worin eine Bevorzugung von Großtankern liegt.

Der Fonds kann seine Leistungen gegenüber dem Reeder versagen, wenn das den Schaden verursachende Schiff den Anforderungen folgender Übereinkommen oder Regeln nicht entsprochen hat und der Schaden auf die Nichtbeachtung zurückzuführen ist: Internationales Übereinkommen zur Verhütung der Verschmutzung der See durch Öl, 1954/1962, Internationales Übereinkommen zum Schutz des menschlichen Lebens auf See, 1960, Internationales Freibord-Übereinkommen, 1966, Internationale Regeln zur Verhütung von Zusammenstößen auf See, 1960.

Das Risiko für Krieg und dergleichen ist von der Entschädigung durch den Fonds ausgenommen.

Das Übereinkommen tritt in Kraft, wenn ihm mindestens 8 Staaten angehören, die zusammen einen Gesamtölerhalt von mindestens 750 Millionen t haben. Mit seinem baldigen Inkrafttreten ist kaum zu rechnen, denn diese Ziffer wurde z. B. von sämtlichen westeuropäischen Staaten nicht erreicht.

3. Für das innerdeutsche Recht ist darauf hinzuweisen, daß das Dritte Ergänzungsgesetz zum Wasserhaushaltsgesetz v. 15. Aug. 1967 (BGBl. I 909) die räumliche Geltung dieses Gesetzes und damit die (unbeschränkte) Gefährdungshaftung seines § 22, der insbesondere auch Ölschäden betrifft, auf das Küstenmeer erstreckt hat. Siehe dazu auch § 15 I 1 und II 4.

§ 28. Bergung und Hilfsleistung

Wüstendörfer SHR 409 ff.; Schaps-Abraham II 1116 ff.; Prüssmann 1111 ff.; Ewald und Graf, Die Strandungsordnung, 2. Aufl. 1955; Le Brun, Assistance,

Sauvetage et Obligation de Service, 1950; von der Mühl, Hilfeleistung und Bergung in Seenot, 1948 (Heft 22 der Basler Studien zur Rechtswissenschaft); Sieg, Neuere Entwicklung des französischen Hilfeleistungs- und Bergungsrecht, Hansa 1957, 1099; Norris, The Law of Salvage, New York 1959; Griggs, Lloyd's Form of Salvage Agreement, Hansa 1970, 1087; Huet, La rénumeration de l'assistance prêté par les navires de guerre, DMF 1968, 131—139; de Juglart und Villeneau, Répertoire méthodique et pratique de l'assistance en mer, 1962; Pontavice, Les épaves maritimes, aériennes et spatiales en droit francais, 1961; Reinhold, Bergung und Hilfsleistung in Seenot, 1961 (VEB Deutscher Zentralverlag); Schimming, Bergung und Hilfeleistung im Seerecht und im Seeversicherungsrecht, Hamburger Reihe Heft 44, 1971. Siehe zu dem Strandrecht bis zum 18. Jahrhundert und im 18. und 19. Jahrhundert Prüssmann Vorbem. vor §§ 740 ff. I A.

I. Im See- und Binnenschiffahrtsrecht finden sich besondere Bestimmungen, die das Rechtsverhältnis der an den Rettungsmaßnahmen für ein in Not befindliches Schiff Beteiligten regeln. Sie sind aber nur ergänzendes Recht, und im allgemeinen begnügt sich der die Hilfe Gewährende nicht mit dieser nicht sehr in das einzelne gehenden gesetzlichen Regelung. Vornehmlich seit der zweiten Hälfte des vorigen Jahrhunderts wurde es mehr und mehr üblich, mit den in Not befindlichen Schiffen Bergungs- oder Hilfsleistungsverträge abzuschließen, wobei sich die gewerbsmäßigen Berger bereits gedruckter Formularverträge bedienen (vgl. z. B. ROHG 4, 422), die nach Einfügung einiger weniger Daten (Höhe des Bergelohns, Name des Schiffes, des Reeders und des Kapitäns) vor Beginn des Rettungswerks unterzeichnet werden. Mit wenigen Ausnahmen sind diese Bergungsverträge auf der auch bereits im Gesetz verankerten Grundlage „Kein Erfolg — keine Zahlung" aufgebaut. Der Bergelohn wird entweder von vornherein fest bestimmt oder bleibt späterer Vereinbarung überlassen. Für das Verschulden der auf seiten der Berger eingesetzten Hilfspersonen erfolgt regelmäßig Freizeichnung, um den Bergelohn nicht durch Ersatzansprüche für vermeidbar gewesene Schäden am hilfsbedürftigen Schiff oder an der Ladung zu beeinträchtigen. Gelegentlich wird auch vereinbart, daß der Anspruch auf Vergütung auch dann gegeben sein soll, wenn die vertragsmäßig vereinbarte Rettungsmaßnahme nicht erfolgreich war (sog. Turnvertrag; vgl. RG in DR 1943, 864 Nr. 17). Im Falle von Streitigkeiten über die Höhe der Vergütung bei nur teilweiser Bergung von Schiff oder Ladung enthalten die Verträge regelmäßig die Vereinbarung eines Schiedsgerichts.

Neben diesen in Form und Aufbau uneinheitlichen Bergungsverträgen wird namentlich bei der Rettung ausländischer Schiffe auch häufig als Einheitsvertrag „Lloyd's Standard Form of Salvage Agreement" angewandt (vgl. z. B. OLG Hamburg in HansRGZ 1937 B Sp. 127 ff. und 1938 B Sp. 43 ff.). Dieses im Jahre 1908 vom Comittee of Lloyd's herausgegebene und zuletzt 1972 überarbeitete Formular (vgl. Hansa 1972, 1222) verschafft dem Versicherer einen erheblichen Einfluß auf den Bergungsfall, weil die Schadensregulierung direkt durch den Versicherer erfolgt. Nach dem Formular sind Reeder und Ladungsbeteiligte weder zur Zahlung des Bergelohns berechtigt, noch soll der Berger versuchen, von ihnen eine Zahlung zu erhalten.

Soweit in solchen Bergungsverträgen Lücken enthalten sind, kommen ergänzend die unter IV erwähnten gesetzlichen Bestimmungen zur Anwendung.

II. Von diesen während der eigentlichen Notlage des Schiffes geschlossenen Verträgen sind solche „Bergungs"verträge zu unterscheiden, die zur Rettung von Schiff und evtl. auch der Ladung erst geschlossen werden, nachdem die konkrete Notlage als solche abgeklungen ist, z. B. ein schon seit längerer Zeit gesunkenes Schiff soll gehoben werden. In diesen Fällen handelt es sich meistens um Dienstverträge mit besonders vereinbartem Inhalt.

III. Werden von dritter Seite gegenüber einem in Not befindlichen sonstigen Verkehrsmittel, bei dem es sich nicht um ein Schiff handelt, Rettungsmaßnahmen durchgeführt, ohne daß ein Vertragsverhältnis hierüber vorliegt, so kommen mangels sonstiger rechtlicher Sonderhestimmungen die Vorschriften über die Geschäftsführung ohne Auftrag (§§ 677 ff. BGB), gegebenenfalls unter Heranziehung des § 354 HGB, zur Anwendung, nach denen sich dann auch die Höhe des Entgelts bemißt (RG im JW 1937, 1234 Nr. 4; OLG Hamburg in OLG Rechtspr. 22, 74 und 20, 72; vgl. auch Schiedsgutachten des Deutschen Seeschiedsgerichts vom 18. Mai 1953 in Hansa 1953, 1996).

IV. **Sonderbestimmungen** finden sich für das Seerecht in Gestalt der §§ 740 bis 753 HGB, mit denen diejenigen für das Binnenschiffahrtsrecht in den §§ 93 bis 101 BSchG weitgehend übereinstimmen.

Die §§ 740 ff. HGB sind durch Gesetz vom 7. Januar 1913 dem *Brüsseler Übereinkommen zur einheitlichen Feststellung von Regeln über die Hilfsleistung und Bergung in Seenot* (IÜS) vom 23 September 1910 (RGBl. 1913, 66) angeglichen. Das IÜS findet auf alle Beteiligten Anwendung, wenn entweder das rettende oder das gerettete Schiff einem Vertragsstaat angehört. Landesrecht gilt, wenn alle Beteiligten demselben Staat angehören wie das mit der Sache befaßte Gericht. Vgl. im übrigen Art. 15 IÜS. Das IÜS gilt auch für Rettungsdienste zwischen See- und Binnenschiffen, erstreckt sich aber (gegenwärtig noch) nicht auf die Rettung von Kriegs- und Staatsschiffen des ausschließlich öffentlichen Dienstes (Art. 14 IÜS). Doch ist eine Revision auf der Diplomatischen Seerechtskonferenz im Mai 1967 in Brüssel beschlossen, die indessen (Ende 1973) noch nicht in Kraft getreten ist.

Die §§ 740 ff. HGB gelten auch für Rettungsdienste zwischen See- und Binnenschiffen. Die §§ 93 ff. BSchG kommen deshalb nur zur Anwendung, wenn auf deutschen Binnengewässern einem Binnenschiff Hilfe von einem anderen Binnenschiff oder von Land aus geleistet wird. Andererseits ist Voraussetzung für die §§ 740 ff., daß das gerettete Schiff dem Erwerb durch Seefahrt dient (vgl. RGZ 47, 191; Wüstendörfer SHR 410; bestr.). Als Retter mit Lohnanspruch kommen auch Kriegsschiffe und sonstige Schiffe des öffentlichen Dienstes in Betracht. Soweit hiernach eine Lücke vorhanden ist, gelten für diese die Ausführungen unter III; namentlich kann im Einzelfall dabei die Heranziehung des § 354 HGB im Falle gewerbsmäßiger Rettung zur Lohnbemessung nach §§ 747 ff. HGB führen. Die Rechtslage nach den §§ 740 ff. HGB wird durch die *Strandungsordnung* vom 17. Mai 1874 (RGBl. 73) (vgl. Ewald, StrandO, 2. Aufl. 1955) ergänzt, die in sachlicher Hinsicht vornehmlich Seeauswurf, strandtriftige und seetriftige Güter sowie herrenlose Sachen betrifft.

Die Rechtsprechung in seerechtlichen Rettungssachen ist zum größten Teil auf das seit 1913 bestehende „Deutsche Seeschiedsgericht" in Hamburg übergegangen. Hat sich der Tatbestand auf einem Binnengewässer ereignet, so sind für die Geltendmachung von Ansprüchen auf Berge- und Hilfslohn die Schiffahrtsgerichte zuständig. Doch gilt das für Binnengewässer, auf denen die Seeschiffahrtsstraßen-Ordnung gilt, für den Nord-Ostsee-Kanal und für Seehäfen nur dann, wenn Seeschiffe an dem Vorfall nicht beteiligt sind (Ges. über das gerichtliche Verfahren in Binnenschiffahrtssachen vom 27. Sept. 1952 — BGBl. I 641, § 2).

V. Gemäß den §§ 740 ff. HGB — und den binnenschiffahrtsrechtlichen §§ 93 ff. BSchG — gilt im wesentlichen folgendes:

1. Ein *Anspruch auf Rettungslohn* ist gegeben, wenn ein Schiff oder seine Ladung oder die sonst an Bord befindlichen Sachen (diese sind im BSchG nicht erwähnt) aus Seenot (im Binnenschiffahrtsrecht aus einer Schiffahrtsgefahr; vgl. dazu auch HansOLG Hansa 1955, 1731) gerettet werden (§ 740 S. 1 HGB; Art. 2 IÜS, § 93 BSchG).

Die ausschließliche Rettung von Menschenleben fällt nicht unter diese Bestimmungen.

Rettungslohn kann auch beansprucht werden, wenn Bergung oder Hilfsleistung zwischen mehreren Schiffen desselben Eigentümers stattgefunden hat (§ 743 HGB).

Über Beschädigung des zu rettenden Schiffes durch den Retter vgl. Admiralty Division Hansa 1955, 399.

a) *Seenot* ist eine der Seeschiffahrt eigentümliche, Schiffahrtsgefahr eine durch die Schiffahrt auf Binnengewässern hervorgerufene tatsächlich bestehende oder bei verständiger Beurteilung anzunehmende Gefahr für Schiff oder Ladung, die von der Schiffsbesatzung allein nicht überwunden werden kann, so daß ohne die Rettungshandlung Schiff oder Ladung mit Wahrscheinlichkeit verlorengehen oder doch erheblich beschädigt werden (vgl. z. B. RGZ 85, 371; 117, 251; 165, 175). Es muß also bei sachlicher Beurteilung eine Entwicklung der Lage befürchtet werden können, die zu einer Gefahr für Schiff oder Ladung werden kann.

Die Unterscheidung zwischen See- und Schiffahrtsgefahr ist nicht von sehr erheblicher Bedeutung. Zwar ist für die Seegefahr regelmäßig die Vereinsamung des Schiffs auf See maßgeblich, dergestalt, daß Hilfe schwer erlangbar und deshalb von besonderem Wert ist. Doch besteht Einigkeit darüber, daß Seenot auch für Seeschiffe im Hafen oder auf von ihnen befahrenen Binnengewässern eintreten kann, wenn sonstige Gründe die Lage eines Seeschiffes oder dessen Ladung derart gefährden, daß schleunige Hilfe geboten ist (Wüstendörfer SHR 411; Schaps-Abraham II Anm. 10 zu § 740; RGZ 165, 175; Schiedsgutachten Deutsches Seeschiedsgericht Hansa 1953, 1226; HansOLG MDR 1957, 424). Im übrigen ist es weder für die Seenot noch für die Schiffahrtsgefahr ausschlaggebend, ob die Gefahr von außen durch Witterungs- oder Wasserverhältnisse hervorgerufen wurde oder auf dem Schiff oder in der Ladung ihren Ursprung hatte. Die Gefahr braucht anders als im Falle der großen Haverei für Schiff und Ladung nicht gemeinsam zu sein.

b) Die Hebung eines bereits gesunkenen Schiffes oder seiner Ladung stellt nur dann Bergung oder Hilfeleistung dar, wenn die Seenot oder Schiffahrtsgefahr noch nicht abgeklungen ist, z. B. wenn weitere Gefährdung durch Versanden, Auseinanderbrechen oder durch vorüberfahrende Schiffe vorliegt (Wüstendörfer 412; Vortisch-Zschucke Anm. 3 a zu § 93; HansOLG Hamburg MDR 1957, 424). Vgl. auch oben II.

2. a) Die **Rettungshandlungen** werden in §§ 740 HGB und 93 BSchG in **Bergungen** und **Hilfsleistungen** eingeteilt. Doch ist diese Unterscheidung nicht logisch notwendig und es kommt ihr auch kaum noch praktische Bedeutung zu. Dem IÜS und Auslandsrechten ist die Unterscheidung auch nicht mehr bekannt.

Der Begriff der *Bergung* ist im See- und Binnenschiffahrtsrecht nicht ganz übereinstimmend:

aa) Im *Seerecht* ist er gegeben, wenn Schiff oder Sachen vom Retter in ausschließlichen „Besitz genommen" sind und in Sicherheit gebracht werden, nachdem die Schiffsbesatzung die Verfügung darüber verloren hatte (Verlust der „nautischen Machtbeziehung" — Wüstendörfer SHR 412 —, wozu, bis zur Besitzergreifung des Bergers, Besitzverlust nicht unbedingt gehört).

bb) Im *Binnenschiffahrtsrecht* ist der Begriff enger. Hier muß das Schiff von der Besatzung „verlassen", also aufgegeben sein, oder die Ladung muß aus einem verlassenen, vom Untergang unmittelbar bedrohten Schiff gerettet werden. Das Sinken des Schiffes muß also unmittelbar gedroht haben.

Hilfsleistung ist die Rettungshandlung in allen anderen Fällen, sofern *nur* die allgemeinen Voraussetzungen der Errettung von Schiff oder Ladung aus Seenot oder Schiffahrtsgefahr geqeben sind (§§ 740 S. 1 HGB, 93 BschG). In Betracht kommen hier alle Rettungsmaßnahmen, die geeignet und erfolgreich sind (z. B. das Abschleppen des festsitzenden Schiffes, dessen Kapitän das Manöver leitet, das Begleiten eines beschädigten Schiffes durch einen stets eingriffsbereiten Schlepper, RGZ 85, 372; OLG Hamburg in HansGZ Hbl. 1914, Nr. 97; vgl. über das Schleppen eines Dampfers, der die Schraube verloren hat, für das franz. Recht Cour d'Appel Dakar Hansa 1954, 232).

b) In jedem Falle ist ein Anspruch auf Rettungslohn aber nur dann gegeben, wenn die Rettungshandlung erfolgreich war.

Das folgt für das Seerecht unmittelbar aus § 741 Abs. 1 HGB, für das Binnenschiffahrtsrecht mittelbar aus § 93 BSchG; vgl. auch Art. 2 Abs. 1 und 2 IÜS. Bloße Rettungsversuche oder ohne Erfolg gebliebene Dienste begründen also keinen Anspruch auf Rettungslohn. Erfolgreich ist die Rettungshandlung, wenn Schiff oder Ladung durch sie „in Sicherheit gebracht werden", was nicht im Sinne absoluter Sicherheit zu verstehen ist.

c) Die gesetzlichen Bestimmungen über Bergung und Hilfeleistung kommen immer dann zur Anwendung, wenn die Tätigkeit des Retters nicht auf vorherigem Vertragsschluß beruht (s. oben unter I; RGZ 32, 8; 58, 190). Im Falle eines Vertragsschlusses gelten sie nur als ergänzendes, dispositives Recht (RGZ 32, 8; 70, 274).

3. Gewissen Personen steht ein Anspruch auf Rettungslohn nicht zu:

a) So *nicht der Schiffsbesatzung des gefährdeten Schiffes* (§§ 742 Abs. 2 HGB, 93 BSchG). Doch gilt das nach herrschender und richtiger Ansicht nur für solche Personen, die schon kraft ihres Dienstvertrages jedenfalls auch zu Rettungsarbeiten am eigenen Schiff verpflichtet sind. Soweit vorübergehend an Bord tätige Personen zur Schiffsbesatzung im Sinne des § 485 HGB gerechnet werden (vgl. § 14 III 1 a dd), ist im Einzelfall zu prüfen, ob für sie § 742 Abs. 2 HGB zur Anwendung kommen kann. Das gilt auch für den Seelotsen. Siehe wegen Einzelheiten Schaps-Abraham II Anm. 22 zu § 740 HGB.

Einen Anteil am Rettungslohn zusammen mit dem Reeder oder Schiffseigner hat aber die *Besatzung des rettenden Schiffes* (§§ 749 HGB, 95 BSchG), und zwar auch dann, wenn rettendes und gefährdetes Schiff denselben Eigentümer haben (so ausdrücklich für das Seerecht § 743 HGB, Art. 5 IÜS; für das Binnenschiffahrtsrecht sind diese Bestimmungen entsprechend anwendbar, s. Vortisch-Zschucke, Anm. 5 a zu § 93; ebenso das englische Recht: s. Hansa 1951, 190). Der Reeder kann also den der Schiffsbesatzung des rettenden Schiffes und ihm selber zustehenden Rettungslohn als Großhavereiopfer des geretteten Schiffes gegen den Kaskoversicherer geltend machen. Auch hat er den Vorteil eines Schiffsgläubigerrechts am eigenen Schiff; vgl. Wüstendörfer SHR 414.

b) Einen Anspruch auf Rettungslohn hat auch nicht, wer „gegen das ausdrückliche Verbot" des Kapitäns Beistand leistet, es sei denn, das Verbot wäre unverständig (§ 742 Abs. 1 HGB, Art. 3 IÜS). Im Binnenschiffahrtsrecht heißt es in § 96 Ziff. 1 BSchG weitergehend „wer seine Dienste aufgedrungen hat": Dort zieht also auch schon ein nach der Gefahrenlage unverständiger Einspruch des Kapitäns den Verlust des Rettungslohnes für die trotzdem geleisteten Rettungsmaßnahmen nach sich (vgl. Vortisch-Zschucke, Anm. 1 zu § 96; a. A. OLG Hamburg OLG Rechtspr. 22, 75, welches § 679 BGB entsprechend anwenden will).

c) Weiter entfällt oder mindert sich der der Anspruch auf Rettungslohn für denjenigen, der Seenot oder Schiffahrtsgefahr und damit die Notwendigkeit der Rettungstätigkeit *schuldhaft* herbeigeführt hat (§ 748 HGB, Art. 8 Abs. 3 IÜS). Für das Binnenschiffahrtsrecht wird auch mangels ausdrücklicher Vorschrift unter Heranziehung des § 254 BGB das gleiche angenommen; s. Vortisch-

Zschucke Anm. 5 zu § 93. Vgl. weitere Einzelheiten bei Wüstendörfer SHR 413; s. auch RG in JW 1938, 1903 und in DR 1943, 864.

d) Das gleiche gilt, wenn Berger oder Retter sich einer *unredlichen Handlung* schuldig gemacht haben (Diebstahl, Verheimlichung oder dergleichen, wie auch Unterlassen der in §§ 12 ff.; 43 StrandO vorgeschriebenen Anzeige; § 748 HGB, Art. 8 Abs. 3 IÜS; für Binnenschiffahrtsrecht vgl. § 96 Ziff. 2 BSchG: kein Anspruch auf Rettungslohn bei Unterlassung der Anzeige von den geborgenen Gegenständen).

e) Der Schlepper erhält für auf Grund eines *Schleppvertrages* geleistete normale Schlepperdienste nur den vereinbarten Schlepplohn als Gegenleistung. Doch entsteht für ihn dann ein Anspruch auf Rettungslohn, wenn und insoweit er für die Rettung von Schiff oder Ladung außergewöhnliche Dienste leistet, die nicht als zur Erfüllung des Schleppvertrages gehörig angesehen werden können. So für das Seerecht ausdrücklich § 742 Abs. 3 HGB, Art. 4 IÜS; vgl. RGZ 59, 312. Auf das Binnenschiffahrtsrecht ist dieser Rechtsgedanke entsprechend anwendbar, vgl. Vortisch-Zschucke, Anm. 5 b zu § 93; OLG Köln als Rheinschifffahrtsobergericht Hansa 1958, 1284 = VersR 1957, 149; BGH NJW 1961, 122. Siehe auch die englische Entscheidung des House of Lords Hansa 1951, 1020 (Fall „Troilus"), ferner Hansa 1952, 1084 und 1203; 1954, 1532).

f) Öffentlich-rechtliche Verpflichtung zur Bergung oder Hilfsleistung schließt den Anspruch auf Rettungslohn im allgemeinen nicht aus, mag sie auf Grund öffentlichen Amts oder auf Grund gesetzlicher Verpflichtung (z. B. § 9 StrandO) erfolgt sein (vgl. Schaps-Abraham II Anm. 23 zu § 740 HGB); anders nur, wenn die öffentlichrechtliche Amtspflicht gerade unentgeltlichen Rettungsdienst zum Gegenstand hat (Wüstendörfer SHR 413, Schlegelberger-Liesecke Anm. 4 zu § 740 HGB, Deutsches Seeschiedsgericht Hansa 1953, 1996).

4. a) Für die **Höhe des Rettungslohnes** kommt es in erster Linie auf die Parteivereinbarung an (§§ 744 Abs. 1 HGB, 94 Abs. 1 BSchG), einerlei, ob diese vor, während oder nach der Rettungshandlung abgeschlossen war. Mangels anderweitiger Vereinbarung gelten auch für solchen vertragsmäßigen Rettungslohn die Vorschriften der §§ 740 ff. HGB, 93 ff. BSchG.

Die Vereinbarung kann rechtswirksam nicht nur durch den Reeder oder Schiffseigner, sondern auch durch den Kapitän des gefährdeten Schiffes auf Grund seiner gesetzlichen Vollmacht geschlossen werden (§§ 527, 535, 538 bis 540 HGB, 15 Abs. 1 BSchG; vgl. für das letztere auch RGZ 70, 274).

Während im Binnenschiffahrtsrecht der rechtswirksam abgeschlossene Rettungsvertrag nur nach den allgemeinen bürgerlichrechtlichen Normen (§§ 138, 123, 242 BGB) angefochten, für nichtig erklärt oder geändert werden kann (OLG Hamburg HansGZ Hbl. 1901 Nr. 103; 1907, 210; 1909 Nr. 19; Vortisch-Zschucke Anm. 1 c zu § 94 BSchG), geben besondere seerechtliche Bestimmungen (§ 747 HGB, Art. 7 IÜS, neben denen die §§ 123, 138, 242 BGB fortgelten) die Möglichkeit, den Vertrag auf Antrag durch das Gericht ändern oder für nichtig erklären zu lassen, wenn aa) der Vertrag zur Zeit und unter dem *Einfluß der Gefahr* geschlossen ist und die vereinbarten Bedingungen ***unbillig*** sind,

bb) einer der Vertragschließenden durch *arglistige Täuschung* zum Vertragsschluß veranlaßt ist,

cc) Der Rettungslohn nach oben oder nach unten in *außerordentlichem Mißverhältnis* zu den geleisteten Diensten steht.

b) Liegt eine Parteivereinbarung nicht vor, so ist der Rettungslohn **nach billigem Ermessen** festzusetzen, § 744 Abs. 1 HGB, 94 Abs. 1 BSchG.

Für das Seerecht ist in § 744 Abs. 3 HGB noch ausdrücklich festgelegt, daß die Festsetzung in Geld zu erfolgen hat, weiter auch, daß nur auf übereinstimmenden Antrag der Beteiligten eine Festsetzung in einem Bruchteil des Wertes der geretteten Gegenstände zulässig ist.

Das Gesetz gibt für die Berechnung gewisse Richtlinien (§ 745 Abs. 1 und 2 HGB, Art. 8 Abs. 1 IÜS, § 94 Abs. 4 BSchG), die für das See- und Binnenschifffahrtsrecht zwar im großen und ganzen, aber nicht völlig übereinstimmen. Im Seerecht sind in *erster Linie* zu berücksichtigen der erzielte Rettungserfolg und die Gestaltung der Rettung, wie die Anstrengungen und Verdienste der tätig gewesenen Personen, die Gefahr, die dem geborgenen Schiffe und den auf ihm befindlichen Personen oder Sachen gedroht hat, weiter die Gefahr, welcher die an der Bergung oder Rettung Beteiligten sich und ihre Fahrzeuge ausgesetzt haben, die verwendete Zeit, die entstandenen Kosten und Schäden, die Gefahr einer Haftung oder andere Nachteile, denen sich die an der Bergung oder Rettung Beteiligten unterworfen haben, der Wert des von ihnen in Gefahr gebrachten Materials. In *zweiter Linie* kommt es auf den Wert der geretteten Gegenstände an, und zwar mit Einschluß des erhalten gebliebenen Anspruchs auf Fracht- und Überfahrtsgelder.

Die vom Retter gemachten Geldaufwendungen sind in diesem Rettungslohn mitenthalten, können also auch dann nicht mehr selbständig geltend gemacht werden, wenn kein Erfolg erzielt und deshalb kein Rettungslohn zu zahlen ist. Vgl. aber § 746 HGB für die im Rettungslohn nicht enthaltenen Kosten und Gebühren der Behörden, die von den geborgenen oder geretteten Gegenständen zu entrichtenden Zölle und sonstigen Abgaben sowie die zum Zwecke der Aufbewahrung, Erhaltung, Abschätzung und Veräußerung dieser Gegenstände. Zusammen mit dem Rettungslohn bilden die Kosten des § 746 HGB die „Bergungs- und Hilfskosten" (§§ 750 Abs. 1, 752, 754 Abs. 1 Ziff. 4, 902 Ziff. 3 HGB).

Der Rettungslohn kann gelegentlich bis zu 100 % der geretteten Werte betragen, aber auf keinen Fall darüber hinaus (vgl. Seeschiedsgericht in HansRGZ 1929 Nr. 211), denn der *Höchstbetrag* des Rettungslohnes ist nach § 741 Abs. 2 HGB, Art. 2 Abs. 3 IÜS stets der Wert der geborgenen oder geretteten Gegenstände zur Zeit der Rettung. Meistens bewegt sich der Rettungslohn etwa in Höhe eines Drittels des Wertes der geretteten Gegenstände. Er wird jedoch regelmäßig bei der Hilfsleistung niedriger festgesetzt als bei der Bergung, weil gewöhnlich der Einsatz der Retter bei der Hilfsleistung geringer ist. Vgl. die Beispiele bei Schaps-Abraham II Anm. 38 zu § 744 HGB.

5. Sind am Rettungswerk *mehrere selbständige Retter* beteiligt, so erfolgt mangels anderweitiger Vereinbarung die Verteilung des Rettungslohnes unter sie nach den gleichen Regeln wie die Berechnung des Rettungslohnes, also gemäß §§ 744 Abs. 2 und 745 Abs. 1 HGB. Vgl. für das Binnenschiffahrtsrecht § 95 Abs. 1 BSchG. Es muß aber ein *Zusammenwirken* der mehreren selbständig auftretenden Retter zum günstigen Erfolg vorliegen, wenn auch nur in Gestalt einer sog. „Sukzessivrettung" (ständ. Rechtspr., vgl. z. B. Seeschiedsger. in HansRGZ 1936 B Nr. 200).

6. Am Rettungslohn ist nicht nur der Reeder des rettenden Schiffes beteiligt, sondern auf Grund der zwingenden Bestimmung des § 749 HGB auch dessen Besatzung.

Anders nach § 749 Abs. 5 HGB, wenn es sich bei dem rettenden Schiff um einen Bergungs- oder Schleppdampfer handelt, weil hier die Bergungstätigkeit etwas Berufsmäßiges ist, die durch die Höhe der Heuer abgegolten wird.

In den übrigen Fällen wird der Rettungslohn unter Reeder, Kapitän und die übrige Besatzung so verteilt, daß der Reeder des rettenden Schiffes zunächst die entstandenen Schäden am Schiff und die Betriebsmehrkosten ersetzt erhält, welche durch die Bergung oder Rettung entstanden sind.

Vom Rest bekommt er zwei Drittel, der Kapitän ein Sechstel, die übrige Besatzung auch ein Sechstel. Vgl. für das Binnenschiffahrtsrecht § 95 Abs. 3 BSchG: der Schiffseigner erhält hier einen angemessenen Anteil; doch ist dies anders als im Seerecht keine zwingende Bestimmung. Der an den Kapitän und an die Besatzung ausgekehrte Hilfslohn ist lohnsteuerpflichtig (Bundesfinanzhof in Bundessteuerblatt 1956 III 40 = Hansa 1957, 429).

Zur Geltendmachung des Rettungslohnes sind Reeder oder Schiffseigner, auch soweit es sich nicht um ihren Anteil handelt, allein berechtigt (ständ. Rechtspr.: vgl. z. B. OLG Hamburg OLG Rechtspr. 22, 76; HansGZ Hbl. 1902, 291). Anders als in Deutschland ist es nach anglo-amerikanischem Recht auch für die Schiffsbesatzungen möglich, selbständig, d. h. ohne Mitwirkung des Reeders, Bergelohn einzuklagen; vgl. Hansa 1954, 1477.

7. Über die Haftung für eine im Zuge einer Hilfsleistung verschuldete Kollision vgl. Admiralty Court Hansa 1955, 1042.

8. Handelt es sich nur um die Rettung von Menschenleben, so ist kein Anspruch auf Rettungslohn gegeben. Anders, wenn bei Gelegenheit einer Sachrettung die Rettung von Menschenleben unternommen wird. Dann kann nach § 751 Abs. 1 Satz 1 HGB, Art. 9 Abs. 2 IÜZ ein billiger Anteil am Rettungslohn beansprucht werden. Der Anspruch richtet sich grundsätzlich gegen die Personen, welche das Schiff oder die an Bord befindlichen Sachen geborgen oder gerettet haben (§ 751 Abs. 1 Satz 2 HGB). Siehe als Ausnahme § 751 Abs. 2 HGB, wo ein unmittelbarer Anspruch gegen den Eigentümer der geborgenen oder geretteten Gegenstände dann gewährt wird, wenn dem Sachberger aus den in § 748 HGB genannten Gründen keine oder nur eine verminderte Vergütung zusteht. Die geretteten Personen haben in keinem Fall Rettungslohn zu entrichten (§ 751 Abs. 3 HGB). Doch kann nach bürgerlichem Recht der Menschenretter

wegen Geschäftsführung ohne Auftrag einen Anspruch auf Ersatz seiner Aufwendungen gegen den Geretteten haben (vgl. Denkschrift zu Art. 9 IÜS).

9. Der Kapitän darf die Güter vor der Befriedigung oder Sicherstellung des Gläubigers weder ganz noch teilweise ausliefern. Bei einem schuldhaften Verstoß hiergegen haftet er dem Gläubiger für einen diesem dadurch entstehenden Schaden (§ 753 Abs. 1 HGB, siehe auch § 753 Abs. 2 HGB).

10. Im Streitfalle entscheidet über den Berge- und Hilfslohn und dessen Höhe das Gericht. Doch können die Parteien auch ein Schiedsgericht vereinbaren, was in der Praxis häufig geschieht, z. B. das Deutsche Seeschiedsgericht, welches seit 1913 in Hamburg besteht, oder Lloyd's Arbitration in London.

11. Der Anspruch auf Rettungslohn richtet sich gegen die Eigentümer der geborgenen oder geretteten Gegenstände, die nach außen hin als Gesamtschuldner haften, im Innenverhältnis nach Maßgabe der für jeden geretteten oder geborgenen Werte, sofern nicht ein Fall der großen Haverei vorliegt (§ 750 Abs. 1 Satz 1, Abs. 2 Satz 2 HGB).

Jeder Schuldner haftet nur bis zur Höhe des Wertes der für ihn geborgenen oder geretteten Gegenstände (§ 750 Abs. 1 Satz 2 HGB).

Wegen der Bergungs- und Hilfskosten, insbesondere auch wegen des Berge- und Hilfslohns hat der Gläubiger an dem geborgenen oder geretteten Schiff die Rechte eines Schiffsgläubigers. Auch an den übrigen geborgenen oder geretteten Sachen steht dem Gläubiger ein Pfandrecht zu, bis zur Sicherheitsleistung auch ein Zurückbehaltungsrecht (§ 752 HGB mit Regelung der Rangverhältnisse in § 752 a Abs. 1 HGB und Auslieferungsverbot der Güter vor der Befriedigung oder Sicherstellung der Gläubiger in § 753 HGB).

Über die Haftung des einzelnen Reeders oder Schiffseigners bei gleichzeitiger Rettung mehrerer Schiffe aus einer gemeinsamen Gefahr s. HansOLG Hansa 1953, 1096.

12. Außer in dem Fall von Seenot besteht nach §§ 20, 21 StrandO ein Anspruch auf Bergelohn nach den Vorschriften des HGB auch dann, wenn besitzlose Gegenstände vom Meer auf den Strand geworfen oder gegen den Strand getrieben und von dort aus geborgen oder vom Meeresgrund heraufgeholt oder in offener See treibend von einem Fahrzeug geborgen werden. S. wegen weiterer Einzelheiten §§ 26, 28, 35 StrandO. Vgl. Ewald MDR 1956, 77.

V. Über die Haftung für Beseitigung des Wracks eines Seeschiffes vgl. § 25 Abs. 2 bis 5 StrandO (im Falle der Beseitigung eines Binnenschiffes gelten nach § 25 Abs. 7 StrandO nicht diese Vorschriften, sondern es kommt § 30 Abs. 3 bis 7 des Bundeswasserstraßengesetzes zur Anwendung).

Diejenigen, welche das Hindernis verursacht haben, sowie die Eigentümer der beiderseitigen Gegenstände sind verpflichtet, der Behörde, die nach Maßgabe des § 25 Abs. 1 und 2 StrandO die Wrackbeseitigung vorgenommen hat, die

Kosten der Beseitigung zu erstatten. Mehrere Verpflichtete haften als Gesamtschuldner (§ 25 Abs. 3 StrandO). Wer danach oder nach anderen Rechtsvorschriften (etwa § 823 Abs. 2 BGB in Verbindung mit den einschlägigen schifffahrtsrechtlichen Vorschriften) zur Erstattung von Beseitigungskosten verpflichtet ist, haftet nur bis zur Höhe des Wertes der beseitigten Gegenstände, wegen deren seine Erstattungspflicht besteht. Maßgebend ist der Wert der beseitigten Gegenstände im Zeitpunkt der Beendigung der Beseitigung. Diese Beschränkung gilt nicht, wenn den Verpflichteten selbst ein Verschulden an der Entstehung des Hindernisses trifft (§ 25 Abs. 4 StrandO). Siehe auch Amtl. Begr. BT-Drucks. VI/2225, 42.

An einem beseitigten Schiff hat die Behörde wegen der Forderungen auf Erstattung der Kosten seiner Beseitigung die Rechte eines Schiffsgläubigers (§ 754 Abs. 1 Nr. 4 HGB). Auch an den sonstigen beseitigten Gegenständen steht ihr ein Pfandrecht zu. Dieses hat den Vorrang vor allen anderen an den Gegenständen begründeten Pfandrechten. Es erlischt nach einem Jahr seit der Entstehung des Anspruchs. § 759 Abs. 2 HGB gilt entsprechend (§ 25 Abs. 5 StrandO). Siehe wegen der Vollstreckung hinsichtlich der Erstattungsansprüche § 25 Abs. 6 StrandO.

Werden gegen den Reeder Ansprüche wegen schuldhafter Beeinträchtigung der Wasserstraße, z. B. aus § 823 Abs. 2 BGB, erhoben, so unterliegen diese nicht der Beschränkung auf den Wert des Wracks. Sie fallen unter die allgemeine Haftungsregelung des § 486 HGB (Herber Hansa 1972, 797).

VI. Nachdem der **Luftverkehr über See** immer größere Bedeutung erhalten hat, tauchte die Frage einer international einheitlichen Regelung für die Bergung und Hilfeleistung von Luftfahrzeugen und durch Luftfahrzeuge zur See auf. So entstand das *Abkommen zur Vereinheitlichung von Regeln über die Hilfeleistung und Bergung von Luftfahrzeugen oder durch Luftfahrzeuge zur See*, das am 29. September 1938 in Brüssel geschlossen wurde. Doch ist es bisher von keinem Staate ratifiziert worden. Vgl. über seine Einzelheiten Alex Meyer, Internationale Luftfahrtabkommen, 1953, 310. S. ein praktisches Beispiel in Hansa 1954, 336.

VII. Abschnitt

§ 29. Besondere Verjährungsvorschriften

I. Das Schiffsgläubigerrecht verjährt nicht mehr. Es unterliegt vielmehr einer Ausschlußfrist (§ 759 HGB). Deshalb bedarf es nach Inkrafttreten des SRÄG nur noch einer Verjährungsregelung für den gesicherten Anspruch.

Nach bisherigem Recht verjährte dagegen das Schiffsgläubigerrecht (§ 901 HGB a. F.). Die durch die Schiffsgläubigerrechte gesicherten persönlichen Forderungen folgten der Verjährung des dinglichen Rechts im Wege der sog. Anschlußverjährung (§ 902 HGB a. F.).

II. 1. Nach § 901 HGB verjähren folgende Forderungen in einem Jahr:

a) öffentliche Schiffs-, Schiffahrts- und Hafenabgaben;

b) Lotsgelder;

c) Beiträge zur großen Haverei;

d) Forderungen gegen den Verfrachter aus Frachtverträgen sowie aus Konnossementen oder deren Ausstellung (damit auch aus unrichtiger Konnossementsausstellung, vgl. Amtl. Begr. BT-Drucksache VI/2225, 40); § 612 HGB bleibt unberührt.

e) Rückgriffsforderungen, die den Reedern untereinander nach § 736 Abs. 2 HGB zustehen.

2. Gemäß § 902 HGB verjähren folgende Forderungen in zwei Jahren:

a) Forderungen gegen den Verfrachter aus Verträgen über die Beförderung von Reisenden;

b) Schadensersatzforderungen aus dem Zusammenstoß von Schiffen oder aus einem unter § 738 c HGB fallenden Ereignis;

c) Bergungs- und Hilfskosten, insbesondere auch der Berge- und Hilfslohn, sowie Forderungen aus der Beseitigung eines Wracks.

III. 1. Nach § 903 Abs. 1 HGB beginnt die Verjährung mit dem Schluß des Jahres, in welchem die Forderung fällig geworden ist. Für Schadensersatzforderungen aus dem Zusammenstoß von Schiffen oder aus einem unter § 738 c HGB fallenden Ereignis (§ 902 Nr. 2 HGB) beginnt sie gemäß § 903 Abs. 2 HGB mit dem Ablauf des Tages, an welchem das Ereignis stattgefunden hat. Die Verjährung der Forderungen auf Bergungs- und Hilfskosten sowie wegen der Beseitigung eines Wracks (§ 902 Nr. 3 HGB) beginnt nach § 903 Abs. 3 HGB mit dem Ablauf des Tages, an welchem das Bergungs- oder Hilfsleistungswerk oder die Wrackbeseitigung beendet worden ist.

2. In den §§ 901, 902 HGB sind nicht aufgeführt

a) Beitragsforderungen der Sozialversicherung. Sie bedürfen angesichts der Verjährungsregelung in § 29 RVO keiner handelsrechtlichen Sonderregelung.

b) Ansprüche aus unerlaubter Handlung. Sie unterliegen der allgemeinen dreijährigen Verjährung nach § 852 BGB. Eine Ausnahme gilt nur für die in § 902 Nr. 2 HGB genannten Ansprüche aus dem Zusammenstoß von Schiffen. Sie ist hier durch das IÜZ vorgeschrieben.

c) Heuerforderungen des Kapitäns und der übrigen Personen der Schiffsbesatzung. Sie unterliegen der allgemeinen zweijährigen Verjährung aus Dienstverhältnissen nach § 196 Ziff. 8 und 9 BGB.

Stichwortverzeichnis

Bei Fragen zur Produktsicherheit wenden Sie sich bitte an:
If you have any questions regarding product safety,
please contact:

Walter de Gruyter GmbH
Genthiner Straße 13
10785 Berlin
productsafety@degruyterbrill.com